DRC 丛书主编·李 伟

研究丛书2013
国务院发展研究中心

改革攻坚（上）
改革的重点领域与推进机制研究

Attacking the Fortress (I):
A Study on Key Areas and Implementation
Mechanism for Deepening China's Reform

"改革的重点领域与推进机制研究"课题组 著

中国发展出版社
CHINA DEVELOPMENT PRESS

图书在版编目（CIP）数据

改革攻坚．上，改革的重点领域与推进机制研究／"改革的重点领域与推进机制研究"课题组著．—北京：中国发展出版社，2013.6

（国务院发展研究中心研究丛书／李伟主编．2013）

ISBN 978 - 7 - 80234 - 953 - 7

Ⅰ．①改…　Ⅱ．①改…　Ⅲ．①中国经济—经济体制改革—研究
Ⅳ．①F121

中国版本图书馆 CIP 数据核字（2013）第 128934 号

书　　　名：改革攻坚．上，改革的重点领域与推进机制研究
著作责任者："改革的重点领域与推进机制研究"课题组
出 版 发 行：中国发展出版社
　　　　　　（北京市西城区百万庄大街 16 号 8 层　100037）
标 准 书 号：ISBN 978 - 7 - 80234 - 953 - 7
经　销　者：各地新华书店
印　刷　者：北京科信印刷有限公司
开　　　本：700 × 1000mm　1/16
印　　　张：26.25
字　　　数：366 千字
版　　　次：2013 年 6 月第 1 版
印　　　次：2013 年 6 月第 1 次印刷
定　　　价：75.00 元

联 系 电 话：(010) 68990642　68990692
购 书 热 线：(010) 68990682　68990686
网 络 订 购：http://zgfzcbs.tmall.com//
网 购 电 话：(010) 68990639　88333349
本 社 网 址：http://www.develpress.com.cn
电 子 邮 件：fazhanreader@163.com

"改革的重点领域与推进机制研究"
课题组

总负责人　李　伟
执行负责人　侯云春
参　　加　刘世锦　卢中原　韩　俊　张军扩
协 调 人　侯永志　高世楫　宣晓伟

总　论
负责人　李　伟　侯云春
成　员　侯永志　高世楫　杨　丛　何宇鹏　宣晓伟　王列军
　　　　何建武　卓　贤

专题一
负责人　高世楫　杨　丛
成　员　宣晓伟　孙志燕

专题二
负责人　孟　春
成　员　张俊伟

专题三
负责人　侯永志　杨　丛
成　员　刘云中　何建武

专题四
负责人　赵昌文　陈小洪
协调人　张政军
成　员　李兆熙　陶平生　贾　涛

专题五
负责人 冯 飞
协调人 魏际刚
成 员 石耀东　梁仰椿　王忠宏　王晓明　来有为　王金照

专题六
负责人 张承惠
成 员 陈道富

专题七
负责人 隆国强
成 员 许宏强

专题八
负责人 吕 薇
协调人 田杰棠
成 员 李志军　沈恒超　戴建军

专题九
负责人 葛延风
成 员 喻 东　王列军

专题十
负责人 徐小青
协调人 张云华
成 员 刘守英　樊雪志　崔传义

专题十一
负责人 任兴洲
成 员 王 微　邓郁松　廖英敏　刘卫民　许 伟　邵 挺

专题十二
负责人 余 斌
成 员 陈昌盛

专题十三
负责人 谷树忠
协调人 张 亮
成 员 洪 涛　牛 雄　武 旭

总　序

深化体制改革　促进转型发展

国务院发展研究中心主任　李伟

党的十八大提出了到 2020 年全面建成小康社会的宏伟目标。届时，按不变价计算，城乡居民收入水平比 2010 年实现倍增。要实现这一宏伟目标，到 2020 年前，我国 GDP 年均增长速度需要略高于 7%。如何在转变发展方式的基础上保持经济较快增长，实现全面建成小康社会的宏伟目标，对我们的工作提出了新的要求。

未来中国经济发展面临着全新的国际环境。全球金融危机爆发后，世界经济进入了大调整大转型时期。发达经济体难以在短期内恢复高速增长，世界经济进入低速增长新阶段。全球性产能过剩问题加剧，国际市场竞争更加激烈，贸易投资保护主义有所抬头。区域贸易安排取代多边贸易体系，成为贸易投资自由化的主要形式，发达国家正按照自身利益酝酿新的贸易投资规则。三大主要经济体同时采取宽松的货币政策，导致全球性流动性过剩，对国际资本流动、全球金融市场的稳定均产生巨大影响。能源供求结构与格局深刻变化。主要发达经济体在救助金融危机和刺激经济的同时，实施"再制造业化"战略，重视新兴产业发展，推动经济加速转型。国际环境的变化，蕴含着新的机遇与挑战，战略机遇期的内涵与条件发生了重要变化。

中国经济发展进入了新阶段。我国已经进入了中等收入国家的行列，潜在经济增长率将出现下降，经济增长动力正处于转换之中。我国比较优势也在发生深刻变化，以往支撑我国参与国际分工与竞争的低成本劳动力优势正在快速削弱，劳动密集型产品在国际市场上面临着日益激烈的挑战。

转变发展方式刻不容缓。依靠要素投入驱动的经济发展方式难以为继，不平衡、不协调、不可持续的矛盾日益尖锐。经济结构不合理的问题日益严重，影响社会和谐稳定的矛盾更加突出，产能过剩、房地产泡沫、地方融资平台蕴含的金融风险等问题不可忽视。年初华北地区大面积持续的雾霾天气，不仅突显了资源环境问题的严重性，更反映了转变发展方式的紧迫性。

既要转变发展方式，又要保持经济稳定增长，唯一的出路是深化体制改革。体制机制是决定经济发展方式的根本因素，老的体制机制决定了老的发展方式。要转变发展方式，必须要有一套新的体制机制，否则，转变发展方式只能是纸上谈兵。除此之外，抓住新的发展机遇，释放经济增长的潜力，同样需要进一步深化改革。

深化改革要坚持不断完善社会主义市场经济体制。深化改革的关键是处理好政府与市场、政府与社会的关系，要尽可能把市场与社会可以自行承担的职能交给市场和社会，要用体制机制用好、管好政府这只"看得见的手"，充分尊重市场这只"看不见的手"，真正发挥市场机制在资源配置中的基础性作用。

改革进入深水区，需要我们用极大的智慧与勇气推进改革。各种体制盘根错节，相互影响，牵一发而动全身，改革不能零打碎敲，必须做好改革的顶层设计，系统化推进。

国务院发展研究中心是直接为党中央国务院决策服务的政策研究咨询机构。我们始终坚持围绕中心、服务大局的方向，开展政策研究，将战略性、综合性、全局性和前瞻性的重大战略问题研究与对经济社会发展中的热点、难点、焦点问题研究有机结合，力争为党中央国务院决策提供"管用"的政策建议与解决方案。

2013年的"国务院发展研究中心研究丛书"共包括16本著作，是过去一两年我中心部分政策研究成果。《改革攻坚（上）——改革的重点领域与推进机制研究》和《改革攻坚（下）——推进经济体制重点领域改革研究》是对下一步经济体制改革的总体设计，是我中心重大课题研究成果。丛书中还收录了对特定领域改革的研究成果，如《稳定与完善农村基本经营制度研究》《利率市场化改革研究》。关于转型发展方面的研究成果则包括：《中国制造业创新与升级——路径、机制与政策》《中国企业转型发展调查研究》《要素成本上涨对中国制造业的影响及相关政策研究》《大调整时代的世界经济》《全球农业战略：基于全球视野的中国粮食安全框架》《完善城镇化进程中的社会政策》《人口倒挂地区社会管理研究》等。针对经济社会发展中的热点问题，丛书重点收录了建立房地产市场调控长效机制的研究成果，包括《中国住房市场：调控与政策》《土地供应制度对房地产市场影响研究》。另外，丛书还收录了关于经济社会发展中一些新趋势、新问题的研究，如《中国云计算应用的经济效应与战略对策》《中国场外股权交易市场：发展与创新》《中国中长期负债能力与系统性风险研究》。

我们正在着力建设"一流智库"，不断提高政策研究的水平与质量。尽管如此，丛书中收录的研究成果，可能还存在种种不足，希望读者朋友不吝赐教，提出宝贵意见与建议，帮助我们不断改进。我衷心希望，社会各界都能够关心支持政策研究与咨询工作，为实现中华民族伟大复兴的"中国梦"，不断作出新贡献。

2013 年 6 月 3 日

内容提要
Introduction

我国改革开放走过了 30 多年的风雨历程，取得了举世瞩目的巨大成就。我国综合国力大幅跃升，已成为世界第二大经济体；人民生活水平显著提高，跨入了上中等收入国家行列。但随着形势的发展变化，经济社会发展不全面、不协调、不可持续的矛盾也日益突出，支撑经济多年高速增长的现有体制机制越来越不适应生产力发展的新要求。促进经济发展方式实质性转变，推动我国成功跨入高收入社会，实现中华民族的伟大复兴，必须进一步深化经济体制改革，推进全面制度建设。深化改革是当代中国面临新形势新任务必须做出的历史抉择。

新时期经济体制改革的基本思路应是：以科学发展观为指导，以建立规范、高效、公平的社会主义市场经济体制为根本目标，从推动经济社会全面转型的需要出发，紧密围绕加快经济发展方式实质性转变这一主线，把理顺政府与市场以及政府、企业、社会的关系作为核心，把切实转变政府职能作为突破口，强化市场基础制度，完善市场监管制度，健全经济调控制度，建立成果公平分享制度，协调配套推进政治、文化和社会领域的改革，抓住历史难得机遇，加快改革攻坚步伐，到"十二五"末务使重要领域和关键环节改革取得重大进展，为完善社会主义市场经济体制奠定新的基础。

主要任务包括：①建设透明、可问责的现代法治政府；②建设科学、公平和约束有力的现代财税制度；③建立健全反映资源稀缺程度、供求关系和经济活动外部性的价格机制；④建立体现公平原则、促进共同富裕的分配制度；⑤构建以法治为基础、适应经济社会结构新变化的社会管理体制；⑥建立高效、稳健、安全的现代金融体制；⑦建立国有资本产管理和经营制度；⑧建立公平公正、有效有力的现代监管体系；⑨建设工业化、城镇化、农业现代化同步发展的城乡发展新体制；⑩形成支撑创新驱动发展的科教体制；⑪进一步完善商品房市场的制度和政策体系，健全住房保障体系；⑫构建有利于中国和平发展的对外开放体制。

新时期加快改革要澄清对于改革的模糊认识，破除改革的阻力，建立有效的推进机制，包括：①确立改革领导机制，加强党对改革的领导、指导与监督；②建立改革动员机制，扩大改革支持者队伍；③建立改革组织协调机制，形成深化改革的合力；④建立风险防范机制，保证改革稳步推进；⑤建立改革保障机制，确保顺利实现改革目标。

目　录
Contents

総
论

改革的基本思路和
总体布局研究

　　我国改革开放走过了 30 多年的风雨历程，取得了举世瞩目的巨大成就。综合国力大幅跃升，已成为世界第二大经济体；人民生活水平显著提高，跨入了上中等收入国家行列。但随着形势的发展变化，经济社会发展不全面、不协调、不可持续的矛盾也日益突出，支撑经济多年高速增长的现有体制机制越来越不适应生产力发展的新要求。为了促进经济发展方式实质性转变，推动我国成功跨入高收入社会，实现中华民族的伟大复兴，必须进一步深化经济体制改革，推进全面制度建设，加快形成规范、高效、公平的社会主义市场经济体制。"十二五"是发展的关键时期和改革的攻坚阶段，国内经济社会深刻变革，国际经济和全球治理格局深度调整，形势紧迫，不进则退，必须坚定信心，痛下决心，加大力度，加快步伐，务求改革取得重大突破和实实在在的进展。

一、深化改革是当代中国面临新形势、
　新任务必须做出的历史抉择

（一）我国社会主义市场经济体制的基本框架已经确立

经过 30 多年来由上下互动、内外共进、渐次深入的改革，我国基

本建立起了社会主义市场经济体制。首先，通过采取明晰产权、放宽准入、放开价格为主的举措，奠定了市场基础制度，重建了资源配置机制，形成了多元主体参与市场竞争的格局，极大地提高了经济效率。第二，通过重塑政府、市场、企业、社会之间的关系，建立了市场监管制度和经济调控制度，比较有效地保障了竞争的规范进行和经济的平稳运行。第三，通过改革工资制度、允许非劳动要素参与分配以及构筑新的公共服务和社会保障体系，建立了与社会主义初级阶段生产力水平基本相适应的成果分享机制，既克服了平均主义，比较充分地释放了全社会创造物质财富的积极性，又显著提高了城乡居民收入，保持了社会和谐稳定。

在人类社会现代发展史上，中国的改革极具突破性、创造性和历史性意义。改革冲破传统思想束缚，回答了社会主义与市场经济能否兼容的问题；克服重重阻碍，创造了在社会未发生剧烈变动的前提下实现经济体制转轨的范例，使中华民族迈上了走向复兴的新征程，还为发展中国家探索现代化道路提供了经验。如果没有改革，我们不可能实现生产力的跨越式发展，更不可能在动荡多变的国际环境中巩固和发展社会主义制度。

（二）完善社会主义市场经济体制是新时期应对挑战、推动发展的必然要求

在改革的推动下，30多年来，我国生产力获得了极大的发展，但经济社会发展仍然存在不少突出矛盾和问题：一方面效率问题没有根本解决，另一方面公平问题又日益凸显。与之同时，中国发展所处的阶段和所面临的外部环境已然变化。继续深化改革，是应对发展新挑战、适应发展阶段性变化的必然要求。

1. 深化改革是应对综合国力竞争进一步加剧的现实需要

2008年的国际金融危机冲击了现存的全球经济格局，暴露了旧有的发展模式和全球治理机制的缺陷，促使世界各国为赢得新形势下的发

展主动权而加快结构调整步伐，提升国际竞争的软硬实力。金融危机后世界经济增长放缓并有可能成为长期趋势，外部市场需求增长不容乐观。各国为在全球新一轮技术革命占领制高点积极谋划，我国突破产业长期处于价值链低端的格局、在全球产业重组中占领制高点的机会稍纵即逝。气候变化等全球性问题更加突出，资源环境约束增强，碳排放压力增大。应对一系列外部挑战，必须加快形成经济增长的新动力和新的比较优势，建立有助于发展新动力成长和竞争新优势形成的体制机制。同时，随着经济实力的增强和国际政治角逐的加剧，我国不仅要积极参与国际规则的制定、全球治理机制的重构，还要通过改革形成软实力，在全球制度竞争中立于不败之地。

2. 深化改革是适应发展进入新阶段的根本需要

随着发展进入新阶段，原有发展模式的不可持续性越来越明显。外需增速放缓，基础设施建设投资规模接近峰值，经济增长对消费需求的依赖增强。人口未富先老，不仅影响劳动力供给，也影响社会总储蓄水平和社会总需求增长。国内资源开采过度，国外资源供给不稳定性增大，生态环境脆弱性加大，工业化、城市化面临土地和环境承载力不足的制约。只有深化改革，才能建立内需扩大的长效机制，提高资源利用效率，增强生态环境承载力，形成推动增长的新动力。

3. 深化改革是化解经济社会潜在风险的紧迫需要

未来我国经济潜在增长速度将明显下降。目前我国经济依然是速度效益型经济，如果经济实际增长速度显著下降，将会出现企业亏损面明显扩大、财政收入增幅下降、就业压力增大等问题，高速增长下被掩盖的财政、金融等风险可能会进一步积累。只有利用目前经济增速尚处于高位这一有利时机，通过深化改革，加快形成新的经济发展方式，才能有效化解各类风险。否则，错过改革的时间窗口，改革的选择空间将越来越小、阻力越来越大，现有矛盾会激化，发展进程有可能中断，全社会将付出极大代价。

4. 深化改革是顺应社会结构深刻变化的必然选择

按照世界银行标准，2010 年我国已进入上中等收入阶段。中等收入阶段往往是社会加速分化时期。一些国家之所以会掉入"中等收入陷阱"之中，就是因为它们没有成功应对现代化过程中的这一社会整合危机。当前，我国社会分化现象已比较突出：在城乡二元结构还远未消弭的同时，城市内部的二元结构已然形成并日渐突出；富人和穷人、资本和劳动的分野日益清晰。在日益分化的社会中，人们对于公平正义的渴望越来越强烈。只有深化改革，才能顺应人民的新期待，防止社会分裂，促进社会融合，为经济发展创造长期稳定的社会环境。

二、深化改革必须直面经济体制存在的深层次矛盾

我国已建立了市场经济体制的基本框架，但是现有体制在市场基础制度、市场监管制度、市场调控制度和成果分享制度等方面都存在制约效率提高和公平增进的因素。总体上既存在市场化不足、行政干预过度的问题，又存在政府责任不到位、公共产品或准公共产品领域过度市场化的问题，但市场化不足、竞争不充分，是现阶段的主要矛盾。具体地说，当前经济体制存在六大深层次矛盾。

（一）市场基础制度不足以保障公平和充分竞争

市场基础制度是市场经济体制的核心制度，包括产权保护机制、市场主体发育机制、价格形成机制等。经过多年的改革，我国市场基础制度已基本形成，但依然有不完善的方面。

1. 产权界定不清、保护不力

以《物权法》的颁布为标志，我国产权改革取得了突破性进展，产权的界定和保护进入了法治化阶段。但目前仍然存在产权界定不明

晰、收益权分配不合理、产权保护不力、产权交易不规范等现象。在产权界定和收益权分配方面，存在国有产权边界模糊、集体产权界定不清、农用地转为城市建设用地所产生的级差地租收益占有权不明等问题；在产权保护方面，既存在对私有产权保护不力的现象，又存在国有产权经常受到侵害的现象。

2. 市场主体发育还不成熟

改革开放以来，我们赋予个人自主择业、创业的自由，允许和鼓励非公有制经济发展，推动国有企业改革，各类市场主体不断成长、壮大并焕发出巨大活力。但仍存在不少问题，突出表现为国有企业定位还有争议，尚未成为完全市场主体。一方面，作为一般的企业，国有企业在市场上尽力谋求利益最大化；另一方面，作为国家所有的企业，在享受国家特殊照顾的同时，又承担着更多的社会责任。国有企业在治理结构、资产管理和布局调整等方面的改革都尚未到位。不少非公企业运作不规范，侵害职工权益，偷逃国家税费的现象时有发生。

3. 价格扭曲现象依然存在

目前，绝大多数产品的价格已经放开，但要素价格的市场化程度还不高，公共服务的定价机制还不完善。一是价格形成机制不合理，电力、成品油、天然气等产品的价格不能反映市场供求关系，许多经济活动的负外部性没有充分反映在价格中。二是价格传导机制不畅，以"市场煤、计划电"为代表的体制性矛盾冲突依然存在，公路、铁路、民航、水运、管道等各种交通运输方式价格比价关系扭曲。三是公共服务定价方式不合理，价格形成过程不规范，价格监管不到位，既侵害了消费者权益，又影响了公共服务的供给。

（二）市场监管制度体系不顺、有效性不足

政府监管是矫正市场失灵、保障公共利益的必要手段。没有有效的政府监管，市场经济难以健康有序运行。监管必须遵循依法、透明、专业、独立、可问责的原则，政府干预市场的自由裁量权应受到限制。改

革开放以来，我国建立了与市场经济发展要求基本相适应的市场监管制度。但对照上述要求，还有较大的改进空间。

1. 市场准入限制较多

虽然 2004 年开始实施的《行政许可法》规定了政府设定行政许可的范围和方式，但目前许多领域仍存在实质性的行政性审批，为一些政府部门对经济的不适当干预提供了可能，这限制了企业进入，导致了竞争的不充分。

2. 市场竞争秩序得不到有效维护

由于存在司法不公、执法不力等问题，正常的市场交易得不到法律的有效保护，如拖欠工人薪酬事件屡屡发生；由于对相关监管部门缺乏有效的问责机制，价格欺诈、价格合谋、滥用市场支配地位等现象在相当程度上存在。

3. 经济性监管不到位

我国在电力、电信、民航、天然气等网络型产业的可竞争环节引入了竞争，但由于缺乏专业机构对垄断环节（如输配电网络、干线传输网、天然气长途输送网等）的有效监管，出现了企业滥用垄断地位、延伸垄断环节、交叉补贴非垄断业务等现象，导致垄断行业经营效率低、供给不足、产品质量不高、创新缺乏动力等问题。

4. 社会性监管不力

在食品药品安全、生产安全、环境保护等必须严格监管的领域，由于缺乏严厉惩处违规者的法律条款，以及监管体系不够健全，监管程序不够规范和问责机制不够有力，一些企业在生产、经营等方面常常突破道德甚至法律底线，致使食品药品质量事件、环境污染事件、生产安全事件屡禁不止，损害了广大人民的切身利益。

（三）经济调控制度科学性、权威性不够

经济调控是政府运用财政、金融、规划等政策工具促进经济增长、熨平经济周期性波动、调整经济结构的重要手段，是实现国家战略目标

必须依托的基础性制度。目前存在的主要问题有如下几个方面。

1. 财税制度不尽合理

在中央和地方的财权事权关系方面，存在着中央和地方之间事权划分不合理、财力与事权不匹配等现象。虽然大多数公共服务是市县级政府提供的，但由于地方稳定的税源不足，税收分成和转移支付安排不合理等体制原因，落后地区、基层政府的财政能力较为薄弱。财力与事权的不匹配，导致地方行为与中央政策目标不一致；而专项转移支付比重过大和"口袋预算"（即中央预算内投资，由国家发改委等单位掌管）的存在，又进一步扭曲了地方政府行为，出现"跑部钱进"现象，既损失了效率，又容易产生腐败。在税收制度方面，以增值税、营业税等间接税为主的体系，鼓励了地方政府热衷资本密集型产业的发展，而忽视第三产业的发展；资源税税负过轻，环境保护税未开征，不仅不利于自然资源国家所有权的实现，也不利于资源集约利用和生态环境的治理及保护；地方可利用税源不足，使其过度依赖土地出让金收入和依靠地方政府融资平台，引发了拆迁纠纷、房价高企等问题，埋下了财政风险的隐患。

2. 金融调节体系有待完善

在利率方面，人为将资金成本特别是存款利率长期维持在很低的水平上。其结果，一是导致投资需求过旺，延迟经济结构调整；二是使得家庭部门无法获得合理的收益，抑制国内消费需求；三是弱化金融机构激励机制，使之难以形成真正的核心竞争力。在汇率方面，现有汇率管理方式不利于内外经济的均衡，保护了低端制造业，制约了产品的创新和产业的升级。在信贷指导方面，对银行信贷总量频繁地进行行政控制，使得市场化的资金需求与行政化的信贷供给之间在时间和区域维度上产生错配，引起投资的大起大落。在金融监管方面，过度监管和监管真空并存，现行分业监管模式越来越难以适应金融机构综合经营的发展趋势，系统性风险防控体系尚未健全。

3. 产业、区域与土地利用规划的合理性、有效性不足

规划是国家调控经济运行不可或缺的手段，其在我国经济社会发展中曾起到重要作用。然而，随着经济关系复杂性的提高和经济体制的变革，规划的合理性和有效性不足的问题日益显露。一是规划体系不完整，缺少顶层规划。总体规划和各专项规划之间缺乏统一和协调；国家和地方层面的规划互相冲突的情况普遍存在；长期规划和短期规划不衔接、不配套。二是规划的权威性不强、约束力不足。规划的法律地位不高，没有强制执行力，不少规划被"束之高阁"，既浪费了社会资源，又损害了政府威信。三是规划制定的科学化、规范化和民主化程度不够。一些规划制定过程中的部门化和地区化倾向十分明显，国家整体利益经常让位于部门利益和地区利益，区域规划的碎片化程度严重。

（四）成果分享制度不够公平

公平的成果分享制度是市场经济体制合法性的来源。过大的收入差距和不均等的公共服务，会影响社会稳定。成果分享制度不公，是当前经济社会发展中的突出矛盾。

1. 收入分配制度不合理

第一，对经济和社会资源的初始占有不公平。无论是土地、矿产等物质资源，还是行业准入、工程招标、政府补贴等政策资源，都未能实现公平占有，造成了经济和社会资源向资本拥有者和公权力滥用者倾斜的现象，导致了分配起点的不平等。第二，一次分配失衡。资源、劳动力等要素价格被人为扭曲，处理劳资关系缺乏有效机制，部分企业获取不合理的高利润。劳动力市场存在着户籍、性别、年龄、家庭背景等方面的歧视。第三，再分配调节力度不够。调节居民收入分配的税种设置不科学，个人收入调节主要依靠个人所得税，而房地产税、遗产税、赠与税等对收入分配有较大调节力度的税种缺失。公共服务和社会保障存在逆向转移支付现象。第四，受税收、文化传统、社会心理的影响，社会慈善事业发展缓慢，三次分配没有起到应有的调节作用。在这些因素

中，对经济和社会资源初始占有机会不公平是收入差距扩大的最重要影响因素。

2. 公共服务供给不足、不均等

受政府财力等因素制约，公共服务投入长期不足，服务能力不能适应人民群众日益增长的需求。受财政体制、户籍制度、管理能力等因素影响，城乡之间、区域之间、群体之间享受的公共服务差距较大。公共服务供给的不足和不均等不仅造成收入和生活质量的差距，也造成人力资本积累方面的差异，容易使社会阶层固化，影响社会稳定和谐。

（五）科教体制对创新发展的支撑不够

我国已成为科技投入大国，但创新的质量和效率不高。科教与创新"两张皮"的问题突出。国家创新体系不完善，产学研结合不够密切，行业共性技术研发平台薄弱。政府科研管理体制不合理，科研项目低水平重复，科技经费产出效率不高。基础研究、应用研究与产品开发未能有效衔接，引进技术的吸收转化机制不畅，科研对经济增长和产业结构调整的引领作用不明显。企业缺乏良好的创新环境。资源要素价格偏低，致使企业创新压力不足；缺乏有效的知识产权保护，致使企业创新动力不足。政府对教育的管、办职能尚未理清，大学和科研体系存在行政化、官僚化倾向，教育结构、人才结构不能很好地适应创新发展的需要，创新型人才培养和成长环境亟待改善。

（六）社会管理制度不适应利益多元化格局

在经济高速发展的同时，我国社会结构发生了深刻变革，出现了新的社会阶层和群体，利益格局日益复杂，各种矛盾相互交织。在市场经济条件下，社会矛盾应更多地通过利益的有效协调来解决。但社会组织发育滞后，部分阶层利益特别是弱势群体利益得不到充分表达，利益协调和争议处置机制不顺，社会矛盾难以通过群体内和群体间的沟通解决，抬高了社会管理成本。社会管理基本上沿用计划经济时期形成的老

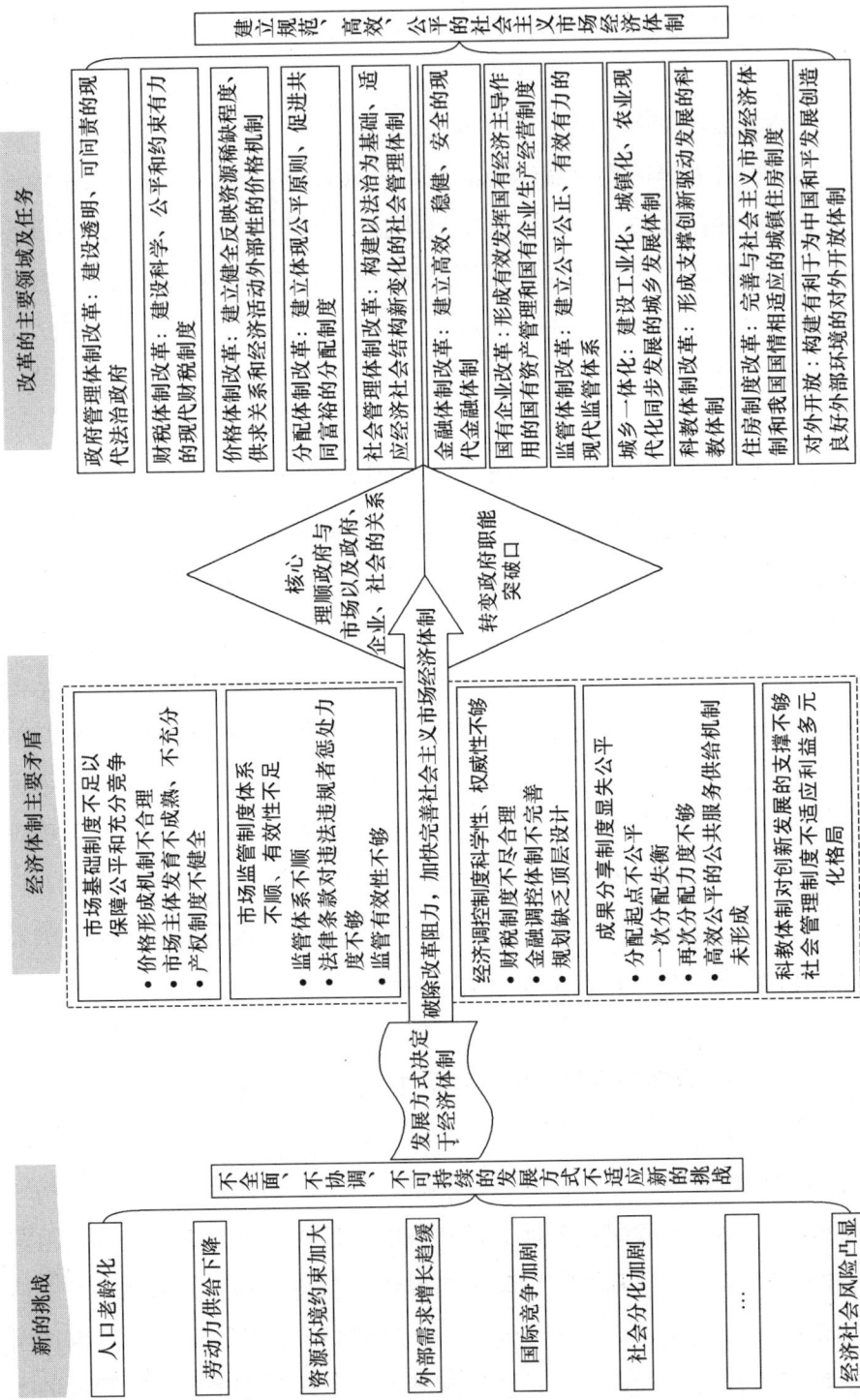

建立规范、高效、公平的社会主义市场经济体制

改革的主要领域及任务

- 政府管理体制改革：建设透明、可问责的现代法治政府
- 财税体制改革：建设科学、公平和约束有力的现代财税制度
- 价格体制改革：建立健全反映资源稀缺程度、供求关系和经济活动外部性的价格机制
- 分配体制改革：建立体现公平原则、促进共同富裕的分配制度
- 社会管理体制改革：构建以法治为基础、适应经济社会结构新变化的社会管理体制
- 金融体制改革：建立高效、稳健、安全的现代金融体系
- 国有企业改革：形成有效发挥国有经济主导作用的国有资产管理和国有企业经营制度
- 监管体制改革：建立公正、有效有力的现代监管体系
- 城乡一体化：建立工业化、城镇化、农业现代化同步发展的城乡发展体制
- 科教体制改革：形成有力支撑创新驱动发展的科教体制
- 住房制度改革：完善与我国国情相适应的城镇住房制度
- 对外开放：构建有利于中国和平发展创造良好外部环境的对外开放体制

核心：理顺政府与市场以及政府、企业、社会的关系

转变政府职能 突破口

经济体制主要矛盾

市场基础制度不足以保障公平和充分竞争
- 价格形成机制不合理
- 市场主体发育不成熟、不充分
- 产权制度不健全

市场监管制度体系不顺、有效性不足
- 监管体系不顺
- 法律条款对违法违规者惩处力度不够
- 监管有效性不够

破除改革阻力，加快完善社会主义市场经济体制

经济调控制度科学性、权威性不够
- 财税制度改革不尽合理
- 金融调控体制不完善
- 规划缺乏顶层设计

成果分享制度显失公平
- 分配起点不公平
- 一次分配失衡
- 再次分配力度不够
- 高效公平的公共服务供给机制未形成

科教体制对创新发展的支撑不够
社会管理制度不适应利益多元化格局

新的挑战

不全面 不协调 不可持续的发展 发展方式不适应新的挑战

发展方式决定于经济体制

- 人口老龄化
- 劳动力供给下降
- 资源环境约束加大
- 外部需求增长趋缓
- 国际竞争加剧
- 社会分化加剧
- ……
- 经济社会风险凸显

图1 经济体制改革的重点问题和领域

办法，过多依靠行政手段，不适应信息传播迅速、人口流动加快、思想理念和行为方式日趋多元的新形势。

这些矛盾的产生，在很大程度上归因于政府与市场的关系未理顺，政府"越位"和"缺位"并存：一方面政府对微观经济领域的直接干预依然较多；另一方面政府在规范市场竞争秩序、管理宏观经济、提供公平的公共服务方面还未起到应有的作用，影响了效率的提高和公平的增进。

三、以理顺政府与市场以及政府、企业、社会的关系为核心，完善社会主义市场经济体制

（一）社会主义市场经济体制的中国特色和时代特征

从市场在配置资源中处于基础地位这一点来看，市场经济具有历史和空间的一致性。无论建立何种市场经济体制，都要通过价格和竞争机制引导社会生产和交换，从而实现资源的优化配置。这一点毋庸置疑。然而，从政府在经济社会发展中的作用之大小、政府与企业的关系之疏密等方面来看，市场经济又是有差别的。这种差别既在横向上表现为国与国之间的差别，又在纵向上表现为不同历史阶段的体制差异。

横向地看，在当今世界，市场经济大体上可分为自由市场经济和社会市场经济两种。以英美为代表的自由市场经济模式，强调市场、自由竞争与私有化，体现了放松管制、轻视国家作用的"国家最小化、市场最大化"原则。作为社会民主主义思潮的产物，以德国等欧洲国家为代表的社会市场经济模式（又称莱茵模式），在主张市场调节促进经济发展的同时，强调国家调节保障市场公平竞争和社会公平，推行高税收、高福利制度，并重视财富在社会各阶层间公平分配。20世纪80年代以后，受里根、撒切尔主义的影响，社会市场经济的国家干预和福利有所减少。不言自明，自由市场经济模式和社会市场经济模式之间，还

有诸多市场经济的变种，有的更接近于自由市场经济模式，有的更接近于社会市场经济模式。

纵向地看，在不同的历史时期，政府和市场在经济社会发展中的相对地位一直在发生变化：20世纪30年代之前，西方国家政府普遍相信市场机制的自发作用；30年代经济危机后，凯恩斯的国家干预理论和政策成为主流；为了应对70年代的滞涨，里根和撒切尔政府又转向亲放松管制的新自由主义政策；此次金融危机后，美国政府在短期内对市场进行了有条件、有期限的介入，各国都在重新审视市场的地位和作用范围。

因此，无论是从国别比较还是从历史比较来看，都不存在普遍适用的、完美的市场经济体制。成熟的市场经济之所以"成熟"，很重要的一点就是能够根据国情与世情的变化，进行动态的适应性调整。由此可见，我国要建设的市场经济体制必然要有中国特色和时代特征，特点如下。

1. 我国的市场经济应是生产力不够发达阶段的市场经济

我国已经进入上中等收入阶段，但生产力仍然不够发达，在经济和技术上追赶发达国家的空间还比较大，任务还比较艰巨。这意味着我国要坚持和完善公有制为主体、多种所有制经济共同发展的基本经济制度，毫不动摇地巩固和发展公有制经济，毫不动摇地鼓励、支持、引导非公有制经济发展；意味着要充分发挥市场机制的作用，加快培育新的比较优势和新的增长动力，引导结构转型、产业升级和资源环境集约利用；还意味着我国要利用技术后发优势，恰当发挥政府在经济和技术追赶方面的引导作用，甚至不排除积极发挥政府在某些方面中的主导作用。

2. 我国的市场经济应是公平导向的市场经济

公平是社会主义制度合法性的根本所在。只有消除机会不均等，并通过政府的社会政策修正市场竞争可能带来的结果不均等，保障广大人民公平享受经济发展的成果，才能扩大社会主义市场经济体制的利益相关者队伍，才能巩固社会主义制度。当然，这里所说的公平是广义的公平，不仅包括收入分配的公平，而且包括机会均等、公平竞争和平等受到法律保护。它不是各方面的绝对平均（平等），也不是现在就要实现。其所强调的是，市场经济的发展必须以公平为最终导向，也许在特定的时期内，它可以偏离这一方向，但它不能长时期偏离这一方向。

3. 我国的市场经济应是人口大国、文明古国的市场经济

我国是一个多民族的人口大国，不同区域处于不同的发展阶段，各地市场发育的程度也相差甚远。在保证基本原则一致的情况下，各地可以探索妥善处理政府、企业和社会关系的具体办法；在全国市场不被分割的前提下，个别地区也可享受特殊的政策。同时，我国具有独特的文化传统和历史背景，在契约精神和个人与集体、社会、国家的关系等方面与西方发达国家有所不同，与西方国家相比，道德在调节各方利益方面，应发挥更大的作用。

4. 我国的市场经济应是全球化时代的市场经济

在全球化时代，各国经济广泛而深入地交织在一起，既相互竞争，又相互合作。在这种背景下，我国的市场经济体制必须与国际惯例和通行规则相衔接。只有建立与国际规则相衔接的市场经济体制，才能降低我国在"走出去"与"引进来"中的交易成本，为充分利用"两个市场"和"两种资源"创造有利环境。

5. 我国的市场经济应是能充分发挥政府、市场和社会三者合力的市场经济

经过200多年的发展，市场经济体制的优势、劣势充分显露，人们对于政府、市场和社会作用已有相当全面和清晰的认识。应当说，现在建立一个政府、市场和社会各在其位，政府失灵和市场失灵都得到有效矫正的市场经济体制已有比较深厚的认识基础。我国应借鉴国内外经验，以政府的力量矫正市场失灵，以公众的力量矫正政府失灵，建立政府、市场和社会力量达到适当均衡的市场经济体制。

6. 我国的市场经济应是多元主体共同参与的市场经济

现代社会，人们利益日趋多元化，思想意识日趋多样化，思想交流日趋便利，参与发展的要求日趋强烈。只有实现多元主体的共同参与，市场经济才能有序健康发展。我国市场经济运行和发展应能够反映民意，体现共同参与。

（二）改革的总体思路

根据党对完善社会主义市场经济体制的总体部署，应对我国现代化建设的新形势、新挑战和新任务，面对人民群众对于发展改革的新期待，基于经济体制改革业已取得的进展，借鉴市场经济发展正反两方面的国际经验，我们认为，新时期经济体制改革的基本思路应是：

"以科学发展观为指导，以建立规范、高效、公平的社会主义市场经济体制为根本目标，从推动经济社会全面转型的需要出发，紧密围绕加快经济发展方式实质性转变这一主线，把理顺政府与市场以及政府、企业、社会①的关系作为核心，把切实转变政府职能作为突破口，强化市场基础制度，完善市场监管制度，健全经济调控制度，建立成果公平分享制度，协调配套推进政治、文化和社会领域的改革，抓住历史难得机遇，加快改革攻坚步伐，到'十二五'末务使重要领域和关键环节改革取得重大进展，为完善社会主义市场经济体制奠定新的基础。"

规范、高效、公平②是社会主义市场经济体制的内在属性③。三者之间相互依存、互为条件。规范、公平是高效的前提，高效、规范是公平的基础。把建立规范、高效、公平的市场经济体制作为改革的根本目标，既符合市场经济发展的一般原则，也符合中国国情和适应我国现阶段的生产力水平，是中国特色社会主义市场经济的本质要求，是有效解

---

① 指个人和社会组织。
② 公平包括起点公平、机会均等和分配公平。
③ 社会主义的本质是解放生产力，发展生产力，消灭剥削，消除两极分化，最终达到共同富裕。

决我国当前经济社会发展中存在的诸多问题和矛盾，以及提高劳动生产率、促进社会公平、实现长期持续发展的唯一正确途径。

改革应服务于发展。我国正处于经济社会向现代化全面转型的关键时期和加快转变经济发展方式的攻坚阶段，经济和社会结构正经历前所未有的变化。推动改革重在破除制约发展方式转变和生产率提高的各种体制性因素，重在建立有利于实现社会公平和长期稳定的体制机制。

推进改革要明确具有全局意义的战略重点。政府与市场以及政府、企业、社会的关系广泛而又深刻地影响着市场经济的运行和发展。合理界定政府职能是妥善处理这些关系的关键。只有科学界定政府职能，并以此为目标，实现政府职能的根本转变，才能为形成合理的政府与市场以及政府、企业、社会的关系创造必要前提。

推进改革要明确改革的主要着力点。要针对经济体制中存在的突出矛盾，科学合理设计改革方案，积极稳妥落实改革部署。市场经济规范、高效运行靠市场基础制度、市场监管制度和经济调控制度支撑，市场经济的合法性来自于机会均等、公平竞争和发展成果的公平分享。而起点公平、机会均等对于实现社会公平更具基础性意义。建立规范、高效、公平的市场经济体制必须完善市场基础制度、市场监管制度、经济调控制度和成果分享制度。

经济体制和政治体制、文化体制、社会体制相互影响、相互作用。经济体制改革要靠其他领域的改革来支撑，经济体制改革的成果要靠其他领域的改革来巩固。改革是全面的、系统的，经济体制改革必然要求其他领域同样进行深刻的变革。

改革机遇稍纵即逝。在经济高速增长时期，社会财富的快速积累为缓解结构调整带来的矛盾创造了相对宽松的环境。一旦经济增长速度下降，不仅被高速增长所掩盖的风险将会显性化，而且会出现新的矛盾。"十二五"时期，我国经济仍可以较高的速度增长；"十三五"时期，我国经济潜在增长速度有可能明显下降。要利用好"十二五"时期经济仍可保持较高增长速度这一难得机会，同时要利用好在经济社会发展中的矛盾业已充分暴露、国际经济环境不稳定性不确性增加、加快转变经济发展方式的要求十分紧迫的背景下改革共识正在凝聚这一有利条件，加快推进重要领域和关键环节的改革。

（三）改革的总体目标和"十二五"时期的主要任务

1. 改革的总体目标

完善社会主义市场经济体制，需明确改革的总体目标和阶段性任务，稳妥、有力、有序、有效地推进各领域和各环节的改革。

我国经济体制改革应以建立"规范、高效、公平的社会主义市场经济体制"为总体目标。具体内容如下。

（1）以法治为基础，形成边界相对清晰的政府和市场的关系以及相互依存和相互制衡的政府、企业、社会的关系，建立透明、可预期的法律、法规、政策制定和实施机制，形成对政府权力的有效约束。

（2）建立产权有效保护机制①和以充分竞争为基础的价格形成机制，放宽市场准入，打破行政性垄断，赋予市场主体更多自由，形成牢固的市场基础制度。

（3）健全政府市场监管功能，合理化经济性监管，强化社会性监管，形成既能充分释放各类所有制经济的发展活力，又能对各类企业的行为加以严格规范的市场监管制度。

（4）健全政府经济调控功能，形成有效的综合运用财政、金融和规划等多种政策工具的经济调控制度。

（5）建立公平、透明的公共物质资源和政府政策资源分享机制，健全工资增长机制，完善公共服务制度，形成公平的成果分享制度。

（6）完善科研和教育体制，提供充足创新资源，形成创新驱动增长的动力机制。

（7）建立促进社会组织健康成长的机制，形成政府主导、各方参

---

① 包括土地财产权保护机制、知识产权保护机制等。

与、有利于国家长治久安的社会管理新体制。

市场经济是法治经济，法律法规和各种规则是调节各种经济关系的最主要的依据。在调节各种经济关系时，也要恰当发挥道德力量的作用。中国特色的社会主义市场经济体制尤其要发挥法律和道德力量的作用，并使之有机结合、相得益彰。

政府、市场的关系既与国情有关，又与发展所处的阶段和时代有关。我国将长期处于社会主义初级阶段，其发展还具有"赶超"的性质。推进国家现代化，要在充分发挥市场基础性作用的同时，注重发挥政府在规划发展、引导发展等方面的积极作用。

政府、企业、社会之间应形成相互依存、相互制衡的关系。政府应提供公平的、可预期的竞争环境和覆盖全面、水平适当的公共服务，并依法依规对各类所有制企业生产经营实施公正的经济性和社会性监管；企业应在履行最基本的社会责任的前提下，通过正当竞争，追求自身利益；社会（个人和社会组织）应在法律许可的范围内活动，监督政府权力的运作，在保证市场经济健康运行和社会和谐稳定中发挥积极作用。

市场基础制度、市场监管制度、经济调控制度和成果分享制度是市场经济最主要的构成部分。建成稳固的市场基础制度、有力的市场监管制度、有效的经济调控制度和公平的成果分享制度，是新时期改革的核心目标。而为使市场经济能够平稳运行和持续发展，还必须建立符合创新驱动发展需要的科研教育体制和适应社会结构日益多元化趋势的社会管理体制。

2. "十二五"时期的主要任务

建立规范、高效、公平的社会主义市场经济体制的目标要分阶段实现。"十二五"时期的改革应重点消除制约经济发展方式实质性转变的体制性因素，重在建立健全对规范市场经济运行、增进市场经济效率和公平性有决定性影响的体制机制。主要任务如下。

（1）建设透明、可问责的现代法治政府。明确政府职责，转变政府职能；优化政府组织结构，加强政府执政能力建设；依法规范政府行为，建设现代法治政府。

（2）建设科学、公平和约束有力的现代财税制度。理顺中央地方财权事权关系，健全公共财政体制，建立透明规范的现代预算制度；优化税收结构，完善税收体制。

（3）建立健全反映资源稀缺程度、供求关系和经济活动外部性的价格机制。消除政府对价格形成的不当干预，理顺受政府调节的各种重要产品（包括服务产品）价格的比价关系；加快资源和资本要素价格市场化，将生产经营活动的负外部效应内化为企业的成本，推进生产经营成本完全化。

（4）建立体现公平原则、促进共同富裕的分配制度。创造起点公平条件，营造过程公平环境，完善初次分配制度，强化再次分配制度，健全公共服务和社会保障制度。

（5）构建以法治为基础、适应经济社会结构新变化的社会管理体制。完善法律法规，鼓励和引导社会组织健康发展，推进政府主导下的社会管理民主化；完善人口管理体制，加强应对人口老龄化、少子化的能力建设。

（6）建立高效、稳健、安全的现代金融体制。稳妥推进金融领域的市场化改革，健全金融调控机制，构建金融宏观审慎监管制度框架。

（7）形成现代国有资本管理和经营制度。进一步明确国有资本应当布局的领域，确定不同领域国有资本的实现形式和运行规范；放宽市场准入，打破行政性垄断，促进非公有制经济和公有制经济公平竞争；完善企业内部治理机制，推进国有资产管理向管理国有资本和管理国有企业并重转变。

（8）建立公平公正、有效有力的现代监管体系。健全市场监管体制，增强监管能力，规范自然垄断行业（或环节）的经营行为，严格约束企业滥用市场支配地位的行为。

（9）建设工业化、城镇化、农业现代化同步发展的城乡发展新体制，形成产权清晰、权利平等、成果共享的城乡一体化新格局。

（10）形成支撑创新驱动发展的科教体制。健全国家创新体系，优化公共科技和教育资源的分配机制，提高公共科技资源利用效率，优化教育结构，改进高等教育和职业教育管理制度。

（11）进一步完善商品房市场的制度和政策体系，健全住房保障体系，完善房地产市场监管制度。

（12）围绕充分利用"两个市场、两种资源"，提高高附加价值产业的国际竞争力，促进经济结构调整和推动发展方式转变，构建有利于中国和平发展的对外开放体制。

（四）推进改革的路径与原则

推进改革，必须选择正确的路径。首先，从落实科学发展观、加快转变发展方式的需要出发，明确改革的总体目标和阶段性任务。第二，明确各项改革之间相互关系，找出主要矛盾和矛盾的主要方面，把握改革的主攻方向。第三，从实际出发，统筹考虑理想目标和现实可能，积极稳妥、扎实有效地推进改革。

深化经济体制改革，还要把握以下基本原则。

（1）坚持公平与效率相协调，更加注重社会公平的原则。改革方案的设计，要体现公平和效率均衡的原则，既不能只顾效率、不顾公平，也不能只讲公平、牺牲效率。既要注重结果的公平，更要注重机会和过程的公平。鉴于公平问题业已相当突出，在推进改革的过程中，应在影响公平的领域和环节上多下改革的功夫。

（2）坚持高层推动与基层创造相结合，更加注重统筹协调的原则。既要鼓励基层探索，尊重群众首创精神，又要加强对于改革的统一领导，注重统筹规划、整体布局，协调配套推进各领域和各环节的改革。

（3）坚持方向的坚定性和过程的稳妥性相统一，更加注重务实有效的原则。无论遇到多大阻力和多少质疑，都要坚持中国特色社会主义市场经济的改革方向。同时，充分估计可能出现的困难和风险，做好应对各种挑战的准备，积极稳妥、务实有效地推进各项改革。

（4）坚持改革与开放相促进，更加注重深化改革的原则。适应经济全球化不断发展的趋势，密切关注全球经济体制变革的大方向，充分借鉴国际有益经验，结合中国国情和现实需要，构造既与国际通行规则相一致、又与国家长远发展利益相契合的体制机制，不断提高开放型经济的质量和水平。

（5）坚持经济体制与政治、文化、社会体制相适应，更加注重增强制度合力的原则。在坚持基本政治社会制度的前提下，不失时机地推进政治、文化和社会领域的改革，促进上层建筑更好地适应经济基础，以巩固和扩大经济体制改革的成果。

四、以转变政府职能为突破口推进重点
领域和关键环节改革

经济体制改革涉及领域广泛，头绪繁多。推进改革要通盘考虑、周密设计，也要从当前矛盾最突出、要求最紧迫、影响面最广的领域入手，以局部突破带动全局变革。

（一）加快建设透明、可问责的现代法治政府

政府职能转变不到位、行政权力得不到有效制约是经济体制领域存在的主要矛盾。必须按照建设现代国家的要求，把转变政府职能、规范政府行为、约束政府权力作为深化改革的关键和突破口。

1. 清晰界定和加快转变政府职能

突出国家在保障人民享有平等的经济权利、社会权利、政治权利方面的责任，调整政府在经济调节、市场监管、社会管理、公共服务等方面的职能，并把这些职能落实到机构设置、行政程序、内部绩效考核、外部监督问责等环节，实现政府职能向建制度、严法治、重民生的切实

转变。按照有效、高效的原则，确定不同层级政府在决策、执行、监督、财政支出等环节的责任。在涉及公民基本权利、市场统一和竞争秩序、国家经济建设总体战略的领域，中央政府应承担统筹责任、决策责任和监督责任。强化中央财政在全局性和跨地区事务的支出责任。在清晰界定政府职能的前提下，加快政府职能转变。深化行政审批制度改革，大幅度减少投资审批事项，进一步减少政府对微观经济活动的直接干预。落实和加强政府提供公共服务的职能，加强对公共服务筹资、购买和提供的审计和监管。

2. 着力推动政务公开，完善对政府的问责机制

尽快将《政府信息公开条例》提升为国家法律，全面推进政务公开。扩大公众参与，增强公共政策的公正性，完善政府信息公开的社会评议和社会监督机制。加强人大对政府的监督，完善对政府的问责机制。推进政府绩效考核制度化，强化对地方政府执行国家规划和政策的考核。

3. 改善法治环境，建设法治政府

在已经建立基本完整的法律体系的基础上，以更大的力度执行法律，落实依法治国方略，形成建设法治政府的良好环境。完善司法程序，减少对司法的行政干预。探索建立巡回法院或跨省区法院。利用信息技术推进司法透明化，促进司法公开，保障司法公正。改进和落实行政复议和支持行政诉讼，加快制定《行政程序法》。

4. 加强政府能力建设

加强行政基础设施建设，完善统计体系，建立以国民身份证号码为唯一代码，综合各类相关信息的国家人口信息基础库，并在此基础上建立家庭收入、社会保障等重要信息库。建立一支高水平的公务员队伍，提高公务员依法行政的意识。

5. 调整政府组织结构

结合事业单位分类改革，统筹考虑政府职能配置和各种类型的机构设置，以职能定机构，使政府在保持合理机构数量的基础上全面履行职

能。在中央政府各部门之间建立有效协调机制，进一步理顺信息通信、能源、交通、文化、社会保障等几大领域的管理体制，处理好综合性政策部门与专业化监管机构之间的关系，解决职能交叉、政出多门、问责困难的问题。在积极试点的基础上，全面实施省直管县改革，探索启动全国性的行政区划调整。

（二）建设科学、公平和约束有力的现代财税制度

财税体制既关乎政府和企业的行为，又关乎城乡居民的切身利益，必须进一步深化财政体制、预算管理制度和税收制度改革。

1. 完善财政体制

以事权优化引领财力配置的优化，建立政府间财力与事权相匹配、兼顾效率与公平的财政管理体制。进一步完善分级分税的财税体制，推进省以下财政体制改革，充分发挥省级政府在平衡辖区内财力的作用。稳步推进省直管县财政体制改革，健全县级基本财力保障机制，提高县级财政的保障能力。健全转移支付制度，进一步增加一般性转移支付规模和比例，清理归并专项转移支付项目。健全国家重点生态功能区转移支付制度，完善生态保护补偿机制。

2. 深化预算管理制度改革

加快建立科学规范、公开透明、监督有力的现代预算制度。完善公共财政预算，全面提高政府性基金预算的规范性和透明度。继续扩大国有资本经营预算实施范围，加强社会保险基金预算管理。健全预算编制制度，提高预算编制的科学化程度。健全预算支出执行管理制度，强化部门预算支出主体责任，将部门预算制度改革实施范围覆盖到县级；将国库集中收付制度改革覆盖到各级政府及所属预算单位。建立规范的地方政府性债务发行与管理制度。

3. 推进税收制度改革

按照促进经济发展方式转变的要求，优化税收结构，公平税收负担，以结构性减税激发经济活力。健全增值税制度，在一些生产性服务

业领域加快推行营业税改征增值税改革。完善消费税制度，合理调整消费税范围和税率结构，研究将部分高消耗、高排放的产品纳入消费税征收范围。全面推进资源税改革，适时扩大从价计征范围；研究制定环境保护税费改革方案。加快健全地方税体系，赋予地方政府适当的税政管理权限，合理界定地方政府各自的主体税种，扩大地方税税基，规范分享制度。

（三）加快建立反映资源稀缺程度、供求关系和经济活动外部性的价格机制

建立完善、有效的价格机制是发挥市场配置资源基础性作用的关键。要形成以市场竞争定价为基础、政府实施合理监管的价格形成机制，使价格真正反映市场供求关系、资源稀缺程度和经济活动的外部性。

1. 建立促进绿色发展的资源能源价格体系

按"监管中间、放开两端"原则推进电价形成机制改革。建立清晰的成本核定标准和监管规则，实施对输配电定价的合理有效监管。放开竞争性电力市场建设和进行大用户直接交易试点，逐步解决电煤价格"双轨制"。在更大程度放开原油进口和成品油批发的基础上，实施"企业自主定价、政府间接调控"的成品油价格形成机制，政府主要以价格政策和监管来进行间接调控，建立公开、透明、实时的监管制度，对市场主体的定价行为进行有效监管，并发挥公共舆论对价格的监督作用。加快理顺天然气价格，将天然气生产环节和输送环节分离，加快扩大井口价格和销售价格市场化试点范围，逐步使国内外气价关系、天然气与石油比价关系合理化。推进水价改革。在完善成本公开、成本监督和听证制度的基础上，降低供水成本，实施阶梯水价。

2. 健全资本要素价格形成机制

在直接融资市场发展、金融机构风险定价能力提高的基础上，改革股票上市定价机制，放宽存贷款利率浮动空间，使利率水平的确定更多

地考虑通货膨胀率因素。完善有管理浮动汇率制度，扩大人民币汇率弹性。逐步推动保险费率的市场化。

3. 积极推进垄断领域价格形成机制改革

对能够形成充分竞争的业务和环节，放松价格管制。对具有行政性垄断的业务和环节，采取竞争性投标或利用价格上限管制确定价格。对公益性较强的产品和服务，区分为免费项目、补贴项目和按成本收费项目，实行分类管理。按照有关规定，在推行价格听证、规范民主决策的基础上制定价格，建立公共投入和价格联动机制。

4. 完善教育、医疗等公共服务价格形成机制

明确公共服务的范畴和定价机制，实施公共服务的全成本核算，完善特许经营权投标等制度，健全听证代表选择机制，建立定价信息公开制度，向社会公布公共产品的定价方法、定价成本、市场供需情况、价格波动情况等。

（四）建立体现公平原则、促进共同富裕的分配制度

社会主义的本质是共同富裕，消除两极分化。初次分配和再分配都要处理好效率和公平的关系，再分配更加注重公平。

1. 创造起点公平的条件

实现依法、透明、公正行政，保证全体社会成员公平享有公共物质资源和政府政策资源所带来的收益。尽快出台基本公共服务国家目录和标准，为所有的人提供均等的教育、医疗、社保方面的基本公共服务，为所有的人创造均等的就业创业机会，提升人力资本水平，增强劳动者自由、平等参与市场竞争的能力。重点解决流动人口子女按居住地接受普通高中教育和参加高考的问题，优先在农村地区推行高中阶段义务教育，研究制订全体国民公平享有优质高等教育资源的方案。

2. 完善初次分配制度

规范劳动力市场秩序，切实保证同工同酬，加强对劳动派遣行为的监管。建立工资随经济发展、劳动生产率提高相应增长的机制，合理提

高最低工资标准。积极发挥工会组织作用，稳步推行工资集体协商制度。借鉴国际有益经验，完善国有企业薪酬制度，加强对垄断行业和事业单位工资总额和工资水平特别是管理层薪酬的调控。

3. 强化再分配对收入分配的调节作用

尽快建立规范的财产和收入申报制度，为发挥税收调节作用创造条件。逐步推行综合征收的个人所得税制度，抵扣时充分考虑家庭综合负担能力。通过对保有环节和交易环节开征新税，加大房地产调节力度。在试点的基础上全面开征房产税，短期内重点放在交易环节，对暴利和投机行为课以重税。适时开征遗产税、赠与税等税种，加大对高收入者的税收征收力度。完善并严格执行公司财务和审计制度，规范企业职务消费。要清理灰色收入，坚决取缔非法收入，严厉打击偷逃税行为。通过税收减免、舆论引导等方式，鼓励捐赠，发展慈善事业，充分发挥第三次分配在收入分配调节中的积极作用。

4. 健全和完善社会保障制度

稳步提高最低生活保障标准。尽快实现新型农村合作医疗与城镇居民基本医疗保险，新型农村养老保险和城镇居民社会养老保险等筹资与管理模式相近的制度合并统一。逐步缩小农村和非从业人员社会保险与城镇职工社会保险的待遇差距，逐步推进制度的衔接和统一。加快提高各种社会保险制度的统筹层次，重点推进医疗保险的地市级统筹以至省级统筹，近期要先解决社会保险待遇的跨地区携带。综合运用推迟养老金领取年龄，规范社会保障待遇调整方式，以及在主要保险领域建立全国性调剂基金等方式，提高社会保障的可持续性与抗风险能力。

（五）建立以法治为基础、适应经济社会结构新变化的社会管理体制

要高度重视社会管理体制改革，积极探索创新社会管理体制的有效途径，加快建立以法治为基础的社会管理体制。

1. 强化法治在社会管理中的基础性作用

清晰界定公民的基本权利和义务是现代国家实施社会管理的前提。要以保障和实现公民基本权利为基础，依法进行社会管理，同时依法约束个人行为和其他法人行为。坚持法律面前人人平等，公平公正执法，杜绝执法过程中解释权和裁量权的滥用。对公共卫生、安全生产、社会治安、环境污染等重大事件的处置要依法合规。

2. 创新社会管理格局

扩大公众参与，降低社会组织成立的门槛，优先扶持公益性社会组织和以职业纽带为基础的互益性社会组织。切实发挥行业协会和基层组织的社会管理作用，畅通利益表达渠道，建立有效的对话协商机制。落实和完善基层自治，逐步形成政府管理和社会自主治理相结合的社会管理格局。

3. 完善矛盾调处机制

鉴于大多数矛盾是经济利益矛盾及其派生的矛盾，要更多地鼓励利益相关方通过协商对话方式以及司法渠道解决矛盾，既不能采取强制手段解决矛盾，也不能采取大事化小、小事化了的方式解决矛盾。在利用过去行之有效的调节模式的同时，创新调节方式，建立新型的社会调解机制。

4. 改革户籍等传统社会管理工具，促进社会融合

户籍制度是重要的社会管理工具，但户籍与公共服务和社会权利挂钩的做法越来越不适应人口大规模流动和公共服务均等化的要求。要进一步推进户籍与公共服务和社会权利的脱钩，用居住年限、社保缴费和纳税年限等更合理的条件取代户籍作为替代性管理手段，避免出现城市内的二元结构，同时实现社会公平公正和有序管理，促进社会融合。

5. 加强对人口结构变化的综合性研究和应对工作

我国的总和生育率已经明显低于正常人口替代水平，人口红利逐渐消失、老龄化加速以及可能的劳动力短缺问题将成为新的重大挑战。要综合研究其经济社会影响，制订应对规划和政策。尽快调整完善计划生

育政策。应专门设立应对老龄化问题的政府工作机构，加强对老龄化、少子化问题的综合研究和统筹协调。

6. 以省为单位进行社会领域综合改革试点

这项改革应包括公共服务、社会保障、人口、社会管理等内容，可在东、中、西部各选一个省份进行试点，为全面推进社会领域的改革积累经验。

（六）建立高效、稳健、安全的现代金融体制

建立更加高效、稳健和安全的金融体系，在有效分散风险的基础上，满足企业、家庭和政府部门的多元化金融需求，有力支撑创新型产业的发展以及消费主导的内需增长。

1. 深入推进金融领域的市场化

健全国有金融资产管理体制，继续改善金融机构的公司治理。加快推进利率市场化和人民币汇率形成机制改革。完善多层次的金融市场，更好地发挥风险投资和私募股权的作用。放宽金融市场准入的数量管制，解决债券市场分割问题，形成信贷、股票、债券与衍生品市场相互支撑、场内与场外市场相互补充、大型与中小金融机构分工协作的格局，以满足不同类型、不同规模的融资者与不同偏好投资者的多种融资、投资与风险管理的需求。

2. 完善金融宏观调控机制

增强央行的货币政策独立性，更多采用市场化的货币政策工具，减少对金融机构和金融市场的不当行政干预。避免因政府隐性担保而形成大面积的不良贷款。健全系统性金融风险预警系统，防范和应对包括影子银行风险在内的金融风险，开发监控和识别系统性风险的工具，并建立相关标准。

3. 推动金融监管转型

构建金融宏观审慎监管制度框架，建立宏观审慎监管的目标、指标和政策工具体系。设立独立于"一行三会"实体性的、负有综合协调

职能的金融稳定委员会，加强各监管部门的协调，监督所有可能会带来系统性风险的机构、产品、工具和交易，加大对市场违规违法行为的惩处力度，加强对中小投资人的保护。建立问题金融机构市场化退出机制，构筑金融安全网，尽快推出存款保险制度。

4. 稳步推进金融开放

准确把握金融开放和金融安全的关系，制定审慎的资本账户逐步开放的路线图，健全跨境资本管理制度。形成以人民币区域化为支撑的金融对外开放格局，发挥香港国际金融中心在我国金融对外开放中的独特作用，创造有效隔离境内境外风险、相对可控的人民币离岸市场，推动我国金融市场与国际金融市场的良性互动。

（七）形成现代国有资本管理和经营制度

进一步明确国有资本应当布局的领域，确定不同领域国有资本的实现形式和运行规范；放宽市场准入，打破行政性垄断，促进非公有制经济和公有制经济公平竞争；完善企业内部治理机制，推进国有资产管理向管理国有资本转变。

1. 优化国有经济布局和结构，增强国有经济活力

进一步推动国有资本向关系国家安全和国民经济命脉的重要行业和关键领域（主要是自然垄断、公共产品、外部性强的领域）集中。在重要行业和关键领域，国有资本可以完全控股；在战略性高新技术产业和新兴产业领域，国有资本发挥积极引导作用；在一般性竞争领域，国有资本通过参股、合作等多种形式与其他类型资本平等竞争。

2. 分类推进国有企业改革

按国有企业的不同功能属性，分类推进改革，建立国有企业分类管理和考核制度。对处于国家安全、自然垄断、重要基础设施和公共服务领域的国有企业，改革的重点在于按企业主要业务目标、经济属性建立和完善企业管理模式和评价指标体系。对战略性高新技术产业、新兴产业和一般性竞争领域的大多数国有企业，改革的重点在于进一步深化产

权制度改革，使企业成为股权结构多元化、治理结构完善、自主决策的市场主体。剥离国有企业的社会职能，实现国有企业管理和用工的市场化，推进职工福利的社会化。

3. 完善国有资产管理体制

完善国家所有权政策，明确和规范国家资本投资目标和国家出资企业管理制度。把国家所有权政策作为对国家出资企业进行管理的基本政策工具，初步形成相应的政策体系、组织体系、法律法规体系及政策制定和实施体系。进一步探索国有资本所有权主体和监管主体的分离，以及包括国有资本投资管理公司等在内的多种形式的国有资本运营模式。在更大范围推行国有资产经营预算管理制度，逐步将国有资本经营预算支出纳入公共预算支出。建立统一的国有金融资产管理机构。

4. 加快推进垄断行业改革

针对不同垄断行业特点，采取多种形式，鼓励竞争，打破垄断。重点推进铁路、电力、电信、石油、天然气行业改革。在电力和天然气管网行业，将竞争性环节与自然垄断环节分开，放开竞争性环节准入，对自然垄断环节加强监管。在电信和石油石化等行业，引入新的竞争者，形成多元主体相互竞争的市场格局。在水务、燃气等城市公用事业，引入特许权招标等竞争机制，配置经营许可权。加快铁路改革，实现政企分开，鼓励其他企业开展铁路投资和经营。深化电力体制改革，引入"竞价上网"机制。

（八）建立公平公正、有效有力的现代监管体系

市场经济存在不充分竞争、不对称信息、外部性并可能带来社会不公正等问题，市场经济运行需要有效监管。要在进一步促进市场竞争的同时，加快建设现代监管体系，强化政府市场监管的职能。

1. 扎实推进现代监管体系建设

完善对生产安全、食品药品安全、环境保护等进行社会性监管的监管体系。加强相关领域行业自律组织和消费者保护组织的建设。加快监

管会计准则等法规建设，加强信息系统等监管基础设施建设。根据市场发育程度、技术进步方向、产业特征等因素，组建综合性监管机构。建立包括电信、电视、互联网等多种信息传输领域在内的综合性通信监管委员会；组建包括电力、石油天然气等产业领域的能源监管委员会。在适宜领域，探索建立垂直一体化监管、分层级多级监管的组织体系。

2. 改进经济性监管机制

对电力、电信、民航、天然气等网络型产业中不可竞争的环节（如输配电网络、干线传输网、天然气长途输送网等），加强政府监管。限制垄断企业延伸非垄断业务，加强对垄断企业服务质量、交叉补贴、履行普遍服务职能等方面的监管。制定监管对象的监管会计原则，确保经济性监管准确、有效。

3. 完善法律法规，严格反垄断执法

加快修订《电力法》《铁路法》等法律，抓紧制订《电信法》《石油天然气法》等法律，严格执行《反垄断法》及相关法律法规，完善反垄断内容，防治垄断行为，健全反垄断审查制度，增强程序的透明度和可预见性，反对滥用市场支配地位，保护公平竞争，维护公共利益。

4. 完善社会性监管制度

加强食品药品安全、生产安全、环境保护等方面的监管。加大违法违规处罚力度，提高违法违规成本。积极探索社会性监管领域政府监管机构的组织方式，在强调落实地方政府责任的同时，积极探索在食品药品安全、生产安全和环境保护等领域实行全国统一监管的可行性。

5. 提高监管能力，强化监管问责机制

加强监管的信息系统等基础设施建设，加大监管人员业务培训力度，提高监管机构有效监管的能力。注重事中和事后监管。立法界定政府监管机构的监管权力，规定其依法行使权力的方式，完善其有效行使权力的问责机制。政府监管要做到依法、透明、专业、独立、可问责。要严格问责机制，强化外部监督，形成对监管者行使监管权的有效制约，加强对监管机构的问责。

（九）建立支撑工业化、城镇化、农业现代化同步发展的城乡发展新体制

要形成产权清晰、权利平等、成果共享的城乡一体化新格局。通过对农村承包地、宅基地、山地、草场等资源的确权、登记和颁证，赋予农民土地等所有资源完整的、有法律保障的使用权、收益权和转让权，允许农村集体所有土地像城市国有土地一样平等进入市场交易。改革城乡分治体制，让农民与市民享有均等化的公共服务。

1. 深化土地制度改革

落实承包农户土地承包权长久不变政策，为应对城市化带来的人地关系变化和土地承包权与经营权的分离打下长久的制度基础。改变土地权利二元格局，真正实现国有土地与集体土地的"同地、同价、同权"。加快征地制度改革，逐步实行对失地农民的土地财产权的公平补偿。完善城乡建设用地"增减挂钩"政策，规范农村土地整理工作，确保土地整治中的农民土地权益。明确农民的宅基地用益物权。

2. 改革城乡分治体制

统筹城乡发展规划，切实改变城乡分割的行政管理体制，建立城乡一体的规划制度。按照促进城乡一体化的要求，通盘考虑城市发展和农村发展，统一制定土地利用总体规划和城乡建设规划。统筹规划和整体推进城乡产业发展，引导城市资金、技术、人才、管理等生产要素向农村合理流动。统筹城乡公共服务，创新管理体制和运行机制，加大资源整合力度，切实将公共资源向农村倾斜，改变农村基础设施薄弱和公共服务不足的状况，逐步实现基本公共服务均等化。统筹城乡社会管理，大力推进社会管理创新，改变城乡分割、条块分割的管理方式，逐步形成城乡社会管理一体化的体制，形成城市工作与农村工作对接、良性互动的新格局。

3. 建立城乡均等化的公共服务体系

加快改变农村教育、医疗、社会保障等公共服务发展滞后局面，逐步建立与公共财政职能和国家财力相适应，城乡普惠、均等和一体化的

基本公共服务体系。加快推进城乡公共教育均衡发展，努力改善义务教育办学条件，做到县域内学校办学条件大致均等，促进农村义务教育质量大幅度提升。加快构建城乡一体的就业服务体系。完善城乡公共就业服务体系，推动就业信息全国联网，为劳动者提供优质高效的就业服务。加快推进城乡社会保障的均等化。以广覆盖、保基本、多层次、可持续为基本原则，加快建设覆盖城乡居民的社会保障体系。加快建立能够满足城乡居民基本医疗需求的公共卫生服务体系。加快建立健全基本医疗卫生制度，加快城乡医疗卫生事业发展。建立健全覆盖农民工的城市住房保障体系。加大保障性安居工程建设力度，逐步将农民工纳入城镇住房保障体系。

4. 创建农民融入城市的制度环境

促进农民工在城镇稳定就业，加强劳动权益保护，形成农民工工资合理增长机制。继续坚持就业优先，健全人力资源市场和覆盖农民工的公共就业服务，促进农村劳动力转移和进城农民工稳定就业。在子女教育、医疗、社会保障、住房等方面推进城市公共服务体系平等覆盖农民工。进一步做好农民工子女义务教育、农民工医疗和文化生活的公共服务，切实保障其受教育权、健康权和文化权益。推进户籍制度改革和社会管理体制改革，依法保护农民工土地权益。户籍制度改革的目标是，在全国范围内取消农业户口、非农业户口的户口性质划分，建立城乡统一的户口登记制度。逐步使户籍与附着其上的公共服务、福利待遇脱钩，推进公共服务的均等化。

5. 深化农村金融体制改革，加快建立普惠型农村金融体系

健全农村金融服务体系。国有商业银行和邮政储蓄银行要加大对农村的信贷投入力度。政策性银行要面向农村扩大经营服务领域。继续深化农村信用社改革，切实落实县域内银行业金融机构将一定比例新增存款投放当地的政策。在切实加强监管的基础上，要扩大农村金融市场准入，加快发展新型农村金融机构，积极探索发展新型农民信贷互助合作组织，激活农村金融市场。加快农村金融产品和贷款担保方式创新。大

力发展小额信贷和微型金融服务。扩大有效抵押品范围。大力推广农户联保贷款。探索建立政府支持、企业和银行多方参与的农村信贷担保机制。鼓励金融机构发展农民住房贷款服务。

6. 进行组织与制度创新，加快农业经营方式"两个转变"

毫不动摇地坚持家庭经营方式，提高家庭经营的集约化水平。在保障农民家庭承包经营主体地位的基础上，把家庭分散经营的优势与统一经营和服务的优势结合起来，加快农业经营方式"两个转变"，即家庭经营向采用先进科技和生产手段的方向转变，统一经营向发展农户联合与合作，形成多元化、多层次、多形式经营服务体系的方向转变。健全农业统一经营服务体系，提高农民的组织化程度。切实按照"服务农民、进退自由、权利平等、管理民主"的要求，充分发挥合作社在组织农民、落实政策、对接市场等方面的作用。大力发展多元化农业服务体系，加快推进农业技术推广体系改革和建设，强化公益性服务。

（十）加快建立支持创新驱动发展的科教体制

科教体制改革在更高层次上进行整体设计，在更广泛的范围内加强相关的配套体制改革；厘清政府与市场、公办与民办的责任边界，提高公共科教资源的使用效率，充分发挥社会资源的作用。

1. 培育多元创新主体，形成以企业为主体、产学研有机结合的国家创新体系

构造开放、有序、公平竞争的市场环境，加强对创新产品和技术的支持，改善科技型企业融资环境，从财税、金融、监管等方面，建立企业创新的激励和约束机制，使企业真正成为国家创新体系的主体。进一步深化科研机构改革和重组，完善科研组织框架，加快科研机构立法，明确各类科研机构的职能定位，建立科研机构创新评价机制。根据国家战略需要和行业特点，完善公共科研机构体系和组织管理方式。完善具有事业单位性质的共性技术研发平台的运行机制，有效发挥部分转制行业性科研院所的共性技术平台作用。加强中小企业创新服务机构的建

设。加强知识产权保护，完善创新技术的转移机制和创新人才的流动机制，建立科研机构开放合作机制，促进产学研的有机结合。

2. 完善公共科技资源分配和管理机制

健全国家重大科技决策机制，加强政府科技资源配置的统筹协调，为重大科研项目提供稳定的资金支持，提高公共资源利用效率。减少政府科技项目的管理层次，完善竞争性项目招标和评估机制，实行决策、执行和评价相互分开，改进对科研经费使用过程的监督和使用效率的评估。加强基础研究投入，对基础研究与应用研究项目的投入、管理和评价机制实施分类管理。着力支持产业共性技术研究开发，对重点共性技术方向提供稳定的财政经费来源，以项目经费支持产业联盟等其他形式的共性技术研究。

3. 改进高等教育管理机制，提高高等教育质量，培养创新型人才

明确政府的管理权限和职责，推进政校分开、管办分离，扩大学校办学的自主权，改进大学评价体系。改革地方和民间办学体制，优化办学环境，拓宽办学资金渠道，切实落实地方大学生均经费拨款制度。推进高等院校与地方、行业、企业合作共建，探索建立中央部属高等院校与地方高等院校合作发展机制。促进高等教育对外开放，探索高水平中外合作办学模式。围绕优势学科集中力量培育重点研究型大学。

4. 明确职业教育的战略地位，建立健全技能型人才培养体制机制

改革招生制度，实现职业教育与普通高等教育之间的衔接和互通。落实和扩大地方政府兴办职业教育的自主权，建立职业教育经费保障机制。借鉴国际经验，进一步探索企业参与办学和提供实习基地的机制与政策。改进和完善人事劳动制度和工资制度，为职业学校毕业生提供公平合理的就业环境和职业上升通道。

（十一）进一步完善与社会主义市场经济体制和我国国情相适应的城镇住房制度

住房问题既是重要的民生问题，也是经济发展问题。要进一步完善

商品房市场的制度体系，建立和完善短期内以公租房实物配租为主，中长期形成包括货币补贴和实物配租在内的多种保障方式并存的住房保障制度，完善房地产市场监管体系，实现房地产市场规范运行。

1. 进一步完善商品房市场的制度和调控政策体系

明确住房是居住品，在此基础上，制订长期可持续的、鼓励自住型需求、抑制投资投机性需求的制度和政策。进一步完善住房金融制度，实行中性的住房金融政策。继续完善住房公积金制度，扩大惠及面。提高房地产开发企业贷款门槛，严格控制企业自有资本金比例，降低开发风险。实行有利于住房流转的税收政策。进一步完善土地供应和监管政策。合理确定未来住宅供应计划和土地供应计划。加强对现行土地政策的执法力度。在一些条件较为成熟的地区稳步推进城乡建设用地市场一体化试点。加强住房市场调控和监测的信息基础设施建设。

2. 进一步完善住房保障的制度体系

完善多渠道的保障性住房供应体系，考虑以建为主、建补结合的推进方式，适度加大政府直接调控的房源数量。建立和完善住房保障规划、决策和实施机制。完善保障性住房的土地供应制度，增加保障性住房土地储备量，合理规划保障房用地，重点完善配套设施。拓展保障住房的投融资渠道。把住房保障作为各级财政投入的重点领域，制定住房保障专项预算，引导银行、保险、公积金等金融机构积极参与住房保障建设。探索组建政策性住宅储蓄银行，提供保障性住房建设及消费活动相关的金融服务，进行保障性住房投资信托试点。加快推进相关立法，实现住房保障法治化。在全国层面建立统一、规范的住房保障法律框架。制定地方性住房保障法律法规和文件，通过制定地方性法规来规范住房保障工作，有序推动住房保障管理工作法治化进程。

3. 进一步完善房地产行业的监管体系

健全房地产行业的法律法规，推进《住宅法》和《住房保障法》立法工作，加快修订《城市房地产管理法》。完善商品房预售制度，加强对预售资金的监管力度，强制房地产开发商披露预售许可和预售进展等相关情况，加强对房地产销售代理和经纪的资质管理。规范二手房交易行为，贯彻落实《房地产经纪管理办法》，建设公开、透明、阳光的二手房交易市场，整合房屋登记机构、交易保证机构和金融机构，搭建二手房交易结算资金托管平台。改善房屋租赁监管，落实《商品房屋租赁管理办法》，对房屋租赁代理等不合理的房地产经纪业务方式加以规制，搭建房屋租赁的网上信息平台。加强物业监管，加快修订《物业服务企业资质管理办法》，充分发挥业主委员会的桥梁作用，引入第三方物业评估监理机制。加快房地产企业信用体系建设，完善房地产估价和物业服务企业及从业人员的信用体系建设，加强信用管理。进一步加强房地产开发企业的资质管理，监管部门要对企业资质进行定期核定和更新。

（十二）构建有利于为中国和平发展创造良好外部环境的对外开放体制

要充分利用好"两个市场、两种资源"，提高中国高附加价值产业的国际竞争力，促进经济结构调整，推动发展方式转变，为经济长期稳定发展提供保障。涉外经济领域体制改革应该紧紧围绕上述目标，在对外贸易、引进外资、对外投资、对外经济合作等重点领域，健全体制、完善政策、推进改革。

1. 完善外贸管理体制，建立高效的贸易促进体系

降低进口关税水平，尤其是部分最终消费品关税，优化关税结构。指定经营商品的进口商要增加数量，增强竞争。完善出口退税制度，实现国内料件与进口料件的平等竞争。加强电子口岸建设，推进"大通关"建设。促进东中西部之间跨地区的"大通关"合作，支持地区间产业转移和加快中西部地区的对外开放。

2. 健全外贸支持服务体系，提高外贸促进机制的效率

加强商务部、地方外贸管理部门、贸易促进服务组织和同业协会等机构协调配合，健全外贸服务和促进体系，高效使用外贸促进资源。完

善贸易预警网络体系的建设，扩大预警网络对商品品种、国别区域、贸易救济措施等的覆盖范围，加强各级、各地、各行业预警机构之间的信息沟通，提高贸易预警的及时性和有效性。

3. 扩大开放领域，完善外商投资审批管理体制

扩大物流运输、教育卫生、金融、电信、旅游等服务业领域的开放，减少资质和地域等方面的限制，降低外资准入门槛，引进先进的服务业经营模式、经营方式和经营渠道。将研发、信息、金融、物流及供应链、市场营销与专业服务等我国急需发展的生产性服务业列入优先鼓励的范围，加大政策支持力度。提高外商投资审批效率，改革分类管理指导方法，在适当时机可以采用否定列表制度设定外商投资指导目录。

加强中央协调，防止各地在吸引外资上的恶性竞争，引导外商投资提升产业结构，鼓励外商投资向中西部和东北老工业基地倾斜，保护外资合法权益，促进内外资合理布局。

4. 制定统一的对外投资法，必要时可成立专门机构，协调管理海外投资

尽快制定"对外投资法"，作为管理对外投资的基本法，对我国海外投资的目标、主体、形式、审批、支持服务政策、企业条件等进行原则规定。成立统一的海外投资管理机构，负责制定国家对外投资战略，统一规划、管理、协调我国的海外投资活动。

简化海外投资审批程序，提高审批效率，增加审批透明度，加强企业海外投资服务体系建设。加强国际合作，保护我国海外投资利益，支持发挥商会、协会等民间机构的作用，建立支持对外投资的全球网络平台，发挥对外援助与对外投资、对外经济合作的配合支持作用。

5. 健全对外合作的法律法规体系，加强对外经济合作工作

提高对外承包工程和对外劳务合作法律的层次，设立专门管理机构，改变政出多门、多头管理的局面，加强财税、融资、劳务、保险等相关部门的协调，形成统一、高效的管理体制。加强对外经济合作的金融保险支持和信息服务，规范对外合作的企业经营行为，整顿行业秩

序。提高对外经济合作企业和人员的能力素质，增强国际竞争力。

五、建立推进改革的有效机制

改革是复杂的利益调整过程。由于社会分层化和利益多元化的发展，改革进入了一个无法人人都受益的阶段；又由于人具有多重社会属性、多重利益角色，一个人在拥护某些领域改革的同时，很有可能会反对另外一些改革措施。这使得改革面临的利益纠结尤为复杂，面临的质疑超过以往，面临的阻力异乎寻常。改变人民对改革存在着的犹疑态度，形成凝聚人心的改革共识，需要深入剖析改革阻力，设计出推进改革的动力机制，提出推进改革的配套措施。

（一）顺利推进改革关键在于澄清模糊认识，破除改革的阻力

1. 澄清对于改革的模糊认识

改革过程异常复杂，对改革的认识不可能一步到位。改革迟滞的一个很重要的原因，就是人们对改革的实质认识不清，对社会主义市场经济体制理解不透，对体制变革的风险判断不准。推进改革，必须正确认识改革。

（1）要认识到，当前经济社会出现的不少问题是改革不彻底、不到位、不全面造成的。这是改革过程中的阶段性现象。一些人将收入差距扩大、城乡区域发展不平衡加剧等问题完全归咎于市场化改革。其实，造成以上问题的原因是多方面的，而其重要原因乃是生产要素的流动仍然存在着诸多限制，在就业、教育、医疗、社保等方面还存在城乡、地域歧视。而这些限制和歧视，正是改革要破除的。

（2）要认识到，改革的目标是建立完善的社会主义市场经济体制。它应当兼顾效率与公平。市场经济在提高效率上有优势，遗憾的是，很多人只看到了优势；市场经济在推动公平上力有所不逮，不幸的是，一

些人只看到了其劣势。前者认为当前所有的矛盾都能依靠市场解决；后者认为市场经济只能解决效率问题，不能解决公平问题，要实现公平就要回到计划经济体制上去。这两种观点都是片面的，都是对市场经济的误读。的确，单靠"市场"本身不能解决公平问题，但改革的方向并非只是简单地市场化，而是要建立一个完善的"市场经济体制"。这意味着，建立均等化的公共服务体制和公平的社会保障、社会管理等制度都是改革的重要内容。

（3）要认识到，深化改革有风险，但主动改革的风险可预期、可防控；而改革停滞将产生更大的、不可控的风险。一些人认为，在目前极端复杂的国际国内环境下深化改革风险很大，在现有体制下谋发展更便利。诚然，改革有风险。但是，如果主动深化改革，我们就能事先预判风险，做好风险应对预案，选择较合适的时机、较优化的方案和较合理的节奏，加快推进改革。相反，如果推迟改革，经济和社会矛盾不但可能会积累和日益尖锐化，而且可能会在无法预知的时间、以不可预见的方式引发程度难以预料的社会不稳定。

2. 破除改革的阻力

改革会遇到利益集团的阻挠。问题是，这些利益集团究竟在哪里？他们有什么样的动机阻挠改革？只有明确这些，破除改革阻力才能做到有的放矢。

改革的阻力来自何方与改革要建立的经济体制新模式高度相关。如前所述，我们的改革要建立的是规范、高效、公平的市场经济体制。阻挠改革的利益集团，将是在市场经济规范化、高效化、公平化过程中利益受到损害的群体。目前来看至少存在以下三类群体。

第一类是因建立规范的市场经济而受损的利益群体。在不规范的市场经济中，一方面，由于法治尚未完备，掌握行政配置资源权力的部门和人士容易将公共权力市场化，通过扩大行政权力对经济运行的干预来设租，从而谋取小集团和个人的不当利益。另一方面，由于存在设租人，部分企业就有可能通过贿赂来获取廉价的稀缺资源，排斥潜在竞争对手或者避开监管，攫取超额利润。规范的市场经济体制必然要求起点公平、过程公正，必然消除寻租和设租的空间。规范市场运行，必然受到这些人的反对。

第二类是因建立高效的市场经济而受损的利益群体。高效的市场经济是以明晰的产权制度、灵活的价格机制为基础的。在国有资产产权界定不够明晰、国有企业内部治理不够规范的情况下，极少数国企高层人员往往可以利用不受监督的权力侵吞国有资产或以其他方式获益，如通过职务消费、不合理的薪酬激励、资本运作等方式，把本应归社会共享的成果归为个人所有。明晰产权，不会受到这些人的欢迎。另外，建立反映资源稀缺、市场供求和外部性的价格形成机制，会使一些消费品的价格上涨，影响消费者特别是中低收入消费者的福利，受影响的消费者必然对改革持怀疑态度。

第三类是因建立公平的市场经济而受损的利益群体。建立公平的社会主义市场经济体制会得到大多数人的支持，但因不公平的市场经济体制而受益的人往往希望维持现状。比如城市原有居民对放开外来人口迁入，已购房的城市居民会对房产税的出台，新富阶层对遗产税的开征，都会持不支持的态度。

（二）改革需要建立新的推进机制

改革不会自发地进行，能否取得实质性突破，关键在于能否建立切实有效的推进机制。在前面分析的基础上，我们提出了以下改革的动力机制。

1. 确立改革领导机制，加强党对改革的领导、指导与监督

党的坚强领导是深化改革的根本保证。当前，改革任务十分艰巨，改革的综合性、协调性、整体性要求明显增强，所涉及的利益调整相当复杂和艰难，仅靠行政部门和地方政府，难以破除改革的阻力，难以系统整体推进改革。必须强化以党中央为核心的改革领导机制，加强对改革的领导和指导，强化对各级政府推进改革的监督。

2. 建立改革动员机制，扩大改革支持者队伍

要鲜明地亮出"规范、高效、公平"的改革旗帜，做好舆论动员工作，大力宣传深化改革是为了"起点公平、参与公平、分配公平"，改革的评判标准是"三个有利于"，改革最终目的是实现共同富裕。要及时回答民众对改革的疑问，兑现党关于改革的承诺，树立政府威信，将那些对改革持怀疑态度和有抵触情绪的人转化为改革积极参与者、坚定支持者。

3. 建立改革组织协调机制，形成深化改革的合力

改革需要多方参与，需要充分发挥中央和地方两个方面的积极性。为此，必须构建改革的组织协调机制。要筹建超脱部门利益的、在党中央直接领导下的改革协调机构，负责系统设计改革的思路和方案，组织实施重要领域和关键环节的改革。要准确定位和清晰界定各级政府以及其他相关主体的改革责任，加强对于改革的激励和约束。要动员、鼓励公众参与，确保改革的内容反映人民的诉求，改革的实施受到公众和舆论的监督。

4. 建立风险防范机制，保证改革稳步推进

改革过程不会一帆风顺，有可预见的风险，也有不可预见的波折。顺利推进改革，必须做好风险防范预案，建立风险防范机制。要坚持重大改革"先行先试"，选取特定区域进行改革试验，以发现改革的风险和难点所在，为全面推进改革总结经验。要根据改革过程中出现的新情况、新问题，随时调整改革的力度和节奏。

5. 建立改革保障机制，确保顺利实现改革目标

要在不动摇基本政治制度的前提下，推进政治、法治领域的改革，为经济体制改革提供强有力的保障。要扩大社会主义民主，实现党政合理分工和政府权力行使的透明化，有效约束政府权力的运作。要进一步健全法制和加强法治建设，在全社会形成法治文化，在依法依规推进改革的同时，把改革成果及时法律化，确保改革达到预期目的。

改革如逆水行舟，不进则退；改革会遇到风险挑战，务求谨慎稳妥。"十二五"期间是完善社会主义市场经济体制至关重要的窗口期。在极端复杂的国际国内形势下，必须以高度的历史使命感，认清问题，找准突破口，坚持规范、高效、公平的改革导向，科学设计改革规划和实施方案，积极、稳妥、有力、有序、有效推进各项改革，为加快转变经济发展方式、使我国成功迈向高收入社会奠定坚实的制度基础。

行政管理体制改革研究

改革开放以来，在准确把握我国不同发展阶段的基本国情基础上，围绕建立、完善社会主义市场经济体制，我国行政管理体制改革不断推进。作为我国经济体制总体改革的重要部分，行政管理体制改革对促进经济、社会的快速健康发展发挥了重要的作用①。随着我国现代化建设进入新的历史阶段，政府管理经济社会事务的职能和方式也应该发生相应的变化。党的十七届二中全会通过的《关于深化行政管理体制改革的意见》提出了 2020 年建立起比较完善的中国特色社会主义行政管理体制的目标。"十二五"期间我国行政管理体制改革的任务比较繁重，其核心是要按照社会主义市场经济与建设和谐社会的要求，重塑政府、市场、社会的关系，转变政府职能，完善行政体系；按照《全面推进依法行政实施纲要》和建设法治国家的要求，转变行政方式，建设法治政府，改进政府内部的考核和问责，特别是要推进政府的透明度，使公权力在阳光下运行，加强公众对政府的监督。本专题将从现代化进程中国家制度建设、政府体制建设的角度，分析我国行政管理体制存在的

---

① 在社会主义市场经济体制框架中，企业制度、市场制度和行政管理体制是三个最重要的组成部分。企业制度是市场经济的微观基础，是创造财富和形成竞争力的源泉；市场机制是配置资源、调节供求、优化结构的基本方式；政府是维护公平竞争、保障经济主体合法权益、保持经济和社会稳定的制度建设者和保护者（刘鹤，2003）。本专题所研究的"行政管理体制改革"即指上述社会主义市场经济体制框架下的政府行政管理体制的改革，亦称为"行政管理体制改革"。

突出问题，探讨新的历史时期推进行政管理体制改革的重点、机制，并提出行政管理体制改革的总体战略思路和若干政策建议。

需要强调的是，我们所讨论的行政管理体制改革，并不是一次性的政府机构调整，而是包含了转变思想观念、完善法律制度、调整机构设置、优化行政程序、提高行政能力、加强监督问责等诸多环节的持续过程，使法治、透明的政府，与竞争、规范的市场相互作用，推动我国从中等收入顺利进入高收入社会，并完成现代化目标。

一、我国总体经济体制改革历程中的 行政管理体制改革

自 1978 年十一届三中全会以来，我国共进行了六次相对集中、规模较大的行政管理体制改革，分别是在 1982 年、1988 年、1993 年、1998 年、2003 年和 2008 年。由于基本国情和所处阶段面临的突出问题不同，各次改革的重点也有所不同。根据不同阶段政府的不同职能定位，中央政府的组织机构也进行了相应的调整和改革（参见图 1）。

第一轮改革（1982 年）是在党的工作重心刚刚转向以经济建设为中心，经济体制上实行的是"计划经济为主，市场调节为辅"条件下展开的。改革的重点在于政府机构的重构与调整，明确规定了各级各部的编制数量、年龄和文化结构，是新中国成立以来规模较大、目的性较强的一次建设和完善行政体制的努力。经过此次改革，国务院各部门从 100 个精简至 61 个，人员编制从原来的 5.1 万人精简为 3 万人。精简各级领导班子和废除领导职务终身制，加快干部队伍的年轻化，是此次改革的一个重大突破，但并没有触动高度集中的计划经济管理体制。

第二轮改革（1988 年）是在深化经济体制改革的大背景之下推进的，首次提出了"转变政府职能是机构改革的关键"这一命题。改革的重点是那些与经济体制改革关系密切的经济管理部门，即弱化专业经

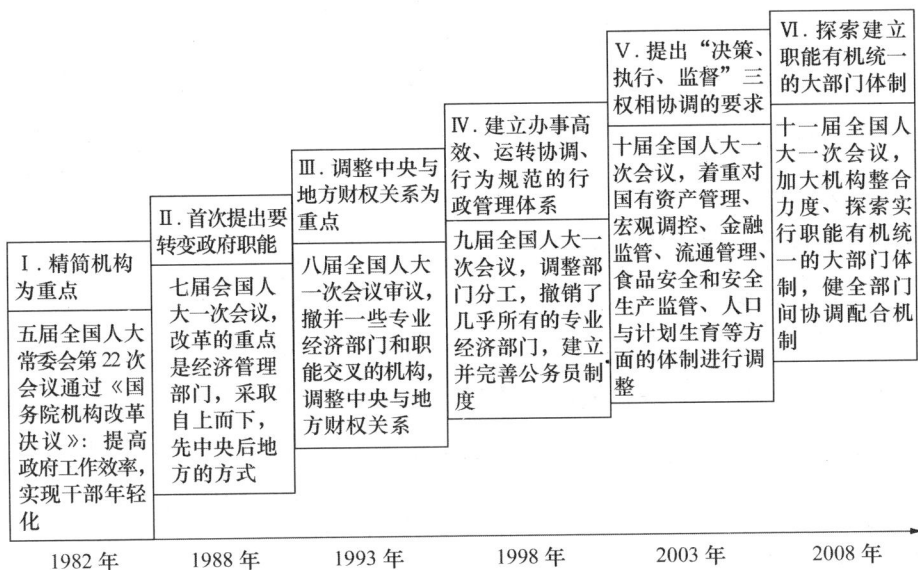

图1　我国历次行政管理体制改革中的机构改革

济部门直接干预企业经营活动的职能，以达到增强政府宏观调控能力和转向行业管理目的。这次行政管理体制改革，第一次在机构改革中实行定职能、定机构、定编制的"三定"工作。但由于后来一系列复杂的政治经济原因，地方机构改革未能同步实施。

第三轮改革（1993年）是在十四大明确提出要建立社会主义市场经济体制的目标，为适应社会主义市场经济需要而推进的行政管理体制改革。按照市场经济条件下政府职能定位，中央政府在这一轮的机构改革中撤并了一些专业经济部门和职能交叉的机构，将一部分专业经济部门转化为经济或服务实体，将综合经济部门的工作重点转到宏观调控上，中央与地方财权关系的调整是此轮改革的重大措施。

第四轮改革（1998年）是规模最大、涉及面最广的行政体制和政府机构改革。在1993年明确了市场经济体制的改革方向后，国内改革进入深水区。同时，我国加快了开放步伐，为应对全球竞争，中国加快了加入世界贸易组织的步伐。内部市场化改革的需要，应对全球竞争的压力，要求重新定义政府、市场、企业的关系。为此，行政管理体制改革提出了建立办事高效、运转协调、行为规范的行政管理体系的目标。

在此目标下，大刀阔斧地进行了政府职能转变、部门权责调整、精简机关人员、建设行政法治的改革。不但许多中央政府部门被裁撤、一半机关人员被分流，而且各级地方政府也进行了相应的改革，全国精简行政编制人员总额超过100万人。我国初步建立了一个与市场经济相适应的行政管理基本框架和政府组织架构。

第五轮改革（2003年）是在我国加入世界贸易组织这一时代大背景下展开的。社会主义市场经济基本框架已经形成，这一轮行政管理体制改革的突出特点，就是依法行政、建立法治政府成为指导政府转变职能、转变行为、加强对政府问责的鲜明主题。按照市场经济条件下政府必须履行经济调节、市场监管、社会管理、公共服务职能的原则，着重对国有资产管理、宏观调控、金融监管、流通管理、食品安全和安全生产监管、人口与计划生育等方面的体制进行调整。

第六轮改革（2008年）按照中央十七届二中全会《关于深化行政管理体制改革的意见》的要求，根据"精简、统一、效能"的原则和决策权、执行权、监督权既相互制约又相互协调的要求，主力优化国务院机构的组织结构，规范机构设置，完善运行机制。提出"加大机构整合力度，探索实行职能有机统一的大部门体制，健全部门间协调配合机制"改革思路，进行了大部制改革的尝试。更加注重全面履行政府职能，规范政府行为，加强政府自身建设，推进服务型政府和法治政府建设。在中央机构调整组织机构的同时，鼓励各级地方政府按照中央精神积极推进行政体制改革，但机构设置上不一定要求与中央完全一致。

在2013年，伴随着新一届政府的成立，在保持原有组织机构基本不变的情况下，对国家计生委、铁道部等部门进行了调整。从历次改革的过程来看，每次改革既对上一次改革成果和经验加以继承，又根据新形势新任务进一步创新和发展，呈现为螺旋推进式改革，一次比一次更深刻，一次比一次取得的成效更大。经过六次集中改革，政府自身建设得到加强，政府职能转变迈出重要步伐，政府组织机构逐步优化，公务员队伍结构明显改善，科学民主决策水平不断提高，依法行政稳步推进，为经济社会发展提供了强有力的体制机制支撑。

二、我国行政管理体制及改革推进方面
存在的突出问题

在过去 30 年的改革过程中，行政管理体制改革始终是总体经济体制改革的重要内容，取得了显著的成效。但是，面对我国进入上中等收入发展阶段后的国际国内形势，我国行政管理体制改革不到位的问题显得尤为突出。在政府职能转变不到位、行政管理体制改革没有达到预期目标的背后，有对新时期政府职能及其履行方式认识不足的原因，也存在实践落后于理论，方向明确但执行不力的问题。

（一）政府职能不到位、运行不协调、权力缺乏制约等问题矛盾仍然突出

1. 政府职能转变缓慢，缺位、越位并存的现象依然存在

政府职能转变是我国历次改革的重点。虽然十六大后政府在经济调节、市场监管、公共服务、社会管理这几个方面的基本职责已经明确，但在大方向明确的同时，政府部门职能不清晰、交叉重叠，缺位、越位的现象依然突出。在经济事务中政府微观干预较多，存在越位现象。在市场监管、公共服务领域的许多方面，政府责任不明或者履行责任不积极，如社会保障、基础教育、环境保护等方面又存在着不同程度的缺位。在社会管理领域出现的问题，往往重视用行政手段、用人治的方式处理，未能加强法治的作用，通过严明法治、依法处置以推动建立法治社会的长治久安机制。

2. 权责不对等，协调机制不完善，政府职能难以落实

我国现行行政管理体制，存在严重的权责不对等。不同层级政府之间、同一层级政府不同部门之间，往往有权力的没有责任、有责任的没

有相关的权力和资源。如在有效履行保障民生的职责方面，中央政府决策权力大，执行责任小；地方政府执行责任大，但事权与财力不匹配。中央政府各部门之间、中央政府和地方政府之间，在履行职责方面缺少有效协调的问题也较为突出，致使有些职能表面上看职责划分清晰，但在实际操作过程中难以协调。最典型的是食品安全：食品从地头到餐桌，分别有农业、质检、工商、卫生等部门各自负责履行监管职责，似乎在每一个环节都有监管主体，但是部门之间协调机制缺乏，在监管过程中仍有很多监管漏洞，导致食品安全问题日益严重。企业登记和运行的数据信息，在工商、税务、质检、统计等部门之间难以共享，不仅造成企业申报的负担，也为政府履行监督职能增加难度。

3. 中央－地方的财政和行政关系不顺造成众多矛盾

从中央－地方财政关系来看，各级政府事权和支出责任划分不清晰、事权和财力不对等是突出的问题，长期以来难以得到有效解决，造成许多矛盾。一是"基层财政保障能力较为薄弱，部分基层政府收支矛盾突出"，"中央请客、地方买单"的现象时有发生。二是现有的财政转移支付制度在控制区域间的横向差距方面还缺乏力度，不同地区的人均财力均等化程度还远远不够，财政转移支付的均衡能力不高。三是专项转移支付缺乏科学的标准和依据，项目决策随意性大，资金使用不够公开透明、使用效率低下，导致"跑部钱进"的现象[①]。

从中央－地方行政关系来看，各级政府在管理权责上存在边界模糊、职能错位的问题，造成不同层级的政府在纵向间职能、职责和机构设置上的高度统一和一致，即所谓的各级政府机构设置呈现"上下一般粗"的格局。这种不同层级的政府机构在纵向上等同配置的特点，使得一方面，可以说中央权力过大、集权过度，即大多数经济社会事务，都要中央说了算，不少完全属于地方性的事务，当地政府也缺乏相

---

① 国务院发展研究中心课题组："在放权和约束间建立新平衡——完善我国政府间转移支付制度的思路和行动框架"，《经济研究参考》2011 年第 19 期。

应的决策权和发言权。另一方面，又可以说中央分权过度、能力过弱，即任何一项中央的决策，大都需要地方的具体对应部门来执行。如果不能形成地方政府在具体政策执行上的激励相容，不能有效减少不同政府层级间的信息不对称，就有可能出现"政令不出中南海"的现象。

4. 制约和监督机制不健全，政府机构不能廉洁高效履行职责

目前我国政府机构不能有效履责、行政效率不高、政府官员腐败增多，根本原因是对政府缺乏内部监督有效问责，对政府权力运行缺乏监督制约。由于法律不完善和有法不依，导致行政权力运行不公开、不规范、不民主；政府内部缺乏有效考核，且受部门利益影响，内部监督和外部监督流于形式。问题官员"高调问责，低调升迁"的现象也日益增多。其结果，没有得到有效监督的政府部门出现大量寻租行为，造成部门和行业垄断，部门利益固化、刚性化，甚至是法律化的趋势仍未彻底改变。得不到有效监督制约的行政权力导致了大量的腐败，在造成巨大经济损失的同时，毒化了社会风气，极大地损害了政府的公信力，给党的执政地位和经济社会发展埋下了巨大政治风险和隐患。

（二）行政管理体制改革进程滞后于规划

1. 当前我国行政管理体制改革的执行落后于规划

行政管理体制改革，总体上看有两大方面的任务，第一是确定政府应该做什么？第二是如何使政府做好？前者涉及政府的职能定位以及相应的权力和责任，包括不同层级间政府职能分工和权责划分。第二项任务则涉及政府职能谁来履行（政府机构的改革）、怎么做（政府职能履行的程序）、如何能做好（政府能力的建设以及如何进行评估、监督和制约等）。经过多年的改革实践和相关的理论研究，中央和国务院对行政管理体制改革的规划不断完善，但相关领域的工作推进相对迟缓。

（1）党中央对如何深化行政管理体制改革已经有了系统规划。党中央和国务院对于我国行政管理体制的认识不断深入，对行政管理体制改革的任务认识不断深化、措施日益具体，并在历次中央全会的有关决

议中有很好的阐述。2008 年党的十七届二中全会通过的《关于深化行政管理体制改革的意见》，就是一个关于加快我国行政管理体制改革的综合性、纲领性文件，系统论述了深化行政管理体制改革的重要性、紧迫性；提出了中长期深化行政管理体制改革的指导思想、基本原则和总体目标，并明确了未来五年（2008～2013 年）的重点任务。文件提出政府行政管理体制改革的指导思想是"建设服务政府、责任政府、法治政府和廉洁政府，着力转变职能、理顺关系、优化结构、提高效能，做到权责一致、分工合理、决策科学、执行顺畅、监督有力"。总体目标是"到 2020 年建立起比较完善的中国特色社会主义行政管理体制，建设人民满意的政府"，具体体现为实现"三个根本转变"，即政府职能向创造良好发展环境、提供优质公共服务、维护社会公平正义的根本转变，政府组织机构及人员编制向科学化、规范化、法制化的根本转变，行政运行机制和政府管理方式向规范有序、公开透明、便民高效的根本转变。其中第一个根本转变是政府应该做什么的问题，后两个根本转变则是政府怎么做好（谁来做、如何做）的问题。针对上述三个根本转变的目标，文件还明确提出了今后 5 年（2008～2013 年）的重点任务，即"加快政府职能转变，深化政府机构改革，加强依法行政和制度建设，为实现深化行政管理体制改革的总体目标打下坚实基础"。可以看到，近期的三大重点任务分别一一对应于三个根本转变的目标。应该说，上述关于"深化行政管理体制改革"的文件目标得当、措施具体、逻辑严密、条理清晰，是一个可以指导我国政府行政管理体制改革实践的很好的文件①。

（2）在实践中，行政管理体制改革的进展相对迟缓。尽管过去几年在大部门制、行政审批体制、政府信息公开和行政问责、省直管县等

---

① 此后中央的其他文件和政策中关于"政府行政管理体制改革"的论述均未超出 2008 年《关于深化行政管理体制改革的意见》的框架，只是在具体的措施上加以深化。例如《"十二五"规划纲要》中有关"行政体制改革"提出了四个方面的内容，分别是"加快政府职能转变"、"完善科学民主决策机制"、"推行政府绩效管理和行政问责制度"、"加快推进事业单位分类改革"。

方面的改革均有推进，但行政管理体制改革的进展总体上却落后于改革规划，特别是在转变政府职能方面缺乏实质性、根本性的突破。行政管理体制改革最为核心的任务是政府职能转变，然而目前政府以行政性的手段对微观经济活动干预过多、依法对市场的监管不足、公共服务职能"缺位"等问题依然十分突出，政企分开、政资分开、政事分开的改革推进迟缓，政府主导经济发展的程度近年来事实上在增强而非减弱，某些方面甚至出现了倒退①。在机构改革方面，尽管在部分领域进行了大部制的改革，但政府部门职能交叉、权责不对等、难以协调、监督不力的矛盾依然尖锐，近来频发的食品安全问题、环境污染问题等充分暴露出政府机构改革的不足。在政府决策、执行、监督和考核等方面，改革同样迟滞，有法不依、权大于法的现象仍然非常普遍，政府行为很难受到法制的有效制约，贪污腐化的现象难以得到有效遏制，法治政府和廉洁政府的目标同现实形成剧烈的反差，严重地影响了普通民众对政府的信任度。

2. 行政管理体制改革推进迟缓的现实和认识原因

行政管理体制改革的政策目标同真实的实践过程形成的鲜明对比，是由客观和主观等多方面原因造成的，既有现实的制约、也有认识的偏差。

（1）对行政管理体制改革的艰巨性和长期性估计不足。高效的行政管理体制是社会主义市场经济体制的核心内容，行政管理体制改革也是完善社会主义市场经济体制过程中最难以推动的关键环节改革之一。政府是国家事务和各种社会事务的决策者和管理者，代表政府的各级政府部门拥有着巨大的公共权力，掌握和控制着大量的公共资源。要让既有权力者放弃权力，让既得利益者放弃利益，或者让不受约束的权力受到法治的规范，难度极大。所以，任何国家的政府机构调整和改革都会

---

① 例如某些中央主管部门在所谓通胀压力的考虑下，开始干预竞争性企业的商品自主定价，硬性规定不准涨价或者涨价幅度。

充满困难和曲折。在我国现有的政体下，行政管理体制的改革从某种程度来说是一种自我革命，是执政党从人民大众利益出发，为更好地服务于人民而自觉地进行的自我完善，包括限制公权力的使用、对政府官员进行有效问责等。

　　而在我国又有两个历史的因素加大了行政管理体制改革推进的难度。其一，我国曾是一个具有两千多年专制统治、等级制度森严的社会。在皇权的绝对权威之下，有一个金字塔形的科层官僚机构，这个科层官僚机构采取严格的"命令与控制"机制，上级的决定，下级必须执行；政府的规定，社会必须遵从。一直以来，中国社会中特权思想、权大于法的观念根深蒂固，法治观念普遍缺失①，法律意识较为淡薄。整个社会的权力分配和运行规则均由这种等级制的逻辑所支配。在一个有着"王权至上"、法治乃"依法治人"的长久历史传统的社会，缺乏对国民基本权利的保障，从而缺乏国民从捍卫自己的权利出发而对公权力的问责。即使在今天，要对公权力拥有者进行制约，试图对其进行改革、改变其行为，显然是十分困难的。其二，我国有数十年计划经济的传统，政府主导一切的计划经济的思想深入人心。尽管我们已经进行了30 多年的改革，在行政管理体制改革方面取得了进展，但政府在经济体制转型、实现经济追赶的过程中也发挥了领导市场化改革、弥补市场失灵的重要作用。这强化了对政府作用的认同，特别是在政府部门官员们的心中，政府所承担的校正市场失灵的职责，被扩大为对经济活动的普遍和随意干预。即使最近十多年一直推进法治政府建设，强调依法行政，但相关的法律法规和制度并不健全，全社会对于政府应该受到约束的认识还不深刻。

---

①　尽管中国传统社会也有"法家"思想，具有以法（具体的法规和规则）治国的理念，但法家思想中的法律只是一种统治阶级驾驭下层百姓的工具，它无法或者很难对权力拥有者形成约束。而现代法治背后的理念是"正义"，法律只是正义的具体规定和实现，它不仅对普通百姓构成制约，最重要的是统治阶层（特权阶级）也必须受到正义原则的限制。因此，现代法律体制中最为重要的宪法，它首要的任务是规定政府与民众的关系，对政府的权力进行制约。如果政府不受法律的约束，那么行政管理体制的改革也难以推进。

所以，在一个法治意识缺失、市场意识薄弱的环境中，要想推进不利于相当部分政府官员自身权力和利益的行政管理体制改革，其艰难程度可想而知。虽然在 1988 年中央就提出了"转变政府职能"的要求，又在 2008 年的文件中将其作为推进行政管理体制改革的核心内容，但政府职能转变、行政管理体制改革却推进迟缓，这与对改革的长期性和艰巨性估计不足，难以形成壮士断腕的勇气和决心以及相应的举措是分不开的。

（2）对行政管理体制改革的必要性认识不足。2008 年金融危机后，中国经济率先回暖。对比欧美日等发达国家近期在经济发展中的步履蹒跚、动荡不前，再加上回顾改革开放 30 年来我们所取得的巨大成就，不由得使不少人主观上产生了风景这边独好、顾盼自雄的感受。客观上，金融危机爆发以来欧美资本主义国家经济社会发展的黯淡现实，也使得人们对资本主义自由市场经济的理论和实践也产生了普遍的怀疑。国内外对于"中国经验和中国模式"的讨论骤然升温。虽然对于改革过程中市场经济"姓社姓资"的问题已经少有人还纠缠不休，然而人们对于改革是否再坚持市场化取向，以及如何进一步推进政府管理改革却再难有共识。在一些人看来，计划经济也许已经被证明失败，被绝大多数国家所抛弃，但"政府主导经济发展"、"国家资本主义"、"集中力量办大事"也还是一条可行且符合中国国情并值得其他国家借鉴学习的道路，而没有充分意识到中国已经进入了新的发展阶段，内部矛盾和外部环境都要求改变政府职能、提高政府效率，为此必须加大政府管理改革的力度。在这样的氛围下，是否还应该坚持市场化改革为主的主导方向，政府与市场、社会的关系如何界定，特别是在未来行政管理体制改革中如何完善政府与企业尤其是与国有企业的关系，这一切原本似乎已经有较为清晰答案的问题，在当前形势下又变得模糊不清起来，下一步的行政管理体制改革在不少具体问题上已经缺乏共识，难有方向感。

上文所述的突出问题多是我国行政管理体制中长期存在的，在我国以往的改革中也多次采取措施加以治理，但效果并不理想。其深层次的原因主要还在于全社会对开放的市场经济条件下政府职能定位缺乏深刻的认识，难以在中央的方向基本明确的基础上形成推动政府改革的社会氛围。由于新时期的政府改革缺乏系统的安排，缺乏长远的制度性设计，使一些深层次问题难以解决，这些问题再次沉淀，又成为下次改革中亟待解决的难点，就这样不断被积累，改革的目标陷入低效率的循环之中，难以突破。

三、新时期我国行政管理体制改革的基本思路

随着中国初步建立开放的市场经济制度以及进入上中等收入水平的发展阶段，各种市场主体的利益诉求更加明确，利益冲突会更加显性化。无论是经济上的转型升级，还是社会上利益多元，老百姓要求社会公平、社会正义的诉求会日益强烈，这些都对政府有效、高效履行职责提出了新的要求。与此同时，技术进步、特别是信息通信技术的发展，为政府有效履行各项职责、为人民群众积极监督政府行为提供了全新的手段，这有助于提高政府的行政能力，以及有助于群众对政府有效监督。因此，从现代化进程中现代国家建设的角度考虑国家与市场、国家与社会的关系，从而设计政府的组织机构和能力建设的时机已经成熟。

（一）发展新阶段对我国行政管理体制建设提出的新要求

新的历史时期，我国经济社会发展所面临的国际国内环境正发生广泛而深刻的变化，这些变化对行政管理制度建设和体制改革提出了新的要求。我们需要对国家的基本职能、政府应该发挥什么作用、如何发挥作用等问题进一步深入研究；建立与我国发展阶段相适应的能够有效促进经济社会可持续发展的行政管理体制。

1. 全球金融和经济危机导致对国家作用的全球大反思

始于 2007 年发生在美国的次贷危机演变为持续多年的全球性经济危机，既是全球经济发展多重不平衡的必然结果，也使经济全球化格局中国家的作用、政府的职能等问题再次成为理论研究和政策讨论的重点问题。首先，这次危机表明由于金融的复杂程度增加和全球性影响增大，各国政府必须对金融的系统性风险进行监测和控制，而且一旦危机爆发，国家会成为最后的风险承担者。这就需要重新定义政府的职责和相关权力。其次，由于全球环境压力的增加，人们开始希望政府加强环境保护，并在全球范围内代表国民参加集体行动。最后，新兴经济体的快速发展，发达国家为提高竞争力而诉诸"再工业化"和各种产业政策，会导致政府参与经济事务的格局发生变化。目前西方社会也已经出现了"国家资本主义"的呼声。这都对我国经济发展形成潜在的压力，迫切需要加快各领域的改革，包括行政管理体系改革以提高行政效率，适应新的国际竞争格局。

2. 技术发展改变了政府职能范围和履行职责的技术手段

技术、特别是信息通信技术的发展深刻地改变了经济运行和社会运行的方式，也为政府在解决经济活动负外部性、提供公共物品、维护社会公平等方面提供了更多的选择、更有效的手段。这要求我们重新审视政府以什么样的方式履行其职责，讨论党和社会以何种更加有效的方式监督约束政府，发现新的问责方式。

纵观人类发展历史，发达市场经济国家的政府之所以能够有效地履行政府职责，其中最重要的因素之一就是政府充分利用先进的信息通信技术，确保政府能够获得有关经济发展、社会发展方面的充分信息，做出科学决策。与此同时，利用新兴技术更好地为公众服务。例如，美国政府一百多年前就开始统计国家的就业情况，对这一反应宏观经济形势的指标的把握，有助于政府确定政府政策，并为公众提供服务。

3. 市场经济的发展要求政府加强监管职能

我国市场经济发展迅速，多种经济主体参与市场竞争，但法治建设和监管体制建设相对滞后。法治难以对规范市场发展提供支撑，监管的组织体系、监管能力、监管资源和监管问责的多个环节都存在缺陷，所以导致市场秩序混乱，经济效率受到损失，消费者权益得不到保护，公共利益受到损害，人民群众对此非常不满。市场经济条件下的监管不同于计划经济时代的行政干预，必须遵循依法、透明、专业、独立、可问责的原则，政府干预市场的自由裁量权受到限制。

4. 工业化、城市化的发展要求政府为全民提供社会保障

工业化和城市化，使大批国民从农业社会进入了工业社会，生产方式和生活方式发生了巨大变化。大规模机械化生产导致大规模组织化就业。同农耕经济中以家庭为单位、依靠土地生存的就业方式相比，工业化大生产使工人面临失业、工伤、退休等一系列随工业社会和现代文明而来的问题，所以必须要有相应的制度安排，为所有国民提供社会救济、包括退休金在内的各种社会保障。各发达国家的发展历程表明，国家和政府成为为全体国民提供福利保障、应对各种风险的最终责任人。所以，发达工业化国家都有比较发达的福利制度，或者说由国家组织提供覆盖所有国民的福利制度成为现代国家的重要职能。可以说，现代国家一定是福利国家。

5. 国民权利意识的觉醒要求加快国家制度建设和政府职能转变

经过多年的持续高速增长，我国进入了上中等收入水平的历史阶段，目前正处在向高收入社会过渡的关键时期。我国经济面临从要素驱动向效率驱动和创新驱动的增长方式转变，社会面临从农村分散居住形态向城市居住形态转变，贫富差距拉大、政府公权力缺少有效约束等矛盾会进一步显现。如不加快转变经济发展方式，有可能落入"中等收入国家陷阱"。但是发展方式能否转变，在很大程度上也取决于行政管理体制改革能否有实质性进展。不推行有效的改革，一些行政性垄断和地区块块分割的现象不能解决，统一开放的现代市场体系不能真正形成，政府的职能不转变，与民生相关的社会问题就难以根本解决。

更加重要的是，群众在解决温饱问题后，不但对住房、教育、医

疗、养老等服务的需求增加，而且追求机会均等、社会正义的意识也不断觉醒。特别是多年来我们所形成的城乡分割格局没有发生本质的变化（农村居民难以变成城市、特别是发达地区城市的永久居民就是一个非常典型的例子），群众、特别是农村居民要求平等权利的意识会逐步变得更加强烈。这样，市场经济导致的利益分化会显性化。这要求国家必须公平对待所有的国民，努力保障平等提高所有国民的福祉，由此形成国家和居民的新契约，并通过转变政府职能来履行这种新的契约。

（二）从"现代国家建设"的角度认识加快行政管理体制改革的重要性

尽管如何深化行政管理体制改革在党的文件中都已经有了很好的论述，但在近年的实践中却难以取得实质性的突破，这是由于我国独特的历史传统、经济全球化的现状、缺乏未来改革的共识等多种因素综合造成的。因此，新时期要进一步深化行政管理体制改革，力图取得真正的进展，首先需要凝聚改革的共识，明确改革的方向和措施。因为指导人们行动的是人们的观念，当前行政管理体制改革推进迟缓的一个重要原因是人们在未来具体改革的方向和措施上难以达成共识。

分歧的焦点是政府和市场的关系，"市场多一点，还是政府多一点"是永远值得争议的话题。要确定和判断中国行政管理体制进一步改革的大方向，也必须放到中国的现实环境中。自清末以来，中国处在一个从具有两千多年王权专制的传统国家逐渐转向民主法治的现代国家的进程中；自新中国成立以来，中国处在由农业化社会逐渐转向工业化社会的现代化的进程中；自改革开放以来，中国处在一个由计划经济体制逐渐转向社会主义市场经济体制的过程中。回顾历史，展望未来，我们就可以更为清晰地看到当前行政管理体制的方向和任务，事实上这也正是党的文件中已经明确指出的，建设一个"服务政府、责任政府、法治政府和廉洁政府"，"把不该由政府管理的事项转移出去，把该由政府管理的事项切实管好"，实现"政府职能向创造良好发展环境、提供优质公共服务、维护社会公平正义的根本转变"。

　　既然党的文件已有如此明白无误的阐述，而且应该说也得到了绝大多数人的认可，那么为什么行政管理体制改革的具体方向和实践还会存在如此多的争议呢？这是因为正如上所说，"政府和市场"、"公平和效率"是永远会引起争论的议题，相关的政策讨论既要考虑一般原则，同时必须分析不同时期的主要矛盾和具体问题。人们都同意政府应该"把不该由政府管理的事项转移出去，把该由政府管理的事项切实管好"，然而对哪些是政府该管的，哪些是政府不该管的，在政府该管的事项中政府又该管到什么程度等，应该有一些基本的原则作为改革的指导，才有利于在讨论中形成真正的共识。

　　因此，在新时期推进行政管理体制改革，要回答到底国家、政府的职能是什么，从根本上讲，必须从"建设现代国家[①]"的角度出发进行思考和设计。这里的"现代国家（Modern State）"是指作为国家机器和政体制度的国家（State），不是指包含领土和国民的国家（Country）。人类发展史和现代化历程表明，一个现代化的国家（Modern Country），必须要有现代的国家制度（Modern State）。建立高效廉洁法治政府，是国家现代化过程中"建设现代国家"的重要内容。从建设现代国家、实现现代化的理论框架和研究视角出发，能够回答行政管理体制改革的目标和方向，并指导政府在具体实践中如何回答"究竟哪些应该政府来做、做到什么样的程度"的问题。

　　从历史的经验来看，现代国家的产生与合法性来自于人民与国家之间的契约，这个契约确定了国家必须保障人民的一组基本权利，由此获得了人民授予的包括合法垄断暴力在内的一组权力，国家以及代表国家

---

　　① 人类发展史和现代化历程表明，一个现代化的国家（Modern Country），必须要有现代的国家制度（Modern State）。现代国家也可表述为"现代民族国家 Modern Nation–State"，它是近现代的产物，最早的"现代民族国家"的出现是在文艺复兴和宗教改革之后，人从宗教意识形态支配下的社会有机体中独立出来，成为独立的个人，就会出现"我是谁"（我属于哪一类人、哪一个社会或政治共同体）的问题，因此产生了基于现代认同和民族主义的现代民族国家。参见金观涛：《探索现代社会的起源》，社会科学文献出版社，2010年5月第1版。

的政府利用这些权力履行对人民的义务和责任。现代国家中政府的责任和职能、政府与普通民众的关系是一个不断演进的过程。我们党的执政纲领是全心全意为人民服务，满足人民日益增长的物质文化需求，保障人民的政治经济文化和社会权利，这就成为新时期我党执政合法性的来源。中国如何建设现代国家，其政府责任和职能如何界定，政府、市场和社会关系如何安排，都需要与中国的实际密切结合。现代国家是法治国家，所以我们要建立一个法治政府；现代国家是预算国家，所以我们要建立现代财政制度；现代国家是监管国家，我们要加强和完善政府的监管职能；现代国家是福利国家，我们要加强和完善政府公共服务。所以，我国新时期改革的目标就是通过全面的制度建设，完成国家建设，以现代国家建设（nation – building）成为统率现阶段各项改革的纲领。

从现代国家的角度出发，根据建设现代国家的具体要求，结合国际的背景和国内的形势，确定新时期政府应该有什么样的定位，负有怎样的职责。一个普通的中华人民共和国的民众，在现阶段究竟拥有何种的权利，而政府在保障上述权利中又该起到怎样的作用。其次，在明确政府的职责后，要从系统架构、组织设置、运行机制、程序规则四个方面入手，优化行政管理体制和运作机制，提高政府机构的效率。再次，在明确政府职责和优化政府机构的基础上，应从信息公开、公众参与、科学决策和问责机制四个方面，分析如何推进对政府行为的监督制约。

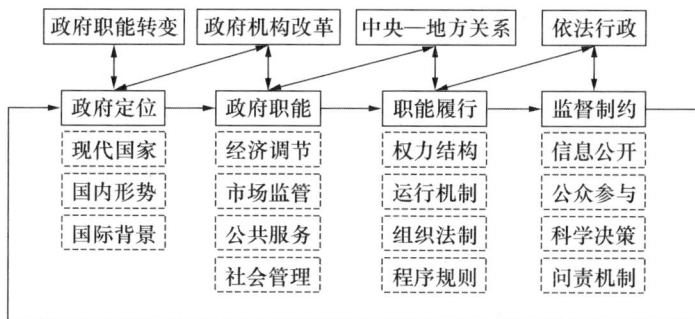

图2 从"建设现代国家"的角度推进行政管理体制改革

（三）从加强法治政府建设入手，推动行政管理体制改革的实质性突破

1. 加强法治政府建设应该成为新时期行政管理体制改革的突破口和抓手

以上论述了当前行政管理体制改革为何在实践中滞后于理论，并提出新时期应当从建设现代国家的角度出发，重塑政府、市场和社会的关系，界定政府的职责，从而推动政府管理改革的具体深化。然而，我们同样可以看到，基于我们前述的原因，中国行政管理体制改革具有异常的艰巨性、复杂性和长期性，并不是提出一个新口号，按照一个新理念就可以取得突破的。行政管理体制改革牵一发而动全身，要想实现真正的进展，就必须找准症结和改革的突破口。加强法治政府的建设应该成为其中的应有之义。

首先，当前社会失范、信用缺失愈演愈烈，社会矛盾日益激化、群体事件层出不穷，食品安全危机遍及了社会的每个角落，形成人人自危的局面。"不讲规矩"已经成为中国迈向现代化国家的最大障碍，而背后的根源又是"政府不讲规矩"——公权力没有受到有效制约，政府官员没有得到有力的监督。所以，"如何让政府讲规矩"是重建社会秩序的关键，也是行政管理体制改革的头等大事。

其次，目前人们对于政府和市场应该如何发挥作用、发挥怎样的作用还存在相当多的分歧，对于政府机构是否要精简、中央地方责权如何划分也有许多争议，然而对于加强对政府的监督、强化政府依法行政，有着最为广泛的、最为一致的共识。我们必须从所拥有的最基本、也是最大的共识出发，推进行政管理体制的改革。

第三，正如前所述，中国两千多年来都是专制统治的等级社会，泛道德主义倾向严重而法律精神缺失，等级观念、特权思想深入人们的骨髓。而这种等级和特权观念与市场一旦结合，如果没有法律的制约，必然形成相应的权贵市场经济。因此，对当前深化行政管理体制改革的最大障碍就是这种"权"、"钱"的不断结合，以及它所衍生

的庞大的利益集团。而要打破这种障碍，最为有效的方法只能是加强法治。

2. 以推行依法行政为契机，实现政府法治建设和行政管理体制改革的互动

事实上，"建立法治国家"、"建设法治政府"一直也是推进行政管理体制改革的重中之重。党的十五大报告系统阐述了依法治国的理念，1999年《宪法》中明确提出要建设社会主义法治国家。2004年，国务院发布《全面推进依法行政实施纲要》，提出通过建设法治政府，促进建设法治社会。在2008年的《深化行政管理体制改革的意见》中，在论述如何"加强依法行政和制度建设"中，开宗名义，就谈到"遵守宪法和法律是政府工作的根本原则。必须严格依法行政，坚持用制度管权、管事、管人"。然而，法治政府的建设不仅仅是相关法律条文的制定和相应口号的提出，法律要想真正发挥作用，必须依靠具体的案例。没有现实中的司法实践，没有活生生的案例，再详细完美的条文、再响亮动听的口号也难以实际产生效果。

以对现代国家建设有典型意义的重要案例或重大公共事件为契机，中央政府直接参与、监督，依法进行调查处理。处理过程严格依法，积极鼓励公民参与，确保处理结果公开透明，在法律允许的范围内尽量做到过程透明。以这种现代"徙木立信"的方式普及法治观念、树立法治权威，逐渐化解民怨、赢得民心、争取民意，重建社会秩序、重塑政府信誉、重申党的领导。中央政府依法干预经济社会事务的每一个案例，都有助于缓建社会矛盾、重述社会秩序，有助于推动依法行政、深化体制改革，有助于确定党、国家、政府、市场、企业、社会、公民的新关系，有助于重新确定政府的边界以及不同层级间政府的关系等。

四、新时期深化我国行政管理体制系统化
改革的重点领域和环节

（一）转变观念，从重塑国家合法性来源的高度深刻理解转变政府职能的重要性

政府职能转变是深化行政管理体制的核心任务。当前的行政管理体制改革的实践日益表明，社会主义市场经济体制能否确立、经济发展方式能否实现根本转变，关键在于政府职能转变能否到位。如果"政企不分、政资不分"的问题难以解决，政府与企业的行政关系和资产关系不规范，现代企业制度和现代产权制度就不可能完全确立；如果各种行政垄断、行政干预和地方保护主义不打破，统一开放竞争有序的现代市场体制就不可能形成；如果政府干预不当，反映市场供求状况和资源稀缺程度的价格形成机制就难以实现。而价格机制的不完善，必然造成生产资料和生产要素的错误配置，建设资源节约型、环境友好型社会的目标也难以达到；如果不改变以行政手段和直接控制为主的经济管理方式，灵敏有效的宏观调控体系就不可能建立。要解决我国经济发展中长期存在的深层次问题，如粗放增长方式、盲目投资扩张、低水平重复建设、恶性竞争，都同能否切实推进政府职能转变密不可分。

与此同时，政事不分、政府与市场中介组织不分的问题不解决，政府大包大揽的局面就难以打破。一方面造成政府机构膨胀、人员冗余；另一方面又造成吃饭财政，公共服务、社会事业难以健康发展。政府对于社会保障、劳动就业、公共教育、医疗卫生、群众文化、人口和计划生育、公用事业的投入无法跟上经济增长的步伐；统筹经济社会发展，缩小城乡差距和区域发展差距，实现基本公共服务均等化的任务也难以完成。因此推进各项社会事业，真正贯彻落实"以人为本"的科学发展观，关键也在于政府职能的转变。

新时期政府的主要职能应围绕着"经济调节、市场监管、社会管理、公共服务"四大核心领域。在"十二五"期间，要切实在这四个方面进一步转变政府职能。一是要改善经济调节，更多地运用经济手段、法律手段并辅之以必要的行政手段调节经济活动，增强宏观调控的科学性、预见性和有效性，促进国民经济又好又快发展。二是要"严格市场监管，推进公平准入，规范市场执法，加强对涉及人民生命财产安全领域的监管。加强社会管理，强化政府促进就业和调节收入分配职能，完善社会保障体系，健全基层社会管理体制，维护社会稳定"。三是要"加强社会管理，强化政府促进就业和调节收入分配职能，完善社会保障体系，健全基层社会管理体制，维护社会稳定"。四是要"更加注重公共服务，着力促进教育、卫生、文化等社会事业健康发展，建立健全公平公正、惠及全民、水平适度、可持续发展的公共服务体系，推进基本公共服务均等化"。

但我们也可以看到，当前政府参与经济过多、过深的问题并没有实质性发生转变，而这又是与各级政府普遍存在的"GDP至上"的倾向密不可分。因此要切实转变政府职能，最为根本的是需要改变"GDP至上"的倾向。我国多年来坚持以经济建设为中心，把发展工作放在首位，这是中国经济过去30年高速增长的重要原因。经济的高速增长带来人民生活水平的普遍改善，这也成为共产党执政合法性的重要来源。但"发展是硬道理"的国家路线，逐渐演变为了"GDP至上"的简单化目标，在不少人认识中，经济高速增长成为执政合法性的唯一来源。这也因此导致"千方百计保增长"的信念潜移默化地逐渐成为指导上至中央、下到地方的各级政府行为的最根本逻辑，"一心一意搞经济建设"变成了各级政府的头等大事。各级政府往往采取确立一个量化了的发展目标，再把这个目标"科学地"分解，落实到下级政府和官员。很自然，GDP的增长成了各级官员升迁的最主要的指标，"GDP至上"也成为地方政府运作的内在逻辑。因此，地方政府靠经济快速增长获得了官员升迁机会、税收收入和地方经济社会的发展。尽管科学发展观的提出、政府绩效考评体系的完善在一定程度上纠正了各级政府"GDP至上"的倾向，但问题并未得到实质性的改进。

如果说，"以经济建设为中心"不但是社会主义初级阶段我们必须长期坚持的基本路线，强调高速经济增长在改革开放初期经济发展程度较低、人民生活较为贫困的时期还有非常大的正确性和正当性，那么在中国总体进入中等收入国家，收入分配差距急剧拉大、社会利益快速分化、社会矛盾日益凸显的形势下，科学发展应该成为"以经济建设为中心"的实质内容。简单追求经济高速增长的"GDP至上"主义，并仍然以经济增长为执政合法性的根本来源，这事实上是对新的发展阶段我国经济社会主要矛盾的误判。总的来看，目前中国的经济社会发展已经到了"分好蛋糕"已经逐渐变得与"做大蛋糕"一样重要的阶段，甚至"分好蛋糕"业已成为了继续"做大蛋糕"的前提，在这种状况下只顾做大蛋糕，而罔顾蛋糕分配的日益恶化，就极有可能造成民众的积怨和社会的动荡，落入中等收入陷阱。仅有经济的高速增长，也已经越来越难为共产党的执政提供合法性来源；甚至如果经济高速增长的好处不能惠及大众而越来越为一小部分人所占有，那么普通民众的被剥夺感就会越来越强烈，这只能起到极大地削弱执政党合法性的效果而不是相反。

所以，当前要切实转变政府职能，就必须改变政府"GDP至上"的倾向，必须彻底改变把经济高速增长的成绩当做执政合法性根本和唯一来源，把实现GDP高增长当做考核政府绩效的主要标准这类陈旧的观念。要准确判断当前社会的形势和主要矛盾，就必须从我国现代化大转型的历史进程考虑国家的定位，树立建设现代国家的理念。按照我们党的全心全意为人民服务的宗旨，党的任务、国家和政府的职能就是要实现人的全面发展基础上的现代化。我党必须通过承诺保障所有国民平等的政治、经济、社会和文化权利，重新订立国家和老百姓的契约，重塑我党执政的合法性来源，建立真正的现代国家。

在快速变革的全球时代中，国家的作用正重新受到广泛关注。构建一个有效的现代国家，是促进一国经济发展、国民福祉改善乃至全球稳定繁荣的必备要件这一观点已逐渐成为全球社会共识（World Bank，1997；福山，2007）。而现代国家职能的充分发挥，则必须通过作为国家表现形式的政府来实现，而政府的结构和规模同国家必须履行的职责有关。因此，转变政府职能以满足我国转变发展方式、重塑我党执政和国家的合法性来源，需要建立与履行国家上述职能相适应的规模适度的政府，是我国行政管理体制改革的重要内容，是现代国家建设的重要目标和根本路径。所以，在推进行政管理体制改革的过程中，要从现代国家是法治国家、预算国家、监管国家和福利国家这四个基本维度考虑国家制度建设和行政体制建设，破除"小政府"的迷思，为确实保障全体国民平等的政治、经济、社会、文化权利而建立一个透明的、高效的、响应国民需求的现代政府、现代国家。

（二）优化结构，稳步和坚定推进政府机构改革

如前所述，经过改革开放以来六轮的机构改革，政府机构与编制设置状况以及政府本身都已经发生了显著的变化。在服务市场经济建设、机构改革思路、公务员规模控制、制度化和改革技术细节等方面取得了明显的成绩，政府机构设置和人员编制管理逐步规范，行政效能有所提高，为市场经济体制改革的不断深化提高了重要的制度保障。

然而，当前各级政府部门机构重叠、职能交叉、权责脱节、政出多门的问题依然较为突出。政府机构设置仍需进一步调整和优化，数量偏多、规模过大，部门分工过细，定位不甚清晰。与此同时，中央机构改革与地方机构改革、党群机构改革、事业单位改革、公务员内部结构调整、政府过程完善和行政区划调整等改革的统筹结合也不尽如人意。因此，新时期需要继续深化政府机构改革。

1. 从切实转变政府职能出发，理顺部门间职责和关系

转变政府职能是政府机构改革的关键，从已有政府机构改革的历程

来看，虽然在改革的具体操作、细节上有所反复，取得成果也有大有小，但大方向一直较为明确，即政府机构改革的目的是要适应建设社会主义市场经济体制的需要。因此政府机构改革不是一个一蹴而就的任务，而是一个不断深化的动态过程。在不同的时期需要根据建设社会主义市场经济体制的需要，确定政府职能的重点所在，从而推进政府的改革。

为了有效解决机构重叠、职责交叉、政出多门的问题，自 2007 年以来，中央开始提出"探索实行职能有机统一的大部门体制"，从当时的具体要求来看，"行政管理成本过高、人员过多、机构过庞过杂，挤压了各级政府在社会管理和公共服务方面的投入，导致吃饭财政的局面"是推进大部门体制改革的一个重要理由。所以，从机构改革的实践来看，都或多或少地把精简机构、裁减人员作为机构改革的首要目标，甚至作为衡量改革成效大小的标准。历次机构改革确实也对公务员规模的快速扩张起到了有效的抑制作用，据统计，1988 年以后公务员规模快速增长的趋势得到了控制，扩张速度放缓①。应该说，把"精简机构、裁减人员"作为政府机构改革的重要内容，在现实条件下具有正当性与合理性。从政府有效履行职责的角度看，机构改革的关键不在于部门的合并增减，而是政府职能的有机整合与统一。如果没有政府职能的调整和整合，只是把部门数量减少，并不能有效解决部门之间的协调问题。政府机构作为政府职能的载体，其调整与政府职能的转变是紧密相连的，机构改革必须把政府职能转变、人员合理调整和政府机构改革三者有机地结合起来。"十二五"时期，理顺权责关系成为继续推进大部门体制改革的核心内容，需要统筹考虑职能配置和各种类型的机构设置，使政府在保持合理机构数量的基础上全面履行职能，逐步形成更加精干高效的现代政府组织结构。

---

① 朱光磊等："政府机构改革三十年——回顾与建议"，《北京行政学院学报》2009 年第 1 期。

2. 加强政府机构改革与党群机构改革、事业单位改革等其他相关改革的统筹协调

当前政府机构改革暴露的许多问题，包括"政府职能的错位"、"政府间关系的错综复杂与条块分割"乃至"党政不分、以党代政"等深层次的矛盾，不仅涉及政府行政管理体制方面，更涉及政治体制的结构性问题。事实上，横向上的政府职能交叉不仅表现在行政机构内部各职能部门之间，也表现在党、政、群之间，表现在人大、政协和"一府两院"之间。与此同时，事业单位的改革、社会组织的培育也是政府职能可以实现有效转变的前提条件，否则政府转出去的一些职能没有相应的社会承接者。因此，仅仅靠推行政府机构改革难以完全解决问题，而有赖于政治体制和行政管理体制的多环节的改革措施的配套协调实施。政府体制改革必须要与党群机构改革、事业单位改革统筹协调进行。

3. 推进中央政府机构改革

按照现代化对政府职能的要求，改革政府管理体制，调整政府组织结构，除了强化国家和政府依法建立和维护社会、经济的秩序这一基本职能外，要加快落实政府"经济调节、市场监管、公共服务、社会管理"的职能，根据落实这些职能的需要，调整和优化政府组织结构。要加强政府宏观调控职能，加强竞争秩序监管和社会性监管，加强服务供给，创新社会管理，为此需要进一步减少政府对经济微观经济活动的直接干预，强化专业监管部门依法监管的能力，落实政府公共服务的筹资、购买、审计评估和监管职能。按照上述职能要求，以及决策、执行、评估和监督分开的原则对政府机构设置进行调整。中央政府要进一步理顺信息通信、交通、文化、社会保障等几大领域的管理体制。在涉及与国家认同有关的公民基本权利的领域，涉及市场统一和竞争秩序的领域，要强调中央政府的责任，逐步建立垂直一体的管理体制。从切实转变政府职能的要求出发，抓好如下几个领域的机构改革，建立综合性强的大部门体制：信息通信、能源管理、文化产业、交通产业、社会保

障等。

加快中央一级监管机构的组织体系的完善和监管能力的提高，特别需要理顺一般性市场秩序维护与专业监管之间的关系。

（三）理顺关系，合理划分中央与地方权责

1. 构建合理的中央－地方关系是深化行政管理体制改革、建设现代国家的重要组成部分

中国是一个幅员辽阔的国家，各地之间的经济社会发展差距巨大，如何一方面维护国家的统一和完整，促进各地之间的协调发展，另一方面又充分调动起各地发展的积极性；如何在集权和分权之间找准平衡，构建合理的中央－地方关系，有助于在促进效率的同时保持公平，是中国建设现代国家的一个核心内容，也是深化政府行政管理体制改革的重要部分。

2. 明确中央－地方的权责是构建合理中央－地方关系的根本核心内容

上述中央－地方财政关系和行政关系所存在的矛盾，表面上看，是各级政府究竟应该承担哪些事务，以及如何组织获得财力分担这些事务的支出责任，并组织机构和人力具体实施的问题。根本上看，则是不同层级政府间权利边界不清的问题。正因为权利不清，则造成责任不清、权责难以对等；而权责不清，则导致财政收支上的问题。

事实上，如何合理划分中央和地方在经济社会事务上的管理责权，2003 年在《中共中央关于完善社会主义市场经济体制若干问题的决定》中亦有较为明确的说法，即"属于全国性和跨省（自治区、直辖市）的事务，由中央管理，以保证国家法制统一、政令统一和市场统一。属于面向本行政区域的地方性事务，由地方管理，以提高工作效率、降低管理成本、增强行政活力。属于中央和地方共同管理的事务，要区别不同情况，明确各自的管理范围，分清主次责任。根据经济社会事务管理责权的划分，逐步理顺中央和地方在财税、金融、投资和社会保障等领

域的分工和职责"。然而由于在具体事项上，中央－地方权利的划分牵涉面广、非常复杂，总体来看此项改革的进展未尽如人意。

3. 合理划分中央－地方权利要根据建设现代国家的要求，纳入法制化的轨道

中央和地方的权责划分，不能仅仅停留在一些模糊的原则上，而是要落实到具体的事项上；而如何划分、划分的具体结果也不能仅仅是中央和地方关起门来的博弈，最后变成一些不成文的规则或者暂时性的规定，而是要根据建设现代国家的要求，将其纳入法制化的轨道。中央和地方在不同的事务上究竟有哪些权利，需要制度化、明确化、法制化，并以此来规范中央－地方之间的关系，在这个基础上合理确定各级政府的财权、事权和支出责任。

建立以一般性转移支付为主导、纵向转移与横向转移相结合的转移支付新体系。

（1）完善标准支出标准，自下而上确定一般转移支付数额。

（2）发挥省级政府承上启下的作用，优先保障一般性转移支付资金需求。

（3）整合、提高专项转移支付，推动政府职能转型。

（四）提高能力，加强公务员队伍建设和完善政府有效履行责任的条件和手段

贯彻实施《公务员法》，加强公务员队伍建设，不断完善公务员考试录用制度、流动机制和任用管理制度，改进考核制度，强化对公务员的教育、管理和监督，逐步建立竞争择优、能进能出、能上能下的用人机制。加强公务员培训，推进公务员工资制度改革，优化公务员队伍结构，建立起一支高水平的公务员队伍。从我国公务员队伍的结构看，中央政府机构的规模过小，公务员人数不够，难以承担日益繁重的政府行政职能。所以在提高公务员素质的同时，要适度扩大中央政府部门的公务员人数。

"十二五"期间，要加强政府"有效行政的基础设施建设"，为政府有效履行职责提供必要基础条件和良好的技术手段。重点是要完善统计体系，充分利用信息化时代信息收集和处理的成本低、方便快捷的特点，建设完备的国民经济统计体系。加快推动电子政务建设，提高政府内部的办公效率，提高对全体国民的服务质量，为公众了解公共事务、参与公共决策提供更加便捷的条件。特别是要在党中央、国务院的督促下，实现各政府部门之间的基本政府信息的联通共享。具体而言，就是要在"十二五"期间建立以国民身份证号码为唯一代码、综合各类相关信息的国家人口信息基础库，并在此基础上建立家庭收入、社会保障等重要信息库。这是各级政府科学决策的基础，也是有效履行职责、提高行政效率的有效手段。

完善行政程序，规范行政机构、服务机构工作人员的行为，以严格的规范和程序保证所有公务员、政府雇员都能够对国民的要求做出积极的响应，高效率地为人民服务，而不是推诿、无作为。

（五）加强内部约束，建立科学合理的政府绩效考核制度

科学合理的绩效考核制度，是提高政府效率、加强政府问责的重要制度安排，也是行政管理体制改革的重要内容。按照"目标明确、环节完整、公平协调、分类评价、动态调整、操作方便"的原则构建我国科学合理的政绩考核制度。具体的做法包括：清晰界定的评估对象，详尽分解的考核内容，适度多元的考核主体，规范透明的考核程序，科学全面的考核指标，定性考核与定量考核相结合的考核方法，公开公正的考核结果。

建立科学合理的政绩考核制度的措施包括：制定政绩考核的指导性文件，逐步实现制度化和法制化，从制度和法律上规范政绩考核；加强政绩考核信息的披露，并将考核制度与奖惩制度相结合；鼓励第三方专业机构参与政绩考核，充分发挥专业评估和研究机构的作用；合理定位政绩考核，逐步推行。

我国政府开展政绩考核必须立足国情，针对不同部门和地区的实际情况逐步推行。就全国范围来看，在"十二五"期间，可按照东、中、西、东北四大区域板块，结合国家主体功能区规划确定的四类主体功能区，各选择一个省级行政区域进行政绩考核试点。按照不同的主体功能要求设置政绩考核方案，同时对不同的行政层级，例如对中央、省、市（地）、县（市）、乡（镇）五级政府机构要设置不同的考核指标和考核标准。重点选择比较贴近实际、贴近社会、工作比较具体以及比较易于进行量化评估的部门和地区进行试点，从中取得经验，逐步推广。

（六）加强社会监督，扩大公众参与，推进依法行政

依法行政、建立法治政府是依法治国、建立法治国家的先导和切入点。全面推进《依法行政实施纲要》，鼓励社会监督，完善对政府的问责机制。

一要鼓励社会监督，完善对政府的问责。尽快将《政府信息公开条例》提升为国家法律，推进政务公开，增强公共政策制定透明度和公众参与度，提高政府工作透明度，扩大公众的参与，保证人民群众的知情权、参与权、表达权、监督权。推进行政复议和支持行政诉讼，加强对政府的问责。要加强各级人大和政协对政府依法行政活动的监督，重点加强责任追究，真正做到有权必有责、用权受监督、违法要追究。

二是要推进司法国家化，维护司法公正。保证检察机关和司法机关应有的独立性，不受任何曾经的政府部门、社会团体、社会组织和个人的干涉。建立法治国家，不仅要完善法律体系，更应该保证司法公正；不仅要建立对行政执法进行监督的问责机制，更要对司法公正性进行监管。所有法院都应该由中央政府统一供养，从财务上独立于地方政府，有助于维护司法独立，有效克服地方保护主义的干扰。探索设立巡回法院和宪法法院，使纸面上的法律条文成为具体的现实。

三是要建立依法行政的启动机制。应该充分利用当前网络等媒体信息全、传播快、影响大的特点，从中选择一些典型的事件，在中央政府代表的国家机构和部门直接参与和监督下，通过严格的司法程序进行处理，积极鼓励公民参与，确保处理结果公开透明，在法律允许的范围内尽量做到过程透明、上下互动，从而起到举一反三、建章立制的效果。要重点针对那些必须推动、可以推动、推动以后有重要影响的领域（例如涉及政府管理体制改革的社会难点和热点问题）进行突破，力图通过一系列的典型事件表明推动改革的决心、重塑政府的公信力，树立政府依法行政的形象，从而推动政府管理体制改革的实质性突破。

附录　中央文件中的政府（行政）管理体制改革

中央文件中的政府（行政）管理体制改革

报告	主要措施	具体内容
建立社会主义市场经济体制（1993 年）	1. 转变政府职能	政府管理经济的职能，主要是制订和执行宏观调控政策，搞好基础设施建设，创造良好的经济发展环境
		同时，要培育市场体系、监督市场运行和维护平等竞争，调节社会分配和组织社会保障，控制人口增长，保护自然资源和生态环境，管理国有资产和监督国有资产经营，实现国家的经济和社会发展目标
		政府运用经济手段、法律手段和必要的行政手段管理国民经济，不直接干预企业的生产经营活动
	2. 改革政府机构	要按照政企分开，精简、统一、效能的原则，继续并尽早完成政府机构改革
		政府经济管理部门要转变职能，专业经济部门要逐步减少，综合经济部门要做好综合协调工作，同时加强政府的社会管理职能，保证国民经济正常运行和良好的社会秩序

续表

报告	主要措施	具体内容
十六大报告（2002年）	1. 进一步转变政府职能	改进管理方式，推行电子政务，提高行政效率，降低行政成本，形成行为规范、运转协调、公正透明、廉洁高效的行政管理体制
	2. 规范中央和地方的职能和权限	正确处理中央垂直管理部门和地方政府的关系
	3. 政府机构改革	按照精简、统一、效能的原则和决策、执行、监督相协调的要求，继续推进政府机构改革，科学规范部门职能，合理设置机构，优化人员结构，实现机构和编制的法定化，切实解决层次过多、职能交叉、机构臃肿、权责脱节和多重多头执法等问题
	4. 改革事业单位管理体制	按照政事分开原则，改革事业单位管理体制
完善社会主义市场经济体制（2003年）	1. 改革行政管理体制	加快形成行为规范、运转协调、公正透明、廉洁高效的行政管理体制
	2. 调整各级政府机构设置	进一步调整各级政府机构设置，理顺职能分工，实现政府职责、机构和编制的法定化
	3. 国家公务员制度	完善国家公务员制度
	4. 依法行政	推进依法行政，严格按照法定权限和程序行使权力、履行职责
	5. 电子政务	发展电子政务，提高服务和管理水平
	6. 预警和应急机制	建立健全各种预警和应急机制，提高政府应对突发事件和风险的能力
	7. 安全生产监管体系	完善安全生产监管体系
	8. 地方行政管理体制改革	深化地方行政管理体制改革，大力精简机构和人员
	9. 事业单位改革	继续推进事业单位改革
	10. 中央和地方经济社会事务的管理责权	按照中央统一领导、充分发挥地方主动性积极性的原则，明确中央和地方对经济调节、市场监管、社会管理、公共服务方面的管理责权

续表

报告	主要措施	具体内容
"十一五"规划建议（2005年）	1. 政企分开、政资分开、政事分开、政府与市场中介组织分开	减少和规范行政审批
	2. 加强社会管理和公共服务职能	不得直接干预企业经营活动
	3. 政府机构改革	优化组织结构，减少行政层级，理顺职责分工，推进电子政务，提高行政效率，降低行政成本
	4. 事业单位改革	分类推进事业单位改革
	5. 投资体制改革	深化投资体制改革，完善投资核准和备案制度，规范政府投资行为，健全政府投资决策责任制度
	6. 法治政府	加快建设法治政府，全面推进依法行政，健全科学民主决策机制和行政监督机制
十七大报告（2007年）	1. 服务型政府	加快行政管理体制改革，建设服务型政府
	2. 行政管理体制改革总体方案	要抓紧制定行政管理体制改革总体方案，着力转变职能、理顺关系、优化结构、提高效能，形成权责一致、分工合理、决策科学、执行顺畅、监督有力的行政管理体制
	3. 健全政府职责体系	健全政府职责体系，完善公共服务体系，推行电子政务，强化社会管理和公共服务
	4. 政企分开、政资分开、政事分开、政府与市场中介组织分开	规范行政行为，加强行政执法部门建设，减少和规范行政审批，减少政府对微观经济运行的干预
	5. 规范垂直管理部门和地方政府的关系	
	6. 大部门体制	加大机构整合力度，探索实行职能有机统一的大部门体制，健全部门间协调配合机制，精简和规范各类议事协调机构及其办事机构，减少行政层次，降低行政成本，着力解决机构重叠、职责交叉、政出多门问题

续表

报告	主要措施	具体内容
十七大报告（2007年）	7. 控制编制	统筹党委、政府和人大、政协机构设置，减少领导职数，严格控制编制
	8. 加快推进事业单位分类改革	
	9. 完善制约和监督机制	保证人民赋予的权力始终用来为人民谋利益。确保权力正确行使，必须让权力在阳光下运行
	10. 权力结构和运行机制	要坚持用制度管权、管事、管人，建立健全决策权、执行权、监督权既相互制约又相互协调的权力结构和运行机制
	11. 组织法制和程序规则	健全组织法制和程序规则，保证国家机关按照法定权限和程序行使权力、履行职责
	12. 工作透明度和公信力	完善各类公开办事制度，提高政府工作透明度和公信力
	13. 加强监督	重点加强对领导干部特别是主要领导干部人财物管理使用、关键岗位的监督，健全质询、问责、经济责任审计、引咎辞职、罢免等制度。落实党内监督条例，加强民主监督，发挥好舆论监督作用，增强监督合力和实效
十七届二中全会关于深化行政管理体制改革的意见（2008年）	1. 指导思想	按照建设服务政府、责任政府、法治政府和廉洁政府的要求，着力转变职能、理顺关系、优化结构、提高效能，做到权责一致、分工合理、决策科学、执行顺畅、监督有力，为全面建设小康社会提供体制保障
	2. 基本原则	坚持以人为本、执政为民，把维护人民群众的根本利益作为改革的出发点和落脚点
		坚持与完善社会主义市场经济体制相适应，与建设社会主义民主政治和法治国家相协调
		坚持解放思想、实事求是、与时俱进，正确处理继承与创新、立足国情与借鉴国外经验的关系
		坚持发挥中央和地方两个积极性，在中央的统一领导下，鼓励地方结合实际改革创新
		坚持积极稳妥、循序渐进，做到长远目标与阶段性目标相结合、全面推进与重点突破相结合，处理好改革发展稳定的关系

报告	主要措施	具体内容
十七届二中全会关于深化行政管理体制改革的意见（2008 年）	3. 总体目标	到 2020 年建立起比较完善的中国特色社会主义行政管理体制。通过改革，实现政府职能向创造良好发展环境、提供优质公共服务、维护社会公平正义的根本转变，实现政府组织机构及人员编制向科学化、规范化、法制化的根本转变，实现行政运行机制和政府管理方式向规范有序、公开透明、便民高效的根本转变，建设人民满意的政府
		今后 5 年，要加快政府职能转变，深化政府机构改革，加强依法行政和制度建设，为实现深化行政管理体制改革的总体目标打下坚实基础
	4. 加快政府职能转变	深化行政管理体制改革要以政府职能转变为核心
		加快推进政企分开、政资分开、政事分开、政府与市场中介组织分开，把不该由政府管理的事项转移出去，把该由政府管理的事项切实管好。从制度上更好地发挥市场在资源配置中的基础性作用，更好地发挥公民和社会组织在社会公共事务管理中的作用，更加有效地提供公共产品
	5. 推进政府机构改革	按照精简统一效能的原则和决策权、执行权、监督权既相互制约又相互协调的要求，紧紧围绕职能转变和理顺职责关系，进一步优化政府组织结构，规范机构设置，探索实行职能有机统一的大部门体制，完善行政运行机制
		推进地方政府机构改革，精简和规范各类议事协调机构及其办事机构，推进事业单位分类改革，认真执行政府组织法律法规和机构编制管理规定
	6. 加强依法行政和制度建设	遵守宪法和法律是政府工作的根本原则。必须严格依法行政，坚持用制度管权、管事、管人，健全监督机制，强化责任追究，切实做到有权必有责、用权受监督、违法要追究
		加快建设法治政府和科学民主决策机制，推行政府绩效管理和行政问责制度，健全对行政权力的监督制度，加强公务员队伍建设

续表

报告	主要措施	具体内容
"十二五"规划建议（2010年）	1. 转变政府职能	进一步转变政府职能，深化行政审批制度改革，加快推进政企分开，减少政府对微观经济活动的干预，加快建设法治政府和服务型政府
	2. 机构改革	继续优化政府结构、行政层级、职能责任，降低行政成本，坚定推进大部门制改革，在有条件的地方探索省直接管理县（市）的体制
	3. 科学决策、民主决策、依法决策	健全科学决策、民主决策、依法决策机制，推进政务公开，增强公共政策制定透明度和公众参与度，加强行政问责制，改进行政复议和行政诉讼，完善政府绩效评估制度，提高政府公信力
"十二五"规划纲要（2011年）	1. 健全政府职责体系	提高经济调节和市场监管水平，强化社会管理和公共服务职能
	2. 加快推进政企分开、政资分开、政事分开、政府与市场中介组织分开	调整和规范政府管理的事项，深化行政审批制度改革，减少政府对微观经济活动的干预
	3. 机构改革	继续优化政府结构、行政层级、职能责任，坚定推进大部门制改革，着力解决机构重叠、职责交叉、政出多门问题
	4. 省管县	在有条件的地方探索省直接管理县（市）的体制
	5. 完善公务员制度	
	6. 政府机关事务管理体制改革	深化各级政府机关事务管理体制改革，降低行政成本
	7. 重大事项决策机制	建立健全公众参与、专家咨询、风险评估、合法性审查和集体讨论决定的决策程序，实行科学决策、民主决定对同群众利益密切相关的重大事项，要实行公示、听证等制度策和依法决策．对涉及经济社会发展全局的重大事项，要广泛征询意见，充分协商和协调。对专业性、技术性较强的重大事项，要认真进行专家论证、技术咨询、决策评估

续表

报告	主要措施	具体内容
"十二五"规划纲要（2011年）	8. 依法行政	严格依法行政，健全行政执法体制机制，完善行政复议和行政诉讼制度
	9. 政府绩效评估指标体系和评估机制	建立科学合理的政府绩效评估指标体系和评估机制，实行内部考核与公众评议、专家评价相结合的方法，发挥绩效评估对推动科学发展的导向和激励作用
	10. 健全对行政权力的监督制度	强化审计监督。推行行政问责制，明确问责范围，规范问责程序，健全责任追究制度和纠错改正机制，提高政府执行力和公信力

参考文献

[1] 丁宁宁. 政府机构改革需要明确的几个问题. 国务院发展研究中心调研报告，2006

[2] 福山. 国家构建：21世纪的国家治理与世界秩序. 北京：中国社会科学出版社，2007

[3] 国务院发展研究中心课题组. 在放权和约束间建立新平衡——完善我国政府间转移支付制度的思路和行动框架. 经济研究参考，2011（19）

[4] 恒山. 着力推进行政管理体制改革.《中共中央关于制定国民经济和社会发展第十一个五年规划的建议》辅导读本. 北京：人民出版社，2005

[5] 吉苏. 行政管理体制改革是深化改革的重要环节. 十七大报告辅导读本. 2007

[6] 刘鹤. 加快转变政府职能、完善行政管理体制.《中共中央关于完善社会主义市场经济体制若干问题的决定》辅导读本. 北京：人民出版社，2003

[7] Skocpol, T. (1985) "Bringing the State Back In：Strategies of Analysis in Current Research" in P. B. Evans, D. Rueschemeyer, T. Skocpol, Bringing the State Back In. Cambridge University Press：3~37.

[8] 魏礼群. 推进行政体制改革.《中共中央关于制定国民经济和社会发展第十二个五年规划的建议》辅导读本. 北京：人民出版社，2010

[9] 关于深化行政管理体制改革的意见. 中国共产党十七届二中全会通过. 2008年2月27日

[10] 朱光磊等. 政府机构改革三十年：回顾和建议. 北京行政学院学报，2009（1）

优化政府间事权、财力划分的基本思路研究

一、我国政府间事权划分的沿革与现状

在不同层级政府间进行事权界定和划分，首先需要厘清政府和市场、政府与社会的关系，需要明确政府拥有何种职能。道理很简单：政府职能的性质不同，各级政府履行相关职能所需拥有的权责也不一样。政府职能变了，各级政府拥有的权利和义务也会相应做出调整。

改革开放以来，伴随着计划经济向市场经济的转型，伴随着工业化和城市化的快速推进，伴随着日益融入国际社会，我国的经济运行机制、居民生活方式、社会管理方式发生了深刻变革，政府职能以及政府履行职能的方式也发生了重大变化。因此，考察我国政府间事权划分的演变，离不开政府事权（职能）演变的大背景。

（一）我国政府职能演变的基本轨迹

改革开放以来，我国政府职能的演变大体经历了三个阶段。

20世纪80年代，政府职能演变的主要特点是"退"。所谓"放权让利"，在政企关系方面，就表现为政府向企业下放经营自主权，同时逐步引入市场机制来引导社会生产、调节供需平衡。

20 世纪 90 年代，政府职能演变的主要特点是制度创新，即根据建立社会主义市场经济体制的总体要求重构政企关系、银企关系以及政府间的财力分配关系。具体如：实施工商税制改革，为内资企业创造公平竞争环境；推动国有资本战略重组；推动国有企业实施股份制改造，建立现代企业制度；分离政策性业务和商业性业务，把国有专业银行改造为国有商业银行；加快建立社会化的企业养老和医疗保险制度；以及在划分政府事权和财力的基础上推行分税制等。

进入 21 世纪（特别是党的十六届三中全会以来）以来，政府职能演变的主要特点是着力强化政府在弥补市场失灵方面的职能。具体如：推动建立覆盖全社会的养老、医疗社会保障新体系；加大环境保护力度，建设资源节约型、环境友好性社会；增加对教育、科技和研发投入，推动建设创新型国家；增加对中西部地区和主体功能区建设的支持力度，促进地区协调发展等。

世界银行从政府和市场的关系入手，曾把政府职能划分为基本职能、中级职能和高级职能，强调指出，各国政府应根据自身财力优先保障履行基本的政府职能（如表 1 所示）。我国是一个发展中大国，也是一个转型国家、后起追赶型国家，特殊的历史、文化和发展阶段，决定了我国政府是"大政府"，世界银行罗列的各项政府职能，我国政府均有涉及。

（二）政府间事权划分的演变与现状

20 世纪 80 年代的"放权让利"，不仅包括政府向企业和个人的"放权让利"，还包括政府之间的"放权让利"，即中央政府（上级政府）通过向地方政府（下级政府）下放资金、企业管理、投资审批等权力，来调动各地发展经济的积极性。

根据建立社会主义市场经济体制的总体要求，党的十四届三中全会决定借鉴发达国家的普遍做法，在划分中央和地方支出范围的基础上实行分税制改革。这次改革勾勒了市场经济条件下我国政府职能划分的基

表1　　　　　　　　　　　不同类型政府职能的重点

政府职能	替代市场	弥补市场失灵				促进社会公平
基本职能	对特定产业和企业补贴、价格管制	提供纯粹公共物品：国防、外交、司法、治安、宏观经济管理、公共卫生				保护弱势群体：扶贫和保护
中级职能	以国有企业形式控制自然垄断、公用事业和金融等特殊行业	解决外部效应：基础教育、环境保护	规范垄断行业：公用事业管制、反垄断政策	克服信息不对称：金融法规、消费者保护		提供社会保障：社会保障、社会救济
高级职能	政府直接从事竞争性经济活动	协调私人活动促进市场发展				再分配：资产再分配

资料来源：王蕴，"中国财政职能定位及财政职能调整优化的思路"，载《经济研究参考》2009年第26期。

本框架。其具体划分情况如专栏1所示。在中央和各省（市、区）之间实行分税制改革之后，各级地方政府也先后实施了分税制改革，明确了上下级政府之间的事权和财力划分。

【专栏1】　　　　中央与地方事权划分的基本框架

中央政府：承担国家安全、外交和中央国家机关运转所需经费，调整国家经济结构，协调地区发展，实施宏观调控所必需的支出以及由中央直接管理的事业发展支出。具体包括：国防费，武警经费，外交和援外支出，中央级行政管理费，中央统管的基本建设投资，中央直属企业的技术改造和新产品试制费，地质勘探费，由中央财政安排的支农支出，由中央负担的国内外债务的还本付息支出，以及中央本级负担的公检法支出和文化、教育、卫生、科学等各项事业费支出。

地方政府：承担本地区政权机关运转所需支出以及本地区经济、事业发展所需支出。具体包括：地方行政管理费，公检法支出，部分武警经费，民兵事业费，地方统筹的基本建设投资，地方企业的技术

> 改造和新产品试制经费，支农支出，城市维护和建设经费，地方文化、教育、卫生等各项事业费，价格补贴支出以及其他支出。
>
> 　其中：省级以下政府，县以上地方各级人民政府依照法律规定的权限，管理本行政区域内的经济、教育、科学、文化、卫生、体育事业、城乡建设事业和财政、民政、公安、民族事务、司法行政、监察、计划生育等行政工作。乡、民族乡、镇的人民政府执行本级人民代表大会的决议和上级国家行政机关的决定和命令，管理本行政区域内的行政工作。
>
> 　注：根据《国务院关于实行分税制财政管理体制的决定》整理。

　20 世纪 90 年代的分税制改革毕竟是粗线条的。随着社会实践的发展和认识的不断深化，进一步完善和调整我国政府间事权划分势在必行。2003 年，党的十六届三中全会明确提出，要"按照中央统一领导、充分发挥地方主动性积极性的原则，明确中央和地方对经济调节、市场监管、社会管理、公共服务方面的管理责权"。"属于全国性和跨省（区、市）的事务，由中央管理，以保证国家法制统一、政令统一和市场统一。属于面向本行政区域的地方性事务，由地方管理，以提高工作效率、降低管理成本、增强行政活力。属于中央和地方共同管理的事务，要区别不同情况，明确各自的管理范围，分清主次责任"。"根据经济社会事务管理责权的划分，逐步理顺中央和地方在财税、金融、投资和社会保障等领域的分工和职责"。近年来，有关方面在完善事权划分方面做了大量探索，具体如：将举办农村义务教育的责任上划到县；"扩权强县"，在投资、项目审批等领域赋予县级政府更大的自主权；土地监察等部门垂直管理，由省级负责；强化基层政府提供公共卫生和医疗服务的责任等。

　从全过程分析的角度看，政府履行各项职能都要包括决策制定、政策实施、资金提供、监督保障等环节。在各项职能的不同环节上，各级政府承担的责任大体如表 2 所示。

表2 我国政府各项职能在政府间的分工

政府职能	决策	实施	资金保障	督导监管
外交和国家安全（国防等）	中央政府	中央为主，地方政府配合	中央负担绝大部分财政资金，地方提供少量资金	中央政府
社会管理（市场监管、环境保护、反垄断等）	中央政府制定基本政策，省市级政府制定实施细则	以属地管理为主，上级政府负责协调；对不同层级的管理机关确定相应的审批权限，是在市场准入等领域实施社会管理的常见方法	由各级政府本级财政进行安排，对存在缺口的，上级政府给予一定补助	中央政府、地方政府
公共服务（教育、科技、文化、公共卫生等）	中央、省级政府确定基本政策和指导原则	根据受益范围确定责任主体和管理部门，以市、县级政府为责任主体	由市县级财政负责，中央、省级政府对财力困难者、探索性做法给予适当补助	中央政府、地方政府
公共投资（道路、供电、供水等）	全国范围的发展规划由中央制定，地方发展规划由当地政府根据国家（上级政府）总体规划制定	大型重点工程、跨地区项目由上级部门负责，小型、区域性项目由辖区政府负责；城市基础设施由所在市负责	根据项目属性确定资金保障主体；根据收益原则和项目所在地政府的实际情况，确定上级政府与项目所在地的资金分摊比例；对地方性小型项目的实施，上级政府根据情况给予补助	中央政府、地方政府
社会保障（养老、医疗）	中央制定基本政策，发布实施战略；省、市级政府制定实施细则	属地管理，以市县级政府为主	由本级财政负担，中央、省对落后地区（居民参保和机构）给予财政补助	中央政府、地方政府

　　以义务教育为例。《中华人民共和国义务教育法》（2006 年修订）明确规定："义务教育实行国务院领导，省、自治区、直辖市人民政府统筹规划实施，县级人民政府为主管理的体制"；"义务教育经费投入实行国务院和地方各级人民政府根据职责共同负担，省、自治区、直辖市人民政府负责统筹落实的体制。农村义务教育所需经费，由各级人民政府根据国务院的规定分项目、按比例分担"。具体讲，目前各级政府在发展义务教育方面的职责分工格局具体如下。

　　中央政府的职责，主要包括：负责制定教育的法规、方针、政策、总体规划；通过转移支付资金扶持贫困地区、民族地区发展义务教育；对省级教育职责履行情况进行监督指导等。

　　省级政府的职责，主要包括：负责本地区基础教育的实施工作，包括制订本地区基础教育发展规划，确定教学计划、选用教材和审定省编教材；组织本地区基础教育的评估、验收；建立用于补助贫困地区、少数民族地区的专项基金，对县级财政教育事业费有困难的地区给予补助；制订实施义务教育各类学校的经费开支定额，并制订按照学生人数平均的公用经费开支标准、教职工编制标准和校舍建设、图书资料、仪器设备配置等标准。

　　地（市）级政府的职责，主要包括：根据中央与省政府制定的法规、方针、政策，对本地区实施义务教育进行统筹和指导。

　　县政府（含市辖区）的职责，主要包括：组织义务教育的实施，具体包括统筹使用教育经费、调配和管理中小学校长与教师、指导中小学教育教学工作等。

　　乡级政府的职责，主要是负责落实义务教育的具体工作，包括保证适龄儿童、少年按时入学。有条件的经济发达地区，义务教育经费可仍由县乡共管，充分发挥乡财政的作用。

二、我国政府间财力划分的沿革与现状

（一）我国政府财力的演变

从计划经济向市场经济的转型，重构了政府与企业的分配关系，使政府收入的来源渠道、资金筹集方式发生了根本性变化。

早在 1980 年，为了调动企业和个人的生产积极性，我国就陆续在多个省市开始了国营企业"利改税"的试点工作。经过 80 年代中期的两步"利改税"改革，企业过去上缴给国家的利润被改为以所得税方式上缴，与此同时，工商税被细化为产品税、增值税、营业税和盐税，同时对原油、天然气、煤炭等矿产品开征了资源税，恢复和开征了城市维护建设税、房产税、土地使用税和车船使用税四个地方税种。经过两步"利改税"改革，我国税收的法律法规逐步建立起来，政府和企业、政府和个人的收入分配关系逐步走上了有法可依的轨道。

1993 年，根据建立社会主义市场经济体制改革的总体要求，党中央、国务院又部署、实施了新一轮工商税制改革。这次改革是我国新中国成立以来规模最大、范围最广、内容最深刻、力度最强的一次工商税制改革[1]。其主要内容包括：实行流转税改革，确立以规范化的增值税为核心、对服务业继续征收营业税，对少数商品征收消费税的流转税课税体系；对内资企业实行统一的企业所得税；实行统一的个人所得税，根据个人收入的不同来源分类稽征，适用统一的税率；此外，还对其他一些税种做了调整，具体如：调整资源税、城市维护建设税和城镇土地使用税；取消集市交易税、牲畜交易税、烧油特别税、奖金税和工资调节税；开征土地增值税、证券交易印花税；盐税

---

[1] 转引自："中国税制改革 30 年回顾与展望"，http://www.chinatax.gov.cn/n8136506/n8136593/n8137681/n8733545/8741479.html。

并入资源税，特别消费税并入消费税等。改革后，我国税种设置由原来的 37 个减少为 23 个，初步实现了统一税法、公平税负、简化税制和合理分权的预期目标。

此后，随着经济社会的发展变化，我国政府的税制又做了一些调整。具体如下。

农村税费改革和取消农业税。为了规范国家、集体与农民的收入分配关系，切实减轻农民负担，党中央、国务院自 2001 年起逐步在各省（市、区）试点、推广农村税费改革。当时农村税费改革的主要内容，是"三取消、两调整、一改革"①。在前期改革取得初步成效的基础上，农村税费改革的内容自 2004 年起被拓展为"两减免、三补贴"，即计划用五年时间免除农业税、免除除烟叶外的农业特产税；对种粮农民实行直接补贴、对部分地区农民进行良种补贴和购置农机具的补贴。由于各地高度重视，减免农业税的进展十分迅速。到 2006 年，在我国延续了 2600 年的农业税就彻底退出了历史舞台。

"内外资企业所得税并轨"改革。《中华人民共和国企业所得税法》自 2008 年 1 月 1 日起正式实施，结束了对内资企业和外资企业分设企业所得税法律法规的局面，统一了内外资企业的所得税税率和费用扣除标准，为内外资企业创造了统一、规范、公平竞争的市场环境。

增值税转型改革。自 2009 年 1 月 1 日起，我国在所有地区、所有行业开始全面推行增值税转型改革，允许企业抵扣新购入设备所含的增值税（即将生产型增值税转为消费型增值税）。同时，取消进口设备免征增值税和外商投资企业采购国产设备增值税退税政策，将小规模纳税人的增值税征收率统一调低至 3%，将矿产品增值税税率恢复到 17%。

---

① 所谓"三取消"，具体指取消乡统筹和农村教育集资等专门向农民征收的行政事业性收费和政府性基金、集资；取消屠宰税；取消统一规定的劳动积累工和义务工。所谓"两调整"，具体指调整现行农业税政策和调整农业特产税政策。所谓"一改革"，具体指改革现行村提留征收使用办法。

资源税改革。自 1994 年以来，我国资源税征收普遍采用"从量定额征收"的办法。随着形势的变化，要求改革资源税征收办法、扩大征收范围、提高税负标准的呼声不断高涨。在总结新疆试点经验的基础上，2011 年 11 月，资源税改革在石油、天然气、煤炭、稀土领域全面铺开。这标志着资源税改革的全面启动。

房产税改革。房产税是重要的财产税，是各国地方政府筹集收入的重要来源。根据国务院 1986 年 9 月发布的《中华人民共和国房产税暂行条例》，个人所有的非营业用房产免征房产税。近年来，要求深化房产税改革、对居民房产征收房产税的呼声日渐提高。2011 年 1 月，我国房产税改革（试点）工作在上海、重庆两市同时启动。

30 多年来，伴随着政企之间分配关系的重构与调整，政府财政收入的相对规模（占 GDP 的比重）也经历了一个 U 型发展轨迹。从 1983 ~ 1993 年，我国财政收入占 GDP 的比重从 23% 下降到 12.7%；分税制改革的实施则扭转了上述局面，从 1993 ~ 2009 年，国家财政收入占 GDP 的比重从 12.8% 稳步上升到 20.4%（如图 1 所示）。

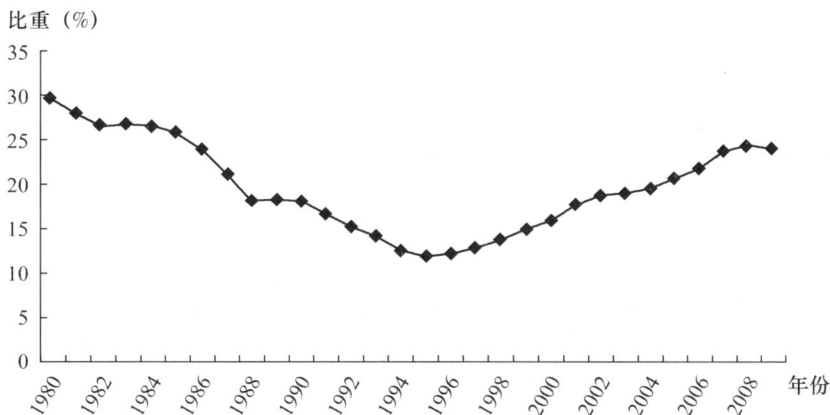

图 1　我国财政收入占 GDP 的比重

根据目前的统计口径，在财政收入之外，还有预算外收入、政府性基金（含土地出让金）。如果计入上述两项收入，那么，2009 年我国政府收入的总规模约为 93934 亿元，约占 GDP 的 27.6%。2010 年，全国土地出让金收入大幅增长，政府收入占 GDP 的比重更是高达 31.8%（如表 3 所示）。这样的收入规模，和 OECD 国家 2005 年税收总收入占 GDP 的平均水平（35.8%）已相差不远。

表3　　　　　　　　　　　我国政府的真实规模　　　　　　　　单位：亿元

年份	政府总收入	全国财政收入	土地出让金	政府性基金（不含土地出让金）	预算外资金收入：合计	GDP	财政收入占 GDP 比重（%）
2005	44462	31649	4927	2342	5544	184937	24.0
2006	54732	38760	6871	2693	6408	216314	25.3
2007	69410	51322	8171	3097	6820	265810	26.1
2008	82295	61330	10786	3562	6617	314045	26.2
2009	93934	68518	14239	4096	7080	340903	27.6
2010	126438	83080	29110	6672	7576	397983	31.8

（二）政府间分配关系的演变和现状

1. 各级政府对财政收入的划分

新中国成立到改革开放之前，我国财政经济管理体制出现多次"放－乱－收－死"的循环变动。其基本规律是：当需要加强财经纪律以克服严重经济困难时，会多强调财力集中；当需要发挥地方积极性以加快发展时，则会更多地强调向地方和基层政府放权。

早在 1980 年，为了克服计划经济统得过多、过死的弊端，调动地方发展经济的积极性，我国就开始实行被人们形象地称为"分灶吃饭"的财政体制。该体制的核心是"划分收支、分级包干"，其主要内容为：在收入方面，中央所属企业的收入、关税收入和中央其他收入作为中央财政的固定收入；地方所属企业的收入、盐税、工商所得税和地方其他收入作为地方财政的固定收入。在支出方面，中央的基本建设投资、中央企业的流动资金、国防费、中央级的事业费等由中央支出；地方的基本建设投资、地方企业流动资金、地方各项事业费及行政费等，则由地方财政支出。

由于"利改税"重组了政府与企业（以及政府与个人）的分配关系，自 1985 年起，国务院开始推行以"划分税种，核定收支，分级包干"为主要内容的财政新体制。由于当时经济体制其他方面的改革尚不配套，新的财政体制缺乏实施条件，国务院决定，1985～1987 年中央和地方收入分配实行"划分税种基础上的总额分成"办法作为过渡；与此同时，维持福建省、广东省既有的收入分配办法不变，以加快福建、广东两省的发展①。针对一些省份抱怨收入上缴偏多的问题，为了进一步调动地方积极性，国务院进一步决定，从 1988 年起，对收入上交较多的 13 个省（市），实行"财政包干、一定三年不变"的收入分配办法。

各种财政包干制、分成制调动了地方政府发展经济的积极性，但也带来了中央财力显著下降的局面。从 1983～1993 年，在财政收入占 GDP 比重从 23% 下降到 12.7% 的同时，中央财政收入占财政总收入的比重也从 35.8% 下降到了 22%。中央财力的显著下降，给中央政府的财政收支平衡带来了巨大压力。从 1981～1993 年，如果不计入债务收支，中央财政连年赤字，平均赤字规模相当于当年中央财政收入的 30%。捉襟见肘的财政收支，严重削弱了政府的经济调控和行政管理能力。

1994 年的分税制改革，借鉴市场经济国家的成熟做法，根据事权与财权相结合的原则，按税种划分中央与地方收入。将维护国家权益、实施宏观调控所必需的税种划为中央税；将同经济发展直接相关的主要税种划为中央与地方共享税；将适合地方征管的税种划为地方税，并提出要充实地方税税种，增加地方税收收入（具体划分结果如专栏 2 所示）。此后，根据形势发展的需要，我国又对收入划分作了数次微调，

---

① 中央与福建省的收入分配方法为"划分收支、定额补助、五年不变"，中央与广东省的收入分配方法为"划分收支、定额上交、五年不变"。

具体如：①调整证券交易税分享比例，将中央分享比例从 50% 逐步提高到 97%。②所得税分享改革，改变按企业隶属关系确定所得税归属的做法，实行中央和地方按比例分成（铁路运输、国家邮政、四大国有商业银行、三家政策性银行以及海洋石油天然气企业缴纳的所得税继续作为中央收入）。2002 年中央和地方分配比例为50∶50，2003 年以来为60∶40。③农业税费改革。在农村税费改革的基础上，逐步取消农业税和农业特产税（烟叶特产税除外）。

【专栏2】　　分税制改革确定的中央与地方收入划分架构

中央固定收入：包括关税，海关代征消费税和增值税、消费税，中央企业所得税，地方银行和外资银行及非银行金融企业所得税，铁道部门、各银行总行、各保险总公司等集中交纳的收入（包括营业税、所得税、利润和城市维护建设税），中央企业上缴利润等。外贸企业出口退税全部由中央财政负担。

地方固定收入：包括营业税（不含铁道部门、各银行总行、各保险总公司集中交纳的营业税），地方企业所得税（不含上述地方银行和外资银行及非银行金融企业所得税），地方企业上缴利润，个人所得税，城镇土地使用税，固定资产投资方向调节税，城市维护建设税，房产税，车船使用税，印花税，屠宰税，农牧业税，农业特产税，耕地占用税，契税，土地增值税，国有土地有偿使用收入等。

中央与地方共享收入：包括增值税、资源税、证券交易税。增值税中央分享 75%，地方分享 25%；资源税按不同的资源品种划分，大部分作为地方收入，海洋石油资源税作为中央收入；证券交易税，中央与地方各分享 50%。

在中央与省级政府实行分税制之后，省及以下地方政府也仿照中央与地方划分收入的模式实施了分税制改革。但我国政府层级过多，事权难以划分清楚，再加上收入来源（税种）有限，越到基层，政府间收

入划分方法差异越大。县乡两级政府间收入的划分，目前虽然大多采用了按税种划分收入的方法，但在分享比例、超计划收入分配、对低收入地区最低收入的保障等方面，各地的做法五花八门、各不相同，充满了"地方特色"。

2. 作为事权与财力匹配失衡校正机制的转移支付制度

分税制改革的一个有机组成部分，是设立政府间转移支付制度。早在1993年，中共十四届三中全会就明确提出，"实行中央财政对地方的返还和转移支付的制度，以调节分配结构和地区结构，特别是扶持经济不发达地区的发展和老工业基地的改造"。1995年，财政部发布《过渡期财政转移支付办法》，开始从收入增量中拿出部分资金用于支持中西部地区、民族自治地区、贫困地区发展。由于中央财力相对有限，当时转移支付的资金规模很小，资金分配也缺乏统一明确的标准，其在均衡地方财力方面所发挥的作用十分有限。

2002年，我国实施所得税收入分享改革。当时中央政府明确承诺，因所得税分享改革而增加的中央财政收入，将全部用于对地方，主要是中西部地区的转移支付。相应的，财政部将原来的"过渡时期转移支付"改称"一般性转移支付"，并建立了一般性转移支付资金的稳定增长机制，从而形成了一般性转移支付、体制补助与上解、年终结算补助与上解、专项补助并存的转移支付新格局[①]。

此后，随着中央财力的增强，为了配合重大改革举措，中央财政推出了一系列转移支付项目，具体如农村税费改革转移支付、"三奖一补"激励补助机制、资源枯竭城市财力性转移支付、重点生态功能区转移支付、村级公益事业一事一议奖励资金等，中央对地方转移支付的数量显著提高。2009年，中央对地方的税收返还和转移支付高达28563亿元（即便剔除税收返还，也有23677亿元），占中央财政

---

① 其中，一般转移支付、体制补助和上解、年终结算补助或上解被统称为财力性转移支付；专项补助常被称作专项转移支付。

支出的 65.2%，地方财政收入的 46.7% 都是来自中央政府的转移支付和税收返还。

30 多年来，伴随着中央地方对财政收入划分方式的调整，中央和地方、地方各级政府之间的财政分配格局也发生了显著变化。在"放权让利"改革时期，伴随着财政收入占 GDP 比重的下降，中央财政收入占财政总收入的比重也出现了持续下降的局面（即财政收入"两个比重"持续下滑）。分税制改革确立了按税种划分收入的分配格局，一举扭转了中央财政收入占比偏低的局面。中央财政收入占财政总收入的比重从 22% 迅速提高并逐步稳定在 55% 左右。从支出的角度看，虽然分税制显著提高了中央财政收入占财政总收入的比重，由于中央对地方转移支付的力度近年来显著增大，中央财政（本级）支出占财政总支出的比重却从 2002 年的 30.7% 逐步下降到 2009 年的约 20%（如图 2 所示）。

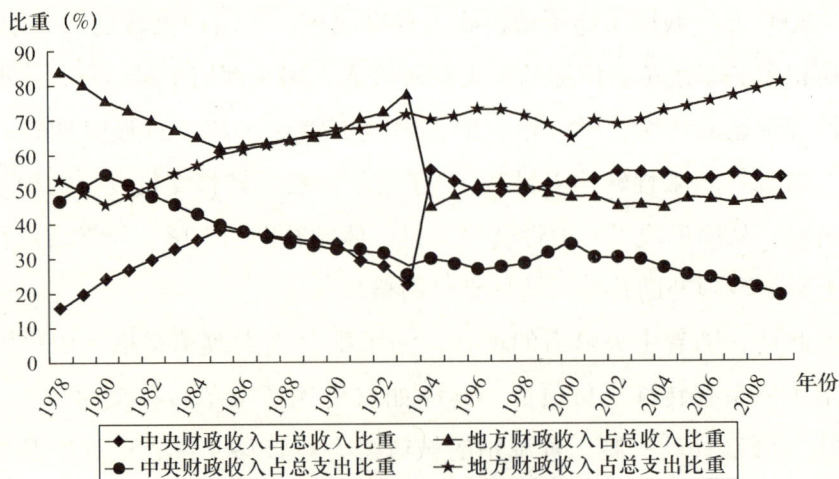

图 2　我国财政收入与支出的结构

随着转移支付及税收返还规模的迅速增长，转移支付及税收返还占中央财政支出的比例从 2000 年的 45% 增长到 2009 年的 65.2%。从地方财政角度看，地方财政对转移支付及税收返还的依赖度则越来越高。2009 年，中央转移支付及税收返还对地方财政总收入的贡献为 46.7%，基本占了地方财政收入的半壁江山（如图 3 所示）。在一些落后地区，地方财政对上级转移支付的依赖度更高。以甘肃省为例，2005 ~ 2009年，甘肃省财政支出的 70% 以上都是来自于中央政府的补助。在宁夏固原，地方财政支出的约 95% 是来自上级的转移支付。

比重（%）

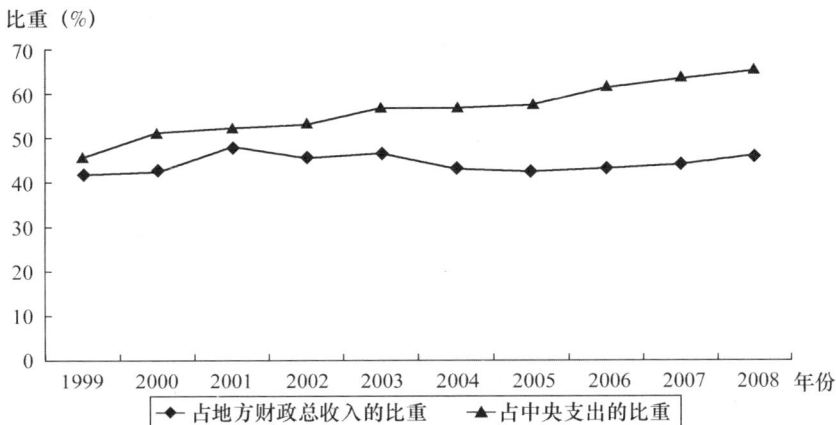

图3　转移支付和税收返还所占比重

分税制改革也奠定了各级地方政府间收入划分的基本格局。此后，由于对事权和财力划分进行调整，也由于转移支付力度不断加大，地方政府间的分配关系也发生了显著变化。突出表现就是：县级财政占比显著上升，地市级财政占比显著下降，省级财政在调剂余缺方面发挥更大作用（如表4所示）。市县两级财政地位的相对变化，清晰地反映了近年来我国政府财力逐步向下倾斜的发展趋势。

表4　　　　　　　　　我国地方财政收支结构的变化　　　　　　　单位:%

	地方财政收入			地方财政支出		
	1994 年	2009 年	占比变化	1994 年	2009 年	占比变化
省级财政占比	17	23	+6	25	23	-2
市级财政占比	41	33	-8	32	27	-5
县级财政占比	42	44	+2	43	50	+7

　　资料来源：转引自国务院发展研究中心招标课题"在放权和约束间建立新平衡：完善我国政府间转移支付制度的思路和行动框架"。

三、我国政府间事权、财力划分存在的问题

当前，我国发展面临着不平衡、不协调、不可持续的问题。一个重要原因，就是政府职能缺位、越位乃至错位并存，制约了政府积极作用的充分发挥。加快转变发展方式，推动科学发展，促进社会和谐，政府不仅大有可为，而且大有作为。合理划分政府间事权并建立起相应的资金保障体系，是决定政府能否有效履行职能的关键。从有效履行政府职能的角度看，我国政府间事权、财力划分存在如下问题。

（一）政府职能快速调整，事权、财力划分规范化程度低

计划经济向市场经济快速转型，经济社会快速发展，决定了改革开放以来我国政府职能快速转变的客观现实。应当看到，政府职能转变是一个系统工程，涉及政府机构重组、人员配备调整、相关经费保障以及相关部门权责的合理划分。对于国土辽阔、人口众多、地区差异大、政府机构超级复杂的中国而言，系统实现政府职能转变所面临的挑战则更加艰巨。这就决定了无论是政府职能转换还是调整政府间事权、财力划分，其过程都是渐进的、反复试错的。与此相对应，当政府探索履行一项新职能（承担一项新义务）时，上级政府必然会加强对下级政府乃至基层政府的指导和业务干预，以确保新的制度、新的规则能够在整个政府机构（或试点地区）有效运转。但当该项政府职能基本确立之后，继续维持上下级政府间事权、财力划分不规范的局面，则会因为责权不清而严重影响到政府的整体效能。

（二）权力上收、责任（服务责任）下放，权利与义务匹配严重失衡

在社会管理领域，长期的官本位传统使有关部门不是从便利社会公

众，遵守法律法规的角度出发，而是从便利政府工作人员实施管理的角度出发去制订相关制度和实施细则，由此导致了行政审批、行政核准的普遍回归。特别是上级政府部门，更是借助其制定规则的有利地位，纷纷为自己争取更多的审批权限。结果，审批权限层层集中，行政审批过多、过滥，审批过于随意，甚至许多本属事后"知会"性质的备案也演化成了行政审批和行政核准制，严重挤压了地方政府、企业探索自主发展道路的空间，束缚了地方政府、企业创新发展的积极性。像被确定为"国家资源性经济转型发展试点"的山西省，试图借助发展煤化工、拉长煤炭产业链条来探索可持续发展道路都遇到了严格的市场准入限制，更不用说级别更低的地方政府了。

在义务教育、医疗卫生等公共服务领域，基层政府贴近社会大众，在提供公共服务方面具有优势，由其履行提供公共服务的职能是合理的。在现实生活中，我们也是这样做的。但基层政府履行相关职能需要投入大量的人力、设备和场地，需要拥有相应的资金作为保障。近年来，中央、省级政府在增加投入方面也做了大量努力，但如何完善资金保障机制以确保基层政府能够积极地履行相关职能，从而不折不扣地兑现中央、省级政府对社会公众的庄严承诺，却一直没有明确说法。结果，上级政府制定规划但不需要为实施规划提供资金支持；基层政府负责实施规划却没有相关资金保障。这种权利与义务的错位，一方面鼓励上级政府提出超前的、难以完成的规划和目标；另一方面，政策落实难、执行难，地方政府（特别是基层政府）承担了来自社会公众的普遍质疑，甚至在全社会形成了基层政府全面贪污、腐化、低效率的形象，严重削弱了政府的合法性和政策执行力。

在基础设施建设领域，由于引入了收费制度和市场化运作机制，在能够收费且收益有保障的领域（如高速公路建设），其决策和实施都是高度集中的，上级政府都"抓得很紧"。反过来，在缺乏明确收益保障的环节和领域（如小型水利设施的建设和维护），虽然责任主体很明确，但由于基层政府财力比较紧张，政府职能缺位的现象普遍存在。一些中小型水利基础设施由于长期资金投入不足、年久失修，甚至发展成为威胁公众生命财产安全的重大隐患。

（三）上级对下级干预过多过细，依法行政受到严重干扰

由于不需要承担实施责任，上级政府（部门）的新思路、新规划、新举措层出不穷，导致基层政府无所适从。在新规划、新政策难以得到有效实施的情况下，上级政府便把树典型、行政督导、检查评比、达标评优甚至"一票否决"作为推动工作的重要手段。在缺乏有效的制度保障和充足资金投入作为后盾的前提下，强力推行标准化建设、达标评优和"一票否决"，只会导致基层政府疲于应付、大做表面文章和弄虚作假。结果，在单项工作"突飞猛进"的表面成绩背后，基层政府的自主权和整体工作受到严重损害。

在行政督导之外实行严格的资金控制，是上级政府督促下级政府贯彻"重大决策"的重要手段。前面提到，转移支付制度是分税制的有机组成部分，其目的就是解决纵向的（和横向的）事权、财力不匹配问题。近年来，随着财力的不断增强，上级政府对下级政府转移支付的规模不断扩大。2010 年，仅中央政府对地方的转移支付支出（不含税收返还）就高达 27347.7 亿元（决算数）。分析转移支付的结构，我们可以看到，一般性转移支付支出主要是均衡性转移支付、农村税费改革转移支付、调整工资转移支付、教育转移支付、社会保障和就业转移支付等。这些资金虽然被称为一般性转移支付，但除了均衡性转移支付外，其他四项支付金主要是配合党中央、国务院的重大举措而发放的，其主要目的是推动普遍的制度和政策调整，而不是增加地方政府的可支配财力。在一般性转移支付制度之外，则是规模更加庞大的专项转移支付，其范围涵盖了教育、科技、社会保障和就业、医疗卫生、环境保护、农村水事务等几乎所有政府职能。这些资金缺乏可预测性，通常需要基层地方政府开展政府公关，才能"跑部钱进"。这就强化了依靠关系，依靠紧跟政策而不是依靠规则，依据地方实际需要来争取有限财政

资源的局面。不仅如此，专项转移支付所扶持的项目，其资金筹集大多采用中央和各级地方政府共同负担的办法，地方政府在争取到项目支持后，还必须筹集部分资金作为配套，由此导致地方预算（虽然已经地方人大审议批准）频繁进行调整，极大地损害了地方预算的严肃性，干扰了依法行政、依法理财方略的实施。而专项转移支付大多在地方人大会议之后才批复下达，则使其运转脱离了地方人大监督的轨道，显著降低了资金使用效率。

（四）基层政府缺乏稳定收入来源，严重依赖制度外收支（土地出让金收入）加剧了财政运行风险

2010 年，我国税收总收入 73202 亿元，占财政总收入的 88.1%。从结构上看，增值税、营业税、消费税占全国财政收入的 56.3%①，企业所得税、个人所得税占比为 27%。无论是从中央政府还是从地方政府的角度看，流转类税收的贡献都超过所得类税收的两倍以上。这是和世界上大多数国家相反的收入结构。2005 年，OECD 国家所得税和利润对国家财政收入的贡献平均为商品和服务税贡献的 1.2 倍。像美国、日本、加拿大、澳大利亚、新西兰、瑞士等国，这一比例都超过了 1.5 倍。在上述国家，财产税是基层政府收入的重要来源（如表 5 所示）。OECD 国家的税制结构，充分发挥了税收在调节收入差距、推动社会公平正义方面的积极作用。而在我国，遗产税、赠与税尚未开征，房产税刚开始试点，个人所得税征管存在诸多漏洞，以至于蜕变为工薪税。结果，税收杠杆在调节收入差距、促进社会公平的职能受到抑制，还导致基层政府缺乏稳定的收入来源。

基层政府主体税种的缺失，导致基层政府资金来源严重不足。虽然近年来转移支付的规模不断加大，有关方面在缓解基层政府财力紧张方

---

① 如果计入出口环节征税和退税的净剩余，计入城市维护建设税（流转税附加）其占比则达到 60.2%。

表5		OECD 国家的税收收入结构			单位:%
年　份	1965	1975	1985	1995	2005
货物和劳务税	38.4	32.8	33.7	32.4	31.9
其中：增值税*	13.6	14.5	16.4	17.7	18.9
所得税	35	37.4	37.7	35.1	34.9
其中：个人所得税	26.2	29.8	29.7	27.1	24.6
企业所得税	8.8	7.6	8	8	10.3
社会保障税	17.6	22	22.1	24.7	25.6
工薪税	1	1.3	1.1	0.9	0.8
财产税	7.9	6.3	5.2	5.5	5.6

注：在美国为销售税。

资料来源：国家税务总局课题组，"借鉴国际经验，进一步优化中国中长期税制结构"。

面做了大量努力。按照 2009 年县级基本财力保障标准测算，全国仍有 1232 个县（区）存在财力缺口，约占全国县（区）总数的 43.7%，资金总规模高达 1048 亿元[1]。财力的严重不足导致基层政府纷纷把眼光转向预算外收入。20 世纪 90 年代，各级地方政府用名目繁多的收费来弥补财政收入的不足。近 10 年来，"土地经营"、"城市经营"流行开来。地方政府依托发展规划和行政强制力，大量征用农民的集体土地，土地经过整理之后再高价转让用作商业和居民住房用途以获得大量收入。从土地出让金的支出结构（如表6所示），我们可以清晰地看到，2009 年全国土地出让金支出总额 1.23 万亿元，其中用作征地和拆迁补偿的部分只有 4985.7 亿元，其余 7300 多亿元（约占土地出让金总额的 60%）则变成了政府"纯收入"，成为支撑各地土地开发、城市建设、农村基础设施建设、农村土地整理、农业土地开发乃至灾区重建等诸项建设事业的资金来源。初步估计，全国土地出让金收入约占地方预算收入的一半左右，一些城市的土地出让收入甚至超过了一般性财政收入。巨额的

---

[1]　李江涛："中国转移支付制度改革面临的困境及改革措施研究"，《经济研究参考》2011 年第 11 期。

表6　　　　　　　　　　2009 年全国土地出让金支出结构

	数量（亿元）	占比（%）
土地出让金支出总额	12300.0	
其中：征地和拆迁补偿	4985.7	40.5
土地开发	1322.5	10.8
城市建设	3341.0	27.2
农村基础设施建设	433.1	3.5
补助被征地农民	194.9	1.6
廉租住房	187.1	1.5
耕地开发、土地整理、基本农田建设和保护	477.6	3.9
农业土地开发	107.3	0.9
地震灾后恢复重建、破产或改制国有企业土地收入用于职工安置等	1191.2	9.7

资料来源：WIND 数据。

土地出让金收入，在为加速地方经济增长提供财力的同时，也带来城市住房价格急速飙升和社会矛盾的加剧。而地方政府以土地经营收入作为担保举借的大量银行债务，更成为威胁财政可持续发展的重要风险来源。

（五）基层政府制衡机制的内在缺失，不利于基层政府创造性地贯彻国家的基本法律和规章制度，不利于建设法治国家

我国是共产党领导的社会主义国家。中国共产党在社会管理中发挥着统揽全局、协调四方的领导核心作用。政府、人大、政协、司法检察乃至舆论媒体围绕全面贯彻党的基本路线、方针和政策各司其职，相互配合，客观上形成了行政强势、而人大和舆论监督偏弱的格局。越到基层，上述特点就表现得越明显：行政领导由上级政府决定，资金使用由上级政府主导，人大、政协常委多由退休老干部担任，舆论媒体由政府掌控……没有社会力量能够对政府行为施加有效的监督和约束。缺乏有效的制衡机制，使得上级部门的行政督导在推动下级政府贯彻国家的基

本法律法规方面发挥着不可替代的重要作用；反过来，过分依赖行政督导也引导基层政府眼光朝上，阻碍着基层政府严格贯彻国家的基本法律和法规。

四、完善政府间事权、财力划分的思路和建议

（一）完善我国政府间事权、财力划分的基本原则

1. 要有助于推动科学发展，促进社会和谐

改革开放 30 多年来，我国的发展成就是举世瞩目的。无须讳言，当前我国发展不平衡、不协调、不可持续的问题也相当突出，主要表现为：经济增长的资源环境约束强化，投资和消费关系失衡，收入分配差距较大，科技创新能力不强，城乡区域发展不协调，就业总量压力和结构性矛盾并存，社会矛盾明显增多等。完善我国政府的事权、财力划分，应当有助于推动政府职能转变，加快转变发展方式，为实现科学发展、促进社会和谐奠定制度基础。具体如：淡化政府经济建设职能，把配置资源的职能进一步交还给市场；加快建设社会保障体系，强化政府公共服务职能，推动发展成果共享；加强市场监管、维护市场秩序，通过遏制市场垄断，强化市场竞争来提高经济效率；推动依法行政、阳光操作，建设高效、廉洁、法治政府等。

2. 以事权优化引领事权和财力配置的优化

事权、财力的合理划分，是以相对稳定成熟的事权和财权为前提的。事权不稳定，事权的划分就不可能稳定下来。相应的，规范化、制度化的政府财力保障机制也不可能建立起来。

前面提到，我国政府间事权、财力划分的演变是与计划经济向市场经济的转型和快速的工业化、城市化紧密联系在一起的。受上述两个过程均未完成的制约，我国政府职能、政府收入来源的重构也未完成。具体表现为：在政府职能方面，该退出的尚未完全退出，政府保留了过强

的资源配置能力，政府替代市场的现象还大量存在；该承担的却没有真正承担起来，在市场监管、维护竞争秩序、环境保护、食品安全、社会保障等领域，政府严重缺位，需要切实加强相关职能；在履行政府职能的方式上，甚至还存在大量的"新瓶装旧酒"现象。在财政收入方面，财产税建设明显滞后，削弱了税收的缩小收入差距方面的作用；资源税不合理，导致大量国有收益流失。资源税、消费税不合理还刺激了对资源的不合理利用。因此，在今后一段时期，完善事权、财力划分，需要以转变政府职能为抓手，通过完善政府职能，优化政府职能配置来带动政府收入结构和政府间财力配置的优化，从而消除各级政府有效履行职能与其财力严重不匹配的问题。

3. 要着力改变事权财力匹配失衡的局面，推动建设法治国家

当前，我国的经济发展（特别是产业升级）面临着和20世纪末完全不同的外部环境。对国内大多数企业而言，所谓产业升级，不是说要放弃既有产品的生产，而是要在"做精、做细、提升产品附加值"上下工夫，通过全面提升产品性能和市场形象，牢固树立自身的市场领先地位。毫无疑问，各国都高度重视培育新兴（战略性）产业。但新兴战略性产业不是凭空而来的，其形成固然需要有政府引导，但最终能否形成则取决于市场认可。不仅如此，即便确认某些产业能够成长起来并最终改变既有的经济格局，一国能否在激烈的国际竞争中占据有利的关键地位，还取决于相关企业在人才、技术、产品（服务）、商业模式等方面的探索和积累，取决于企业是否拥有强大的竞争力。要在这场世界范围内的"赛马"比赛中脱颖而出，需要充分发挥市场机制配置资源的功能。通过市场的优胜劣汰，筛选出真正具有发展前景的技术、企业和产业，并引导人力、物力、财力流向上述企业和产业。因此，建立法治的市场经济，维护公开、公平、公正的交易秩序，对于现阶段的产业升级、对于建设创新型国家、推动科学发展具有关键性的重要意义。

要建设法治经济，首先需要建设"法治政府"，充分发挥政府的引领和带头作用。从优化事权、财力划分的角度看，就需要根据政府各主

要职能在受益范围、行动能力、技术因素等方面的特点，结合我国政府特殊的政府架构和文化传统，明确不同级别政府在决策、实施、提供资金、检查改进等方面的权力、责任和义务。只有这样，才能真正改变各级政府权责匹配失衡的局面，切实减少上级政府对下级政府的行政干预，使各级政府把精力放在自己应该做好也能做好的事务上，进而形成各司其职，各得其所而又相互配合的局面。也正是在这个过程中，伴随着上级干预的减少和资金支配自由度的提高，基层政府才能够因地制宜发展地方事业，才能够把主要精力放在创造性地贯彻上级决策上，才能够真正把政府运作纳入到依法行政的轨道上来。

4. 要赋予体制一定的灵活性，允许存在差别

应当看到，我国地区差异非常大。这不仅体现在发展水平上，也体现在政府的施政文化和施政能力上。优化政府间事权划分，应当在如何履行政府职能方面给地方政府留有一定的自由空间。以发展小型信贷为例，东部地区人口稠密、市场经济发达，可以采取政府补贴，商业化运营的模式；而西部地区人口稀少、经济落后，采取由国有资本（以政策性信贷机构的方式）直接经营的方式可能更为现实。

推动科学发展、实现公平正义，是我们追求的目标。但公平正义的实现是一个过程。总体发展水平低、发展程度不均衡的基本国情，决定了不同地区对最低生活标准的认知是不同的。应当允许先进地区和落后地区之间存在一定的差距。在公共服务的提供方式上，发达地区和落后地区也应有所差别。超越阶段、不切实际地追求绝对的均等，只会导致"大锅饭"回归，抑制全社会发展的活力。

（二）完善我国政府间事权、财力划分的基本思路

1. 确立有限政府的理念，加快转变政府职能

近年来，我国财政收入持续快速增长，强化了"蛋糕做大后才好分"的错觉。一些人认为，只要经济快速增长，国家财力快速增长，即便不对政府职能进行大幅调整，当前政府职能不到位的问题也会随

着时间的推移而逐步得到解决。事实是，随着刘易斯拐点的来临，劳动力成本快速上升，政府履行职能的成本也在快速增长。不仅如此，在社会利益多元化、个体意识不断增强的条件下，长期无法全面兑现政府在教育、医疗、住房、最低生活保障等方面的承诺将会严重影响政府的形象和声誉。因此，必须扭转"先保增长后搞分配"的思维习惯，明确树立"有限政府"的理念，切实调整战线，以确保"该政府做且能做好的要保证做好，不该做也不能做好的要坚决不做，该做但做不好的要创新方式引入市场机制去做，不该做却做了的则坚决退出"。

应大力收缩政府的经济职能。高额土地出让金的实质是级差地租，是城市化发展的产物，是当地人口和外来劳动者共同努力的结果；反过来，地价快速上涨又成为阻碍外来劳动者落户和当地居民改善居住条件的最大障碍。应当切实加强土地出让金管理，把土地出让金和保障性住房建设直接挂钩，以推动我国城市化健康发展。要加快国有资本布局调整步伐，完善国有资本经营预算，筹集部分资金用于改善民生，如弥补建立社会保障制度资金的不足等。要完善宏观调控方式，削减对企业微观经营活动的干预，更多利用利率、汇率、税率调整和政府采购等经济杠杆实施。要采取切实措施，遏制地方政府间招商引资竞争。

在社会管理、市场监管方面，要切实树立"非禁止即许可"的理念，大幅削减行政审批事项，为激发全社会创新活力拓展空间。应对有关市场监管的法律法规开展全面的系统评估，强调要按照社会总成本最低的要求完善相关制度和政策设计，显著降低市场运行成本，提高市场运行效率；确有必要保留的备案、审批和审核环节，要切实加强审批窗口建设，提高审批审核业务的规范化、程序化、透明化程度；要充分利用网络技术，积极推动网上办公，便利企业和个人办理相关事项；要以污染防治、食品安全、公共服务提供为重点，进一步整合力量、增加人员和设备投入，显著增强行政执法能力和社会服务能力建设。重大规划、重要决策的制定和出台，要广泛吸收专家学者、代表人群、媒体舆论参与，以提高决策的科学化和民主化水平。

在公共服务和社会保障方面，应加快完善我国养老、医疗、失业保险和最低生活保障等制度，提高社会保障覆盖率。在管理方式上，应以社会公众为中心，改进工作流程，提高保障水平，提升服务水平。要以服务窗口建设为抓手，积极改善服务条件，提升公共服务的水平和可及性，不断提高社会公众的满意度。

2. 堵塞税收流失，优化政府与企业、政府与家庭的收入分配关系

采取有效措施堵塞税收流失。当前，围绕"招商引资"、加快地方经济发展，各地政府之间展开了激烈的税收竞争。具体如：对企业增值税、营业税乃至所得税留归地方的部分实行返还，对重点企业优惠提供生产经营用地等。这不仅带来政府收入流失，还刺激国内生产过剩，加剧经济结构失衡。应结合财政透明度改革，推动地方政府公开对企业税收返还的数量和期限，并制定明确的时间表，逐步取消对"招商引资"的巨额补贴，推动政府以更大的财力和精力用于改善民生、发展社会事业。

积极发挥税收在缩小收入差距方面的职能。以高收入群体为重点，创造条件逐步推行以家庭为单位的综合纳税模式；调整、完善房地产税收，创造条件开征房产税；充实、完善消费税，加强对高消费行为、奢侈品、资源性消费品的税收调节；应积极创造条件，开征遗产税和赠与税。

推动建设资源节约型、环境友好性社会。需要在明确租金、环保成本、税利的基础上，完善资源类税收和收费政策，足额提取资源开发利用的环境补偿费，防止国有资源收益流失。要建立接续产业发展基金，推动资源型经济发展接续产业、实现可持续发展。

建立完善社会主义公有制在推动实现共同富裕方面的机制和制度保障。我国是社会主义国家，自然资源（城镇土地、森林、矿山等）归国家所有，关键部门由国有资本垄断或主导经营，政府完全有条件通过统筹使用国有资源的租金性收益和国有资本的经营性收益，来推动发展

成果共享，充分展现社会主义制度的优越性。在这方面已做了一些有益探索。需要深入研究、积极探索，尽快建立完善社会主义公有制在推动实现共同富裕方面的机制和制度保障。

3. 压缩行政层级，优化政府管理幅度，明晰事权划分

（1）压缩政府层级，优化政府管理幅度。目前，推行"省直管县"行政体制改革已成为普遍共识。但"省直管县"也带来了管理幅度过大问题。省县之间管理幅度偏大、中央和省之间、县乡之间管理幅度相对较小的现实，决定了需要从更广阔的视野看待行政层级调整问题。可以考虑适当调整行政区划以完善现有的"省直管县"改革方案。具体设想为：实行市、县省级直辖，适当扩大市辖区的数量，适当缩减县级辖区的数量，扩大县级辖区管辖范围；优化乡级机构的布局设置，适当增加县级政府管辖的乡镇政府数量，最终形成既能有效管理，又能保持下级政府积极性和灵活性的行政管理框架。

（2）顺应政府职能演变趋势，进一步明晰政府间事权划分。政府间事权和财力的划分，不仅受公共物品的受益范围、提供服务的效率等因素影响，还受到政治体制、文化差异乃至发展阶段的影响。我国是单一制国家，地方政府的权力来自上级政府授权。要在坚持共同原则和发展目标的前提下，鼓励各级地方政府有差别地提供公共服务和实施社会管理，必须改变权力高度集中，主要靠中央政府推动政府运转的现状。可以借鉴联邦制国家各州（共和国）具有较高独立性的经验，更加突出省级政府在统筹资源、协调地区发展、提供公共服务等方面的作用。另一方面，随着行政区划的逐步缩小，各行政区内来自自然条件、发展水平乃至文化传统的差异逐步缩小，社会群体认知度不断提高，这就为按照相同的标准实施公共管理、提供公共服务奠定了基础。在逐步推进公共服务均等化的过程中，实现市、县级辖区内公共服务的均等化应成为需要优先完成的初步目标。这也意味着中央、省、市（县）三级政府在我国政府组织体系中的节点作用将更加突出。

行政组织的新框架为优化政府事权划分奠定了良好基础。根据前面

的分析，结合近年来有关完善政府事权划分的积极探索，我们认为，政府间事权划分可大体维持如下框架。

中央政府：主要负责国防外交和国家安全，中央国家机关运转，实施宏观调控，制定国民经济和社会发展重大规划，确定公共服务和社会保障的基本标准，为实施国家重大规划提供资金支持，对落后地区政权有效运转提供公共服务和资金支持等。

省级政府：主要负责本地区政权机关正常运转，根据中央确立的基本原则制定地方发展规划，确定公共服务和社会保障标准；实施地方经济社会发展规划；保障下级政府政权正常运转，提供公共服务，实施社会保障的资金需求，对下级政府履行职能、实施相关法律法规进行督导、检查。

市（县）级政府和乡级政府：主要是依法实施社会管理，组织提供公共服务，实施社会保障，以及因地制宜发展地方经济社会事业。

就具体职能而言，根据政府履行职能的不同特点，各级政府事权划分格局大体可如表7所示。

表7   各级政府在政府职能各环节的分工

职　能	具体分工
外交、国防等	中央政府决策；中央政府负责实施，地方政府进行配合；所需资金由中央财政承担，地方政府承担少量资金
社会管理	中央政府制定基本政策，省市级政府制定实施细则；以属地管理为主，实行分级管理；上级政府负有协调、监督职责；各级政府实施社会管理所需资金，由各级政府本级财政负担；对存在缺口的，上级政府给予一定补助
公共服务（如教育、科技、文化、公共卫生）	中央确定基本政策和指导原则；省级政府制定实施细则，明确人员配备、经费支持乃至公共服务提供具体标准；市（县）、乡级政府以具体实施为主。根据受益范围确定责任主体和管理部门。在资金筹集上，中央财政负责各省（市、区）之间的财政平衡；各省（市、区）负责辖区内财力平衡；中央、省级、市（县）级政府负有督导辖区内政府实施相关决定的责任

续表

职　能	具体分工
社会保障（养老、医疗、失业保险、社会救助等）	中央制定基本政策和基本原则，跨省社会保障关系接续发放等事宜；省级政府制定实施细则、明确辖区内社会保障的具体标准；市（县）级、乡级政府负责具体事宜，具体如服务网点建设、人员配备以及提供具体的服务。在资金筹集方面，中央财政负责各省（市、区）之间的财政平衡；各省（市、区）负责辖区内财力平衡，以推动新型社会保障体系的建立和普及
公共投资（道路、供电、供水等）	中央制定全国性发展规划，省、市（县）、乡制定地区发展规划；根据项目公共性的范围和收益原则，确定项目责任主体，明确资金保障责任；对于落后地区、基层政府履行职责存在困难的，上级政府在财力允许的情况下，可提供一定的资金支持和援助

4. 完善收入分配机制，形成既有差异、又能保障公共服务大体均等的政府资金保障新格局

（1）进一步优化政府收入分配格局。税制调整和政府层级的精简，为确立地方主体税种，优化政府收入分配格局创造了条件。在新的政府架构下，城市维护建设税、车船税、房产税、遗产税（乃至利息税）的归属更加明确。土地出让金收入因与城市化高度相关，也应明确列为城市及其所在辖区的收入。增值税（营业税）、所得税因与经济发展密切相关，可逐步提高中央政府的分享比例，并将地方政府分享的收入按照人口等客观因素在地区之间重新分配，弱化地方政府发展GDP的内在冲动。资源税在税额分配上，原则上应该划分为中央收入，但现阶段可考虑保留在省级政府，以平衡各方利益关系。关税、出口退税、海关代征增值税和消费税仍然是中央税。新设立的社会保障税则应列为省级政府独享税种，以在承认发展差异的前提下提高社会统筹层次。

经过上述调整，中央在国家财政收入中的主导地位将得到保持；省级政府所占比重明显提高，将为统筹城乡发展奠定更加坚实的物质基础；城市财政对流转税的依赖度下降，将引导城市把工作重点转到提升城市软环境、改善居民生活质量上；地方税的充实和完善，则使县及市

辖区获得了稳固的收入来源，为其在辖区内进一步均衡财力，提供均衡化的社会服务提供了基础。

（2）建立以一般性转移支付为主导的转移支付新体系。

一是完善标准支出标准，自下而上确定一般转移支付数额。一般性转移支付的目的，是维持下级（基层）政府运转，保证其履行必要的职能。一般转移支付的数量源自基层政府履行必要职责的客观需求，只能自下而上地逐级确定。

应根据人口密度、地形特点、气候条件等因素进行地区分类；然后针对行政管理、公检司法以及事业单位制定在不同类别地区的人员配备、办公条件和行政经费标准，并依上述标准测算各基层政府（县级机构）的一般支出需求。根据支出需求和自有财政收入测算出来的县级政府财政收支缺口，就是一般性转移支付的最低限额。类似地，汇总各县（旗）的一般性转移支付需求，可以得到各省（区）需要支付的一般性转移支付资金数量。

二是发挥省级政府承上启下的作用，优先保障一般性转移支付资金需求。应当明确，弥补发展落后地区县级政府资金缺口的直接责任在省级政府。为了确保省级政府按照"保运转、保工资、保民生"的优先顺序安排财政支出，应当明确规定：在县级政府一般性转移支付资金需求尚未得到满足的情况下，省级政府专项转移支付支出占其转移支付总额的比重不得超过一定的比例。中央政府也要增加对落后省（区）一般性转移支付的力度。为了改变专项转移支付占比偏高的局面，中央政府应明确承诺：因收入分享规则调整带来的收入增量应全部用作增加对落后省（区）的一般性转移支付；在省级政府一般性转移支付需求尚未有效得到满足之前，中央政府专项转移支付在转移支付总额中的占比不得超过一定的比例。

三是整合、提高专项转移支付。专项转移支付是在保障各级政府履行基本职能之后而发生的，通常与政府履行高级职能相对应。应当明确：政府履行高级职能必须奉行"有多少钱办多少事"的原则。要对现行专项转移支付开展系统评估，从推行"依法行政"、"依法治国"的战略高度，整合、提升我国的专项转移支付。应当明确，凡是属于中央事务委托地方执行的，或省级政府事务委托县级政府执行的，应当由中央或省级政府足额拨付相关费用，下级政府不应再承担配套费用；上级政府和下级政府均受益、需要由双方共同承担的事务，应根据受益范围和受益程度确定上级政府和下级政府之间的资金分担比例；外部性范围有限、笔数较多、单笔资金数额较小的项目，应予以归整合并，委托给下级政府代为审核发放（以提高运行效率）。

5. 发展基层民主，创新执政方式，推进建设法治政府

政府间事权、财力划分的调整，改变了各级政府既有的责、权对比关系，对于维持政府高效运转提出了一系列新的挑战。比如，在事务性干预显著减少的情况下，上级政府如何确保政策执行力；在可支配资金显著增加的情况下，如何确保基层政府不会滥用财政资金，等等。需要加快完善政府执政方式，重构各级政府权利与义务的新平衡，把政府运转纳入法制化、规范化的轨道。

上级政府要进一步强化其指导和监督职能。具体如：重大政策的提出要充分考虑财力支持来源，把重要决策建立在可实施的基础上；制定财政支出的基本标准和优先顺序，提高财政资金分配的透明度，提前下拨转移支付，引导基层政府合理使用财政资金；制定行为指引，引导、规范下级政府规范开展社会管理，提供公共服务；加强对干部的培训和经验交流，及时把基层政府、基层群众创造的优秀经验和良好做法推广开来；以及加强业务监督和考核等。下级政府则要着力提高执法水平，着力提高提供公共服务的能力，具体如，结合当地实际确定执法重点，明确执法和提供公共服务的基本行为规范，规范执法、阳光操作，以及接受居民和企业的投诉，保障居民和企业的合法权益不受侵犯等。

建设服务型政府，是优化政府间事权和财力划分的重要目标。公众能否获得数量更多、质量更好的公共服务，是判断改革成败的根本标准。以此，改革的推进，离不开社会力量的广泛参与，离不开社会主义

民主政治的建设。要以民生热点为切入点，引导社会公众有序参与公共事务，逐步发展社会主义民主；要进一步做实省、县两级人大常委会、各专门委员会和预算、法律工作委员会的建设，充分发挥人大、政协的监督作用；要引导舆论、媒体进一步发挥社会监督的作用，通过强化外部监督，督促各级政府依法办事，切实维护居民、企业乃至上下级政府之间享有合法权益。提高政府透明度，是社会力量参与公共事务、切实加强外部监督的基础和前提，更要深入扎实的推进下去。

符合科学发展观要求的
政绩考核制度研究

一、引　言

政绩考核制度一直是我国行政管理体制改革的重要内容，并受到中央和社会各界的高度重视。2005 年温家宝总理在《政府工作报告》中，明确提出"建立科学的政府绩效评估体系和经济社会发展综合评价体系"；2008 年党的十七届二中全会通过的《关于深化行政管理体制改革的意见》中，又提出了"推行政府绩效管理和行政问责制度，建立科学合理的政府绩效评估指标体系和评估机制"；2011 年"十二五"规划的《纲要》中再次提出，"建立科学合理的政府绩效评估指标体系和评估机制，实行内部考核与公众评议、专家评价相结合的方法，发挥绩效评估对推动科学发展的导向和激励作用"。近年来许多省（直辖市、自治区）已经开始了政绩考核方面工作的探索，形成了一些各具特色的模式，也存在着许多问题。本研究从建立科学的政绩考核制度的必要性和重要性出发，总结国内外的经验和教训，提出我国建立科学的政绩考核制度的设想，最终从如何更好地利用政绩考核制度来推动行政管理体制的改革方面提出政策建议。

政绩考核和政府职能密不可分，需要依据政府定位和政府职能来界定政绩考核的目标和范围，也就是说政绩考核是政府定位和政府职能这个整体框架中的一个组成部分。

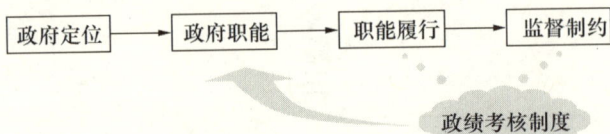

```
┌────────┐   ┌────────┐   ┌────────┐   ┌────────┐
│ 政府定位 │──▶│ 政府职能 │──▶│ 职能履行 │──▶│ 监督制约 │
└────────┘   └────────┘   └────────┘   └────────┘
                                  政绩考核制度
```

图1   政绩考核制度与政府定位和职能间的关系

政绩考核是根据一定的评估指标和标准，按照规定的程序，通过定量和定性的比较分析，对评估对象在一定时期内的业绩做出公平和准确的综合评价，以期通过政绩考核来提高政府的绩效。政绩考核的内容涵盖广泛，包含考察对象、考核主体、考核内容、考核形式、考核程序，以及依据结果所进行的考核奖惩等。其中需要注意的是，关于考核对象，主要是针对组织或者机构层面（各级政府及其部门）的政绩考核，当然由于组织的绩效与其组成人员尤其是主要成员的不可分割性，也会涉及对人员的政绩考核。

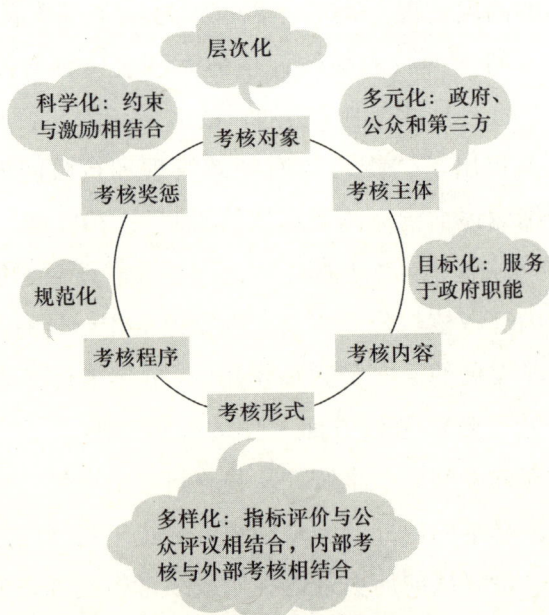

图2   政绩考核制度的重要组成部分

二、建立科学合理的政绩考核制度的必要性和重要性

建立科学合理的政绩考核制度是推动整体改革的重要内容，有助于深化行政管理体制改革，推动改革进程，具有非常重要的意义。

第一，建立科学合理的政绩考核制度是引导发展理念转变和落实科学发展观的制度保障。政绩考核如同指挥棒，将直接影响地方发展理念以及干部政绩观的转变。长期以来，地方发展的政绩评估指标主要是围绕着 GDP 增速、投资规模和财政税收等偏重反映经济数量和增长速度的指标，这种考核体系，造成了地方发展偏重 GDP 的发展导向。相比之下，对节能环保、就业、收入增长等更能反映民生的指标重视不够。未来要进一步落实全面、协调和可持续的科学发展模式，提高经济与社会、人与自然等多方面的和谐程度，这一系列重要转变必须依靠科学合理的政绩考核制度来引领。

第二，建立科学合理的政绩考核制度是建设服务政府、责任政府、法治政府和廉洁政府的必然要求，是建设现代国家的重要手段。转变政府职能，建设现代国家，需要及时、动态、公开地对政府目标及其实现的程度和效率进行评价，这正是科学合理的政绩考核制度的魅力所在。此外，科学合理的政绩考核制度还可以和政府的问责范围、问责程序相结合，建立责任政府，提高政府的执行力。

第三，建立科学合理的政绩考核制度是引导公众参与，强化社会监督，提高政府公信力的重要突破口。政绩考核不仅是一个自上而下的考核过程，也是一个引导公众参与的管理工具。政府提供公共服务的能力和成绩，需要让公众知道，让公众来评价，这样才可以形成政府、社会和公众的良性互动。无论是我国过去的实践以及政府绩效评估在国外的发展趋势，让公众参与，充分听取民意都是一个重要的措施和方式。伴

随着广大公众参与程度的提高，我国政绩考核制度将成为提高政府公信力的重要突破口。

三、我国现有政绩考核制度的基本内容
及其存在的问题

（一）政绩考核的主要分类

我国一直在对政绩考核制度进行改革探索，在经过了 20 世纪 80 年代初到 90 年代初的实践起步阶段后，到现在政绩考核评估作为一种有效的管理工具已经为大多数政府部门所接受。尤其是近年来政府明确提出了建立科学的政府绩效评估体系的要求，各级政府都在不同程度地开展政府绩效评估工作的进一步探索，也形成了形式多样的政绩考核的方式和方法。从较为广义的角度讲，政绩考核包括财政支出项目绩效、部门绩效、区域绩效以及领导层绩效的考核，其实践的成熟程度有所不同。

1. 财政支出项目绩效评估

1998 年，确立了建立公共财政框架的改革目标，伴随财政管理制度的改革，加强了对财政支出的绩效管理，并于 2002 年出台了《项目支出预算管理办法》，对财政支出项目进行绩效评估。此后，很多省份也相继出台项目绩效评估的方案。例如，广东省在 2004 年出台了《财政支出绩效评价试行方案》，针对财政支出的经济建设、农业、教育、科技、文化教育、卫生、社会保障、政府采购、政府运行等九大类项目，分别设置了定量指标（其中定量指标占 80%，定性指标占 20%）和定额标准，对财政支出项目进行绩效评估。对财政支出项目的绩效评估多由财政部门主持进行。

2. 部门绩效评估

主要是根据政府各个部门的职能、任务、目标对各个部门的绩效进行评估。各级政府广泛采用了部门绩效评估，比较典型的有广东省深圳市对市直单位从行政业绩、事务性行政效率、执行力建设、行政成本四个方面，设定了24个子项目进行考核，对于部门绩效的评估由深圳市政府主持进行。

3. 区域绩效评估

由政府进行的区域绩效评估现在集中在省以下政府。例如安徽省对61个县（市）进行分类考核，并提出了较为具体的考核指标体系，涵盖了经济发展和社会发展两个方面的多个目标。又如广东省深圳市也制定了区一级政府整体绩效评估的方案，从经济调节、市场监管、社会管理和公共服务4个方面42个子项对区政府的绩效进行评估。对于比较大、层级比较高的区域的评价例如省级区域的发展绩效的评价目前则主要由较为独立的统计和研究部门进行，比较典型者如国务院发展研究中心发展部的区域科学发展指数、中国统计学会的综合发展指数等（详见表1）。这些机构和指标体系均试图对省级区域的综合发展状况从经济、社会、民生、环境等多方面进行全面的评价。与省以下区域的绩效评价不同，对于省级行政区域发展绩效的评价目前主要还处在科研单位进行研究探索的阶段。

表1　　　　　　　　目前国内地方主要政绩考核的指标

序号	时间（年）	指数名称	指数的应用方向	指数内容	构建机构
1	2011	民生指数指标体系	全面衡量民生发展，引导各级地方政府树立正确的"政绩观"，实施"旨在全面提升民生发展"的治理模式	采用德尔菲法确立三级指标体系及具体指标的权重。指标体系包括四类一级指标，涉及居民生活、生态环境、社会环境和公共服务四个方面，每一项一级指标均有若干项二级指标，共有11项二级指标，又对每一项二级指标选取若干三级指标，共计44项三级指标	全国人大财经委课题组

续表

序号	时间（年）	指数名称	指数的应用方向	指数内容	构建机构
2	2000	全面建设小康社会统计监测指数	衡量全国人民小康生活水平实现程度	包括"经济发展、社会和谐、生活质量、民主法制、科教文卫、资源环境"等六部分23项指标。其中，经济发展包括人均GDP、R&D经费支出占GDP比重、第三产业增加值占GDP比重、城镇人口比重、失业率（城镇）；社会和谐包括基尼系数、城乡居民收入比、地区经济发展差异系数、基本社会保险覆盖率、高中阶段毕业生性别差异系数；生活质量包括居民人均可支配收入、恩格尔系数、人均住房使用面积、5岁以下儿童死亡率、平均预期寿命；民主法制包括公民自身民主权利满意度、社会安全指数；文化教育包括文化产业增加值占GDP比重、居民文教娱乐服务支出占家庭收入比、平均受教育年限；资源环境包括单位GDP能耗、常用耕地面积指数、环境质量指数	国家统计局
3	2006	区域科学发展指数	是从落实科学发展观的要求出发，全面评价全国各地区一年来经济社会发展情况的一个定量工具	区域科学发展指数具体评价内容包括：①经济增长的速度和效益状况（经济增长指数）；②经济增长的环境友好和资源节约状况（环境友好指数）；③经济增长和社会发展的协调状况（协调发展指数）；④未来经济增长潜力的变化状况（潜力增进指数）。区域科学发展总指数是对上述四个指数的一个综合	国务院发展研究中心发展战略和区域经济研究部

序号	时间（年）	指数名称	指数的应用方向	指数内容	构建机构
4	2008	安徽省县域分类考核指标	落实科学发展观，实行分类的政绩考核	全省 61 个县（市）划分为三类，其中一类县 21 个，二类县 28 个，三类县 12 个。一级指标分为经济发展和社会发展两类，二级指标根据考核对象的分类适当调整，指标数目在 18~20 个，权重也根据考核对象的不同进行调整	安徽省
5	2009	重庆市科学发展指数评估体系	评估重庆市科学发展的落实情况	主要包括发展度、开放度、统筹度、持续度、和谐度等五个方面。发展度包括经济、社会、政治、文化、生态建设等指标；开放度包括要素开放、产业贡献度、环境引资效率等指标；统筹度主要包括区域、城乡、人与自然、经济与社会、对外开放等指标；持续度主要包括经济、社会、资源等指标；和谐度主要包括对科学发展的认同感、满意感、幸福感、信心度和参与度等指标	重庆社会科学院
6	2011	综合发展指数	根据科学发展观的内涵与要求构建了一套综合发展评价指标体系，并据此对各地区综合发展指数进行测算	包括六大类指标：经济发展、民生改善、社会发展、生态建设、科技创新、公众评价。经济发展模块分解为经济增长、结构优化、发展质量 3 项二级指标及 8 项三级指标；民生改善模块分解为收入分配、生活质量、劳动就业 3 项二级指标及 12 项三级指标；社会发展模块分解为公共服务支出、区域协调、文化教育、卫生健康、社会保障、社会安全 6 项二级指标及 10 项三级指标；生态建设模块分解为	

续表

序号	时间（年）	指数名称	指数的应用方向	指数内容	构建机构
6				资源消耗、CO_2 排放、环境治理 3 项二级指标及 10 项三级指标；科技创新模块分解为科技投入、科技产出 2 项二级指标及 4 项三级指标；公众评价引入公众满意度指标，仅作为辅助参考指标，不参与定量评价	中国统计学会
7	2011	甘肃省年度目标管理考核综合评价指数	用于政府工作目标管理	包括经济发展、社会进步、人民生活、资源环境 4 个方面。经济发展包括地区生产总值等 9 项指标，社会进步包括城镇化、教育发展等 7 项指标，人民生活包括价格调控等 6 项工作，资源环境包括人口和计划生育等 5 项指标	甘肃省人民政府
8	2008	落实科学发展观评价指标体系及考核评价	广东省市厅级干部的考核	全省 21 个市分为都市发展区、优化发展区、重点发展区、生态发展区四个区域类型，不同区域的发展要求、指标设计和指标权重均有所不同；实绩考核评价指标按经济发展、社会发展、人民生活、生态环境等四个指标组设置，然后对每组指标再做细分	广东省委省政府
9	2011	转变发展方式评价指标体系	浙江省对省、各地（市）发展方式转变程度的评价	由结构优化、创新发展、资源环境、社会公平、管理质量 5 大指数，43 项具体指标、68 项细化指标构成，涵盖了经济、社会和政府的转型，该办法同时明确规定了各项具体指标的权重	浙江省人民政府

序号	时间（年）	指数名称	指数的应用方向	指数内容	构建机构
10	2006	体现科学发展观要求的地方党政领导班子和领导干部综合考核评价试行办法	对县级以上地方党政领导班子和领导干部实行考核	上级统计部门综合提供的本地人均生产总值及增长、人均财政收入及增长、城乡居民收入及增长、资源消耗与安全生产、基础教育、城镇就业、社会保障、城乡文化生活、人口与计划生育、耕地等资源保护、环境保护、科技投入与创新等方面统计数据和评价意见，具体指标由各地根据实际情况设置	中共中央组织部

4. 领导层绩效的考核

由于考核的对象与上述三个部门有所不同，这一部分的评估考核多由组织系统主持进行。考核的内容除了包括实绩之外，还包括了针对领导者素质的内容，如"德"、"廉"等方面的内容。在实绩方面多包括人均生产总值及增长、人均财政收入及增长、城乡居民收入及增长、资源消耗与安全生产等（详见表1）。例如，中组部2006年发布的体现科学发展观要求的"地方党政领导班子和领导干部综合考核评价试行办法"、广东省2008年发布的"市厅级党政领导班子和领导干部落实科学发展观评价指标体系及考核评价办法"等。其中，广东省的考核评价办法将广东全省划分为都市发展、重点发展、优先发展和生态发展四类区域，分别设置不同的指标，从经济发展、社会发展、人民生活、生态环境四个方面对领导者进行考核。

可见，针对这四类考核对象的评估办法具有一些共有的特征：第一是较为重视目标导向；第二是较为强调多方面的考核；第三是设置定量定性相结合但以定量为主的考核指标体系；第四是较为注重考核程序和办法的公开性和规范化。

（二）现有政府绩效评估实践的模式

从目前各地政府绩效考核的具体实践来看，可以归纳为以下几种较具特色的模式。

1. 目标责任制式的约束性政绩考核模式

特点是将组织目标分解并落实到各个工作岗位，目标完成情况考核也相应针对各个工作岗位进行评估，依靠目标绩效管理提高政府行政能力，实行全员目标、全员责任、全员考核。把目标的提报、形成、下达、分解，执行过程的督查、监控、分析，目标实施结果的考核、评估，目标绩效结果的评价、反馈，实行全过程、系统化管理。

2. 以领导干部选拔考核和政务督察为导向的激励式政绩考核模式

通常围绕经济、政治、文化和社会等方面的建设，将领导干部选拔考核、政务督查工作与政绩考核相结合，确立政府各个部门的组织使命、核心价值观及战略选择，并进行分解落实，从多个维度测量、监控，改善党委和政府的绩效。

3. 以提高公民满意度为导向的社会评议模式

早期是行风评议，就是对某些敏感和重点领域的政府部门及其工作人员进行评价。如福建省厦门市实施的民主评议行业作风办法，上海市开展的旅游行业和通信行业行风评议，青海省、江西省进行的通信行业行风评议，河北省组织的司法和行政执法部门评议，江苏省无锡市试行的律师行业评议，等等。20世纪90年代末以来，沈阳、南京、杭州、武汉等地陆续开展大规模的"万人评政府"活动，其他地方政府和部门开始纷纷效仿，从而将外部评议主体正式引入到政府绩效评估领域。社会评议模式是一种典型的"公民参与导向"的政府绩效评估模式，它与90年代中国一些地方政府开展的社会服务承诺制、政务公开等措施可以说是一脉相承的，对于促进公民监督政府、公民参与等发挥了积极作用。

4. 由第三方开展的政绩考核模式

如甘肃省政府委托兰州大学中国地方政府绩效评价中心对所辖市

（州）政府和所属部门进行的绩效评估，被媒体称为"兰州试验"，备受关注。北京市有的区（县）政府委托"零点研究咨询集团"开展的政务环境绩效评估等。这类模式强调的是政绩评估的独立性和公开性。

（三）现有政绩考核存在的主要问题

现有的政府绩效对于规范政府行为、提高政府工作效率、建立高效透明政府、推动经济增长，起到了积极的作用，但是我国政府绩效评估工作也存在诸多的问题，还没有完全起到应有的作用。

首先，现有的评估体系还没有准确反映新的发展理念。落实科学发展观、转变发展方式是我国今后较长一段时间所面临的主要任务，各级政府以及社会各界已充分认识到其重要性，但是如何将落实科学发展观、转变经济发展方式与本地区、本部门的实际状况相结合，确定较为明晰的发展目标和路径还存在诸多的难题，这反映在政绩考核方面就是评估体系还难以反映新的发展理念的要求。

其次，评估内容过分关注结果而忽略过程。由于中国的政绩考核早期是从目标考核责任制开始的，因此在评估内容上过于注重结果，而忽略了过程，从而产生很多问题。一是许多政府工作实际上很难完全用量化的结果指标反映出来；二是结果本身受环境影响比较大，因此完全依据结果进行评估对评估对象来讲也是不公平的；三是由于中国本身就缺乏规范化管理的传统，因此在缺少过程控制的情况下，结果的真实性往往会受到更多质疑。由于较为侧重结果导向，甚至将政绩考核片面理解为一种"打分排名"、"评比评优"的考核工具，使得对政绩考核发现问题和改进问题的功效认识不足。这种导向对人心理的负面影响较大，容易导致考核对象动机和行为的扭曲。

第三，部分考核评估流于形式，不符合客观事物的发展规律，考核过于频繁。有的地方工作中存在形式主义，把考核评估活动当做"政绩工程"、"面子活"，抓落实少，虎头蛇尾多，善始善终少，不能真正变压力为动力，推动政府职能和作风转变；部分检查、考核和评比不仅没有取得效果，而且由于缺乏统筹安排，形成多头评估，使这种检查、评比成为基层单位的一种负担，降低了形成效率。

第四，公众的参与程度不够，缺乏独立的第三方评估。虽然我国的政绩考核曾经尝试了多种公众参与的方式，也有部分地方和部门在考核评估中引入了独立的第三方机构的参与，但是由于我国很多政务信息的公开程度不够，公众和独立的第三方机构难以充分了解政务信息，也就很难充分参与政绩的考核。此外，政绩考核结果的使用也有不当之处，考核结果没有很好地和奖惩激励机制结合起来。

多方面的因素带来了上述政绩考核中所存在的问题。包括：政府定位和政府职能界定的困难；各级政府之间权责划分的困难；公共产品和服务的结果难以定量评价的困难；对组织的评估与对人员的考核之间进行协调的困难；信息获取和公开的困难（如信息披露的详略、范围难以确定），以及缺乏相应法律和制度的保障。

四、历史上和国外政府绩效评估的实践及其对我国建立科学合理的政绩考核制度的启示

1. 中国古代政府的政绩考核

我国古代曾经是世界上行政管理最发达的国家之一，《后汉书·荀彧》就谈到"原其绩效，足享高爵"。我国古代绩效考评主要包括对官吏政绩的考评，也包括对所管辖区的综合考察以及与之配套的监察制度。总结我国古代在政绩考评方面的有益经验对当前建立科学合理的政府绩效评估制度非常有借鉴价值。据研究，我国最早的政绩考核制度出自周朝，《周礼》中记载了"六计"，"六计"是针对中央官府所辖的官吏而设的考核指标："一曰廉善，二曰廉能，三曰廉敬，四曰廉正，五曰廉法，六曰廉办。"到了唐代，对政绩考评分类更为详细，唐代有

"四善二十七最"。"四善"是："德义有闻；清慎明著；公平可称；恪勤匪懈。"即廉洁、公道、勤勉、不懈怠。"二十七最"则是针对当时政府管理的27项工作设定不同的考评标准①。

总括起来，正面来讲，我国古代的政绩考核有如下特点：在目标设定方面，一是强调简单易行，不把指标搞得复杂繁琐；二是兼顾经济和社会两方面，不顾此失彼；三是注重实际业绩，鼓励务实进取的官风。在考核过程方面，一是实行自下而上的绩效报告机制，二是推行自上而下的考评监察机制，三是建立以巡查为主的不定期考评机制。在考核结果使用方面，将绩效考评结果与俸禄增减、品阶升降、职位变动、荣辱与夺等方面应用机制密切结合。

2. 国外政府绩效评估的具体做法总结

政绩考核和评估在西方国家经历了一个逐步发展的过程。比较正式的政绩考核起源于19世纪末，到20世纪40年代是其萌芽阶段，开始借鉴企业管理如泰勒制对于企业成本、作业时间的管理，开展对政府工作效益的评价。从20世纪40年代到70年代是其推广阶段，这一阶段的最重要特征是从早期以效率为核心，以泰勒"科学管理"思想在各级政府和各个部门广泛推广为特征，逐步向"效率与公平并重"的转变，尤其是20世纪60年代的"新公共行政学"观念，标志着政府绩效评估的价值取向由效率向公平的重要转变。从20世纪70年代末到20世纪90年代末，以撒切尔夫人和里根的政府改革为重要标志，即所谓的"新公共管理运动"的绩效管理模式，全面引入企业管理的思想，将企业与私营部门的精神和成功的管理制度移植到公共部门。在政府内引入竞争机制，树立顾客意识；政府管理应该以市场或顾客为导向，实

① 如对秘书性参谋人员规定的最高标准是"献可替否，拾遗补阙"；对警卫人员规定的最高标准是"部统有方，警守无失"；对监察人员规定的最高标准是"访案精审，弹举必当"；对公文核检人员规定的最高标准是"明于勘覆，稽失无隐"；对市场监管人员规定的最高标准是"市廛弗扰，奸滥不行"；对农业管理人员规定的最高标准是"耕耨以时，收获成课"。

行绩效管理，提高服务质量和有效性。从21世纪开始，西方国家的政府绩效考评又走向较为混合或较为均衡的导向，更加强调市民社会的自治性和多元化，追求政府管理的公平性。

从美国、英国以及加拿大等国在政绩考核方面的具体做法来看，随着收集分析绩效数据的方法和手段的改进，政府绩效考核也从早先的结果导向方法向过程导向与结果导向相结合的方法转变。总结起来，西方国家开展政绩考核的主要特点有如下几个方面。

（1）强调客户－公民导向，侧重效益和公民满意度。西方国家的政府绩效评估在很多具体做法上借鉴了企业管理的经验，例如"标杆管理法"，其应用范围不仅包括经济层面的指标，也包括政府提供的公共产品如教育、医疗等服务产品的绩效评估。公民参与原则是西方绩效评估的重要原则，坚持公民导向是西方国家政府绩效评估的重要发展趋势，在指标体系的设计上包括公民的满意度指标和测评体系，以公民的满意度结果作为政府和公民对政府工作绩效评估的重要依据。

（2）注重制度建设和规范管理。在许多西方国家，对政绩实行考核已经成为政府机构的法定要求。例如，美国在里根政府时期就开始致力于政府绩效管理的统一立法，1993年克林顿政府通过了《政府绩效与结果法案》，以立法的形式确立了进行绩效评估的法律制度。

表2　　美国《政府绩效与结果法案》对政府部门绩效考核的基本框架

	具体内容
五年战略规划	部门使命的全面描述，包括部门职能和运作
	部门职能和运作的目的和目标，包括与结果相关的目的和目标
	描述如何实现目的和目标，包括达成目的和目标所需要的管理过程、技能和技术、人员、资源、信息和其他资源
	详述如何把年度绩效目标和绩效计划与战略目标联系在一起
	辨认对目标实现可能产生重要影响的外部因素和不可控因素
	对确立和修改基本目的和目标过程中所使用的项目评估进行描述，包括未来项目评估的日程安排

	具体内容
年度绩效计划	确立绩效目标，以界定项目活动所应实现的绩效水平
	以客观的、量化的和可测量的形式表述绩效目标，除非被容许以其他形式表述绩效目标
	简要描述实现绩效目标所需要的运作过程、技能和技术、人员、资源、信息或其他资源
	建立绩效指标，以评估每天项目活动的产出、服务水平和影响
	建立一个把实际的项目结果与绩效目标进行比较的平台
	阐述用以验证评估价值的方法
年度绩效报告	对绩效目标的实现程度进行评估
	根据前一财政年度的绩效结果修正当前财政年度的绩效计划
	解释和描述绩效目标未能实现的原因
	描述绩效目标的有效性，总结项目绩效评估中的经验教训

（3）注重第三方参与。国外的评估由以政府为中心转变为以服务为中心，评估主题由公共组织自身扩展到社会公众，已形成由政府、媒体、社会公众、非政府组织和研究部门共同参与的态势，并且越来越注重借助第三方力量参与社会评估。第三评估机构多由领域内的专家和学者构成，他们掌握专业知识，信息面广，地位独立，有利于从专业、独立的角度进行政绩考核。

（4）重视评估手段的现代化。利用信息技术开展政绩考核的数据采集、传送、分析（包括民意调查的数据），以及利用电子政务的方式做好政府绩效的信息公开。

3. 国内外政府绩效评估的启示

第一，注重立法，使政绩考核有法可依。例如，美国政府就制定了《政府绩效与结果法案》，明确规定了联邦政府绩效评估的基本框架，为系统推进政府绩效考核提供了法律保障。除此之外，美国政府还制定了一系列的法律和法规来保障政绩考核，如《政府管理改革法案》、《联邦管理者财务廉洁法案》等。

第二，注重实绩，使政绩考核落到实处。崇尚实际业绩，无论是我国古代还是国外发达国家的政绩考核都对此极为重视，还通常会采用一系列的指标体系来刻画考核实绩。

第三，结果评估与过程控制相结合。伴随信息技术的发展，信息采集和处理的时效性大大提高，成本降低，这有利于及时了解政府提供公共产品过程中所发生的问题或存在的难点，而不是等到最终结果后再作考核评估，这既有利于提高政府效率，也有利于政绩考核的公平性。

第四，成立专门的咨询协调机构，注重发挥专家的作用。如尼克松政府曾成立了美国国家生产力委员会，并发布"联邦政府生产率测定方案"，促进了联邦政府绩效评估的系统化、规范化。克林顿政府还成立了由副总统挂帅的国家绩效评审委员会，负责联邦政府绩效评估的工作。同时，将考评结果和管理工作相结合，考评结果的使用从以奖惩为主走向以引导和督促为主。如实施"提前警告"，对工作绩效不佳的人由各单位主管在正式考评三个月前向其提出警告，为之提供改进机会，若不改进，考评时才被评为"不合格"。

五、建立科学合理的政绩考核制度的构想

（一）建立科学合理的政绩考核制度的原则

按照"目标明确、环节完整、公平协调、分类评价、动态调整、操作方便"的原则构建我国科学合理的政绩考核制度。

目标明确：就是要以落实政府职能为目标导向，根据政府的职能来分解政绩考核的目标、指标。

环节完整：政绩考核制度要全面覆盖考核的各个环节，包括考核主体的确定，考核信息的收集、处理，考核结果的公布和使用等环节，不能有遗漏。

公平协调：公平性是所有考核制度的根本要求，政绩考核制度也不

例外，考核目标和指标体系的设计、考核程序的规定都必须贯彻公平性的要求，同时还要注意政绩考核制度不同部门、不同地区、不同项目乃至不同的人员间的协调。

分类评价：各个部门、区域和项目之间的差异很大，所面临的问题和任务不同，必须分类其政绩考核制度，避免"一刀切"，脱离实际。

动态调整：政绩考核制度尤其是考核目标和指标体系要根据实际情况的变化定期调整，不可以过于僵化。

操作方便：政绩考核是一项定期进行的工作，其实施要方便易行，过程不可过于复杂。

（二）建立科学合理的政绩考核制度的主要内容

1. 清晰界定的评估对象

根据政绩考核的目的和适用范围，将考核对象划分为财政支出项目、部门、区域和领导层四大类，并在各大类中，再按照不同层级和特性对其分类，体现分部门、分项目、分层次、分地区特点。尤其是在区域层面上，要根据不同主题功能区的要求，分类实行政绩考核。

2. 详尽分解的考核内容

以考核对象所应承担的职能尤其是政府的公共服务作为政绩考核的主要依据，对所应完成的各项职责进行详尽分解，并由此确定考核内容。尤其是要注重把绩效考核与成本考核结合起来，因为任何一项政绩的取得，都必须投入一定的成本。在考核干部政绩时，往往注重考核干部的工作实绩和成效，却忽视了考核取得这些政绩所付出的成本，这样难免会误导干部为了追求政绩而不顾一切，以致出现"前任政绩后任债"、"一任政绩几任包袱"、"只求本届有政绩，不给下届留财富"、"超量挥霍资源，竭泽而渔"等现象。如有的地方，为了追求经济增长，不惜以牺牲环境为代价，乱开滥采矿产资源等。因此，在考核干部政绩时，要设置成本考核指标，对其取得政绩的成本、方式、资金来源、债务以及对资源、环境造成的影响等情况进行全方位的分析评估和全面的考核，以成本观念来检验干部的政绩，引导干部在创造政绩时树立效益意识、质量意识和可持续发展的意识。

3. 适度多元的考核主体

根据不同的考核对象有不同的考核主体，如目前涉及的考核主体有组织部、纪委、发改委、人事部、监察部、财政部、审计署等部门等，也还有很多专业职能部门进行的考核，同时也吸收了部分第三方机构和公众的参与。今后在政绩考核中除了各级政府部门外，需要加大公众参与的力度。

4. 规范透明的考核程序

考核程序包括如何编制合理的政绩考核计划，获取政绩信息和撰写政绩考核报告等，应该规范化、制度化，应该让考核主体还是相关责任人清楚明了，并保持一定的稳定性，不能随意变更。

5. 科学全面的考核指标

按照科学发展观的要求设计考核指标，从物质文明、政治文明、精神文明、社会文明和生态文明5个方面，全面反映科学发展观和正确政绩观的要求。同时还要具有较高的客观性、可观察性，要便于横向及纵向比较。

6. 定性考核与定量考核相结合的考核方法

定性考核具有针对性、灵活性强，评价结果直观等特点，但缺乏对"量"的把握，在分析时不易比较，在评价时也易受各种主观因素和环境、条件等客观因素的影响，具有一定的局限性。定量考核虽然可以从数量上相对精确地反映干部的政绩情况，但掌握不当容易出现片面性和表面化。所以，在制定干部政绩考核评价指标体系时，既要有体现定性考核的内容，也要有体现定量考核的指标体系，只有把两者有机地结合起来，才能更加准确地评价干部的政绩。就像我们考察干部一样，单看个别谈话了解的情况，或单看民主推荐、民主测评的票数，都不够全面，只有把两者结合起来分析，才能更加全面评价干部。

7. 公开公正的考核结果

考核结果及其使用要体现公开公正性，应该及时全面地向相关责任人通告，并与其激励奖惩相结合。应告知全社会的考核结果，应结合电子政务，通过报刊、网络、电视等媒体，以公告的方式告知，取得社会公众的信任。

六、建立科学合理的政绩考核制度的措施

1. 制定政绩考核的指导性文件，逐步实现制度化和法制化，从制度和法律上规范政绩考核

建议由国务院制定颁发关于开展政绩考核的办法与意见，整合中编办、人事部、监察部、财政部、审计署等部门相关职能，规范、完善中国的政绩考核制度。政绩考核的指导意见应该包括政绩考核的意义和作用、指导思想和原则，政绩考核的战略规划，政绩考核的对象与范围，政绩考核的主要内容，政绩考核的指标体系与标准，政府绩效评估的方法和程序，政绩考核的组织、领导和工作机构，政绩考核结果的公开与运用等。

2. 加强政绩考核信息的披露，并将考核制度与奖惩制度相结合

政绩考核是为了让各级政府以及全社会充分了解政府的绩效，促进政府绩效的提高，而这需要社会各界掌握政绩考核的信息。因此，无论是政绩考核前的信息，例如政绩考核的战略规划、实施方案，还是政绩考核结果等信息，都应该及时、全面、多途径的予以披露和公告。同时将政绩考核制度和奖惩制度相结合，将政绩考核的结果作为奖惩的一个重要依据，提高政绩考核的权威性。

3. 鼓励第三方专业机构参与政绩考核，充分发挥专业评估和研究机构的作用

政绩考核是一项专业性强、技术含量和规范化程度高的工作。为了保证评估机构独立工作，免受被评估的政府机关干扰，保证评估结果真

实可信，可以借鉴国际上的经验，逐步形成相关的独立评估机构，由专业评估机构对政绩进行准确、客观、公正的考核评估。

4. 合理定位政绩考核，逐步推行

政绩考核有助于建设服务型政府，提高政府绩效，但它不是万能的，不能解决政府管理中的所有问题。因为，第一，政府管理错综复杂，政绩考核体系再完善，也不可能将政府管理的所有内容包揽无遗。第二，政府管理工作会随着形势、任务和对象的变化，必须与时俱进，不断进行调整、改进和创新，而在一定的时间段，政绩考核体系可能具有相对的滞后性。第三，在政绩考核中，虽然需要尽量做到客观和量化，但不可能完全做到客观和量化，难免存在主观判断，因评价主体的不同而有所差异。第四，在政府绩效评估中，客观上存在着信息不对称现象，会导致政府绩效评估的某些偏差。

我国政府开展政绩考核必须立足国情，针对不同部门和地区的实际情况逐步推行。就全国范围来看，在"十二五"期间，可按照东、中、西、东北四大区域板块，结合国家主体功能区规划确定的四类主体功能区，各选择一个省级行政区域进行政绩考核试点。按照不同的主体功能要求设置政绩考核方案，同时对不同的行政层级，例如对中央、省、市（地）、县（市）、乡（镇）五级政府机构要设置不同的考核指标和考核标准。重点选择比较贴近实际、贴近社会、工作比较具体以及比较易于进行量化评估的部门和地区进行试点，从中取得经验，逐步推广。

参考文献

［1］中国行政管理学会课题组. 政府部门绩效评估研究报告. 中国行政管理，2006（3）

［2］西南财经大学公共管理学院政府绩效评估课题组. 西方国家政府绩效评估的演变轨迹与发展趋势. 现代人才，2009（4）

［3］邓淑莲等. 美国地方政府绩效评估指标介绍. 行政事业管理，2010（7）

［4］张强. 美国联邦政府绩效评估研究. 北京：人民出版社，2009

［5］庄国波. 领导干部政绩评价的理论与实践. 北京：中国经济出版社，2007

［6］邓小南. 政绩考察与信息渠道——以宋代为重心. 北京：北京大学出版社，2008

深化国有企业改革研究①

一、国有企业改革：问题、原因和
深化改革的关键

（一）国有企业改革：仍然存在需要进一步解决的问题

30 多年的国有企业改革已取得重大的成果：初步形成了与社会主义市场经济体制相适应的国有企业布局结构，初步构建了包括产权结构、治理结构和法律规则等各方面的现代企业制度的基本框架，初步建立了新的国有资产管理体制。

但是，国有企业改革仍然存在如下一些需要进一步解决的重要问题。

首先，国有企业改革的必要性和方向，党的基本方针是明确的。但在具体方向问题上各方面认识未必一致，许多相关重要政策没有根本解决。国有企业"做大做强"、"做强做优"和"国进民退"批评之间的矛盾，是这方面问题存在、没有形成社会共识，也没有很好解决的突出表现。

其次，对如何评价国有企业目前的效率及如何提高国有企业效率的看法亦不一致，由此导致提高效率的改革方向和政策也不尽明确。

第三，国有企业的股权结构改革调整的政策问题，认识不一致，也

---

① 本报告负责人是陈小洪和赵昌文，一、二、三、四部分的初稿分别由陈小洪、李兆熙和贾涛、张政军、陶平生撰写，最后由陈小洪、赵昌文和张政军修改与统稿。

没有很好解决。一种意见认为，多数国有企业应整体上市、国有股权可以减持，而不是只能增资扩股。也有一种观点并不赞同推进国企整体上市，认为国有股不仅不必减持，甚至应该增加。

第四，如何行使国有企业股权管理，也有许多问题。问题之一是是否需要及如何对国有企业分类管理，问题之二是能否对国企既充分授权又合理约束其所需条件。

最后，更突出的也许是与过去相比较，目前一些国企改革动力明显不足。

（二）主要原因分析

原因之一，国有企业的基本定位问题没有真正解决。有关的两个基本问题是：国企的功能作用到底是什么？国企与非国有企业（特别是民营企业）及社会的基本规则关系是什么？党的文件在政治上已经解决了国企定位的基本问题，即"国有经济在国民经济中的主导作用"和"公有经济与非公有经济共同发展"；明确了处理前述两原则关系的方法，即明确国有经济要保持控制力的领域，明确在其他领域国有经济和非国有经济平等竞争。但是由于国有经济必须保持控制力的领域及其含义、规则和依据在许多情况下并不太清楚。在资源、基础产业领域和许多高技术产业领域，非国有企业已有一定实力，但能不能发展，特别是与国有企业为何种关系，有关政策不甚清楚。此外，国有企业还存在资源低价或无偿占用、上交红利偏少、显著高工资等各方面反映较大的问题。这些问题或虚或实，都在根本上或一定程度上与国企定位及有认识有关。

还有一个与定位直接相关的问题是，政府经常将国有企业作为经济"做大做强"及直接解决问题的工具。如通过国企解决整治煤矿安全、产业整合问题，加之未必合适的做法（如违反市场原则的压价收购）[①]

---

① 山西省 2009 年为搞好安全生产整顿和关闭煤矿，有意义。问题是关整标准三年数次大幅调整（2006 年 2 月 28 日文规定关门标准为 9 万吨，整顿为 30 万吨，2009 年 4 月 15 号就改为原则上只保留 90 万吨以上的矿井），收购价格显著低于市场水平（媒体有关报道，作者曾询问可靠人士证实）。

等，结果就出现了人们所说的"国进民退"。其实，近几年所谓"国进民退"，从产出数看，仍难证明，从案例及政策行为看，却很难否认①，主要原因是国企定位不清楚。

原因之二，国有企业股权结构改革方向不明确。国有企业股权多元化、尽可能上市，已是社会共识，有政治依据。但认识上主要看重股权多元化的融资功能，政策上国有企业股权多元化程度，是否应整体上市及其依据和条件，不甚明确。而目前实际上的架构既能融资又方便操控，因此，由于理论和实际的原因，使管理部门和国有企业本身都缺乏推动股权结构调整及整体上市的动力。

原因之三，国有企业的基本制度和机制改革还未到位。基本制度改革不到位的表现有：许多国有企业至今仍是按照企业法注册和管理的企业，但主要经营主体却是公司甚至有若干家上市公司。此外，认为对国企分类管理仅是考核指标的调整，而不了解分类管理同时涉及制度调整（包括企业具体定位和法律制度，甚至会计制度及管理规则的调整），因此分类管理制度推进较慢。机制改革不到位的突出表现是偏重用与规模挂钩的考核（保值增值）和薪酬激励，不够重视通过企业合理定位、强化竞争、调整股权结构、改进治理等多种手段相互配套地促进企业转变机制，提高效率，创新发展。

原因之四，多数国有企业的行业或市场地位成为企业推动改革和提高效率的障碍。很多国有企业，或垄断，或寡头，有重要的自然和行政资源，容易获得资源，容易搞垄断延伸或行政权延伸，但目前国家还缺少有关的规制规则，因此，国企转变机制乏力。

原因之五，对国有企业改革目标缺乏理论和实际结合的系统认识。理论认识方面，不了解对国有企业的所有权职能行使，要按商法规则，重视提高效率，但本质上行使的是公共政策，政资分开是相对

---

① 根据《中国统计年鉴》，2007～2009 年 3 年，国企比重在工业领域分别为 31%、30% 和 28%，逐年下降，在固资投资领域分别是 31%、31% 和 34%，稳步上升。

的。改革目标方面，认识不统一、不明确，政策行为的机会主义或经验主义同时或交替出现。国企困难时强调"国退民进"，甚至要短时间内卖光国企。近些年经济环境有利时又有种种理由实际上搞"国进民退"。系统认识的不足，根本在于不了解有关的政策工具。工具是使目的能够实现的设计和安排，重要，甚至是关键。因为当人们不知道如何找或"做船搭桥"时，系统和目标也就不清楚了，过河也就不可能了。

（三）抓住深化国有企业改革的关键

深化国有企业改革意义重大，必须进一步推进。首先，是因为中国国有企业在国民经济中居主导地位，有大量优质资产，是商业机构组织化程度不够的中国最重要的宝贵的企业组织资源。其次，是因为如前所述国有企业还存在必须解决的诸多问题。再次，因为无论是政府还是全体国民，都希望国有企业在推动国民经济的整体发展中发挥更大的作用，而不是仅仅注重自身的发展。所以，深化改革，不仅是为了使国有企业进一步提高公共服务和资本回报效率，更是为了使一些优秀的国企能够进一步发展成有强大国际竞争力的世界级的现代大公司，更好地促进国民经济整体发展和转型升级，成为中国作为世界经济大国的强大基础。

国有企业深化改革必须有系统设计、顶层设计和机制设计。历史经验证明，过去国企改革的路子是对的。问题是现在国有企业发展和改革的内在矛盾和外部环境已经发生了重大变化：过去的主要问题是"脱困"、"分流"，现在的国企已很强大，已能自我扩张；过去主要强调转变机制，确立市场竞争和利润意识，现在则更加重视科学发展、和谐发展、共同发展；过去国有企业的国家所有权由于权能分散，实际上被虚置，现在国有股权在体制和法律上已初步统一并落实到位，要进一步明确的是按什么方向和规则行使国家所有权职能。矛盾的转化和更加复杂化、多元化的形势，要求我们必须因势利导，调整国企改革的基本路径。与过去主要通过试错推进改革的路径相比，进一步推进国企改革必须重视方案的系统设计、顶层设计和机制设计。系统设计，要求从推动国民经济整体发展的长远视角明确国有企业的定位，设计相应改革方案。方案必须覆盖国有企业的整体和基本环节，包括目标、基本架构、重要"部件"和工具选择，在目标和阶段安排下，使方案能实施操作。顶层设计是系统及其控制中枢目标和框架的设计，方案要统领全局、指导前瞻，有推进阶段的基本设计，有保证方向和协调基准或基本工具的选择或设计。顶层设计将指导和规划系统的具体设计和实施方案设计，包括要按激励相容和针对性原则进行基本的机制设计。

国有企业深化改革必须有理论探索，还要重视选择有效的政策管理工具。理论探索的重点之一是有关国有企业功能定位、作用及其实现方式条件的基本理论，理论探讨不仅要探讨有关的理论基础，还要进行有关设计理论的探讨。设计理论是有关设计原理和方法的理论。设计理论的重要内容是关于工具（包括有关系统的功能和联系的标准及参数，具体工具）的选择设计。指导改革方案设计的理论，应当能帮助我们进行系统设计、顶层设计和机制设计，能帮助我们设计和选择有利于方案设计及实施的政策工具。

根据十四大明确的政府主要在市场失效领域里干预的理论，和对国有企业本质上是推动国民经济整体发展方式的理解，我们认为适用于发达和发展中国家及转型国家的三种市场失效的理论以及有关的经济理论（如产业和规制经济学、企业经济学等）和管理理论（包括战略、组织论等）和关于国有企业在不同发展阶段国家作用的经验研究，可以帮助我们形成推进国有企业改革的"设计理论"。而国家所有权政策，则是能帮助我们进行国有企业深化改革方案设计，促进方案实施，及帮助国有企业进一步转变机制的重要政策管理工具。

二、需要明确国家所有权政策

（一）国家所有权政策：基本方针明确，政策未成体系

1. 国家所有权政策：有关国有企业的基本的公共政策

国家所有权政策是有关国家出资和资本运作的公共政策，说明国家投资兴办企业或出资的目标和领域、国家在国有企业公司治理中的作用方式，以及与国有资本有关的重要关系的处理原则和处理国有企业与社会、与其他企业关系及规则的基本政策。根据这个定义，可以认为国家所有权政策，是国家作为国有企业（含国家出资，后同）所有者，所实施的有关国有企业最基本最重要的公共政策。

国家所有权政策包括目标和实现目标的工具手段两个方面。目标既指国有企业的功能作用，还指国有企业的行为规则。实现目标的手段，既指国家为企业实现目标所采取的各种手段举措，亦指国家必须承担的相应职责。

国家所有权政策分为两个层面，一是总体政策，即国家在总体上明确国有企业的基本目标、功能作用及有关规则和国家的有关作用、要求和责任；二是国有企业的具体政策，即针对具体国有企业的基本目标、功能作用、有关规则，及国家要求和责任的政策。总政策指导具体政策的制定，具体政策保证总的政策的落实。

2. 我国已初步明确了国家所有权政策的基本方针

我国宪法和党的十五大、十五届四中全会、十六大、十六届三中全会等文件，已经明确了有关国家所有权政策的基本方针，主要包括三点：①"在社会主义初级阶段，坚持公有制为主体、多种所有制经济共同发展的基本经济制度"。②国有经济在四类重要行业和关键领域要有控制力，"国有经济要'有进有退'进行战略性的布局调整"；重要企业国家控股，可以绝对控股或相对控股；"除极少数必须由国家独资

经营的企业外，积极推行股份制，实行投资主体多元化"。③ "各种所有制经济完全可以在市场竞争中发挥各自优势，相互促进"；"促进各种所有制经济公平竞争和共同发展"。

党的基本方针明确了以下三点：一是国家所有权政策的总方针；二是国有企业的基本功能和控制方式；三是国有企业基本行为规则，包括其与非国有企业关系的基本规则。以上三个方面既互相联系又属于不同的层次。

3. 我国还没有形成比较完整的国家所有权政策体系

到目前为止，我国已初步明确的国家所有权政策的基本方针，总体看是指明方向的政治安排，不是明确的可操作的公共政策，更不是相应的法律规范。这种情况下，从行政管理和公共政策的角度看，已明确的方针在具体实践中可能走样，难以落实。

我国已出台一些本质上属于国家所有权政策范畴的政策，但由于没有国家所有权政策（及类似的政策）明确基本目标和规则，出台的政策往往不协调，政策有效性受限，甚至一些初衷很好的政策并没有达到设计者的初衷甚至完全相反。

国家所有权政策成为体系的重要标志，首先是目标和规则有前瞻性同时具体化，有服务于目标的政策体系和工具手段；其次，是有政策设计和实施并能不断改进的组织保证体系。按这两个标准，可以认为尽管已出台了一些与国家所有权政策有关的政策，但我国的国家所有权政策还未成体系，没有真正形成。

（二）国家所有权政策：目标和工具

1. 国家所有权政策根据企业类型不同而有所不同

国家利用国有企业方式发展经济是因为市场经济条件下，企业比其他形式的组织更有效率。但是，企业的效率及其经济和社会影响、发展条件，却因一个国家经济的总体发展程度及其不同的发展阶段，乃至社会政治传统的差异而有所不同。

国家所有权政策的基本目标是从国家所有者角度，从总的和具体企业两个层次明确：国有企业的功能定位及有关规则，促使国有企业实现其功能定位的工具手段。两个层次的政策的共性是都包括目标和相应的工具手段两方面，同时根据企业的功能目标及具体情况，政策目标和工具手段有所不同。

从基本面看，国有企业作用的领域可分两大类。一类是关系国民经济命脉的"重要行业和关键领域"及有特殊功能的领域，根据领域经济性质特征的不同又可再分为不同的领域。这些领域的国有企业控制能力强或较强，对该领域企业主要考核公共服务责任，或同时考核资本财务回报责任，国家可给予必要的特殊支持和特别规制。另一类是竞争性领域，该领域国有企业与其他企业是平等的竞争主体，一些骨干企业是"国民经济的支柱和参与国际竞争的主要力量"，主要考核资本回报责任。按一般市场规则规范，可有针对各类企业的产业政策支持，但不给特殊支持。第一类国有企业中的一些或在部分环节有竞争性，或在不同阶段竞争性不同。

由于基本功能目标、规则和政策支持的差异，及其分类监管与问责考核目标的不同，可以将分布在两类领域的国有企业分别称之为"功能性国企"和"一般竞争性国企"两类。如表1所示。

2. 国家所有权政策分层：指导和支撑的相互作用

从总政策层次看，国家所有权政策首先必须明确以下政策：①国家投资建立国有企业的领域、功能目标及相应的条件（经济的及政治的）；②该领域的竞争状况，是否只能有国有企业，能有几家或不受限制，其地位作用如何，可否有非国有企业，有关条件；③企业的资本结构（国有独资、控股、参股），能否上市；④企业的治理结构和法律形式；⑤企业的行为（经营范围、投资、价格、劳动及竞争等）规范及规范来源（法律：《商法》和《经济法》，股东要求，市场或行规等）；⑥国家的责任和相应的手段。

根据总政策，或者说基本政策规则，我们可以明确哪些领域可有国

表 1　　　　　　　　　　　两类国有企业的比较

企业类型		功能目标	股权政策	问责考核目标
功能性国企	涉及国家安全的行业	支撑、引导和带动整个社会经济的发展，在实现国家宏观调控目标中发挥重要作用	国有独资或控股	公共政策目标财务绩效指标企业社会责任
	自然垄断的行业		国有独资或控股，视发展阶段可适当放开民间参股或特许经营（PPP 方式）	公共政策目标财务绩效指标企业社会责任
	外部性强的提供重要公共产品和服务的行业		国有独资或控股。如不控股必须保证公共服务和重要产品的提供	公共政策目标财务绩效指标企业社会责任
	部分战略性高新技术产业和支柱产业的骨干企业及平台类企业		国有独资或控股，也可适当国有参股	公共政策目标财务绩效指标企业社会责任
一般竞争性国企	一般竞争性领域的国企	成为国民经济的支柱和参与国际竞争的主要力量	国有控股、参股均可，可大力发展混合所有制，适时上市成为公众公司	财务绩效指标企业社会责任

　　注：没有财务责任的企业实际上不是企业。国有企业财务绩效指标根据领域不同可有差异，竞争性国企必须有利润或 EVA 指标，而功能性国企中的部分甚至可只有成本指标。

有企业及可能的资本结构、治理规则框架，还可以明确这些领域国有企业可否垄断及相应的行为规范，明确国家基本的政策责任和手段。例如，我们可以明确中国至少在较长时间内只宜甚至只能有一家国有的大型商用飞机制造公司，国家有必要给予直接的财力支持；明确垄断大多数地区电网服务业务的电网公司一般不能投资竞争性的上下游业务（不是基于股东的风险和战略管理原因，而是基于公共政策原因）。

　　总政策能够明确国家对具体企业的基本要求，但只有符合总政策基本框架的具体政策才能落实国家的具体要求。因为具体企业的行业领域及具体情况（行业环境、同时有政策性和市场性业务或只有其中一类业务、资产和财务基础差异等）的不同，国家对企业的具体制度安排（可以包括法定的业务范围及治理和会计制度）和具体要求，包括战略及年度任务要求都会有所不同，政府行使国家所有权政策方法亦可能不同，承担的责任和手段亦可能不同。如大型商用飞机公司，就要明确具体的资本结构（国家和国有法人的股份）及权责、飞机开发进展计划等；要具体明确电网公司不能投资变电设备制造企业，除非有特殊规制。

3. 服务于政策目标的工具体系

国家所有权政策不仅要明确国家所有权政策总的和具体的目标及基本的规则，还要根据目标明确国家和企业的责任，更重要的是要建立和明确保证政策目标实现的政策工具。国家所有权政策提供的政策工具是个体系，主要包括：明确相应的公共政策和资本回报的绩效指标，相应明确国家的责任，有相应的激励和评估、审计、报告、信息披露的制度和管理工具。

国家所有权政策提供的工具，首先是目标管理的工具，即确定管理的目标，以提供管理的方向。目标管理是分层的。总的目标及其分类将决定对企业管理和政府责任手段的基本分类。具体的目标是具体的管理体系和手段的设计及选择的基础。

国家的责任及相应的手段（特许垄断、上交红利、增资、补贴、税收优惠及规制约束等），为企业实现所有权政策目标创造应由国家提供的条件，它也是分层的。在总的政策层面明确国家可选的基本政策支持、规制手段和条件，确定政府责任和相应手段的选择范围空间，给出的是国家政策工具的框架体系。在具体企业层面，要针对具体企业的情况明确国家具体的政策支持和规制手段。

在目标和国家的责任手段明确后，国家还必须明确促使企业实现目标的手段。有关的工具手段包括根据目标的考核和激励体系的设计，包括整套的审计、报告和信息披露制度。基本的工具手段体系由总政策决定，具体的考核激励指标则通过具体的政策确定。

（三）中国需要建立明确的国家所有权政策体系

1. 中国需要国家所有权政策

缺乏系统的国家所有权政策，对国有经济体系庞大的中国而言，不仅是国有企业发展和改革政策的不足，还是国家公共政策体系的重大缺陷和不足。国有企业发展和改革必须解决四个重要问题：国有企业的作用和前景，国家对国有企业的责任，国有企业与其他企业及国民的基本关系，保证国有企业合理有效运作的工具措施。国家所有权政策，不可能完全独立地解决这些问题，但毫无疑问，它是从企业控制权及操作层面解决上述四个问题的基本政策和重要工具。

因此，作为既是目标又是工具的政策体系，国家所有权政策不仅对中国国有企业的发展和改革，而且对中国经济的发展有重大的、长远的、现实的意义。

（1）有利于在国民经济中发挥主导作用的国有企业正确界定、理解自己的功能、定位和使命，并且有合理的机制激励国有企业按目标和规划持续健康发展。

（2）有利于从根本上明确国家和国有企业的关系，包括对国有企业的要求、责任，形成对国有企业发展最重要的合理的"股东条件"和国家与企业的责任边界。

（3）有利于国有企业和其他类型企业及国民的相互理解和互动，形成既有利于国有企业发展和改革，又有利于各类企业充满活力、共同发展的社会政治环境。

（4）有利于明确国有企业发展和政策的方向，还有利于推进改革、促进发展。

（5）有利于在已经明确的基本方针的基础上，通过政策补充、修改等方式系统化地整合已有政策，较快地形成有效的政策体系。

2. 明确和实施国家所有权政策是一项系统工程

首先，要结合前景分析对国有企业的发展和改革进行分类研究。对功能性的国有企业，要根据细分领域的主要矛盾和问题，结合公共政策的系统梳理该领域的总体发展前景，明确不同类型国有企业的基本功能及相应的条件，而后确定具体目标和行为规则，要尽可能利用市场机制。对竞争性的国有企业（这是多数）要以强化竞争、改进治理为重点推进国企改革发展。

其次，要形成以下三个系统。

（1）要形成与国有企业有关的国家所有权政策的政策体系。这个要求的实质是国家所有权政策和其他公共政策都是相互协调地服务于国家发展和改革目标的公共政策。国家所有权政策和国家其他公共政策的主要不同是，所有权政策直接所及的对象只是国有企业（及国家出资），效率（包括资本财务效率和社会公共服务效率）始终是政策的主要目标，政策实施方式和法律手段以《商法》原则为主。但是，国家所有权政策，特别是关于企业发展目标和基本行为规范的政策必须与国家发展和改革的总体目标、基本规则一致和协调。这就要求国家所有权政策必须遵守市场经济的基本规则，国有企业只能在促进国民经济整体发展的过程中获得自身发展。

（2）要建立和形成保证国家所有权政策不断完善和有效实施的组织体系。这个体系至少有三个方面。一是明确国家（立法和行政）的国家所有权政策制定机构、实施机构和国有企业三种组织机构在国家所有权政策方面的目标和职责。二是要形成国家所有权政策制定、执行、监督分离并相互作用、制衡的体系。国有资本出资人机构是按《公司法》规则行使国家所有权职能的执行机构，其本身和其监管的国有企业还要接受国家及国家审计、有关政策负责部门按有关法规的监督。三是要在政府（或行政）系统内理顺国家所有权政策制定及执行的体系，保证政策的协调性和有效性。如要明确国家出资人机构按照政资分开原则，是国家所有权政策的执行者，可以参与制订，具体明确有关职责。

（3）要逐步建立保证国家所有权政策实施的法律法规体系。一是与国有企业有关的《经济法》及《反垄断法》等要进一步健全。必须明确除非有法律明确规定，《反垄断法》适用于国有企业。二是要针对不同类型国有企业进行分类立法，我国《公司法》也适用国有公司，因此，目前首先要考虑出台规范国家直接干预较多的平台类投资公司的法规，要分类出台具体明确国家股东及其代表责任的法规。三是对不同的国有企业要考虑利用公司章程、国家合同等法律形式具体明确对国企的规范。

三、明确国有企业的布局和股权结构政策

（一）我国国有企业布局的现状和特点

1. 国有企业行业布局和地位已发生重大变化

国有企业主要集中在基础产业和基础服务领域。工业领域的国有企业的投资和产出主要分布在基础性的电力、石油、煤炭、钢铁产业和装备产业。2009 年产值位居前十位的行业，4 个是能源行业，3 个是原材料中间品行业，2 个是装备产业，产值合计占工业领域国有企业产值的82.1%，对应这些产业的资产合计占全部国有企业资产的81.9%。基础服务领域指交通运输（包括航空、远洋运输）、通信、金融行业，是另一个国有企业布局的要点。建筑业也有若干大型国有企业。

国有企业的行业地位发生重大变化。工业领域，多数行业国有企业产值比重显著下降，行业内国企产值比重为高于70%、处于30%～70%、低于30%的行业数量。按 2 级行业分类口径，在 1993 年分别为10 家、22 家和 6 家，到 2009 年数量变为 4 家、6 家和 27 家。多数行业内国企地位比重降幅较大。从 1993～2009 年，除电力热力供应和烟草业两个行业国企比重升高外，其他行业国企比重，石油开采等 6 个行业降幅小于30%，钢铁等 7 个行业降幅在 30%～70% 之间，ICT、医药等23 个行业降幅高于70%。国企在印刷、造纸、纺织、服装、化学纤维、家具制造、ICT、电气机械制造等 20 个行业影响已较小。在金融、交通、电信等基础服务行业，国有企业仍占主体地位。

表2　　　　　　　　**国有企业的工业部门产值前十位的行业**　　　　　单位：亿元

行　业	工业总产值			总资产	净资产	利润总额
	排名	产值	产值比重			
全国总计		146630	100	215742	85187	9287
电力、热力	1	30625	20.90	61387	21676	1017
交通运输设备	2	19368	13.20	20860	7247	1359
黑色金属	3	16457	11.20	24943	9319	265
石油、焦及核燃料加工	4	15119	10.30	8061	3140	606
煤炭	5	9705	6.62	18048	7039	1232
化学原料及制品	6	7348	5.01	10872	4498	206
石油天然气开采	7	7111	4.85	14335	7852	1802
有色金属	8	5560	3.79	7296	2812	178
烟草制品业	9	4892	3.34	4899	3732	646
通用设备	10	4227	2.88	5911	1874	262

资料来源：根据《中国统计年鉴》。

2. 当前国有企业布局范围仍然较广，多分布在竞争性领域

工业部门国企收入规模大于1000亿元（2009年）以上的有17个行业（见表3），国企收入比重高于30%（2009年）的有10个行业。这些行业主要是资源开发型、资本技术密集型或限制进入的领域，少数是劳动密集型行业。这些行业多数是竞争性的，其中部分行业的国企是有国家战略或者公共服务功能的功能型企业。

表3　　　　　　　　**国企在制造业布局主要领域及情况（2009年）**

国企收入规模	行　业	国企收入占全行业比重	行业性质
1万亿元以上	电力、热力的生产和供应业	91.8%	限制进入，资本密集
	交通运输设备制造业	46.9%	资本技术密集
	钢铁	41.6%	资本密集，竞争
	石油加工、炼焦及核燃料加工业	71.2%	限制进入，资本技术密集
	煤炭开采和洗选业	61.9%	重大资源，资本密集

续表

国企收入规模	行　业	国企收入占全行业比重	行业性质
5000亿~1万亿元	化学原料及化学制品制造业	20.9%	技术密集，竞争
	石油和天然气开采业	95.4%	重大资源，限制进入
	有色金属冶炼及压延加工业	30.3%	资本密集，竞争
1000亿~5000亿元	烟草制品业	99.3%	限制进入
	通用设备制造业	15.8%	技术密集，竞争
	专用设备制造业	25.0%	技术密集，竞争
	通信设备、计算机及其他电子设备制造业	8.9%	技术密集，竞争
	电气机械及器材制造业	8.6%	技术密集，竞争
	非金属矿物制品业	9.6%	劳动密集，竞争
	农副食品加工业	5.6%	劳动密集，竞争
	饮料制造业	19.4%	劳动密集，竞争
	医药制造业	14.3%	技术密集，竞争

注：根据《中国统计年鉴》数据计算。

金融等基础服务业，虽仍以国有企业为主体，但多数行业领域都有不同程度的竞争性。

（二）决定我国国有企业布局及调整的主要因素

1. 国有企业的基本特点、功能和边界

国有企业一般被认为有几个特点：最终产权控制方是政府，有国家程度不同的信用保障；经营具有长期性、比较稳定；逐利性较私营企业弱。国有企业的主要弱点是商业效率往往低于私营企业，比一般企业要解决更多的、复杂的目标和治理矛盾。

在发达市场经济条件下的国有企业过去多分布在市场失效领域，主要是自然垄断行业、公共产品领域和外部性强的领域。现实中发达市场经济国家的国有企业并非完全局限在市场失效的领域，由于历史和政治

的原因，不少国家的国有企业在能源资源（水力发电、石油、天然气和煤炭）、邮政和电信、运输（铁路和航空）以及金融服务等行业中仍保持着重要的战略地位。但近 20～30 年这些领域的国企通过"民营化"或者说"私有化"，数量和市场地位亦有较大下降。

2. 两类特殊市场失效决定了目前我国国企布局可宽于发达市场经济国家

除了发达市场经济条件下的市场失效外，现阶段我国还包括两类市场失效：一是发展中国家由于市场机制不完善导致的市场失效；二是转型国家特有的因制度缺失带来的市场失效。对于前者，当单纯依靠市场机制不能推动这些产业加快发展时，通过国有企业推动这些产业的发展，就成了重要的国家发展措施。对于后者，由于正式和非正式的法规不健全，还由于理念和政治原因，政府需要直接控制一些重要行业的企业，直接提供服务，推动经济和产业的发展。

由于存在三种市场失效，现阶段我国国有企业布局可以比发达市场经济国家更宽。除了自然垄断、公共产品和外部性强的领域外，一些主要依靠市场机制不能较快发展、甚至可能被大型国际竞争对手严重压制的重要产业领域，以及一些现有法规和监管体系下难以保障国家政策目标的实现的重要领域，国有企业都有重要的供给、主导或引领作用。

随着我国经济的发展，市场体系的完备，企业国际竞争力的提高，后两类市场失效将会不断减少，是时国家所有权政策亦会相应调整。

（三）现阶段我国国有企业布局的基本构想

根据我国特殊的市场失效和上述国有企业布局原则，现阶段我国国有企业将主要布局在长期特殊、一定时期特殊、公共产品（含准公共产品）和战略产业等四类领域。这四类领域属于功能性领域。目前分布在一般性竞争领域的国有企业，将通过竞争调整结构，优胜劣汰（见表4）。

表 4　　　　　　　　　　中国国有企业布局领域及布局方式

分　类		具体行业	布局方式
功能性领域	长期特殊领域	军工（武器弹药制造等）、航空、航天设备制造、核电等涉及国家安全的行业	国家控制 限制进入
		电网、邮电通信等自然垄断行业	国家控制 限制进入
	特殊（特殊阶段或特殊性质）领域	水电（长江三峡总公司）、铁路、机场、港口等重大基础设施	国家控制 或公私合营
		石油和天然气开采、煤炭开采、若干有色金属矿（如稀土）采选等重要矿产资源	国企占较大比重
		烟草、博彩等特殊性质领域	国家控制 限制进入
	公共产品领域	电网、邮电通信、航空运输、铁路运输、供水、供电、供气等提供重要公共产品和服务的行业	国家控制 或公私合营 或国企占较大比重
	战略领域	如金融、电力、石油加工等支柱性产业	国企可只占一定比重
		战略性新兴产业	国企可只占一定比重
一般竞争性领域	一般竞争领域	农林牧副渔、土木工程建筑、纺织、服装、造纸、橡胶、木材加工、家具制造、食品制造、旅游等、化学制品、文体用品、皮革、电气机械、通用设备	国企不宜占据较大比重 国有资本应逐步退出

（1）长期特殊领域，主要包括涉及国家安全和自然垄断行业，如军工、航天设备、机场、核电、电网、基础电信等行业。这些行业有国家安全和自然垄断等特殊属性，除非产业技术出现了重大革新改变了行业基本属性，国有企业将长期居行业控制地位。

（2）一定时期的特殊领域，主要包括重大基础设施、重要矿产资源和具有特殊性质的领域，如铁路、石油天然气开采等行业。这些行业或改革十分复杂，同时产业十分重要，或由于是重要的矿产品，有开采和市场变化的巨大风险（暴利或巨亏），国家有必要用出资或国有企业方式，在一定时期内支持这些产业发展。

（3）公共服务领域，主要是价格未理顺的提供重要公共产品和服务的行业，如电力、供水等行业。在这些行业中，目前仅依靠市场机制来提供公共产品或服务的条件还不成熟，国企应当是供应的主体，在条件成熟时，也可让公私合营的 PPP 等方式发挥作用。

（4）战略产业。首先是比较成熟的金融、电力、石油加工等支柱产业。这些行业由于在国民经济中地位重要，由于历史的原因，国企已占相当比重，但中国产业的国际竞争力还不够强，有必要通过国企的方式推进产业发展，随着产业国际竞争力的提升，国企比重可适当下降。节能环保、新一代信息技术、生物、高端装备制造、新能源、新材料和新能源汽车等战略性新兴产业，这些行业由于技术趋势、商业模式不确定性大，存在较大的投资风险，又对国民经济的长期发展很重要，在起步阶段，国家可以用国企或国家投资方式支持这些行业领域企业的发展。

（5）中国已有产业基础的一般竞争领域，国有企业和国有资本可以退出，或通过公平的市场竞争调整结构，优胜劣汰。

（四）明确我国国有企业基本股权政策

1. 国企布局领域的国家控制方式

对涉及国家安全的行业，在确保国有绝对控股和国家进行一定经营决策前提下，仍然可以适当吸收私人资本，以弥补国有资本的不足；对于自然垄断以及特殊性质领域（如烟草），在制定了专门法或者已形成完善的行业管制体系条件下，可在《公司法》、《国资法》等法律框架下，进行国有控股前提下的公司化运作。

对于重大基础设施，国家可通过特许制度进行控制，在条件成熟时，可采取公私合营或引入较大比重的私人资本。

对于重要矿产资源，国有企业应占有较大比重，并允许非公企业进入该领域，在行业管制体系以及安全、环保等监管体系比较完善的前提下，可逐步提高非公企业在该领域的比重。

对于提供公共产品的领域，除了同时也属于自然垄断的行业需由国家控制外，其他行业可采取公私合营或引入非公企业，但应使国有企业占有较大比重。

对于支柱产业和战略产业，国家可设立黄金股来对该领域骨干企业的若干重大经营决策进行控制，但可不谋求绝对控股甚至相对控股。

2. 国有企业布局和股权调整的政策条件

国有企业布局调整，主要指国有企业的合并重组，国有企业进入或退出某些领域，企业国家股份的增加或减少，及影响企业决策的重要合同关系或同时有股份结合关系的调整。这表明，国有企业布局的调整既包括企业的调整也包括企业股权结构的调整。增减股份的方式包括出资或股份的增减，上市增资或减持售股，设立特别股份（黄金股或红股）等。

国有企业整体上市，应当成为国有企业股权调整的一种基本方式，应当成为明确的国家政策。

国家所有权政策将分类明确国家增资的条件。对提供公益性的特殊功能服务的国有企业及"设立成本（set up cost）"没有解决的战略性产业的重要企业，国家可以增资；对其他领域的国有企业，除非经过法定程序的批准，一般国家不予增资，需要资金一般从社会募集。

国家有必要分类明确不同类型国有企业国家股权增减调整的范围。这项政策不宜碰到问题时才临时决定。事先有系统的考量，有利于多数国有企业进行跨所有制乃至跨国的并购整合。

要明确国有企业增减资的基本条件，包括行业属性和竞争状况、进入者条件、黄金股、控制性和合同等制度安排、增减资的程序和定价方式。调整国有企业布局，特别是调整优质国有企业的股权结构时，要与国家发展战略和产业政策结合，防止形成外国资本控制和少数私人大量垄断的问题。

当国有企业和国有资本退出某些重要领域时，明确接替者或进入者的资格条件是十分重要的政策。对业内的优秀国有企业的股份结构调整，国内企业和投资者在同等条件下优先接盘。对外国投资者，其进入要有利于本国产业的发展，需有研发及运营中心在中国等附加条件。

3. 国有企业股权出售的管理

我国国有企业股权出售管理应关注三个重点：有关立法、决策主体和出售的法律程序。对国有股权出售应制定系统考虑了国有经济控制方式、出售条件、出售决策主体、价格制定原则，以及出售的程序。国外国有股权出售要依法进行。

此外，当布局于重要领域的地方国有企业向外资出售股份，或与外资进行包括排他性条款的合资合作，要根据国家所有权政策进行有关的管理。

四、建立与国家所有权政策相适应的国有企业分类管理体系

（一）建立国有企业分类管理的基础

1. 根据国家所有权政策及企业情况，明确国企的功能目标、基本规则和现状

关于国有企业基本功能目标的分类，前面已论，不再赘述。

还需要明确基于企业功能目标的企业业务范围。业务包括必要的基本业务和相关业务。当企业同时有垄断或限制进入的业务及一般的竞争性业务时，必须明确是否都能做及有关的条件。

明确企业的基本行为规则，与企业职权的安排有关。

明确针对不同类企业的资本股权政策及法律形式的选择原则。

要对企业的具体情况进行系统研究。明确企业的功能、行为规则、

股权结构和法律形式离不开对企业前景、现状具体情况的把握。

2. 整备制度环境，提供分类管理的法律和组织条件

首先，要结合经济法规的情况进一步完备企业行为规范的法律条件。国家所有权政策有关企业行为的法律规范，部分通过行业法、反垄断法等经济法的整备予以规范，部分可以股东法律形式的要求实现，因此要和有关法规相结合地进行法律条件的协调。

其次，要结合《组织机构法》《财政法》和《预算法》（含《国有资本经营预算法》）的规定，规范调整国家、出资人机构及企业有关的规则，特别是涉及国家增资融资的规则。有关法律应从总体和具体企业两个层次明确规定，国有企业资本预算及其实际情况必须公开。

第三要修改完善包括治理制度、会计制度在内的企业制度法规。对同时有特殊业务和竞争性业务的企业，有关法规的明确十分重要。

3. 根据具体的国家所有权政策及企业实际明确分类管理的实施方案

明确了国有企业的功能目标、经营业务、行为规则及国家有关法规后，国家所有权的具体政策，即有关企业目标和规则的具体要求就可以明确了。此时应当制定相应的分类管理的实施方案。

（二）分类调整关系和明确行为规则

一是分类明确国家对企业及社会的责任和手段。对特殊目标或公益性目标的企业，当企业是上市股份公司又有企业价格管制时，在企业分账核算的基础上，企业由于价格管制造成的损失，政府可给予相应的补贴。对价格关系未理顺产业的企业，政府应确定价格理顺的方案和相应的不同责任。对一般竞争性企业，政府主要作为一般所有者来参与企业治理。

二是分类明确国有企业的红利和资源税费政策。前项针对所有的国有企业，后项政策针对所有的资源开发企业。总的看，上交红利应当增加，资源费需要开征。国有企业是开征的主要对象。由于企业的具体情况不同，政策应当有所区别：对公益性的但财务不能独立的军工或重大

基础设施项目国企可不征或少征收红利；对战略产业领域的国有企业，在特定阶段（如发展初期、技术攻关期、市场培育期）可根据产业政策少征或不征红利；开征资源税要根据情况，要逐步递进地合理安排。

三是分类明确相关国有企业行为规则的管理办法。国有企业行为规则主要涉及国有企业与合作者、消费者、竞争者的关系处理规则，十分重要，必须具体。有关行为规则，包括一般市场经济公认的规则和针对有特殊业务企业的特殊规则。分类管理对企业行为进行分类规范，并明确有关的监管体系和办法。

（三）基于目标的分类考核激励

明确了国有企业目标、行为规范及国家责任的分类，就能分类、具体化企业的考核目标，采取相应的激励手段。总的看国有企业股权多元化和市场竞争性程度越高，激励手段应越强，并适当考虑社会认可接受的程度。

分类考核激励的办法还要考虑企业股权和治理结构的差异。对尚未建立董事会的国有独资企业，由出资人对其考核。出资人应组成包括其机构工作人员、相关行业主管部门、同行业其他企业代表、职工代表、专家学者等在内的专家考核委员会。对于已建立规范董事会的国有独资公司，授权董事会对经理层进行考核。董事会在经理层进行考核前，应充分听取包括出资人在内的专家考核委员会意见。对于国有控股和国有参股企业，代表国有股东的董事在考核经理层前应充分听取国有股东的意见；而国有股东的代表在对企业考核时，应充分听取多部门联席会议的意见。

在考核方法和指标上，要根据企业的目标和功能属性，采用市场化指标和特殊指标相结合的考核方式。对特殊目标或公益类企业，应设置体现国家利益、完成国家任务、科技创新、综合成本等考核指标，并分配不同的权重；对自然垄断或行政垄断类企业，应设置体现社会责任、国家战略、资本成本、国有资本收益、公众满意度等指标；对一般竞争性企业，应按照市场化考核指标体系，如 EVA、KPI 等方法。

（四）信息披露和问责

首先，应当明确国有企业应该像上市公司一样向企业真正股东——全体国民和社会披露信息。同时，应根据企业的功能属性和行业特点，建立分类的国有企业信息公开制度。一般来讲，功能性企业的重大事项比竞争性企业的要多，信息披露的内容和保密的程度也不同。根据需要，一方面出资人委托会计师事务所对国有独资企业、国有独资公司的年度财务会计报告进行审计，或者通过国有资本控股公司的股东会、股东大会决议，由国有资本控股公司聘请会计师事务所对公司的年度财务会计报告进行审计，及时掌握国有企业真实的财务状况和信息。对整个国有企业的财务情况信息公开制度，要向上市公司看齐，及时公开国有企业的财务和国有股权收益等信息。另一方面要求监管的国有企业按照上市公司要求及时公开披露财务报告。

其次，应对国有企业建立全面问责体系，明确全国人大、国务院、国资机构、公众的问责权和机制。

五、"十二五"期间形成和实施国家所有权政策的安排建议

（一）建立实施国家所有权政策的组织体系

"十二五"期间要尽快建立国家所有权政策决定、执行的组织体系。

建议在国务院设立负责国家所有权政策及其他重要的国有企业改革和发展政策的机构。这个机构可以实行委员会制，也可以先以国务院领导小组的方式起步。委员会成员或领导小组成员应当包括：国家综合经济部门、国家出资人机构、国务院咨询机构的领导，可聘请组织有关的

专家委员会作为这个机构的顾问。这个机构提出的国家所有权政策或其他有关政策经国务院批准后将成为国家政策。有关政策应当得到全国人大的批准或审查。国家出资人机构将成为有关政策的执行者和实施规则的制订者，参与国家所有权政策及国家有关基本政策、规划的制订。

（二）建立明确的国家所有权政策体系

"十二五"期间应抓紧制定我国的国家所有权政策和国有企业公司治理指引。按照《企业国有资产法》建立国家股东代表制度，加快中央企业董事会试点的进程，国家所有权机构与承担公共职责的大型国有企业和承担特殊责任的国有企业签订公共服务协议。

（三）明确国有企业布局和股权政策

在十五届四中全会明确的四大领域基础上，明确国有资木和国有企业布局领域对应的具体行业和必须控制领域的控制方式。按照笔者的分析，国有经济必须控制或占主体地位的领域主要是军工和电网等特殊领域，重大基础设施和重要矿产资源等特殊时期的特殊领域，邮电和航空运输等提供重要公共产品和服务的领域。控制方式应按照不同领域的经济属性，分类采取经营控制、控股权控制、黄金股控制和特殊经营控制等方式。

应明确国有资本和国有企业逐渐退出的具体行业，以及退出的政策条件和退出原则。具体退出的行业，主要是在战略领域和一般竞争领域，支柱产业和战略产业可在法规、监管、产业政策到位的前提下，不保持国有企业的主导地位。在一般竞争领域，则应逐步退出，退出的政策条件和退出的原则，可借鉴奥法等国经验，因地制宜按照不同产业属性来制定相应的政策。

在具体操作上，在"十二五"期间，应对特定行业的国有股出售制定相应的法律，并根据不同类别的出售，明确相应的决策主体和出售程序。

（四）　建立国有企业分类管理体系

制定并完善相关法律法规，明确国有股权分类管理的政策体系。通过完善《企业国有资产法》、制定国有企业特殊法案等法律法规体系，对不同特性的企业作出特别规定。

根据不同类型的企业，实施相应的公司制股份制改革。对于承担特殊任务或公益性的国有独资企业，按公司法将其改建为国有独资公司或国有控股公司。对于自然垄断或行政垄断的国有企业，重点是加快股权多元化改革，完善法人治理结构，推进其整体上市或将其优质资产注入上市公司。同时对其所处行业的不同产业链进行分拆，除国家战略需要或外部性为正的领域，放宽准入条件，引入民营资本，逐步打破垄断。对于自由竞争的国有企业，重点是加快其股份制公司改革步伐，推进其股权结构多元化，实现整体上市，出资人或国有股东可考虑直接持股。

通过国有资产经营公司平台的国有股权运作，实现国有资本的合理流动。以国有资产经营公司为资本营运平台，按私人公司的运营规则来经营国有股权。对于一般竞争性国有企业，可由平台按市场化原则对其国有股权进行运营。具体的方式有两种：一是国有资产从成熟产业退出，进入属于未来发展方向的新型产业，将其培育成熟后向社会资本转让，使国有资本始终处于经济结构的有利位置；二是把国有资本从处于价值链低端的产业退出，进入处于价值链高端的产业，使国有资本始终处于价值链的高端。

深化垄断行业改革研究

垄断行业作为国民经济的重要基础产业，其发展效率的高低、发达的程度，关乎一国的经济能否高效稳定运行，关乎一国的民生能否得以有效改善。由于垄断行业改革严重滞后于我国整体改革进程，已经成为经济增长和社会发展的制约因素，因此在新的历史时期，深化垄断行业改革是一项关系国民经济和社会发展全局的战略性任务。

本报告的目的，就是提出新时期深化垄断行业改革的总体思路和政策建议。主要内容包括：我国垄断行业改革的总体回顾和基本评价；垄断行业存在的突出问题和改革难点；深化垄断行业改革的指导思想、总体思路和目标；垄断行业改革中的关键问题以及改革的风险和障碍；深化垄断行业改革的保障措施和推进机制。

一、垄断行业改革的回顾及存在的突出问题

（一）对垄断性行业改革进展的简要回顾

20世纪80年代中后期以来，我国开始对电力、电信、民航等垄断行业实施重大改革。通过政企分开、政资分开、产业重组、建立现代企业制度、构建监管体制等措施，逐步打破了行业垄断，引入市场竞争机制，带动了社会投资，缓解了供需矛盾，提高了服务效率和服务水平，

支撑了国民经济和社会事业的快速发展。

电力工业按照市场化的方向，经过 20 世纪 90 年代以及 21 世纪以来几个时期不同侧重点的改革，明确了以"政企分开、厂网分开、竞价上网、主辅分离"为主要内容的改革方向。1985 年提出"政企分开，省为实体，联合电网，统一调度，集资办电"，拉开了电力改革序幕，打破了独家办电的局面。1998 年撤销电力部，国家电力公司承接了电力部下属各企业集团，实现了政企分开。2002 年，按照将竞争环节与自然垄断环节分开的原则，将国家电力公司重组为两家电网公司和五家发电公司等，初步形成了"厂网分开"，并组建了独立的电力监管机构——国家电力监管委员会，实现了"政监分开"。近些年电力体制在竞价上网模式、电力市场体系等开展试点或探索，调动了各市场主体的积极性，初步形成了有利于引入竞争的电力市场结构，取得了一定的阶段性成果。

电信业 1993～1995 年实施了以建立市场竞争为核心的第一次重大改革。1993 年，无线寻呼、国内 VSAT 通信、电话信息服务等 9 种电信业务开始向社会开放。1994 年成立中国联合通信有限公司，打破了独家垄断的市场格局，电信市场有了一定程度的竞争。1998～2008 年，按照打破垄断、引入竞争的思路，电信业先后进行了 3 次重大企业重组。1999 年，原国家主体电信企业"中国邮电电信总局"按业务性质分解为中国移动、中国电信、中国卫通等公司，同时改组中国联通并扩大其业务范围，随后相继成立中国网通和中国铁通等。2002 年，为进一步优化资源配置，确立竞争的基本框架，对电信企业进行了第二轮重组。原中国电信被分成南、北两部分，北京、天津、河北、山西、内蒙、辽宁、吉林、黑龙江、河南、山东等 10 省、区、市电信公司和中国网络通信、吉通通信有限公司重组为中国网络通信有限公司；原中国电信在南方 21 个省、区、市的电信公司重组为新的中国电信集团公司。2008 年以来，为适应新的形势，推进形成更为合理、有效的市场竞争格局，国家推动中国电信收购中国联通 CDMA 网（包括资产和用户），中国联通与中国网通合并，中国卫通的基础电信业务并入中国电信，中国铁通并入中国移动。

民航运输业 1980 年开始改变军队建制，走上企业化道路。1987 ~ 1992 年实施民航管理局与航空公司、机场三家分立，并在行业内引入了竞争；2002 年开始实施以"航空运输企业联合重组、机场属地化管理"为主要内容的体制改革，原民航总局直属的 9 家航空公司进行政企分开，与民航总局脱钩，组建中国航空集团公司、中国东方航空集团公司、中国南方航空集团公司三大航空运输集团，同时成立中国民航信息集团、中国航空油料集团、中国航空器材进出口集团等三大航空服务保障集团，由国资委实施监管。除北京首都机场、西藏拉萨机场仍由原民航总局直接管理外，其他 100 多个民航机场全部与民航总局脱钩，交由各省自治区直辖市直接管理。一个多元化、多种所有制企业相互竞争的航空运输市场竞争格局初步形成。

石油天然气行业市场化改革的真正起步始于 20 世纪 90 年代后期。1997 年 5 月，国务院选择三大公司作为国家控股公司试点单位，加快石油企业建立现代企业制度的改革步伐。1998 年国务院实施石油石化战略重组，通过行政性资产划拨和互换的形式，将原中国石油和中国石化按南北区域划分、改组为两个特大型垂直一体化经营石油石化的集团公司。两大集团公司成立后，移交了各自承担的部分政府管理职能，实现了政企职责的彻底分开，转变成为真正的法人实体和市场竞争主体，实现了石油上下游、内外贸、产供销一体化经营。三大石油公司1999 年下半年开始在剥离核心业务的基础上，依据《公司法》的要求，遵循"主业与辅业分离、优良资产与不良资产分离、企业职能与社会职能分离"的原则，通过"业务、资产、债权债务、机构、人员"等方面的整体重组改制后，由各自的母公司独家发起成立了各自的股份公司。2000 年开始，三大集团核心企业陆续在海外上市。2002 年国家开始鼓励和引导民间资本和外资以独资、合作、联营、参股和特许经营等方式参与城市燃气基础设施建设和经营。2005 年国家取消天然气双轨价格制，允许供需双方在不超过出厂基准价格上浮 10% 的前提下，协商确定具体价格。

邮政业20世纪90年代初开始允许一些企业和个体经营者进入包裹寄递业务领域，邮政业务由邮政企业一家垄断的状况开始改变。21世纪以来，随着非邮政快递企业迅速发展和快递市场的形成，市场主体日趋多元化。2005年，国家实施"政企分开，改革邮政主业，改革邮政储蓄，建立普遍服务机制，完善特殊服务机制，强化安全保障机制，改革价格形成机制"为主要思路的邮政体制改革，通过实施政企分开、推动普遍性服务和经营性服务逐步分开、产业重组等。

铁路运输业20世纪80年代初期进行了以"放权让利"为主要内容的改革，扩大企业自主权；之后实行了铁路行业的经济承包责任制。20世纪90年代开始积极推进企业经营机制转换，探索企业市场化改革，大力分离辅业单位。新世纪以来，按照运输集中统一指挥，提高运输效率、确保运输安全等重要原则，实施铁路局直管站段，形成专业化铁路公司、铁路辅助企业剥离等重要改革，推进投融资体制改革，吸引地方政府和社会资本投资铁路建设，扩大合资建路规模。推进铁路股改试点和上市融资。2013年3月，铁路实施了政企分开，铁路改革迈出重大步伐。

市政公共事业从20世纪90年代初期以来，部分地方开始放开了准入，逐步形成了投资主体的多元化；新世纪以来，政府出台了一系列改革指导政策，加快推进了市政设施的市场化改革，推动了政府行业管理与业务运营管理相分离，运营部门企业化，市政公用服务价格逐步市场化。政府进一步放松业务准入，实行特许经营，企业产权改革等，市场机制在市政公共设施发挥的作用和程度越来越明显。特别是在城市供水、污水处理、垃圾处理、轨道交通等领域，引入了特许经营制度，民营和外资企业开始进入。

（二）垄断行业改革的基本评价及现行体制存在的主要问题

自20世纪80年代中后期我国在垄断性行业领域进行打破垄断、引入竞争为主题的改革以来，大部分垄断性行业初步形成了多家市场主体相互竞争的市场格局。总的看来，我国垄断性行业的改革取得了如下方面的进展。

（1）改革释放了生产力，促进了行业发展，有力地支撑了国民经济和社会发展。市场化改革打破了原有的市场垄断，社会投资明显增加，电力、电信、航空服务等长期存在的供应短缺问题得以极大缓解。如1985年全国电力装机尚不足9000万千瓦，此后，由于放开市场准入，鼓励全社会集资办电，全国电力装机飞速增加，1990年全国电力装机即突破1.3亿千瓦，2010年更是高达9.6亿千瓦。市场化改革对于推动垄断行业快速健康发展起到了重要的推动作用。

（2）在部分垄断性行业初步实现了政企分开，行政性垄断的问题得到一定程度的解决。经过新一轮的改革，电信、电力、邮政、铁路等部门初步实现了政企分开、政资分开，新组建的公司与相应的行业管理机构脱钩，政府管理职能基本移交至相关的政府部门。

（3）在部分垄断性行业形成了有利于引入竞争的市场结构，其中有些行业竞争的格局已经形成。为了打破垄断的市场结构，主要采取了两种方法。一是将原有独家垄断的企业，采取"横向"分拆的方式，将其重组成能够在相同的业务领域展开相互竞争的公司。这一方法在电信部门得到应用，形成了电信行业"5＋1"的市场格局。二是对垂直一体化垄断的公司，将竞争环节和自然垄断环节分开，在竞争环节引入竞争机制，电力行业"厂网分开，竞价上网"的改革即采用此种方式。

（4）垄断性行业中特大型国有企业的改革取得了一定的进展。电信、电力等行业按照"政企分开，政资分开"的原则，组建了公司或企业集团；电信等行业通过上市（尤其是海外上市），推动了现代公司制度的建立，在法人治理结构、公司运行机制、内部管理制度以及透明度等方面取得了一定进展。

尽管垄断行业的改革取得阶段性进展，但垄断行业总体上仍是滞后于经济社会发展要求，滞后于社会主义市场经济体制建设要求，行业发展、运行效率、进入公平、收入分配、服务水平、技术进步、产业竞争力等诸多方面还存在不少问题，深化改革存在一系列的难点和挑战。特别是与竞争性行业相比，垄断行业改革效果还不是很显著，与竞争目标相联系的众多深层次问题未得到解决，在相当大的程度上制约着改革的深入推进。

1. 改革的滞后导致了垄断行业自身发展的滞后，部分垄断行业成为经济社会发展的瓶颈

垄断行业改革滞后使行业发展滞后。例如，铁路改革滞后严重影响到铁路的建设和发展。由于铁路资金来源单一，中国铁路的建设速度远低于经济增长的速度，制约经济社会发展的"瓶颈"问题长期存在。从我国单位平方公里国土面积所拥有的铁路里程、人口平均铁路里程和人均国民收入所对应的铁路里程，铁路运营线路的复线、电化率，技术装备水平以及人均出行次数和运距等，都远落后于先进国家类似发展阶段所达到的正常水平，铁路网络整体上还不能适应国民经济和社会发展的客观需要。按照经过调整的《中长期铁路网规划》，2020 年铁路的营业里程计划达到 12.9 万公里，路网密度为 134.38 公里/万平方公里，这与印度铁路在 1950 年的路网密度已经达到 180 公里/万平方公里还相差很远。

石油天然气行业垄断问题较为突出，经常性出现柴油供应短缺，制约了交通运输业的发展，成为导致物流成本高、效率低的原因之一。天然气发展滞后，制约了能源结构的优化，掌握天然气上游开发和管线主干网的油气公司与城市燃气供应企业的矛盾尖锐。

2. 垄断行业的效率不高

垄断行业普遍存在低效率的问题，竞争不充分。近年来的改革并没有从总体上动摇和削弱垄断产业的垂直结构。近年来，我国越来越多地出现了垄断产业运营者凭借其垄断优势，任意延伸垄断范围，损害独立厂商、消费者利益和限制用户选择权的问题。他们凭借其垄断地位排挤独立厂商，指定用户在某处购买某种产品，从而将其垄断势力延伸到竞争性的产业中。

例如，石油和天然气领域的经济运行质量和企业经营效率与国际先进水平相比，差距较大。管线建设运营方面，中石油、中石化两大公司各自为战，重复建设，封闭运营，投资浪费明显。炼化环节，从规模上看，中石油、中石化集团的炼厂平均规模为 430 万吨，远低于国际上 611 万吨的平均炼厂规模；从能源消耗上看，中石化股份公司炼厂的综合能耗为 73.47 标油/吨，比亚太地区炼厂的平均综合能耗高出 13.4%，比国际先进水平高出 38.1%；从综合成本上看，炼油成本比国外炼厂高出 40～130 元/吨[①]。销售环节，资产利用率和劳动生产率也明显低于国际先进水平，中国石化加油站数量高于英国石油公司（BP），但成品油销量还不到 BP 的 1/3；炼油和销售人员是 BP 的 3 倍，但成品油产量和销量总和不到 BP 的一半[②]。此外，垄断带来的竞争优势和超额利润也使国有石油公司开展对管网、专用码头、专用铁路线等垄断性资源的争夺，导致相关基础设施重复建设，投资浪费严重。

垄断行业效率不高，在推高其行业自身发展的成本同时，也推高了经济发展的成本。

3. 垄断行业不公平问题严重

垄断行业普遍存在不公平竞争问题，市场进入难，表现为铁路行业难以进入，天然气下游——城市燃气市场矛盾突出，民营石油天然气企业经营艰难。例如，铁路行业虽然在政策上允许社会资本参与铁路投资建设，但铁路行业管理中实际存在非常复杂的审批，社会资本想进入铁路领域极其困难。

垄断行业群体收入普遍高，监管不力造成群众不满意。垄断行业大多属于我国的资源和基础设施行业，其产品和服务是经济社会发展的必需品，通过提高价格带来高额的垄断利润。根据国资委的数据，石油、

---

① 贾松岩、牛琦彬、郝鸿毅："中国炼油工业竞争力关键因素分析"，中国石油大学学报（社会科学版）2007 年第 4 期。

② 国务院发展研究中心和中石化销售公司联合课题组："2005～2020 年石油（成品油）市场竞争趋势与企业竞争策略研究"。

煤矿、电力、交通、电信等垄断行业中国有企业利润占据了央企利润的很大比重。从《中国统计年鉴》的相关数据可以看出，石油和天然气、电力、航空、电信等垄断行业中，2006～2008年职工平均收入都超过全国平均数的30%以上，部分行业甚至接近3倍。如果再考虑垄断行业工资外收入和职工福利待遇上的差异，实际收入差距肯定会更高。[①]社会上对垄断行业的高收入问题意见大，改革的呼声高。

4. 垄断行业的服务不能满足经济社会要求

垄断行业服务质量差、费用高。目前，我国政府有关部门确定自然垄断产业产品或服务的价格水平的主要依据是受规制的运营企业自报的成本，这种成本是垄断企业的个别成本而不是合理的社会平均成本。按企业的个别成本定价，不仅企业不会有降低成本的压力，而且还会诱使企业虚报成本。因为政府管制所得到的信息是不完全的，管制者与被管制者之间存在一个博弈的过程，运营企业在垄断了产品或服务供给的同时也垄断了生产经营成本、费用等信息，而政府有关部门难以发现。结果出现了成本涨多少价格也涨多少，甚至出现了价格有多高成本就涨多快、成本比价格涨得更快的现象。

以中国电信行业的手机漫游费为例，手机用户在外地拨打或接听电话就会产生漫游费。电信移动公司收取漫游费的主要依据是：手机异地漫游导致运营商增加对手机用户的管理费用；同时，手机漫游后造成运营商之间复杂的网间费用结算。有关电信专家认为，手机漫游的全过程，事实上只是网络传送由几个计算机自动生成的数据信息，其边际成本几乎接近于零。从国际比较看，在美国、澳大利亚等国，早已取消了漫游费；日本电信企业虽然收取漫游费，但收费标准很低；欧洲国家普遍较小，不但从未收过国内漫游费，连国际漫游结算费也正在被强制性取消。

众所周知，从20世纪90年代以来，中国的移动通信业务是由中国

---

① 戚聿东：《垄断行业改革报告》，经济管理出版社2011年版，第18页。

移动和中国联通双寡头垄断经营的。在这两家移动运营商的各项业务收入中，漫游费一直利润最为丰厚，与极低的漫游成本相比已是暴利，而暴利源于这两家移动运营商具有的垄断力量（特别是中国移动一家独大）。

5. 技术进步总体滞后，竞争力不强

由于垄断企业拥有市场支配地位，在供应数量、价格水平和服务标准上拥有很大话语权，因而不能感受到来自市场竞争的强大压力。竞争意识薄弱，习惯于依赖政府财政补贴和成本转嫁来实现盈利或弥补亏损，企业创新动力不足，创新机制僵化，创新资源的利用率低，抑制了企业核心竞争力的培育。中石油和中石化年销售收入已经超过许多国外大石油公司，中石油市值甚至全球第一，但是企业整体竞争力仍然不高，多数人均指标远远低于国外先进水平。如人均利润尚不足埃克森美孚、英国石油公司和荷兰皇家壳牌等跨国石油公司的1/10。

6. 垄断权力滋生腐败

垄断导致各种腐败现象接连发生，损害了政府部门和企业形象。垄断行业为了获得更多的超额利润，不惜重金打通"关节"，获得了形形色色的特殊政策和优惠条件，导致国有资产大量流失，国有资产和纳税人税金被中饱私囊。近年来，石油、铁路、通信等行业接连发生企业负责人受贿、建超豪华酒店和会议中心、豪华装修、天价餐费等丑闻，在社会上产生了极坏的影响，归根结底是源于缺乏监督机制的行政垄断和市场垄断。

（三）推进垄断行业改革中遇到的难点问题

1. 认识和观念的不一致

垄断行业改革之所以迟迟不能纵深推进，除了垄断行业自身的技术经济特性等因素之外，更大程度上是因为这些领域对经济社会的影响广泛。国家对垄断行业在国民经济中的地位、在政府与垄断行业关系的定位，在关乎经济命脉行业的放开上，均有不同的认识。例如，长期以来，一直认为铁路是国民经济命脉产业，需要保持路网完整性和集中统一指挥，铁路方面的改革总体上是在探索政企合一体制下效率的改进，对到底是政企合一好还是政企分开好存在争论。又如，石油天然气是关乎国家安全的战略性产业，其安全和效率同样重要。在此领域，所有制结构调整问题争议大，方向不明确，对非国有经济在哪些环节开放以及放开到什么程度始终未有结论，国有经济保持控制地位的实现形成也未有定论，这就形成了国有几乎"独占"的局面。在此情况下，因市场化程度偏低，导致了行业的活力不足，效率不高。

2. 引入竞争方式的争论

垄断行业引入竞争的实质，就是在新的历史条件下，如何根据本国实际，有效确定垄断企业的效率边界，即"网络性产业是实施一体化、纵向分割或横向分割等更富有效率"？例如，铁路存在"网运分离"、"区域公司"、"干线公司"等多种选择，且国际上没有统一的成功案例。电力引入竞争的模式有很多种，如"在保证电网统一性的前提下，批发环节、零售环节如何引入有效竞争"，"把大范围的电网垄断变为局部性的垄断，输电网和配电网进行独自运营"，"完全的输配分开"，等等。

由此可见，垄断行业引入竞争具有模式的多样性和复杂性，对引入哪种竞争模式更为理想作为先验性的评判，是有些难度的。它取决于多方面的因素，如当前垄断行业的特点、发展水平、技术经济条件、市场供求等，但关键是要明白改革的意义在哪里？利益的得失何在？

3. 垄断行业政府管制制度的争论

我国对垄断行业的管制还不成熟，存在着因政府管制过度和管制缺位带来的风险。政府管制行为超出既定的政府行为边界，使不可预测性增加，风险相应增大。引起这一现象发生的原因是多方面的。目前改革方案的制定主要是政府，建立新型的管制制度涉及政府职能的转变和政府职能的部门间调整，相关政府部门会因管制制度建立引发的利益冲突而展开讨价还价。现代监管制度的建立，关键在于政府职能的转变，体现"放松经济管制、加强社会性管制"的原则，强调依法管制，大幅度减少政府对企业微观活动的直接干预和自由裁量权，在立法难以先行以及缺少高层强有力推动的情况下，管制制度就会走样，往往被部门利益所左右。

政府管制的缺位也会引发风险。一方面，使原本垄断行业内生性的公共产品属性被破坏。如果政府不能有效管制，加强社会性管制职能，就会严重损害公共利益。另一方面，由于信息不对称，再加上管制机构的专业化能力不足，就会出现管制者被管制对象所俘获，造成管制失效。

从我国电力改革的实践中也可以看到监管失灵的情况。按照政监分离的原则，我国曾设立了独立的电力监管机构——国家电力监管委员会，应该说这是电力改革的一项重大成果，是我国对垄断行业监管机构设置进行的有益探索，但其效果一直存在争议。主要问题就是职能设置上不合理导致其监管运转不畅，后果是，电力监管机构难以起到真正的有效监管作用。

4. 垄断性行业改革与国有企业改革的关系

垄断行业改革与国有企业改革紧密相连。垄断行改革的深化绕不过国有企业改革这一重大任务。目前，我国垄断行业的经营主体是国有企业。当垄断行业实现政企分开之后，改革的重要任务就是构建一个什么样的产业组织结构，以及塑造什么样的合格市场主体？非国有经济的参与程度以及实现形式？

从垄断行业的国有企业实际表现看，它们一方面利用垄断地位限制竞争，同时钻管制政策的漏洞。社会上对垄断行业的诸多不满，实质是对国有垄断企业的不满。深化国有垄断企业改革，主要有两个目标：一是使垄断行业成为有效竞争的行业；二是使国有垄断企业的属性清晰化，界定好公共性和经济性，使之改造成为统筹经济性和公共性的组织。

5. 改革的推进机制

国外垄断行业改革都是立法先行。我国的国情是，垄断行业改革一般都是自上而下发动和推进的，更多是靠政府的推动。政府领导人推进改革的决心在某种程度上决定着改革推进的快慢。这样的推进机制，很大程度上，受人的因素影响较大。

由于我国垄断行业改革已经进入攻坚阶段，加快垄断行业改革刻不容缓。垄断行业涉及面广，是一项复杂而系统的工程。新的形势，要求改革的推进机制是一种强有力的，既有坚强的领导保证，也要有广泛的社会参与，更要有法律的保障。

二、深化垄断行业改革的指导思想、思路、主要目标

（一）指导思想

在充分学习借鉴国外经验教训的基础上，立足我国实际，根据行业特点和垄断程度的不同，"打破垄断，引入竞争，重塑监管"，积极有序地进行分类改革。通过重塑政企关系、推进产权制度改革、优化竞争格局、强化企业治理、建构现代监管制度，逐步构建起充满活力、运行高效、竞争有序、公平开放的垄断行业管理体制和运营机制，提高垄断行业竞争力，维护广大人民群众利益，促进经济又好又快发展。

（二）改革思路

1. 将竞争性环节与垄断环节分开，放松市场管制，引入竞争机制

对行政性垄断行业中可以直接竞争的部分，放松经济性管制，通过适度分拆和放宽市场准入，允许民间投资主体进入，或参与垄断环节的特许权竞争；对垄断行业中具有网络性质的垄断部分，可实施竞争刺激机制，如引入特许权竞标或拍卖；实行某些替代品竞争或异质竞争方案

等，促进垄断行业提高效率。政府在监管中，监管的重点放在对自然垄断环节的监管上，并维护可竞争环节的竞争秩序。

2. 科学界定政府职能，转变政府职能，推进政企分开、政资分开

政府根据不同行业、不同环节的垄断性质，确定不同的管制目标和措施。切实把政府职能转到经济调节、市场监管、社会管理和公共服务上来，减少行政审批和公共权力对资源配置的主导，加强和改善垄断企业的监管方式，完善企业所有制制度，实现产权多元化，提高企业治理水平。"政企分开"不等于政府对企业放任自流，而是在有效监管的基础上，给企业以更多的经营自主权，同时还要加强群众监督、媒体监督和对资本市场的监督。

3. 积极推进价格形成机制改革，建立普遍服务新机制，提高服务水平

对能够形成充分有效竞争的业务和环节，应逐步放松价格管制，使价格形成逐步市场化，允许企业自由竞价。而对于具有自然垄断的业务和环节，政府在建立成本规则和掌握准确成本信息的基础上，对其价格实行有效监管（包括采取成本加成、价格上限管制等不同方法实行间隔监管）。对于某些公益性较强的重要产品或服务，政府要严格按照有关规定在推行价格听证、规范民主决策的基础上制定价格。价格上浮对低收入群体产生的负面影响，要通过补贴、阶梯式价格等制度解决。在不断放松价格管制的同时，按照可获得性、可承受性和非歧视性的普遍服务要求，建立合理的普遍服务补偿机制，既要让广大消费者受益，也要保证垄断企业获得合理利润，有能力为社会提供更多更好的产品与服务。

4. 改进机构设置，健全法律法规，构建新型现代监管制度

结合国情，按照大部制的原则，探索组建综合性监管机构，比如组建能源监管委员会（包括电力、天然气等领域）、通信监管委员会（包括电信与有线电视等行业）、交通运输部（包括公路、水运、铁路、民航等管理部门），对相关领域统一进行监管，撤销或改组合并现有行业

主管部门。在明确政、资、企、监不同的职能与责任的前提下，确保监管机构独立于政府决策职能和被监管企业之外。抓紧修改和完善已经颁布的行业法，如《电力法》、《铁路法》等。加快新的行业立法，包括《电信法》、《石油天然气法》等。严格贯彻执行《反垄断法》及相关法律法规，进行依法监管。

（三）主要目标

1. 总体目标

按照深化垄断行业改革的指导思想和思路，通过打破垄断、引入竞争、转变政府职能、推进政企分开、改革价格形成机制、完善普遍服务机制、加强立法、建立现代监管制度等举措，通过改革，使垄断行业的发展活力、创新动力、运营效率、治理水平、竞争力明显增强，行业技术创新能力达到国际先进水平，涌现出一大批具有一流国际竞争力的垄断行业企业，广大消费者享受高水平、多样化的优质产品和服务，国民经济和社会健康持续发展得到强有力支撑。

2. 阶段性目标

"十二五"时期：努力在电力、天然气和成品油价格方面设立三网融合体制，煤电联动等方面的改革取得重要突破，公平、开放的竞争格局基本形成，企业发展活力和创新动力不断增强，针对不同环节的价格形成机制初步确立，合理的普遍服务机制基本建立，立法工作取得重要进展，现代监管制度建设得到加强，体制机制进一步理顺，大部门制改革取得新进展，行业服务能力和广大消费者满意度明显提高，对国民经济和社会健康持续发展的支撑能力进一步增强。

"十三五"时期：形成公平、开放的竞争格局，企业发展活力和创新动力明显增强，针对不同环节的价格形成机制得以确立，合理的普遍服务机制得以建立，现代监管制度建设得到完善，形成权威高效的管理体制和运营机制，广大消费者享受多样化、个性化的优质产品和服务，国民经济和社会健康持续发展得到强有力支撑。

三、垄断行业改革的关键性问题之一：引入竞争

根据垄断行业的技术经济特点，将自然垄断环节与可竞争环节分开，在可竞争环节引入竞争，同时加强对自然垄断环节的监管。如电力产业的输配电网环节、铁路产业的路网环节、石油天然气产业的管线网环节等仍然具有较强的自然垄断属性，这些环节主要采取管制的办法加以规范。其他环节基本都属于非自然垄断业务，完全可以引入竞争，并采取反垄断政策约束企业行为。表1将五个产业中不同业务的经济属性进行了分类，并给出了基本的政策取向。

表1　　　　　　　　五个产业业务属性及管制改革方向

	自然垄断环节	非自然垄断环节
电力产业	输配电网	发电、售电业务
铁路产业	路轨网络	运输业务
石油产业	输油管线	勘探、销售业务
天然气产业	输气管线	勘探、销售业务
三网融合	本地电信、电话、宽带	移动电话、互联网、电视网络、增值业务
政策取向	保持垄断、合理管制	引入竞争、实行反垄断

（一）电力产业引入竞争机制的方案和步骤

1. 在电力行业引入竞争机制

建议按照国务院既定的电力体制改革方向，"放开两头，管住中间"，即在发电侧引入"竞价上网"，在售电侧引入大用户直购电，尽快在电力行业培育市场竞争机制。

近年来，我国东北地区、华东四省一市、内蒙古已开展竞价上网试运行，积累了经验，也发现了一些问题。华东电网实行的"部分电量竞价结算模式"较为符合我国实际情况，具有一定的推广价值。可在

竞价上网试运行的基础上，进一步完善相关制度设计，上网、销售电价逐步由政府统一定价向市场定价和政府定价并存，即部分电量由市场交易定价，市场的参与者是大用户和具有一定条件的火力发电机组；部分交易仍按现有的定价方式来运营，这包括水电、核电、风电等可再生能源以及中小用户和居民用户。电力市场发育成熟后，电价将主要由市场供求关系决定。

大用户直购电可在输配未分的前提下展开，是打破电力单一卖方市场的突破口。要积极推进大用户直购电试点，使大用户有用电选择权。大用户直购电平稳起步后，可逐步降低大用户的进入门槛，在售电侧引入包括电力经纪人在内更多的市场参与者，扩大市场交易在整个电力供应中的比重。同时，市场交易的方式中，除了大用户直购电形成的双边中长期合同交易外，还要建立电力现货撮合交易市场，从而形成以中长期双边合同为主体，以现货撮合交易为调剂的多边电力市场，在发电、售电两端形成有效、适度竞争的局面。

2. 积极推进电价形成机制改革

"十一五"期间，国务院出台了关于电价改革的意见，方向是正确的，关键在于大力推进和落实，逐步建立发电、输配电和售电三段式电价体系。

按照我国政府一直在推进的输配电改革思路，未来输配电价的形成应根据电网企业的输配电成本确定，建立价格联动机制。建议大力推动输配电价改革，尽快由目前的购销差价向独立的输配电价格过渡。形成独立的输配电价格后，上网电价与销售电价实现市场联动，包括电煤在内的上游资源价格能够有效传导至下游，弥补因煤价上涨、质量下降等因素所带来的供电成本上升，改变目前"市场煤，政府电"的状况。用市场手段而非行政手段解决电煤之间的矛盾，建立健全常态电煤供应机制，避免再度出现电煤制约性的电力供应紧张局面。

在输配电价改革的初期，特别是在电力供应偏紧的情况下，电煤价格的上涨有可能引起电价的较大幅度上涨，因此，可先采取过渡性的政策，运用成本加收益的监管方式，按合理补偿成本费用、合理确定收益、依法计入税金的原则制订输配电价，并设置合理的电价结构，适时适当提高电价。引入竞争机制能够有效提高电力企业的整体运营效率，降低供电成本，从而逐步释放和消除电价上涨的压力。待条件成熟时，电力监管部门可采用激励作用更强的价格上限监管方式，给电网企业以降低成本的压力。在过渡阶段，要切实保障煤价稳定，可以采取的具体措施有：严格查处煤炭价格操纵违法行为；整顿煤炭流通中间环节加价，包括各级政府的层层违规收费；鼓励煤炭企业与电力企业大用户间签订购销长期协议；积极促进煤炭期货市场建设。

当前，顺利推进输配电价改革的关键在于监管机构能否对电网公司的输配电成本进行有效的监管。要加快电网企业"三产"、多经剥离工作，尽快实现电网的主辅分离，划清供电企业与关联企业的业务界限，取消交叉补贴，明晰输配电成本。在此基础上，准确测算现行销售电价中实际包含的输配电成本费用、供电损耗和税金、利润标准，研究提出各电网经营企业输配电价格的合理水平，核定分电压等级的输配电价。输配电价应使电网具有长期的投资能力和投资积极性。

3. 健全有利于可再生能源发展的机制

2002 年和 2007 年的电力体制改革方案主要解决在电力行业引入竞争机制的问题，对如何促进可再生能源发展这一问题考虑不够。深化电力体制改革，需充分考虑如何促进可再生能源的发展，以促进电力行业的可持续发展。

第一，核电、风电等可再生能源发电成本高，单靠市场竞争机制无法解决其可持续发展问题。建议此类发电不参与竞价上网，在竞价模式中可以实行零报价。

第二，目前，电网企业无法履行对风电等可再生能源所发电量全额收购的义务，制约了可再生能源的正常发展。建议出台相关扶持政策，鼓励和支持电网接纳"绿电"。电网为接纳风电等"绿电"而配套建设风电汇集站、输变电系统等，政府予以一定程度的资金补贴。国家

"十二五"规划中已提出实行配额制，今后可与排放指标结合起来，对可再生能源发电实行配额制，每年对可再生能源发电的配额实行动态调整，一年提高几个百分点的额度。并通过国家立法规范、约束各市场主体的行为，从而建立有利于可再生能源发电的新机制，促进电源结构的调整和优化。

4. 明确电力市场体系的发展目标

建议"十二五"期间继续按照"开放省级市场，发展区域市场，培育国家市场"的思路进行电力市场体系建设。对我国电力市场体系进行优化的目标，就是逐步降低省级市场在电力交易总量中所占的比例，逐步加大区域电力市场、国家电力市场所占的比例，最终形成比例合理、开放竞争的三级电力市场体系。

5. 稳步推进输配分开试点工作

目前，电网输配分开改革面临着如下一些难点。

一是如何划分输电网和配电网。划分的原则是按照电压等级，还是按照功能划分？如果按照电压等级划分，电网等级标准如何确定？划分的难点在于，电压等级标准与功能标准两者交织在一起，如果按照功能标准划分，某些电网应属于配电网，但电压等级非常高，相反的情况同样存在。

二是由于没有形成独立的输配电价，难以分析输配分开后输电公司、配电公司的经营状况，在资产、收入、盈利水平、投资能力等方面都无法进行量化的预测。因此，输配分开改革对输电、配电环节的各自影响不甚清晰。

三是由于我国东、中、西部地区差距明显，如果以省为单位组建配电公司（或一省组建多个配电公司），势必造成不同地区的配电公司在资产规模、盈利水平、投资能力等方面存在较大差异。长此以往，不同地区配电网发展水平方面的差距将进一步拉大。

考虑上述因素，对输配分开改革问题应先深入研究，只有在我国电力工业发展和市场条件等方面时机相对成熟后再稳步推进，在具体操作上也应稳妥、慎重。建议"十二五"期间先在我国东部、中部、西部地区选择部分城市开展输配分开改革试点。试点工作应分步展开，建议先从财务分开开始进行输配电分开试点，即输电和配电在财务上分开核算，模拟法人运作。然后，对财务分开试点进行总结和评估，在此基础上再决定输配分开的下一步改革方向。

6. 培育合格电力市场主体

在促进电网公司发展方面，一是划清供电企业与关联企业的业务界限，实现电网主辅分离，杜绝主业超范围经营活动及主业与关联企业间的不正当交易，维护公开、公平、公正的供电市场秩序，同时也为供电企业更好地发展提供有力保障。二是借鉴国外电力体制改革的经验教训，在电网公司内部将调度、交易两个功能不同的机构分设，在国家、区域和省三级电力市场分别设立电力交易机构，建立公开透明、开放有序、服务优质、利于监管的市场交易平台。与此同时，要加强对电网企业的监管，促使电网企业不断提高管理水平，降低运营成本。

在促进电力企业发展方面，需要解决两个主要问题：一是要建立起有利于多种所有制形式公平竞争的环境，消除非国有企业的进入壁垒，鼓励民营资本进入到发电领域。二是深化国有电力企业改革。具备条件的国有大型电力企业可整体上市，积极探讨混合型所有制在国有特大型电力企业的实现形式。对国有大型发电公司应积极进行股权改革，引入民营、外资等战略投资者，必要时国家进行资本金注入，降低国有发电公司的资产负债率，有效控制企业的经营风险，为电力企业更好地发展提供有力保障。

（二）铁路行业引入竞争机制的可能方案和步骤

1. "网运分离"

"网运分离"模式是指把具有自然垄断性的国家铁路网基础设施与具有市场竞争性的铁路客货运输分离开，组建国家铁路路网公司和若干个客运公司、货运公司，实行分类管理。路网公司统一管理国家铁路的线路、桥梁、隧道、信号、供电设备等。它可以是一个特殊的企业法人，也可以是一个由政府直管的机构。客运公司、货运公司按《公司法》组建，主要承担客货运输任务。路网公司与客运公司、货运公司是市场交易关系。路网公司对客货运公司收取线路使用费，负责路网的维修改造和建设，公益性线路的亏损由政府给予补贴。客货运公司直接从市场取得收入。

"网运分离"的基本框架如下。

（1）路网公司。一级法人企业，国家控制、政府支持下的特殊企业，由国家出资设立。

（2）客运公司。按客流集散规律建立5～6个跨省区的大公司。它们以北京、上海、广州、西安、沈阳、成都这些区域中心城市和长大铁路干线为依托，吸收沿线和周边城市、地区及其他关联线路。

（3）货运公司。按区域设置3～5个跨省区的大公司。货运公司拥有货场、货车机车、一定数量的货车，享有列车运行、货运组织、货运计划编制实施等运输组织指挥权。

（4）特殊运输公司。按承担的铁路运输项目和辅助服务项目，依据市场选择，组建若干个公司。如集装箱公司、冷冻和冷藏食品公司、罐装液体和气体公司等。

（5）公司间的市场交易关系。路网公司的收入来自使用国家铁路网的客货运等公司支付的线路使用费，支出主要用于路网基础设施的更新和维护。因公益性线路运量不足造成的亏损，由政府给予政策性补贴。

这种模式主要是考虑到铁路的调度权必须统一，因此路网不能分离，但线路上的运营可以让各家公司去竞争。这种模式既要保证铁路的路网效率有所改进，又要促使新的路网组织边界适应具体运输市场的竞争需要。初期在保持铁路干线系统完整性的基础上，将独立性较强的支线或子网络剥离出去；然后，将客运从货网中分离出来；最终形成少数几个相对独立的干线路网体系和众多支线公司，客、货、网实现全面分离。

2. "网运合一，区域竞争"模式

"网运合一，区域竞争"模式即按区域划分成几大块，从而引入竞争。具体方案为：一是成立全国铁路运输总公司，承担从铁道部剥离出来的企业职能。二是按区域组建若干铁路公司或集团。三是以主要铁路干线为导向，构建几个大的干线铁路公司。

3. 以立法保障建立竞争性的市场

对于铁路运输业来说，引入竞争的一个重要途径就是建立可竞争性市场。从铁路固定成本的构成看，大部分固定投入集中在基础设施上，活动部分（机车车辆）的投入相对较少。从经济属性来看，铁路基础设施的自然垄断性较强，而运输服务（运营）则具有比较明显的竞争成分。应当建立新型的轮轨关系，通过组建独立的机车、车辆租赁公司和提供相关服务的公司，将高昂的固定成本转化为非沉淀成本，从而降低铁路运输市场的进入和退出壁垒。在条件比较成熟、能够引入竞争的环节促进市场的直接竞争；对于无法直接进行竞争的，应当通过建立可竞争性市场，促进潜在市场竞争，推进竞争的开展。

4. 引入投资和经营的市场主体

按照有利于降低行业整体交易费用原则，设立在资本结构、业务边界、产区与组织形式等各方面能自立的铁路区域公司作为市场主体。转换经营机制，实施多元化经营战略，各市场主体独立运营，通过技术手段实现统一调度指挥，研究好利润分成机制。

5. 调整铁路运输调度指挥系统，构建新的两级调度指挥系统

中国铁路总公司内设运输调度中心，行使全路性运输调控职能，包括组织编制全路列车运行图，确定合理的货物车流径路和货物列车编组计划，公平分配运输限制区段通过能力，统筹安排春运、军运、特运、专运等特殊运输，并监督各区域公司实施。对自然灾害等中断行车的救援恢复及迂回运输，必要时由控股公司统一指挥，组织各运输公司实施。

在各区域公司总部组建区域运输指挥中心，实行管内运输集中统一指挥；中心可根据实际下设分区调度。分区调度接受中心的指挥和领

导，负责日常运输生产调度，随着信息技术与管理手段的完善，可逐步撤销分区调度，提高指挥效率。

（三）石油行业引入竞争机制的方案和步骤

（1）在石油行业上游领域，打破现有的资源垄断。采取规定勘探区块作业量和缩短可勘探区块占有期限，提高区块延期占有费用等措施，使石油天然气区块的转手速度加快。在对外合作方面，我国通过产品分成合同与国际石油公司合作开采油气资源的基本方式将维持不变，但需要对合同条款进一步调整修改，逐步放宽外方合作伙伴自主销售其利润油、气的条件。鼓励更多民间资本进入上游油气领域。

改革勘探开发区块矿区申请制度，借鉴国际经验，通过竞争优选投资者，制定国家统一的石油天然气价值评估办法。通过公平、充分的竞争提高资源勘探开发效率，建立石油勘探开采的矿业权市场，在法制化条件下，稳步推进矿产权的流转。

上游石油天然气资源开采环节在实行许可制度的基础上，建立储量市场，促进储量流动，提高资源开采效率。勘探开采环节引入竞争的主要目的是：一方面，一个区块允许两家或两家以上的企业勘探开发，可以减少资源的区域性垄断，增加下游的竞争。另一方面，勘探环节引入竞争有利于增加石油天然气资源储量，防止一些企业长期控制一些区块而不进行勘探投入，促进企业增加勘探投入和储量资产的流动。

（2）在石油行业中游领域，石油管道运输环节具有一定的自然垄断性，可先实行管道运输特许经营权的公开招标制度，引入市场竞争，在条件允许的条件下，实行运输与销售分离。

中游环节应统一规划，在全国形成一个统一的管网，并开放管道运输市场，允许第三方有偿使用，防止因重复建设造成社会资源的浪费。可以参考国外成熟经验抓紧制定管道运输市场管理办法，提高管道运营效率，明确规定管道运输商必须对所有生产商、分销商以及其他用户开放承运业务，对管输价格进行严格监管。

（3）在石油行业下游领域，建设全国统一的现代石油商品交易市场，放开进口权限、销售环节。特别是加油领域是竞争性市场，要靠市场准入制度，通过安全标准、环保标准、产品标准、设备能力标准等进行控制，在标准面前各种所有制、各种投资者人人平等。整合下游市场，向销售环节延伸，对地区石油零售市场采用份额限制。允许符合资质条件的零售商新建加油站及参与加油站建设招标，取消建设布点要两大公司同意的要求。按规划、资质条件、结合招标管理项目建设，高速公路建加油站实施招标。

此外，要注意协调多方利益关系，让市场经济的参与者们获得相应的利益。从勘探开发到成品油销售、消费，油气产业链的各个环节，既要考虑上中游利益，又要注意考虑电厂、工业用油、化肥、农民、航空等成品油消费者的利益。

应鼓励多渠道资金来源，包括国内外资本市场上筹集资金的方式，加大勘探、开发、管道运输的投资，鼓励各种资本通过参股、控股、合资、合作等形式参加上中下游石油建设，逐步推行投资主体多元化。

（4）制定促进石油行业竞争和反垄断的政策。除了天然气管道运输环节以外，石油天然气行业的其他环节都是可竞争的。因此，主要靠竞争政策限制垄断和不正当竞争行为，维护市场公平竞争，确保在石油资源、石化产品和技术服务等方面形成统一开放、有序竞争的全国性大市场。成品油经营实行资质审查登记制度，变严格的进入审批制为以资质管理为中心的进入管理制。同时，对一些自然垄断环节，如输油管道经营等，实行必要的政府管制。

此外，应建立市场准入制度，严格执法。通过制定环境标准、技术标准、产品标准、设备能力标准等进行行业管制，在标准面前各种所有制、各种投资者人人平等。例如，上游开采领域采取许可制度，实行公开竞争招标；下游销售环节建立统一市场准入标准。

（5）完善石油价格形成机制及与价格机制配套的补贴机制。应形成基于市场的价格体系，完善与国际价格接轨的办法，促进石油价格机制的合理化，加强自然垄断环节的价格监管。深化成品油价格形成机制改革，政府由直接确定成品油价格，改为通过制定价格调节政策和监督实施，对价格进行间接调控，逐步由企业自主定价。政府要建立公开、透明、实时的监管制度，充分利用公共舆论监督，对市场主体的价格行为进行监管；同时，更大程度放开原油进口和成品油批发。此外，对受调价影响较大的产业和消费群体给予适当财政补贴。

（6）加快国有石油企业改革，建立现代企业制度。要使石油企业成为真正的现代企业，一是应该整体解决现有企业的社会包袱，而不是每个油田企业自己解决；二是要建立合理的企业治理结构，实现责权利相统一的所有权与经营权的分离；三是明确国有企业的考核目标，建立有效的激励和惩罚机制，实行职业经理人制度。

（四）天然气引入竞争机制的方案和步骤

1. 打破上游和中游的纵向一体化

打破天然气行业上游和中游的纵向一体化，打破整个天然气产业链中的行政垄断。

具体来说，上游天然气资源开采环节在实行许可制度的基础上，加大石油天然气勘探、开发、管道运输的投资；鼓励各种资本通过参股、控股、合资、合作等形式参加石油天然气建设，逐步推行投资主体多元化，打破资源的区域性垄断，促进企业增加勘探投入，增加石油天然气资源储量，提高开采效率。从中游管道运输环节来看，天然气管道运输环节具有一定的自然垄断性，特别是我国的天然气产业还处在发展初期，管网非常薄弱，大部分生产者和用户之间都是单线联系，而且需求规模有限，还不具备欧美国家那样广泛引入竞争的条件，应该逐步引入竞争，首先可实行管道运输特许经营权的公开招标制度。

2. 放开上游常规和非常规气的市场进入

按照发达国家天然气发展经验，未来我国天然气产业形成"两头放开参与、中间统一经营的上中下游全面监管模式"，即"X＋1＋X"

模式。放开上游常规和非常规气的开发和生产，允许多元主体进入到上游尤其是现在开发比较弱的非常规气的开发，实现天然气上游市场主体多样化和天然气气源的多样化。

3. 管网的第三方准入和公平接入

通过市场准入、价格、安全、技术、环保等手段加强对自然垄断业务监管，保证管道运输的安全和稳定，保证对第三方提供非歧视性管道接入，保证整个市场的公平竞争。在气源和消费地的地理位置不适于建设多条管道的情况下，可以授予某个运输公司建设和经营某条管道的特许权，但也须附加强制性的第三方准入义务。比较借鉴美国、英国和欧洲大陆的天然气管网准入改革的经验，并结合我国该领域的行业和法律现状，使所有天然气行业经营者能够使用这些基础设施，从而实现有效竞争。在严格区分自然垄断业务与竞争业务的基础上，对不能获得正常经营利润，具有普遍服务性质的自然垄断环节（如偏远地区的供气问题）形成合理的财政补贴机制，避免因行业内的交叉补贴而扩大垄断范围。

4. 完善生产、管网运输和终端用户价格形成机制

调整天然气价格及其形成机制，急需改变国内天然气价格长期低于国际市场价格，以及天然气大量进口造成难以靠企业内部交叉补贴支撑的局面，加快理顺天然气价格，使国内外价格关系、天然气与石油的比价关系逐步合理。更重要的是，推进天然气行业市场化改革和天然气价格定价机制改革，在不打破企业现行格局的情况下，分别组建资产财务相对独立的石油天然气管网子公司。政府对其输送成本进行监管，井口价格和销售价格逐步由市场定价，完善天然气生产、管网运输和终端用户价格形成机制，待条件成熟后再对石油天然气管网子公司进行完全分立，重组整合成为独立的国家油气管网公司。

改变目前不合理的交叉补贴价格政策以及财税政策。交叉补贴不合理的政策在城市形成倒挂，不利于形成良好的市场价格机制，不能实现与资源的需求对接，要改变这种不合理的交叉补贴政策，以确保正常的商业监管得以有效发挥。

5. 下游网销分离

实行运输与销售分离，加强对管道运输定价原则的管制。下游销售环节，应加大放开竞争的步伐，并通过安全、技术和环保标准等手段维护市场竞争秩序；放开 LNG 进口经营权，允许有一定资金和技术实力的私营油气公司、发电厂和其他供应商可以进口 LNG 及分销，实现 LNG 进口和分销的私营化，形成充分的市场竞争，满足天然气季节调峰的不足，为终端客户提供价格合理、方便快捷的燃气服务。

6. 大用户直供放开

逐步放开天然气用户管制。将天然气用户分为合格消费者和受保护消费者。合格消费者可以自由选择天然气供应商，通过协商确定交易价格；受保护消费者的天然气供应受到监管部门的管制，以保证其能够在合理费率基础上获得稳定供应。这些实践均为我国完善天然气输配管网经营准入制度提供了有益的借鉴。放开天然气供应企业和天然气使用大户的选择权，使双方可以进行天然气商品的直接交易。全国性的天然气运输管网的建立对于降低天然气使用成本、优化资源配置、提高供气可靠性、调剂天然气余缺起着不可替代的作用。

在具备相应条件时，要考虑"大用户直供"。通过"大用户直供"形成天然气价格，效仿比较成熟的电力"大用户直供"探索输气和售气的分开，促进天然气管网公平开放，在售气侧引入竞争机制，完善天然气市场建设。

7. 交易市场的建立

充分运用市场经济手段，建立国内天然气现货和期货交易市场，以达到发现价格、规避风险、跟踪供求、调控市场的目的。将合理引导石油天然气的生产、经营和消费等放在突出重要的位置。

（五）三网融合引入竞争机制的方案和步骤

1. 三网业务融合

业务融合是三网融合的表现形式。从广义上讲，三网融合业务形态主要可以归结为三类：一是广电和电信相互进入对方传统业务市场和传统电信网以及传统广电网自身业务功能的延伸市场。例如，手机互动等业务就是短信业务的延伸，虽然与广电结合起来，但是业务形态并没有发生根本改变。二是在融合性宽带网络上产生的新的业务形态。例如，手机电视、IPTV、网络电台/电视台等。三是固定网与移动网之间产生的新的业务形态（FMC）。而狭义的三网融合业务仅包括以上第二类业务形态。通过三网融合，使传统的电信运营商不仅可以经营诸如数字电视等传统的广电业务，而且可以经营 IPTV、手机电视等多媒体业务；而传统的广电运营商不仅可以经营话音、互联网接入等传统电信业务，还可以经营 VOIP 等新的业务形态。在许多国家和地区，广电和电信企业已经相互进入传统上属于对方的业务市场，类似 IPTV、手机电视、VOIP 等融合性业务快速增长。

2. 产业链融合模式

在传统的产业分立的情况下，电信和广电行业已经形成了各自完整的产业链，三网融合正在再造传统产业链。IPTV、手机电视等融合性业务产业链由内容（服务）提供商、内容（服务）集成商、信息服务提供商、网络运营（传输）商、终端制造商和用户组成。内容提供商主要是完成对信息内容的编辑、制作、生产过程，通过市场渠道将生产的信息服务产品销售给内容集成商；内容集成商则根据市场需要，将信息内容重新进行组合，并允许对重新组合的内容进行简单的外部包装和叠加。

在内容提供和内容集成方面，电信运营商不掌握节目源，主要依靠广播电视机构、互联网和内容提供商提供内容。网络运营（传输）是 IPTV、手机电视产业链上关键的一环。电信、互联网和广播电视网络技术提供了多种接入方式。融合后的网络能力各有侧重但基本相同。广播电视网通过双向改造后可以承载话音业务，还可以通过 IPoverDVB 等技术来提供互联网业务。

3. 网台分离

关键是理顺广电、电信和互联网的管理体制，坚持网台分离的方向。

完善以有线电视网为基础的"高速多媒体通信基础网"，实现全国联网，网络独立发展，规模化营运，充分发挥新技术的威力，采用经济、技术、业务和必要的行政手段，对全国的广播电视业务进行整合。以无偿调拨等方式进行网络改造和"网台分离"工作。

将大量的经过组织优化的信息，推向用户，让用户以低廉的价格体会到互联网的便捷，推进高速互联网服务发展。

4. 实现广电和电信企业的双向进入

着眼于未来的技术发展，应坚持广电和电信的公平竞争。

突破体制、技术、经营等多方面限制，对于广电和电信双向进入可能的路径和方式、范围进行研究。进入方式，有双向不对等进入和对等进入，双向有限制的进入和无限制的进入，以及采取股权投资和成立合资企业等各种方式，目的是实现优势互补、资源共享，同时可以对业务进行捆绑销售，成本下降，扩大用户群。

5. 建立统一的监管体制，双向进入多头监管不是终点

我国现行的电信、互联网和广电分业监管体制对加快推进三网融合进程造成了严重阻碍。为了达到三网融合业务上实行"双向进入"，三网融合之后监管主体必须是单一的，分业监管不利于营造公平竞争的市场环境。

6. 组建全国性的网络电视公司

大多数地方的广电企业还是事业单位，政企不分，没有完全市场化，盈利能力很弱，对广电企业进行改制势在必行。采取包括国家投入资金在内的多种扶持政策，充分利用市场手段，通过资产重组、股份制改造等方式，积极推进各地分散运营的有线电视网络整合。组建国家级的有线电视网络公司。吸引中央和地方广电机构和企业出资，同时发挥市场机制来筹措资金，使其成为广电部门参与三网融合竞争的市场主

体。有效地整合各地广电企业资源，同时将其可行和成熟的试点经验推广。

实现广电网络和电信网、互联网对接，三网间的互融互通，并以此建立省级广电企业的地方推广经验。

7. 推进建立三网全业务运营商

推进全国有线电视网络运营商整合，推进广电业政企分离、网台分离、制播分离。在电信改革重组成果基础上，推进成立全业务运营商，构建公平、健康的市场竞争环境，减少重复建设，实现国家有限资源的最佳配置。

四、垄断行业改革的关键性问题之二：协调好普遍服务（公益性业务）和竞争性业务

在垄断性行业内引入市场竞争机制后，必须区分竞争性业务和公益性业务，建立和完善普遍服务的提供机制，强化行业的普遍服务功能，维护公众利益。

（一）我国垄断性行业中的普遍服务

不同国家、不同产业对普遍服务的定义各不相同，但从总体上看，普遍服务呈现出了一些共同的特征。根据这些共同特征，我们可把普遍服务定义为：普遍服务是向所有用户提供的有质量保证的、价格可以承受的基本服务。我国垄断性行业中存在大量的普遍服务业务，我们以铁路运输、电力、邮政等行业为例进行说明。

1. 我国铁路运输业的普遍服务

公益性线路主要体现在政府出于国家利益和公众利益的需要，通过国土开发，消除地区经济发展差距，加强和巩固政治统一、民族团结、内地与边疆联系、满足军事需要等非纯经济性目的而兴修的铁路项目。

这类铁路建设项目的一个共同特征是，铁路经营的收益难于弥补建设成本和运输成本。市场经济条件下，对于这类铁路企业缺乏投资激励和提供服务的愿望，但由于它们具有明显的社会效益，政府作为社会福利最大化的代表者负有供给责任，成为这类铁路的主要需求者。因此，可以把那些出于政府要求、具有明显社会效益，但对铁路企业而言缺乏盈利性、非经营原因出现亏损的铁路投资项目视为公益性铁路。据统计，2003～2007 年，我国铁路部门因承担学生运输，"三农"物资运输的运费减免，支付铁路公检法机关经费等而减少收入 1957 亿元；利用自身积累搞建设，五年中运用铁路建设基金和折旧资金 3850 多亿元进行新线建设和既有线路改造。另外，出于国土开发、维护边疆地区和民族地区稳定、军事战略等国家利益和公众利益建设的铁路，社会效益明显，而企业无经济效益，一直处于亏损状态。例如，为促进山西经济发展，满足老区人民出行需求而修建的太焦线，2008 年运输成本支出约为13040 万元，营业收入仅为 1744 万元，缴纳税金及附加 57 万元后年净亏损 11353 万元，运输成本支出是营业收入的 6.5 倍。此类经济效益较差，但社会效益甚至国防效益巨大的铁路线大量存在。

在目前的体制下，铁路部门一方面需要根据国家经济发展的需要规划和建设铁路，包括各种公益性强，难于收回投资的铁路建设项目，并提供各种公益性运输服务；另一方面，又需要独立核算经营成本，追求资产的保值和增值。这两重职能在很多情况下相互矛盾，并将导致下述问题：第一，公益性铁路的投资不仅难于获得合理的投资回报，在很多情况下连基本的投资回收都难以实现，它使铁路背负了沉重的债务包袱。第二，在铁路建设中，由于现行体制下铁路的公益性和经营性在财务上融为一体，为了弥补公益性铁路建设和运营的亏损，采用内部交叉补贴的办法，降低了铁路企业的总体收益率，经营性线路的经营状况不能客观地体现其市场价值，从而丧失了对民间资本投入的吸引力。铁路企业无法将生产经营行为与经营绩效直接挂钩，很难对员工的经营业绩进行考核，从而挫伤了其积极性。

2. 我国电力行业的普遍服务

电力普遍服务是基础设施领域一项非常重要的公共政策。我国电力普遍服务包括三层含义：第一，可获得性，即用户都应当得到电力服务；第二，非歧视性，即所有用户都应当被同等对待；第三，可承受性，即服务的价格应当为大多数用户所能接受。电力普遍服务能够有效地减少贫困，促进经济社会发展。国家电监会将我国电力普遍服务定义为"国家制定政策，采取措施，确保所有用户都能以合理的价格，获得可靠的、持续的基本电力服务"。无论是目前正在实施的户户通电工程，还是前几年实施的农网改造、同网同价，以及长期以来我国一直坚持的对少数民族地区、边远地区和贫困地区、农村地区电力建设给予扶持等政策，实际上都是电力普遍服务政策的具体实践。由于我国人口的一半以上为农村人口，因此解决农村居民用电问题是普遍服务的核心。我国国土辽阔，人口众多，区域发展很不平衡，地区差距、城乡差距较大，在一定地区或时段还存在电力供需矛盾，拉闸限电、低压电等现象。乡、村、户通电率虽然逐年提高，但仍有很多偏远地区的居民还没有用上电，实施送电到村和送电到户较之已经实施的送电到村工程具有更大难度。

3. 我国邮政行业的普遍服务

《万国邮政公约》第一条明确规定了邮政普遍服务："即以合理的价格在领土的每一角落提供经常、优质的基本邮政业务。"我国新《邮政法》则规定："邮政普遍服务，是指按照国家规定的业务范围、服务标准和资费标准，为中华人民共和国境内所有用户持续提供的邮政服务"。中国邮政的普遍服务范围广泛，包括信件、印刷品、包裹、汇兑等。按照国家规定办理机要通信、国家规定报刊的发行，以及义务兵平常信函、盲人读物和革命烈士遗物的免费寄递等特殊服务业务。

由于我国国土面积辽阔，邮政服务营业网点遍布全国各地，尤其在我国中西部地区的广大农村和边远山区，邮政是政府为保障当地公民基本通信权利而提供的主要服务平台。截至2010年底，中国邮政对外服务网点 5.4 万处，其中 70% 服务网点分布在农村，61.5 万个行政村通邮。大部分农村网点的营业收入不足以支付职工的工资。与国内电信等其他行业相比，邮政承担普遍服务的覆盖区域更宽、组织实施更难、任务更重、负担普遍服务成本的难度也更大。

（二）市场化改革要求设计普遍服务新的提供机制

在垄断性行业改革过程中，普遍服务传统的提供机制受到了很大的冲击。为了实现交叉补贴，企业必须对提供补贴资金来源的服务项目制定高的价格，以此得到足够的利润。这种人为造成的价格扭曲给市场新进入者提供了较高的利润空间。此时，引入竞争会带来三个方面的问题：一是无效率的市场进入。现有的资费结构使得不具有规模经济的企业或低效率的企业进入市场也有利可图，从而导致企业数量过多，形成恶性竞争。二是在充分竞争条件下，提供补贴资金的项目也会趋向于按成本定价，这导致原先的普遍服务提供机制难以为继。三是新进入者也想使普遍服务的所有负担都落到原先的垄断性企业身上，从而增加自己的利润空间，提高市场竞争力。

市场经济条件下的普遍服务提供者具有双重角色，它既是市场竞争主体，又是公共服务的承担者。一般情况下，提供普遍服务要发生亏损。因此，在垄断性行业的市场化改革中，政府需要设计提供普遍服务的新机制，特别是满足竞争中性的机制，这是培育有效竞争的一项重要制度安排。国际上对普遍服务的补偿方式主要有三种：普遍服务基金；政府直接给予财政补贴；通过特许权竞争提供普遍服务。

（三）构建普遍服务新机制

在推进垄断性行业体制改革、引入市场竞争的过程中，普遍服务传统的提供机制受到了冲击。我国政府部门和监管机构必须重视新形势下普遍服务的提供问题，着手设计并逐步完善普遍服务新的提供机制，对普遍服务提供者因承担法定义务而产生的亏损进行合理补偿，提高企业的积极性。同时要加强监管，保证普遍服务的质量。

1. 铁路运输业

解决铁路公益性与盈利性矛盾的首要前提是从财务关系和组织管理架构上将两方面服务明确分开，然后建立两者间公平合理的市场交易关系或利益补偿机制。解决问题的基本思路是建立铁路的分类建设制度，根据建设项目的公益性和经营性特征进行分类，采用与之相适宜的融资方式和管理机制，政府和企业各负其责，各得其所。

在分类建设制度下，对商业性项目和公益性项目要区别对待。商业性项目由于具有较高投资回报的条件，完全能够吸引民间资金，所以国家一般不应直接投入资金，应大力推进市场化融资。但国家可以对商业性项目进行政策扶持，如贴息、减税、适度担保、给予线路沿线的相关开发权等等。而对于公益性较强的项目，由于不能提供好的投资回报，难以吸引民间资金，主要应由政府部门（包括中央政府和受益的地方政府）给予财政和政策扶持。兼具公益性和经营性的铁路建设，在政府支持下要多渠道吸引社会资金。

从我国目前的现实情况来看，铁路建设过分依赖政府投入及政府担保的状况必须改变，要逐步转变为政府引导投资，各类投资机构、境内外企业法人运作的多主体投资，开拓支撑铁路跨越式发展的资金来源。也就是说，要更多地面向市场筹集资金。就要求我们在健全铁路吸引内资、外资的制度环境基础上，更多地考虑投资项目本身的市场价值，考虑投资项目对资本市场的吸引能力，融资工具也要市场化。同时，政府可通过注入资本金、贷款贴息、税收优惠等措施，广泛吸引社会资本以独资、合资、合作、联营、项目融资等方式，参与铁路建设项目，支持保险、信托等机构和民间资本对铁路建设的投资，构建多元投资主体共同建设铁路的格局。政府财政投入和政策性贷款更多地投入到民间资金不愿意投入的公益性项目和公益性线路上去，发挥吸引民间资金的杠杆作用。

2. 电力行业

目前，我国电价体系是计划和市场并存，计划占主导地位。在不同地区和用户之间存在着广泛的交叉补贴，比如，工商业用电补贴居民用电，火电对核电、风电等进行补贴。深化电价形成机制改革，推进大用户直购电，可能会导致用电大户逃避目前所承担的普遍服务责任。因此，建议在发售电市场建设初期，要实行市场定价与政府定价共存的定价制度。即部分电量由市场交易定价，市场的参与者是大用户和具有一定条件的火力发电机组；部分交易仍按现有的定价方式来运营，这包括水电、核电和风电等可再生能源以及中小用户和居民用户。中小用户和居民用户直接参与交易成本高，并且目前还存在工商业用户对居民用户的交叉补贴，中小用户特别是居民用户直接参与电力市场的机会还不成熟。对于市场交易的电量，要征收能源可持续发展基金，用来对低收入群体基本用电和可再生能源发电进行补贴。随着环境税、碳税以及可持续发展基金等配套政策的逐步出台以及监管能力的提升，更多的发电机组和用户（居民用户可以通过售电公司代理）加入发售电市场，发售电最终实现基于市场交易，能够反映市场供求关系、用户供电成本、环境外部成本和资源稀缺程度的发售电价格体系。

另外，为使部分城镇及农村地区供电质量得到根本改善，应在"十二五"期间继续大力推进城乡配电网建设和改造，落实相关资金，有效提高供电能力，满足不断发展的城乡配电网用电需求。

3. 电信行业

要大力推动电信普遍服务，完善普遍服务的提供机制，"十二五"期间争取从"行政村通"延展到"自然村通"，普遍服务内容逐步从语音业务扩展到互联网业务，基本实现村村通宽带。监管部门对移动通信业务的管制应主要体现在鼓励和保护市场的公平竞争秩序，对主导运营商进行非对称管制，对不正当价格竞争行为进行管制，如网内外差别定价、掠夺性定价等，以及保障互联互通、提高网络信息安全保障能力等。

五、垄断行业改革的关键性问题之三：监管

（一）现代监管的主要内容

现代监管的内容主要有四个方面：市场准入监管；公平竞争监管；服务价格监管；社会性监管（安全、环境监管）。

1. 市场准入监管

从国内外的经验来看，政企不分、垂直垄断经营已经严重影响相关行业的效率，规制改革必须首先从打破这种格局开始。通常垄断性主要表现为两种层次：一是政府部门代表国家垄断经营；二是国有企业独资经营，不允许其他形式的资本进入。各国实践证明，严格的进入规制，不利于行业绩效的提高，放松进入规制就是要打破上面这两种情况。

放松规制改革一般分两个阶段来进行：一是由政府部门的独家经营分拆成几家公司，或组建同类业务的几家公司。在国有资本独资的前提下，引入竞争。二是完善特许经营权制度，允许符合条件的民营资本和外资在适当的时机进入，通过对进入企业进行资格审查。放松进入规制一方面可以通过产权安排，改变不同业务领域的市场结构，增强企业提高绩效的动力。另一方面，可以通过允许其他形式的资本进入，拓宽融资渠道，解决供给不足的问题。

2. 公平竞争监管

从目前世界各国反垄断法规定可以看出，不管行业或者部门具有何种特殊性，都不应该一概不受反垄断法的拘束。只要其实施垄断行为，危害竞争秩序，就应该纳入到反垄断法的规制之中。如根据日本 1996 年修订的《关于〈禁止私人垄断及确保公正交易法〉的适用除外等的法律附则》第 2 条规定，因实质性地限制一定交易领域内的竞争而造成不正当地维持或提高对价之时，使用不公正的交易方法之时或使事业者作出相当于不公正的交易方法之时，不适用《禁止垄断法》的适用除

外规定。德国 1998 年修订后的《反对限制竞争法》废除了关于交通业的特殊规定，铁路垄断已被取消。英国于 1998 年通过了新的《竞争法》，通过禁止反竞争行为改革和加强了英国竞争法。该法禁止两类行为，即反竞争的协议行为和滥用市场支配地位。同时，该法将其反竞争协议的豁免区分为个别豁免和种类豁免，不再对自然垄断产业实行部门豁免。按照新法第二章的禁止性规定，英国公平交易局可以调查自然垄断产业中企业被指控的滥用行为，采取快速有效的行动，包括在初次违法时给予罚款。

3. 服务价格监管

价格管制是指政府直接制定或调整垄断行业商品和服务的价格。目前，比较典型的两种价格规制方法是 19 世纪起源于美国的合理收益率定价方法和 20 世纪 80 年代起源于英国的价格上限定价方法[①]。价格上限定价方法[②]规定，被规制企业价格的平均增长率不得超过零售物价指数与技术进步率之差。通过设定价格上限，一方面可以防止垄断企业通过垄断地位设置垄断高价，另一方面还可以通过合理确定技术进步率来激励企业降低成本、提高效率。企业只要通过努力使自己的效率提高到超过规定技术进步率的水平，就可以获得相应的超额利润。

4. 社会性监管

由于能源、铁路运输等行业的负外部性主要表现在环境污染、噪声污染以及铁路运输交通事故对社会的影响等方面。企业追求盈利的动机让价格机制无法有效克服上述负外部性造成的社会福利损失。因此，需要以社会福利为目标，对相关行业进行监管。比如，为了进一步提高铁

---

① 价格上限规制起源于理查尔德（1983）的《对英国 BT 私有化后利润的规制》。理查尔德在报告中指出"规制的最基本的目的是保护消费者"。

② 亦表述为 RPI－X，即被规制企业价格的平均增长率不超过零售物价指数（RPI）减去 X，X 为生产率的增长率（the grows rate of productivity）。企业只要通过努力使自己的效率提高超过 X 的水平，就可以获得相应的收益。企业价格的上涨幅度不超过 RPI－X，如 RPI－X 的值为正数，则企业可以涨价，否则，应当降价。价格上限规制是相对较晚才出现的一种规制形式，被广泛运用于英国公用事业的私有化与规制改革。

路的安全水平，技术上需要为铁路运输的各系统制定统一的标准，管理上需要明确各相关方面的职责。同时还需要建立一个负责安全的共同结构，以便对所有安全措施进行技术协调，突出强化政府对铁路行车安全的监督，形成从上到下的安全监督体系，从外部实行严格监控，确保铁路运输安全。对于其他社会性监管，比如环境监管，铁路监管部门一方面自己拥有相应的监管权力，另一方面也不排除和其他一般性监管部门合作。对于能源行业，政府对能源产业在环境保护、公害防止以及保护消费者利益方面的社会性管制能有效约束能源企业的行为，从而达到提高整个社会福利的目的。

（二）监管机构的设置：政监分离，相互制衡

监管机构的设置主要涉及三个方面：综合性管理部门与监管机构之间的权力配置；监管机构之间的权力配置；中央监管与地方监管机构，或者联邦与州监管机构之间的权力配置。

1. 综合性管理部门和监管机构间的权力配置

综合性管理部门与监管机构之间的权力配置是在政企分开的基础上，保证监管机构独立性，避免综合性管理部门对监管权进行干预的一项重要制度设计。其目的是在保持综合性管理部门的政策职能的基础上，使监管机构能够独立地行使监管权，不受政治权力的干预。

综合性管理部门与监管机构之间的权力配置首先与其机构设置有关。两者之间既可以是平行关系，监管机构独立设立于政策部门之外，分别履行政策职能与监管职能，也可以是包容关系，监管机构作为独立机构（或者所谓的部内司、局）设于政策部门之内。这两种模式都可以找到其合理性和现实参照物。美国联邦能源管制委员会（FERC）实际上是政策部门内设的独立监管机构，而诸如英国的电力管制办公室（OFFER）以及后来成立的天然气及电力市场办公室（OFGEM）等则属于典型的独立监管机构。

综合性管理部门与监管机构主要涉及规则制定权与行政裁决权。前

者主要是制定一般性的规范性文件，而后者是适用法律规定的具体行政行为。一般而言，综合性管理部门都享有行政立法权，可以制定部门规章，因此，不论两者的关系是平行还是包容，都不影响综合性管理部门的规则制定权。另外，在平行关系下，监管机构也应该有事实上的规则制定权。从监管权的统一性要求和其他国家的经验来看，即使在包容关系下监管机构也应该有规则制定权。原因在于综合性管理部门与监管机构的职能不同。综合性管理部门的一般规则制定权应该更加偏重于宏观调控政策，而监管机构的规则制定权应该集中于微观监管。因此，完全没有必要以综合性管理部门的名义发布其下属监管机构的规则。否则，只会造成政策职能与监管职能的混合，影响监管机构的独立性和职权的统一。

监管的权力主要涉及进入许可、价格、争议解决等主要规制手段。从国际上的一般规律来看，尽管有些国家的综合性管理部门掌握有一定的监管权力，如发放许可证（比利时、法国、芬兰、墨西哥）、定价（捷克、比利时、法国、匈牙利、韩国）等，但是，从总的方面来看，监管权力往往更加集中于独立监管机构，尤其是确立服务标准与解决争议方面的权力几乎完全由监管机构行使。从监管权的统一来看，综合性管理部门专司宏观政策职能，不行使监管权或者行政裁决权，监管机构则专司裁决职能。

从发展趋势上看，监管机构普遍由政府行政部门的直接监管向独立、专业化的监管机构方向发展。很多原来采取政监合一或由政府部门直接监管的国家，纷纷分离政监职能，建立独立的专业性监管机构。监管机构的经费来源，有来自于政府财政拨款的，也有来自于被监管企业缴纳的费用，但主要形式是来自于被监管企业缴纳的费用。实行独立监管，以保证监管的中立性和专业性。有效监管的重要一方面是独立性，它有两个含义：一是独立于政府，以减少政府为达到短期政治目的而行使自由裁决所造成的风险，同时使该机构具有相当的稳定性，不因政府的更迭而发生大的变化。二是与监管对象、私人投资者和消费者都保持一定的距离，以保证其中立性和公正性。

2. 监管机构之间的权责分配

明确了综合性管理部门与监管机构之间的权力划分之后，接下来的问题是如何在监管机构之间划分权力。国际上有三种典型的选择：一是设立特定产业监管机构，分别对本产业行使监管权。这种模式在美国（联邦政府层面）和大部分欧洲国家被采用。二是设立综合性的产业监管机构，对数个领域行使监管权，这种模式被澳大利亚和许多美国州政府采用。三是不设立任何形式的监管机构，是由反垄断机构行使监管权，比如新西兰。由于需要监管的能源行业基本上是垄断行业，单靠废止规制并不能实现向市场化的转变，因此必须依靠一定的规制手段，逐步培育市场机制。通常，利用产业监管机构实现干预更能保证竞争秩序的形成，而完全不设立任何形式的监管机构在现实中必然会带来许多问题。所以下面对监管机构之间的权力配置问题主要集中在前两个方面，即设立特定的产业监管机构还是设立综合性的产业监管机构。

设立特定产业监管机构通常有两个优势：一是可以增加政府获得信息的总量，限制每个监管机构可以使用的私有信息数量，由此遏制监管机构从事社会性浪费行为的权力；二是可以通过对相关产业监管机构的行为进行比较，减少信息不对称。然而，特定产业监管机构往往可能更容易为它们所监管的产业所捕获①，而且不同产业监管政策之间往往不能协调，尤其是当它们适用于可以相互替代的领域时，如公路、铁路与航空，水电与火电，邮政、电信与广播等。重复的规制很可能扭曲被规制对象的投资行为。

应该承认，特定产业监管机构一直是各国采用的主要监管形式，但技术进步已经使传统的产业界限逐步变得模糊，而且传统产业划分下的特定产业监管机构之间容易出现政策冲突。因此，设立综合性产业监管

---

① 俘获是指政府管制是为满足产业对管制的需要而产生的，但由于信息不对称使得管制机构最终被产业所控制。

机构已经成为各国规制改革的一个主要发展方向。比如，1999 年，英国成立了新的燃气电力监管机构——燃气及电力市场监管办公室（OF-GEM），对燃气、电力这两个市场结构类似，且密切相关的产业实施统一监管。

3. 中央和地方的权力配置

中央和地方的权力配置的问题实质是一个最优分权程度的确定问题，本质上是指在多层次的政府垂直系统中控制与激励之间的权衡问题①。一是与中央政府相比较地方政府拥有巨大的信息优势；二是地方政府或监管部门作为一个理性的"经济人"，会追求自身利益最大化，因而可能造成中央和地方的目标冲突，使政策效率大打折扣。当然，根据体制传统、思想观念、发展阶段及发展战略，各国中央机构和地方机构之间权力的划分有所不同。一般来说，在联邦制国家，《宪法》对联邦与州的关系有明确的规定，州在其职权范围内享有固有的权力，因此，监管权的纵向配置必须通过法律规定加以明确，联邦政府不得任意改变。比如，加拿大国家能源委员会就与安大略省能源委员会等数十家地方或部门机构签订了"谅解备忘录协议"，明确分工，沟通信息，共同构成了加拿大的能源监管体系。在中央集权制国家，地方的权力由中央立法加以规定，可以由中央立法进行调整。中央向地方纵向配置的能源监管权力相对较少，甚至不设地方监管机构。

六、垄断行业改革的风险及障碍

（一）对经济社会产生的风险

1. 产业安全风险

垄断行业涉及国民经济命脉产业的控制，这些行业在国民经济中占

---

① 许云霄：《公共选择理论》，北京大学出版社 2005 年版，第 285 页。

有举足轻重的地位，关乎经济社会正常的运行。有些垄断行业被国家定位为战略性产业，有些被定位为基础性产业，有些被定位为公益性产业等。垄断行业的这些定位，要求国家某种程度上对垄断行业保持一定的控制力。打破垄断、引入竞争，会使得既有以国有资本控制垄断行业的格局遭到很大冲击，国有资本在垄断行业的市场份额会有较大下降，引发国家对国民经济命脉性控制力的担心。

2. 经济运行风险，对改革支付过高成本的担心

我国处于经济和体制转型期，垄断行业的改革比较复杂。如果垄断行业改革的支付成本过高，一方面使得垄断行业改革的预期收益低，另一方面，可能会对国民经济运行带来很大不确定性甚至是系统性的风险。例如，铁路目前负债2万多亿，这些负债中有多少是未来改革需要支付的成本，这是值得测算的。如果缺乏一个合理的、充满智慧的制度设计，有可能使政府担付巨额的改革成本。

3. 对改革引发波动影响的担心

垄断行业改革因市场竞争程度的增加，会对行业的产品供给和价格等带来重大影响。例如，电力的特性是无法储存，不能经常停电，不同季节对电力的需求不相同，这就要求在设计电力改革方案时必须充分考虑到这些因素，确保电力改革不会带来电力供给的不足，相反要能够促进电力供给的增加。如果电力供应不足，就会对国民经济的正常运行带来重大影响。同时，电力体制改革对电价会带来影响，而电价与物价总水平的波动有密切的联系。由此可见，垄断行业改革存在着引发经济波动的可能。

4. 对垄断企业工作人员心理的冲击

我国未来五至十年，仍是难得的战略机遇期，但也是矛盾突显期。垄断行业改革涉及巨大的利益调整，可能会对垄断企业的领导和职工心理带来冲击，使其生产经营行为受到影响，引发生产安全、社会矛盾或社会不稳定的担忧。

（二）利益集团的阻碍

打破垄断，引入竞争，会使垄断行业的利益格局产生重大调整，长期固化于垄断企业的高额利润和不合理利益将被减少甚至丧失。相应的，垄断企业会找出各种理由，跟政府谈判，特别是利用信息不对称向国家最高决策层传递某种改革会出现负面效应的信息，使最高决策层难于下决心实施重大改革。这也是为什么垄断行业改革很难突破的重要原因之一。

此外，由于主管部门和垄断企业有着紧密的利益联系，彼此往往会形成利益共同体。主管部门在制订垄断行业改革方案时，往往只改革那些次要的、辅助的领域和环节，对于那些涉及根本性利益调整的改革方案，往往采取否定、不可置否和拖延的态度。例如，广电、电信部门作为三网融合改革的主要部门，在涉及部门、行业的根本利益面前，双方认识不一致，担心对方进入到自己的势力范围，损害本部门、行业的利益，在推进三网融合改革的方案上经常出现各不相让、相互对立的局面，其实质就是为本部门的垄断企业谋求利益最大化。

（三）传统的改革决策机制

一是垄断行业是受计划经济影响最深的部门，该领域的思想解放得不够，指导思想上重计划轻市场，重发展轻改革，重建设轻体制机制改革。用发展来替代改革，掩盖发展的深层次矛盾。特别是，当垄断企业拥有丰厚的垄断利润时，在以规模、增长等指标的考核体系下，改革的动力更是不足。我国粗放式增长模式在较长一段时间内难以转变，为垄断行业继续保持垄断提供了有利的环境。

二是垄断行业改革的方案，很大程度上是由垄断行业部门自身提出的，这使得改革方案制订者难以制订出对自己不利的改革方案，制订出的改革方案往往是避重就轻。

（四）改革模式的选择和时机的确定

垄断行业改革是一个系统工程，涉及政府、行业、企业、公众等多个层面和主体，涉及产权、治理、运营、竞争、价格、监管等多种内容，涉及改革模式和路径选择，涉及改革的条件是否成熟和时机的决断。这些主体、内容、条件、措施之间又是彼此相互联系、相互制约的，可谓"牵一发而动全身"，改革异常复杂。改革的复杂性要求政府系统地设计改革政策，审慎地选择改革模式与路径，科学地确定的改革时机。

例如，电力、石油体制改革等会对电价、汽油价格等带来影响，推进电力、石油的价格改革时，就要考虑宏观经济环境、物价总水平的情况，通货膨胀情况严重的时候就难以推进垄断行业的价格改革。

（五）法律障碍

深化垄断行业改革不仅是一个经济问题，同时也是一个法律问题。在某种意义上说，首先是一个法律问题。不消除维护垄断行业存在的法律障碍，打破垄断、引入竞争的改革就无法启动。

从我国颁布的针对垄断行业的法律法规看，许多条文其实是维护垄断的既有格局的。例如，《中华人民共和国铁路法》1990年颁布以来，一直未进行修改，其第三条规定，"国务院铁路主管部门主管全国铁路工作，对国家铁路实行高度集中、统一指挥的运输管理体制，对地方铁路、专用铁路和铁路专用线进行指导、协调、监督和帮助"。"国家铁路运输企业行使法律、行政法规授权的行政管理职能"。从该法律条文看，政府法定拥有铁路企业的部分职能（如统一调度指挥），铁路企业拥有法定赋予的行政职能。2000年广电部《有线电视管理规定》第八条规定：行政区域性的有线电视台，由当地广播电视行政管理部门设立。同一城市或同一地域只能设立一个行政区域性有限电视网。这实际上是规定了区域性有线电视网只能由政府广电部门垄断，民营企业不得进入。作为维护市场公平竞争的《中华人民共和国反垄断法》，也在其第七条中规定："国有经济占控制地位的关系国民经济命脉和国家安全的行业以及依法实行专营专卖的行业，国家对其经营者的合法经营活动予以保护，并对经营者的经营行为及其商品和服务的价格依法实施监管和调控，维护消费者利益，促进技术进步。"显然，这些法律法规涉及市场准入、所有制限制等方面的规定已明显落后于改革的形势。

从中国的改革开放实践看，似乎有一种先改革后立法的传统，经过一段时期的改革，根据在改革中取得的经验教训再制定相应的法律。这种立法思路虽然有针对性较强的特点，却是以巨大的改革成本为代价的。由于缺乏改革的法律依据和实施程序，必然会产生不少混乱现象，同时也给投机者提供了"钻空子"的机会。

七、深化垄断行业改革的保障措施和推进机制

（一）加强组织领导

深化垄断行业改革是中国未来发展的一项任务艰巨的攻坚战，既是对垄断行业发展战略和发展模式的一次重大战略性调整，也是突破固化的利益格局，更好地促进经济发展，更大范围地惠及民生。某种意义上讲，垄断行业改革的成败关乎中国经济社会发展全局。

为此，中央政府必须高度重视垄断行业改革这项工作。建议国务院在"十二五"期间设立国务院深化垄断行业改革领导小组，小组组长由国务院总理或副总理担任，小组成员来自发改委、财政部、商务部、工商总局、安全监督督总局、垄断行业主管部门（如工信部、广电总局、交通运输部、国家能源局）等主要领导。领导小组下设办公室，负责垄断行业改革的总体构想，制订详细的改革措施。同时，设立国务院垄断行业改革专家咨询委员会，吸收相关部门和领域的专家、学者，为国务院深化垄断行业改革办公室提供改革咨询意见。国务院深化垄断行业改革办公室要集思广益，广泛听取意见，统筹改革、发展与稳定的关系，统筹垄断行业自身发展和国家全局的关系，形成系统改革方案

后，报国务院深化垄断行业改革领导小组，再由领导小组进行统筹规划和战略决断。

（二）完善法律法规

深化垄断行业改革涉及政治、经济和社会发展等方面的问题，需要调整许多利益关系。为了适应我国社会主义市场经济体制的要求，提高深化垄断行业改革的有效性，应借鉴经济发达国家的有关经验，采取"以立法为先导"的原则。根据各垄断行业的技术经济特征、现行管理体制和垄断行业改革的目标等因素，由全国人大颁布相应的法律，为深化垄断行业改革确定法律框架。这些法律的主要内容至少应包括：垄断行业改革的目标、程序；改革的主要内容；确定执法机构，明确其责权；规定企业经营许可证的基本内容，明确企业的责权利关系；对价格、服务质量、新企业进入行业的条件、竞争企业间的关系等重要政策问题做出原则规定。在特定垄断行业基本法律的基础上，由相关行业主管部门和管制机构制定具体的法规或规章制度，作为行业基本法的实施细则，以增强法律的可操作性和动态适应性。

（三）建立完善的垄断行业改革绩效评价体系

垄断行业改革在多大程度上产生良好的绩效，作为重要管制主体的管制机构是否实现了有效管制，应采取什么方法评价垄断行业的绩效，如何设计科学的评价指标体系，这些问题对垄断行业改革和管制机构的行为具有导向作用。

我国垄断行业改革绩效评价体系的建设相对滞后，尚无法科学系统地对垄断行业推行的产权改革、竞争改革和管制改革绩效进行评价。因此，建立符合国情和垄断行业特点的绩效评价体系是非常必要的。

垄断行业改革绩效评价不可能脱离现有的制度环境独立存在，需要一套支持体系与之配套才能充分发挥其应有的作用。构建垄断行业改革绩效的支持体系建设是目前中国垄断行业改革绩效评价体系构建过程中的一项重要任务。需要明确垄断行业改革绩效的评价主体和监督体系，规范垄断行业改革绩效评价程序和完善垄断行业改革绩效评价法律制度。

（四）形成全新的改革动力机制

从我国垄断行业改革的历史实践看，大多数改革是由垄断行业的主管机关主导进行的，采取了一种自上而下的改革方式，基本上是由体制内的驱动力量决定着改革的方式并推动改革进展。这种改革的压力主要来自于解决困扰垄断行业发展的供给短缺问题。在改革方案设计上，主要是在保持国有垄断体制的前提下，找到解决短缺和提升效率的方法，体现为对国有垄断体制的一种改良。目前，多数垄断行业短缺问题得到较大缓解，下一阶段深化改革的目标更多会着眼于提高全社会资源配置效率和服务水平，增进社会公平，保障安全，提升整体行业竞争力等，这必然要触动原有体制的根本问题，未来的改革已不仅仅是一个如何"做大蛋糕"的问题，而是"做大做好蛋糕"和"合理切分蛋糕"并重的问题。过去由体制内的垄断行业主管部门来推进改革的方式难以实现更广范围目标的改革，相应要建立一个由广泛代表性的利益相关主体参与改革的新机制，除了垄断行业主管机构，还应包括消费者、研究机构、专家学者和社会民意代表等，形成一种自上而下和自下而上相结合、体制内和体制外相结合的垄断行业改革动力新机制。

（五）建立普遍服务基金制度

我国经过改革开放三十多年的发展，建立普遍服务基金的条件已经初步具备。推行普遍服务基金制度将是解决垄断行业普遍服务的一项基本对策，而且垄断行业推行普遍服务基金也符合国际惯例。例如，普遍服务基金的概念最早见于1997年欧盟制定的邮政指令（First Postal Directive, 1997）。其中第九条第四款规定，当成员国认为普遍服务义务对其提供者构成不公平财务负担时，可以建立一个普遍服务补偿基金，基金由独立于收益人的实体管理，在遵循透明、非歧视和成比例的原则下，各国可要求取得普遍服务业务许可证的经营者向该基金提供一定的财务资助。

通过实施普遍服务基金制度，向所有在垄断行业经营的机构分摊普遍服务的义务和责任，并对承担普遍服务的企业的亏损进行合理补贴。这有利于鼓励普遍服务网络的完善，也有利于竞争性业务和普遍性业务的分开，不仅有利于解决普遍服务与市场机制的矛盾，同时也体现了平等竞争的原则。普遍服务基金政策的实施，将对垄断行业改革后建立一个平等竞争的平台。

实施普遍服务基金制度是一项全新的工作，面临着如何明确普遍服务基金的征收对象，如何界定普遍服务基金的征收范围，如何制定合理的征收比率，如何对普遍服务的提供者进行成本补偿等一系列问题。就垄断行业普遍服务基金的来源而言，可考虑财政补贴，加上向垄断行业领域经营的企业征收一定比例的普遍服务基金费等。

（六）建立垄断行业改革的风险防范机制

垄断行业改革能否取得预期的效果很大程度上取决于风险的控制程度。根据西方发达国家的经验教训和我国近年来垄断行业改革的实际情况，有必要建立涵盖改革全过程的风险预警体系，全面系统地考虑改革过程中对可能引发风险诱因的控制，使风险发生的概率降到最低。

由于改革过程的不同时期、不同阶段引发风险的诱因差异较大，因此，对每一阶段风险预警的监测重点也不相同。在对垄断行业改革的早期阶段，监测重点主要是产业运行本身的效率变化，防止因改革引入而引发产业效率出现较大起伏；在改革过程进行到一定阶段时，风险的监测重点则放到产业的核心产品、价格、服务、产出等指标上，防止内、外部风险传导至上述指标而引发指标的异常波动；在改革进入后期阶段，要对体现社会公平、福利的指标进行重点监测，防止因利益分配差距过大而引发社会不公正现象发生。特别是，由于引发改革风险的不确定因素很多，这就需要在风险预警监测指标的选择上慎之又慎，以确保所选指标既能体现效率，又能保证公平。

金融改革研究

一、我国金融发展的现状与问题

（一）30 年金融改革的成就与经验教训

在 30 多年金融改革的艰苦探索过程中，我们既付出了一定的代价，也取得了瞩目的成效和宝贵的经验教训。

1. 成就

（1）金融机构组织体系日臻完善。改革以前，中国的金融机构种类单一，金融体制以高度集中统一、行政主导为基本特征。1978 年开始的金融改革首先从改造金融组织体系入手，其间经历过多次金融机构数量膨胀－清理整顿的循环。目前我国金融机构已经发展成为一个门类齐全、规模庞大、从业人员众多的独立体系。参见表 1 和表 2。

表 1　银行业金融机构法人机构数量和从业人员数量（2010 年末）

序号	机构名称	法人机构数量（个）	从业人员数量（人）
1	大型商业银行	5	1545050
2	政策性银行	3	59503
3	股份制商业银行	12	237158

续表

序号	机构名称	法人机构数量（个）	从业人员数量（人）
4	城市商业银行	147	206604
5	农村信用社	2646	550859
6	农村商业银行	85	96721
7	农村合作银行	223	81076
8	企业集团财务公司	107	5990
9	信托公司	63	7382
10	金融租赁公司	17	1235
11	汽车金融公司	13	2391
12	货币经纪公司	4	245
13	消费金融公司	4	254
14	新型农村金融机构和邮政储蓄银行	396	182820
15	资产管理公司	4	7411
16	外资金融机构	40	36017
合计		3769	2990716

表 2 **非银行业金融机构（2010 年）**

机构类别	机构名称	数量（家）	注册资本/总资产（亿元）
证券业	证券公司	106	4319/19686
	基金管理公司	64	99.7
	证券交易所	2	
	期货交易所	4	1.05 亿元/566.73 亿元①
	期货经纪公司	163	
	投资咨询公司	91	
	证券评级公司	6	
	其他自律性机构	3	
保险业	保险公司	146	/5.05 万亿
	保险代理公司	1853	90.8 亿元/135.91 亿元
	保险经纪公司	392	
	保险公估公司	305	

---

① 仅为上海期货交易所数据，其他 3 家没有公布。

在金融机构数量、种类增加的同时，我国金融资产的规模也在不断加大。1978年，中国金融机构的存款余额为1155亿元，贷款余额1890亿元，分别仅占GDP的32.2%和52.7%；2010年末，各类金融机构人民币存款余额71.8万亿元，贷款余额47.92万亿元，分别为当年GDP的180.5%和120.4%，当年金融机构的资产总额超过100万亿元。

随着金融机构种类和数量的发展，中国金融监管体系的建设也得到了长足进步。目前已经形成由"一行三会"（中国人民银行、银行业监督管理委员会、证券业监督管理委员会、保险业监督管理委员会）为主导、大中小型商业银行为主体、多种非银行金融机构为辅翼的层次丰富、种类较为齐全、服务功能比较完备的金融组织体系。

（2）金融机构的市场化运作机制逐步建立，金融机构素质提高。金融组织结构的多元化改善了市场竞争的基础。改革以前，国家控制了全部金融资源，这种高度的垄断性不仅导致银行经营的低效率，也压制了金融服务创新。随着金融机构数量的增加，行政垄断被打破，市场竞争格局逐步形成。

金融改革的成效，突出表现在金融机构的股权结构和内部治理得到有效改善，风险管理能力显著提高。随着国有四大银行的上市和海外战略投资者、民营资本的进入，中国金融机构的股权结构发生了很大变化。外部股东的引入对于金融机构改进内部治理和提升风险管控水平产生了重要影响。此轮改革以前，中国商业银行普遍存在机构重叠臃肿，冗员众多，经营效率低下的问题。改革以后，中资金融机构整合资源，实现了内部管理优化。同时通过与外国战略投资者在公司治理、业务转型、风险管理、员工培训等方面的合作，引进了先进的管理技术和风险控制技术，使金融机构的素质得到快速提升。

在改革开放的早期阶段，由于缺乏有效的内部治理和外部监督机制，金融领域曾经几度出现混乱局面。不仅破坏了金融秩序，也给金融机构自身带来极大的经营风险。2001年末，国有商业银行的不良贷款率高达25.37%（戴相龙，2002）。除了国有商业银行外，其他金融机构的不良资产问题同样突出，有的甚至比国有银行更为严重。例如，农村信用社的不良资产率估计在 60% 以上，城市信用社也因经营不善而多次遭遇挤兑。此外，政策性银行的不良贷款也比较严重。到 2010 年末，银行业金融机构资本充足率达到 12.2%，核心资本充足率达到 10.1%，不良贷款率仅为 1.14%，已经达到国际优质银行水平。

（3）金融市场从无到有，得到较快发展。改革以来，我国金融市场得到了长足发展，逐步形成了一个交易场所梯级化、交易产品多样化、交易机制多元化的金融市场体系。目前金融市场已经涵盖了信贷、资本、外汇、黄金、商品期货和金融期货、票据、保险、基金等多个领域。同时在发展过程中，金融市场法律制度逐渐完善，市场宽度和厚度不断增加，市场功能日趋深化。截至 2011 年 7 月，我国共有境内上市公司（A 股）2249 家、境内上市外资股（B 股）108 家、境外上市公司 165 家。股票总发行股本 35290 亿股，股票市价总值 263381 亿元。2010 年境内股票筹资总额 10275 亿元，其中首次发行金额 4883 亿元，列全球第一；从总市值看，上海证交所和深圳证交所分别排名世界第七和第十四。从市场结构看，包括主板、中小企业板、创业板、非上市公司股份报价转让系统在内的多层次资本市场日趋完善。2010 年，中国保险市场原保险保费收入 1.45 万亿，为 1999 年的 10.4 倍，年均增长 21.5%。当年我国期货市场成交金额达到 309 万亿，为 2001 年成交金额的 102 倍，年均增长 67.3%。

表 6-3　　　　　　　　我国金融市场发展指标比较　　　　　　单位:%

年　度	货币化率	证券化率	保险深度
1991	89.9	0.5	1.1
1995	103.9	5.9	1.1
2000	152.9	53.8	1.8
2005	162.6	17.0	2.7
2010	182.4	66.7	3.7

2. 金融改革的经验

（1）发展金融必须有效防范风险。在改革开放的早期阶段，由于缺乏有效的内部治理和外部监督机制，金融领域曾经几度出现混乱局面。不仅破坏了金融秩序，也给金融机构自身带来了极大的经营风险，迫使监管部门不得不采取强硬手段治理整顿。改革实践带来的一个重要经验，就是要将加强金融监管作为改革的重要内容，把风险防范作为金融监管的核心，坚持在维护金融稳定的前提下推进金融改革。为此，需要不断完善监管法律法规，改进监管手段，提升监管能力。

（2）金融发展水平要与实体经济相对应，金融发展的重点应当是服务于实体经济投资活动。特别是对于发展中国家来说，发展金融的根本目的，不是要通过脱离实体经济的纯金融投资活动获得超额利润，而是要利用金融业自身具有的集聚资源功能和杠杆效应，通过良好的金融服务来促进实体经济快速、健康发展。如果背离了这个基本原则，脱离实体经济过度发展金融创新活动，往往会导致泡沫丛生，不仅不能促进本国和地区内经济活动的良性发展，反而会产生不良影响。在我国发展金融的实践中，由于充分借鉴了国内外教训，注意使金融与实体经济紧密结合，金融泡沫得到了有效抑制。

（3）金融对外开放的节奏，需要与国内宏观调控能力和金融体系的发展程度相适应，过快或过慢都不好。否则，要么是劳而无功，要么就会加大金融风险。审时度势逐步推进我国的金融对外开放，是我国金融体制改革的成功经验。在金融改革开放的过程中，我国采取了逐步开放金融市场，逐步放宽外资准入限制，逐步实现人民币在经常项目下可兑换，逐步放松对资本账户的管制等一系列渐进式开放政策，成功地抵御了亚洲金融危机和2008年美国次贷危机引发的全球金融危机的冲击，维护了我国金融体系的稳定。

3. 教训

30多年的金融改革实践带给我们的教训如下。

（1）金融改革缺乏整体规划和发展战略指引，"试错"策略的长期成本偏高。与其他发展中国家的改革路径不同，我国并未直接从"金融压制"的体制转为市场化的金融体制。在推行金融改革之初，也没有形成完整的改革方略，而是通过若干次放松－调整－再放松的政策操作，逐步放松计划经济体制下形成的严格金融管制，并在一次次"试错"中寻找正确的途径。这种改革模式尽管具有容易操作的长处，但也容易因利益群体的抵制而延缓甚至放弃某些必要的改革措施。特别在改革进行到深水区以后，不宜再继续采用"摸着石头过河"的策略和自下而上推进方式，需要对金融改革进行具有前瞻性的通盘设计和系统推进。

（2）对内开放落后于对外开放，对构建健康的、有活力的金融体系产生了不利影响。以 1980 年日本输出入银行在北京设立第一家外资银行代表处为标志，中国金融领域开始了对外开放。2001 年中国加入世贸组织后，对外资开放金融市场的速度加快。至 2006 年 12 月过渡期结束，我国已经完全兑现了入世承诺。相比之下，无论从市场准入还是经营环境来看，金融市场的对内开放却明显滞后。时至今日，监管部门仍然习惯于运用行政命令和管制的方式管理金融行业和金融市场，在很大程度上影响了我国金融机构的竞争能力和金融。

（3）宏观调控部门和监管部门不够超脱。一是中央银行的独立性不够。改革开放以来，我国数次经济起伏，证明币值稳定是经济持续增长的重要条件。国际经验表明，保持币值稳定需要以中央银行的独立性为前提。但是当央行还在将保经济增长、促进就业和社会稳定作为货币政策的重要目标时，当其不得不为救助金融机构和某些行业实施特殊金融政策时，就很难保证货币政策和币值的长期稳定，很难应对国际热钱的冲击。不仅如此，央行独立性不够还可能延误应有的政策调整，从而给经济带来巨大的风险。二是金融监管部门的独立性不够。金融监管部门的职责，应当是维护市场秩序，保证市场经济的公开、公正和公平。但是长期起来，我国金融监管部门在承担市场行为监管的同时，还肩负了发展金融机构的责任。在某些行业，监管部门在很大程度上成为

"行业总协会"。由于行业发展与市场行为监管之间存在着一定的职能冲突，当监管部门同时承担两种职能，特别在某些时期更注重扶持行业发展时，必定会影响市场监管的有效性。

（二）我国金融体系的不足与问题

尽管金融改革取得了显著成效，但同经济可持续发展的需要和大国地位相比，我国金融体系还存在一些突出的不足与问题。

1. 金融服务效率不高，难以高效配置资源

金融服务效率不高的问题，突出表现在以下四个方面。

（1）资金过剩但实体经济资金供给不足。经过多年发展，中国已经由一个资金匮乏的国家发展成为充裕的国家。2010年末，M2余额725852亿元，为1978年的816倍；经济货币化率则由1978年的24.4%上升为182.4%。尽管如此，现有正规金融体系并不能满足实体经济对资金的需求。多年来，一些地区地下融资十分活跃，大量中小企业和"三农"相关经济活动只能依靠地下钱庄获得生产经营所需要的资金。近两年来，随着货币信贷政策的收紧，资金体外循环现象愈发突出，担保机构、小贷公司、私募基金等金融机构或准金融机构也加入了民间高息融资活动。由此导致中小企业等弱势群体融资成本急剧上升，提高了社会成本，加剧了资源资金配置的不公平现象。另一方面，由于大量资金游离于实体经济之外，处于逐利的需求，这些相对过剩资金便大量融入股票市场、消费品市场和其他资产市场进行炒作，造成这些市场的商品价格暴涨暴跌，既损害了生产者利益，也损害了消费者利益。

（2）货币过多但资本化程度偏低。长期以来，中国过度依赖间接融资，对培育资本市场重视不够。尽管近几年资本市场发展较快，但银行主导金融体系、资本化不足的本质特征并未改变。由于大量资产（如土地、森林、知识产权、企业产权）或者资本化程度不高或者根本没有资本化，不仅使得过多的货币流动性不能运用于资本市场，资本市场的特有功能如高效配置金融资源、动员社会资金、优质企业和高成长

性企业被市场机制发现与定价等无从发挥，也造成我国金融体系的
"一条腿长、一条腿短"的跛行状况，金融体系自身尚且不能协调发
展，更谈不上与实体经济协调，成为有机整体了。

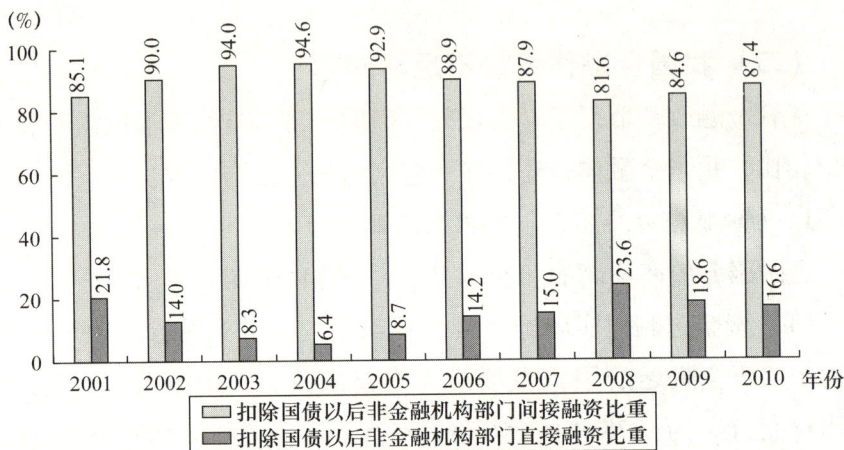

图 6.1　近 10 年我国企业融资结构

（3）外汇储备不断增长，但资产海外运用能力不足，经济失衡问
题突出。20 世纪 90 年代中期以后，我国外汇储备迅速增长。截至 2011
年 6 月末，外汇储备已达 3.2 万亿美元，比 1995 年增加了 2.4 万亿美
元，远远超过我国需要的合理水平①。外汇储备的迅速增长，是我国贸
易项目和资本项目双顺差的结果，也是经济失衡的表现。而我国企业和
金融机构海外资产运用能力的薄弱则使该问题更加严重。2010 年，工
商银行境外税前利润占比仅为 3.7%，建设银行税前海外利润占比仅为
0.93%。即便是国际化程度较高的中国银行，若扣除港澳地区的贡献，
境外利润的占比也仅为 3.60%（工行扣除港澳地区占比仅 1.7%）。中
国企业在海外的实业投资成功率也不高。相比之下，外国在华企业的平
均资本收益率至少在 15% 以上。由于海外投资能力不高，大量外汇储
备只能用于购买外国国债。而十年期美国国债的收益率仅在是 4% 左

---

① 根据国际通行标准，按 3 个月进口用汇标准并考虑到偿还外债和外资利润汇出等需求，
我国外汇储备资产的合理规模在 5000 亿美元左右。

右，如果扣除通胀因素并考虑美元贬值因素，这种投资实际是亏损的。

2. 金融发展滞后，与经济大国的地位不相适应

受环境、资源、劳动力等因素约束，中国已经进入高速增长的后期阶段。鉴于传统的增长方式已经不可持续，转变经济发展方式、加快经济结构调整的要求日益迫切。在这个过程中，中国不仅需要保持产业竞争力，还需要寻找新的经济增长点；不仅需要输出产品，还需要输出资本；不仅需要更多地利用海外资源，还需要强化对资源的控制力；不仅需要继续参与经济全球化，还需要提高在亚洲地区经济结构调整过程中的支配力，以及在世界市场规则制订和执行方面的话语权。换言之，中国需要更多地参与国际市场，更多地考虑海外发展战略。但是，目前中国金融的发展水平与经济发展要求和战略并不相称，呈现出"经济大国、金融小国"的失衡状况。具体表现在以下几个方面。

（1）在较长时期内本币不可兑换，并保持资本项目管制。中国要想成为金融大国，要想使人民币在更大范围内发挥作用，前提条件是资本项目开放和人民币自由兑换。因为只有如此，中国才能更多地吸引国际资源，中国金融机构才能在全球市场中提升国际竞争力，中国金融市场才能发展成为国际性市场。但是人民币自由兑换和资本项目开放，意味着外部金融风险敞口大幅提高，意味着更容易遭受外部金融风险传染和国际游资冲击。在现有条件下，还不能快速推进人民币兑换和资本项目的开放。而这种管制，反过来又在一定程度上抑制了中国金融业和金融市场的发展。

（2）金融市场发育水平低下。尽管从纵向比较，30 多年来我国金融市场发展迅速，但是从横向看，中国金融市场的广度、深度、弹性和创新力都远远不够。例如，除了股票市场外，债券市场、金融期货市场、黄金市场、长期票据市场等均发展缓慢，规模偏小。目前全球外汇日均交易量已达 4 万亿美元，但目前中国外汇交易中心日均交易量仅为 157 亿美元（2011 年 8 月数据），不及小国新加坡的零头（2660 亿美元）。同时资本市场自身结构性问题突出，债券市场分割严重，股票市

场上市制度存在缺陷，上市公司行为很不规范。

（3）金融机构缺乏竞争力。经过近几年对国有商业银行、国有保险公司等金融机构的股份制改造，金融机构特别是上市公司的盈利能力有了明显的改善。单从数字上看，我国银行业前4家银行的效益指标已可与世界一流大银行相媲美。但是，这种效益是在市场仍然相对封闭、远未达到充分竞争、存贷利差很大的条件下取得的，相对于国外优质金融机构，我国金融机构的国际竞争力并未得到大幅提升。

首先，中资金融机构的公司治理仍存在较大缺陷。部分机构的股权或者过度集中，管理层为大股东所控制；或者过于分散，股东会、董事会对管理层的监督控制不足甚至流于形式。

其次，缺乏有竞争力的经营模式。目前无论是商业银行、证券公司还是保险公司，都普遍存在盈利模式同质化、单一化的问题。银行收入的增长主要仍然依靠传统信贷业务尤其是机构客户的信贷业务；证券公司经纪业务收入占比高达56%，资产管理、并购咨询等业务未形成规模，创新能力和空间有限；财险公司业务高度依赖交强险（占比70%，国外一般不超过40%），寿险公司产品主要是期限短、保障功能弱的趸缴投资性业务，同时销售渠道单一，主要依靠银行和邮储渠道的增长。

第三，资本使用效率低，资源配置能力弱化。以证券业为例，2010年中国证券业的单位净资产仅创造0.44元的净收入，而美国证券业这一比重为1.5。从银行情况看，过于依赖信贷资产的盈利模式不仅对资本金的消耗速度快，而且对资本的渴求还无法遏制。

总的来看，目前各类金融机构基本还处于"规模为王"的粗放竞争时代。金融机构既无主动开拓市场、提升金融服务质量和水平的动力，也缺乏产品创新的机遇和空间。

3. 金融监管体系存在缺陷，过度保护与监管不足并存

金融监管体系的缺陷突出表现如下。

（1）过强的行政干预影响了金融市场机制发挥作用。现有体制中，国家事实上为金融机构提供了各种显性保护和隐性担保。政府在提供保

护的同时又通过行政手段驾驭金融机构。目前无论在金融市场主体和金融商品的准入，还是在金融机构经营活动方面，都存在强烈的行政干预。例如，尽管法律法规并无明确限制，但民营资本要想进入金融机构仍然困难重重。再如，有的监管部门直接干预金融机构的商业活动，如贷款额度控制，直接任命（或提名）金融机构高管等。

金融领域的价格改革推进缓慢，仍然存在存款利率"天花板"（上限管制）、贷款利率"地板"（下限管制）、保险费率"铁板"（预订费率多年固定不变）。这种管制在很大程度上限制或扭曲了市场竞争行为，限制了金融机构发展的空间，使得中国金融机构事实上处在"游泳池内竞争"的局面，难以应对国际大市场的竞争，也缺少管控金融风险的能力。

（2）过度监管与监管不足同时存在，监管协调机制缺陷突出。金融监管过度不仅表现在对金融机构管头管脚，还表现在部分行业存在过于严厉的监管要求。目前中国商业银行有着全球最高比例的风险拨备（2011 年上市银行中报显示，五大行的平均拨备超过 230%）和要求最为严格的资本充足率标准。而在现有经营模式下，监管部门的日常风险监管越是严格，银行就越会处于两难境地：调整盈利结构受到外部环境和内部条件的制约；不调整模式又不得不经常到市场补充资本金。

另一方面，金融监管不足的问题也普遍存在。金融机构退出机制欠缺，消费者保护机制薄弱，违法违规行为处罚不力，使得市场竞争经常处于秩序混乱 - 整顿 - 再度混乱 - 再整顿的怪圈之中。特别是在分业监管格局下，监管部门往往只顾"守土一方"和就事论事，导致出现监管空白。例如，对于近期异常活跃的民间融资活动，既没有法律法规加以规范，也没有监管机构实施风险监管。再如，对于企业设立的金融控股公司完全没有监管，对于金融机构跨行业设立的子公司监管也十分薄弱。

此外，现有监管部门协调机制存在很大缺陷，既不能及时对市场动向作出反应，协调结果也不一定能得到落实。

二、导致我国金融发展不足的深层次原因

金融发展不足只是我国金融业的现状。导致这种现状既有宏观原因，又有微观原因。但微观上不论是金融机构行为，还是金融市场运作，都是特定宏观背景下金融制度与政策的产物。制度与政策又反映了主管部门的认识和利益考虑。因此，为了能有效推动我国金融的进一步发展和改革，有必要挖掘导致目前金融发展不足的深层次原因。

（一）缺乏适合中国国情的金融发展理论指导

国际金融社会并不存在最优的金融发展模式。我国二元结构、地区经济差异显著，又是处于崛起中的大经济体，在努力从一个"金融弱国"打造成"金融强国"的过渡期内，更没有现成的金融发展模式可照搬。中国金融发展需要寻找适合自己的模式，但遗憾的是，我国到目前为止，也没有建立能指导我国金融发展的本土金融理论。

事实上，在过去 30 年的金融发展中，我国的货币与金融体系一直是在向世界其他国家的学习中逐步演进的。由于国内一部分人在 20 世纪 80 年代潜意识地将日本的金融模式看做是现代化的金融，20 世纪末、21 世纪初以来又潜意识地将美国的金融模式看做是现代化的金融，并以此作为我国金融的发展方向，甚至是唯一方向过分迷信。因而，历史上出现了很多金融改革政策，在相当程度上忽略了我国发展中转轨、崛起中大国的特性，客观上导致中国金融的发展出现反复，不能很好满足我国实体经济发展的需要。例如，在 20 世纪 80 年代中期，有的过早地简单模仿美国的可转让大额定期存单市场（CD 市场），中途只能夭折。又譬如曾一度全国的银行同业拆借市场发展到一两百个；信托公司出现了反反复复的五次大整顿；等等。

20 世纪 80 年代，我国曾有过一次以金融机构（银行）为主，还是

以金融市场为主发展金融的争论。考虑到金融市场只是金融机构活动的场所和结果，金融机构是其中最具主动性的因素，最终我国选择了以金融机构为主的发展模式，金融监管也是以机构监管为主，重点发展各类金融机构。这种认识符合金融发展初期的现实，推动了我国金融机构的迅猛发展，对我国金融发展发挥了积极的作用。但随着我国金融市场的发展，金融机构越来越多样化，其业务行为越来越相互交织，股票、债券等市场的发展，创造了大量直接通过市场进行的金融活动。这时仍然坚守以机构为主的发展模式，已不适应我国当前的金融发展要求了。

2008年爆发的美国金融危机，充分暴露了美国宏观货币、金融管理的缺陷，同时引起各国积极反思西方主流经济学思想，反思美国这场危机背后深刻的制度原因，反思现有金融监管制度的缺陷，探索对现有国际货币体系的改革等。美国引爆的这场国际金融危机，打破了我国对美国金融模式最优的神话，促使人们抛开"崇拜"式的学习态度，回归到金融发展的本原上，用中国式的智慧认真面对和思考中国经济，寻找中国金融发展的正确道路。

（二）特殊的国情导致了我国在发展过程中过度强调金融稳定

从宏观角度处理好金融发展与风险的关系，关键是要处理好金融发展中，政府与市场的边界问题。但在现实生活中，由于各种客观与主观的原因，导致我国在认识、处理风险与稳定关系时，存在一定的偏差，市场化进程缓慢。

一是由于缺乏对金融机构倒闭、破产的法律支持，消费者（中小投资者）自我保护机制较弱，社会安全网也不尽完善，监管部门往往承担了超越其所能控制的风险管理任务。即在市场出现风险时，不论产生风险的原因是什么，监管部门都有责任确保金融和社会的稳定。因此监管部门对金融的市场化过程，采取过度谨慎的态度。

二是我国的市场特征导致市场化的效果不确定。国有金融机构在金融市场中占有绝对的市场份额，金融市场中间接融资主导了融资市场，形成了金融市场特殊的风险定价（道德风险和逆向选择），决定了价格的市场化并不能带来完全竞争的效果，甚至可能会产生恶性竞争，不利于系统性风险的防范。

三是政府缺乏必要的理论支持，对待金融风险高度谨慎。一方面，现代金融发展是一个全新的领域，政府缺乏经验的积累，尤其是缺乏发展中的转轨大国在金融发展中的国际经验。另一方面，不论是金融自由化，还是金融的对外开放，国际的失败案例唾手可得。政府出于控制系统风险的考虑，在支持金融发展方面缩手缩脚。

正是由于存在大量的风险源，及其我国当前的发展阶段特征，使我国出现了过度强调金融稳定的倾向，影响了金融发展。

（三）部门之间的协调不足

中国的金融发展基本上是在政府相对掌控下，"自上而下"的演进过程。因此，部门之间的协调在推动金融发展，制定和实施特定金融制度方面具有举足轻重的作用。

自证券、保险和银行三个监管部门从人民银行分离出来后，改革的滞后问题一定程度上表现为人民银行、三个监管部门之间的协调问题。在金融发展的一些重大问题上，四部门协调一致，金融发展就快；协调不一致，金融发展难度明显加大。典型的案例是，我国企业债券市场长期的"多头管理、市场分割"的问题，市场千呼万唤要求改革，但迟迟毫无结果。央行主管企业的中期票据和短期融资券，发改委主管企业债（主要是项目债券），证监会主管公司债。债券交易市场长期分割、低效运行。

在诸多问题上，部门间意见的不协调，又为部门内少量官员的"寻租"提供了空间。由于决策的不透明，缺乏程序化的制度监管，部门内少量官员从部门甚至个人利益出发，对决策者发出了对金融改革认知的扭曲信息，误导了决策，最终延缓了金融的发展。譬如企业债市场问题，仅是历史上偶然事件因素影响所致，不存在理论上的难点。现在却大动干戈，花了大量纳税人的钱，反复讨论，各部门据"理"力争，并影响到最终决策。

三、未来我国金融改革的重点与措施

（一）目标：建立适合中国经济发展的金融体系

金融是现代经济的核心。在国际上，发展金融业，既可以为实体经济服务，也可以相对独立发展，并构成 GDP 增长的重要来源。但是，对于一个既是世界大经济体又是处于艰难转轨中的发展中国家——中国而言，保持实体经济增长既具有条件，也是必要的，是我国未来仍需要努力的方向。因此，我国必须始终坚持金融业为实体经济服务。

我国未来经济发展最重要的特征，是在世界不平衡调整的环境中，实现从中等收入向高收入国家过渡。这是资源渐趋紧张，需要提高资源优化配置效率的时期，也是需要创新才能发现新经济增长点的时期。这是我国与世界进一步融合的时代，但也是一个动荡的时代。为适应这个时代的要求，为实现这伟大转型，在金融发展相对滞后的"非中心货币"的发展中大国，我国未来的金融发展目标应为：充分市场化和有限全球化。这样才能充分发挥金融在优化资源配置中的作用，更有利于调动市场主体的积极性，使其具备金融条件寻找新的经济增长点。与此同时，在规避部分国际金融市场风险的前提下，进一步利用全球资源，参与全球竞争。

（二）四大改革重点

1. 加快推进金融领域的市场化

在对外部金融风险保持相对隔离和对国际投机资金冲击予以一定防范的前提之下，应尽快放松对国内金融业的各种管制。加快市场化改革，就是要基本确立各类金融机构能够依市场规则自由准入和退出的机制，基本形成金融产品创新的合理生成机制，基本完善金融市场的结构框架，使我国的金融体系能基本满足不同的企业主体、不同的投资者主体，能以不同的期限、不同的形式，实现各种筹资与投资的需求。这是我国金融改革的重中之重。

2. 实现更加有效的宏观调控

随着金融市场化的推进和渐进对外开放，我国宏观调控须及时适应新的环境，清理各类制约性因素。主要是探索人民币离岸市场、人民币区域化后，中国货币政策独立操作平台与政策体系的困境及其对策。抓紧完善在全球经济调整背景下，我国货币政策独立操作中的汇率、利率、资本流动制度的改革及与其他各项改革间的有效配合机制。着重选择好人民币离岸市场、人民币区域化发展后，弹性汇率和市场化利率调控工具的启用时机和力度，资本账户逐项放开的程度与方式，确保境内货币运行状态的稳定。

3. 推动金融监管转型，加强监管协调

针对当前金融监管协调不力、行政管制过度、"金融滞后"的状况，一是必须加快市场化导向的改革，倒逼其他相关制度的改革。二是改善金融监管与协调，处理好加强监管与金融创新的关系，分阶段、基本清除一切不适应市场经济发展的各项金融管制。同时，参照国际宏观审慎管理的要求，在尊重国际组织一般性原则要求的前提下，"以我为主"，适合国情，形成防范整个金融体系系统性风险的中国宏观审慎管理的目标、指标体系和组织架构。

4. 稳步推进对外开放

作为世界第二大经济体，要追求大国经济进一步复兴的理想，必须顺应世界潮流，参与经济全球化过程，才能不断享受经济全球化的收益。这包括对汇率、资本流动的各种行政干预机制的改革。我国是一个"非中心货币"国家，又是一个正在转轨中的经济大国，鉴于世界第二大经济体自身的快速增长潜力和巨大的贸易、金融规模，为适应大国经济复兴的要求，有必要也已具备一定的条件，追求人民币区域化的利益。

（三）改革的具体措施

1. 国内市场化改革

市场化改革直接涉及各类准入（机构、产品及市场）限制的放松，各类价格管制的放开。但市场化改革要想真正发挥市场作用，还需要创造使市场发挥作用的基础条件，如市场的统一，又如完善法律、会计、评级以及市场退出等金融基础设施，还如提供市场无法有效发挥作用的其他配套机制，包括政策性金融机构以及国有资本的管理，以及对中小企业和"三农"领域的金融支持等问题。

（1）逐步放开金融市场的准入限制。

一是逐步减少对金融机构、产品市场准入的实质性限制，真正允许并且鼓励民间资本投资国内任何金融机构。不能歧视民营资本及以信托方式集聚的民间资本入股各类金融机构。民营资本控股金融机构在上世纪末的中国曾发生过一些教训，随着其后金融监管加强和全社会微观金融治理水平的提高，政府部门的政策应及时调整。取消各种违法限制民营资本入股、控股银行、证券、保险等各类金融机构的部门规章。应在进一步研究制定中国经济不同发展阶段国有资本相对控股和绝对控股的原则基础上，逐步减持国有持股比例。

二是实现股票、债券等金融产品的基本市场化发行。对除存在扩大金融杠杆率、影响货币信贷政策执行和影响境内外资本流动管理的创新性产品外，对其他传统业务产品的推出，应一律由审批、核准转向以备案为主。特别是对于股票的发行，更应强调市场化原则，弱化行政审批、控制发行规模对市场走势的影响度。

（2）价格管制的放松：利率和费率的市场化改革。推动金融市场要素价格市场化是一个长过程，同时又是一个较艰难的过程。可通过发展直接融资（股票和债券）市场、理财市场，逐步推动利率市场化。在规范理财市场的前提下，不断推动理财市场的发展，主动推动金融的部分"脱媒"，以加大传统金融业务的经营压力，减少利率市场化过程中的市场过度波动，从而使得利率市场化"水到渠成"。在对多类债券严肃市场评估的基础上，放开债券利率30年前制定的上浮40%的制度约束。推动与国债相关的衍生产品发展，提高国债在市场中的基础性地位，从而产生有市场影响力的收益率曲线，引导市场的利率走势。逐步推动保险费率的市场化。在附加费率自由化的基础上，可逐步弱化对纯费率的管制，转向行业指导与自律。建立全行业的统一数据库，并形成具有广泛数据基础的纯费率参考水平，各公司可根据本公司的服务人群特点，在一定幅度内自行确定。

（3）逐步退出政府隐性担保，建立金融安全网。要尽快完善有问题金融机构的市场化退出机制。进一步完善破产法，尤其是应尽快出台金融机构的破产法，实现金融机构的市场退出法制化和程序化。在我国当前，要重视"大而不能倒"的问题，更要重视"小而不能倒"的问题。为此，需制定相关的存款保险制度，特别是中小金融机构的存款保险制度，规范投资者保护基金和保险保障基金的使用，使其真正便利金融机构的市场退出。

（4）加快实现金融市场的统一。

一是应在协调研究中国债券长期发展原则的基础上，将债券市场的管理职责统一归属于管理证券的中国证监会。并研究新办法，按市场化原则，取消当年债券发行总额限制，按风险定价原则决定债券利率水平，取消债券发行的行政审批制，逐步由核准制过渡到备案制。

二是统一各地、各部门场外交易市场（产权交易市场），可以大大提高资源在全国范围内的有效配置。建立全国统一的电子报价平台市场，除有利于提高产权资源的有效配置外，同样可以节省社会大量的人力与财力。

三是研究主板市场、中小板市场及创业板市场的转板机制，做到转板自愿、降板强制，完善多层次资本市场的效率机制。

除此之外，在国有金融资本管理、中小企业和"三农"企业的融资体系以及政策性金融体系等方面，也需要迈出实质性步伐。

2. 金融业渐进、有限对外开放

我国经济的全球化，需要金融的全球化加以配合。我国不是在一张白纸上实现金融市场化和对外开放。试图在国内金融充分市场化和完全发展的基础上，加快对外开放，不但不具备现实性，也缺乏内在的改革动力。我国需要借助一定的外部压力来实现国内金融市场化进程。但金融是一个整体，牵一发而动全身，对外开放既要充分考虑开放本身涉及的汇率、资本账户开放以及人民币国际化等问题，还需要考虑国内金融市场化的可能性和经济、社会等特征。

（1）确立可信的、钉住一篮子货币的有管理浮动汇率制度。以我为主，建立人民币货币区，符合我国长远的经济利益。但是限于我国现有的条件和国际社会的认可程度，当前根本不可能实现。完全加入他国现有的货币区，又不符合我国作为经济大国复兴的利益。因此，只有通过其他相应政策的配合，适当限制我国货币政策机制的独立空间，同时提高政策的市场可信度，实行以钉住一篮子货币、有管理的浮动汇率制度，这是一种无奈的、也是必要和可行的选择。其方向是随着我国宏观调控能力和金融市场深度与广度的发展，逐步扩大人民币汇率的弹性，进一步拓展货币政策独立性的空间，在追求"以我为主"货币区的逐步形成中，实现人民币汇率在更大程度上的稳定。

（2）形成以人民币区域化为核心的金融对外开放格局。这既是中国实体经济进一步发展和平衡国际收支的需要，也是中国资本管制渐进开放政策和有管理浮动汇率制度组合的必然。

从长远看，建立"以我为主"的货币区，需要实现人民币的国际化。从短期看，以2008年美国金融危机为标志，美元霸权出现逐步衰落，从削弱美元不负责任发行的负面影响出发，我国当前既有必要、也已具备初步条件去追求人民币区域化的利益。在资本账户仍存在一定管制的情况下，通过其他新制度的配合，并不影响人民币区域化逐步推进的进程。同时，随着人民币区域化程度的不断加深，也给进一步放宽资本账户管制、实现人民币完全自由兑换提供了条件。这也许在世界上并没有成功的案例可借鉴，但是并不意味在一个大国的经济复兴过程中，这条探索之路已被完全堵死。

具体说，利用我国拥有世界上独一无二的"一国两制"、"国内境外"的香港国际金融中心地位，创造一个可相对隔离境内、境外风险传递、相对可控的人民币离岸市场。在不影响（有的是配合）资本账户渐进开放的既定进程前提下，配之以汇率制度的改革，逐步打通境内、境外两个金融市场，实现人民币部分可兑换，由少到多，逐步积累，将我国的金融市场的功能以香港人民币离岸市场为载体，中转、扩散到世界金融市场，形成有序的金融开放格局。

3. 改善宏观调控和金融监管

金融具有内在的不稳定性，需要借助一定的宏观调控和必要的金融监管，才能保持适当的稳定性。而这两者又需要根据金融市场的发展现实不断调整。

（1）加快建设宏观审慎管理制度框架。宏观审慎管理政策既不同于日常的货币政策，也不同于日常的微观机构监管政策。在涉及整个金融体系的稳定上，既需要银监会的一系列对单个金融机构的审慎监管，同样需要有逆周期效应的央行利率政策和防范跨境资本大进大出的汇率、资本管理政策的配合，等等。

建立我国的宏观审慎管理制度框架，既要吸取国际社会的研究成果，又要特别关注在中国经济发展特定阶段，和在有缺陷的国际货币体系中由"金融弱国"地位所决定的风险特征。在组织措施上，有必要在中国目前"一行三会"之外设立一个相对独立的评估机构，专门从事宏观系统性风险的监测和评估，每半年集中评估一次，平常予以观察与分析。将目前各类分散的系统监管、市场信息进行综合的监测和分析，尤其是我国的整体债务状况及结构，包括对各种形式的外债、内债；长期债、短期债；中央债和地方债；显性的和隐性的债务进行综合分析。汇总搜集相关数据，研究制定具体的相机抉择目标，制定一系列政策指标，统一参与在宏观审慎管理问题上的国际合作，向国务院决策负责。

（2）确立开放和多元化、市场化发展格局下的货币调控框架。今后的10年，随着中国金融业的进一步对内对外开放、人民币的逐步区域化，将会极大地改变我国货币调控面临的市场环境，会使调控情况更趋复杂。特别是在美国金融危机后，尽管国际社会正对国际货币体系改革进行积极的探索。但是步履缓慢，未卜因素太多。在全球性系统风险防范意义上的全球宏观审慎管理，更是难以说清。所有这些都会给我国未来货币调控带来过去从未有过的复杂性。为此，在今后的宏观货币调控体系建设中，必须努力在以下若干方面提前准备。

一是探索以利率、汇率为主的市场化间接调控机制。随着汇率的进一步浮动和跨境资本流动的活跃，境内外套利业务不可避免。随着国内金融市场向深度与广度发展，企业融资总量中可控的银行信贷份额会逐步下降。随着人民币区域化进程的加快，意味着货币深化的广度将延伸，可能会增加人民币升值的压力，也可能在不引起国内通胀的情况下，会增加货币供应量。在这些情况下，我国若仍维持以信贷规模等行政控制为主的调控机制，将给我国宏观调控造成极大的被动。因此，中国央行应在战略过渡期的前半段时期，加快利率市场化改革，理顺利率传导机制，择机取消银行信贷规模行政控制办法，真正探索以利率、汇率为主要导向的调控机制。

二是明确界定央行的职责，提高央行的独立性。为了实现金融稳定和社会稳定，应确立对不同机构主体有不同的监管和风险处置措施，避免形成将来事实上的货币发行"倒逼"机制。如严格区分金融机构的政策性业务、商业性业务和社会救助的政策界限。如果是同一主体从事不同的业务，必须严格分账核算。又如需尽快明确目前问题突出的金融控股公司、地方融资平台等特殊类机构的监管和整顿原则，形成长期的制度约束。通过明晰央行在维护金融稳定中的"合理"职责范围，暴露市场体系建设中的矛盾与问题，反过来，"倒逼"加快其他领域、其他监管制度的改革与创新。

（3）转向功能监管，加强监管协调。

一是我国未来的监管框架可考虑借鉴澳大利亚模式，即驼峰型监管加消费者保护模式。在这种模式下，涉及向非特定公众吸收资金的银行和寿险公司，要进行严格的审慎监管。对其他金融机构的监管，重点是重视其信息披露和保证市场的公开、公平、公正。监管部门可在区分金融机构对系统性风险产生影响程度的不一（包括机构大小、业务规模以及现有的风险状况等），采取有差异的监管方法。在这过程中，应根据业务的重点以集团并表的方式，管理各种不同形式的金融控股集团。除此之外，金融系统也接受消费者保护的管理。

二是金融监管应逐步转向以功能性监管为基础的矩阵管理。纯粹的功能性监管，会导致多头领导，增加微观企业成本，并且可能出现政策冲突。为此，有必要在多个监管部门之间先有一个政策协调汇总机制，将功能性监管汇总、转换成对机构的管理后，进行对口管理。对于实际执行金融功能的"影子"机构，需要根据"功能重于形式"的原则，在有关监管部门备案。当其业务规模或市场影响力达到一定程度后，应强制将其转换为传统金融机构，接受正规的金融监管。

三是加强监管部门之间的协调。应尽快明确金融控股公司的监管原则和监管方法，建立必要的防火墙和适当的监管措施，避免出现监管套利机会与监管真空。这里的关键是避免政府提供的安全网被滥用，尤其是银行的信用和客户关系的被滥用和不公平竞争。建立对金融创新（包括产品、机构和市场）的协调机制。目前除了金融控股公司外，需要重点予以协调的，主要是各类金融理财产品的创新。应出台各部门都必须遵循的基本原则，以规范各部门出台的规章制度。建立危机处理预案。当监管框架，甚至监管组织发生变化，协调的方式也应相应进行调整，但协调的主要内容仍将围绕上述要点展开。当前，可尽快恢复"一行三会"的协调机制，并下设常驻机构，首先就实现功能性监管，通过协调会议下达各监管部门应落实的监管内容。就每一项功能监管出台各部门都需遵守的规章制度或指引。

4. 推动外部货币金融环境改革，完善区域内合作机制

我国作为全球金融体系中的"外围国家"，国际金融市场动荡是顺周期的。同时，我国又是发展中的大国，逐步具备对国际金融市场运行规则的一定影响力。为此，我国还应积极利用国际影响力，尽可能为我国的金融发展创造良好的外部环境。

（1）国际货币体系的改革。当前的国际货币体系缺陷，是世界不平衡发展，尤其是经济不平衡的货币反映。以布雷顿森林体系时期的国际货币金融管理机构来协调国际货币和金融体系，也暴露出越来越多的不足。从我国未来经济和金融的发展角度来看，我国需要借助当前的国际影响力，影响未来国际货币体系的演变。一是改造现有的国际组织，特别是 IMF，使其真正代表世界经济增长。不仅具备协调国际实体贸易的功能，还逐步具备协调国际金融活动的功能，加强对国际跨境资金活动的监管。当然，IMF 要想存继并发挥更大的作用，需要允许发展中国家具有更大的发言权，这是共赢的事业，而不是单方面的追求。二是应推动国际货币体系的渐进演变。当前既不能容忍无约束的信用货币体系过度发展，也无法回到金本位上，需要对国际主要储备货币引入必要的约束。三是谋求与中国经济金融地位相称的国际影响力，如将人民币引入 SDR，IMF 中更多的投票权等。积极参与国际新规则的讨论与制定，成为新的国际组织等的成员等。

（2）亚洲货币和金融合作。我国需要逐步降低对美元的过度依赖。推动亚洲货币和金融合作是符合我国利益的。一是我国应积极推动亚洲债券市场的发展，提供必要的担保资金，发展亚洲本币市场。二是进一步推动亚洲储备库的建设，提高亚洲应对本区域货币和金融危机的能力。三是推动亚洲货币和金融合作的基础设施建设，如相互之间的人员培训，基础设施的标准化以及建立两国之间本币互换等机制。四是建立亚洲自己的评级体系。

涉外经济领域体制改革的重点

　　30多年来，涉外经济领域体制改革，对促进我国外贸和经济增长、推动国内行政管理体制改革和政府职能转变，发挥了重大作用，作出了重大贡献。目前，随着我国国际经济地位的大幅提高和经济发展进入新阶段，对外开放面临着新的形势和任务。我国未来对外开放的主要目标是：第一，利用好"两个市场、两种资源"，提高中国高附加价值产业的国际竞争力，促进经济结构调整，推动发展方式转变，为经济长期稳定发展提供保障。第二，为中国和平发展创造良好的外部环境。涉外经济领域体制改革应该紧紧围绕上述目标，在对外贸易、引进外资、对外投资、对外经济合作等重点领域，健全体制、完善政策、推进改革，促进我国经济社会持续、稳定、和谐、和平发展。

一、外贸管理体制改革

（一）我国外贸发展中的问题

1. 我国出口产品的附加价值不高

　　在国际产业链分工中，以生产低端产品为主。在机械和电子产品等中国主要出口产品中，也是以低端的劳动密集型生产环节为主。而且我国部分出口产品是"两高一资"产品。因此，制定正确的吸引外资和出口引导政策，对于我国经济和对外贸易的可持续发展，至关重要。

2. 我国进入贸易摩擦高发时期

从 1995 年 WTO 成立至今，我国每年都是反倾销案件的最大受害国。据 WTO 统计，截止 2010 年上半年，我国共遭遇反倾销案件 784 件，占 WTO 成立以来全部反倾销案件的 1/5。当前，我国遭遇的贸易摩擦案件数量多、案值大，反补贴和"特保"案已成为焦点，针对我国的贸易救济措施日趋多样化。我国遭遇的贸易摩擦不仅来自美欧等发达经济体，也来自于一些发展中国家；既有针对我国传统优势产业的，也有针对高新技术产业的；贸易摩擦从货物贸易领域向汇率、服务贸易、知识产权和投资等领域扩展，贸易摩擦的争执点也从单个产品向整个产业扩散，并触及了政策和制度层面。

3. 进出口不平衡格局长期存在

改革开放以来，我国一直执行出口鼓励政策，重出口轻进口。这是我国长期保持贸易顺差、积累巨额外汇储备的重要原因。进出口不平衡格局的另一个重要表现是我国的主要进口来源地和主要出口目的地严重不对称。我国出口市场以欧美发达国家为主，对其保持巨额顺差。我国进口来源地，或者说我国的主要顺差来源是欧美发达国家，而逆差对象主要是我国台湾地区、韩国、日本、菲律宾、马来西亚等东亚地区经济体和安哥拉、沙特阿拉伯、澳大利亚、巴西等资源生产大国。贸易失衡导致我国面临的贸易摩擦压力日益增大，巨额外汇储备挤压了宏观经济政策空间。

4. 外贸环境不稳定

我国外贸受国际、国内因素影响，未来发展环境存有不确定性。从国际环境来看，世界经济周期性波动和危机性事件对我国的外贸发展有重大影响。如，2008 年是国际金融危机后的第二年，我国对外贸易下降了 13.9%，其中出口下降 16.0%，进口下降 11.2%。虽然 2010 年我国外贸就迅速恢复增长，但是外部环境的冲击还是非常明显的。未来受多种因素影响，世界经济复苏之路尚存变数，而且发达国家贸易保护主义情绪抬头，人民币升值压力上升，我国外贸发展必定会临许多困难和挑战。从国内因素来看，原材料成本、劳动力成本、资金成本等的上升，增加了外贸企业的经营难度和我国外贸发展的压力。

（二）我国外贸管理体制改革的目标

我国外贸管理体制改革的目标是：改变我国出口以低附加价值、低技术含量等产品为主的格局，提高我国出口的技术含量、附加价值、创新能力；改变我国重出口轻进口的政策取向，在贸易便利化、通关程序、贸易审批、配额分配等方面，提高效率；保障资源能源产品和技术进口；通过积极应对贸易摩擦、签订双边贸易协定等方式，稳定外贸发展环境。

（三）外贸管理体制中存在的问题

与转变经济发展方式相适应的外贸政策体系和管理体制尚未形成。从关税体制来看，我国关税结构不合理，产业链上游的资源类产品进口关税较低，产业链下游的消费品等最终产品的进口关税较高，关税落差过大。这种关税结构保护了一部分国内"两高一资"产品的生产，造成部分行业投资过度、产能过剩。从非关税管理体制来看，我国尚存在一些产品进口的指定经营。出口退税制度存在的不合理，导致大量不合理的"出口复进口"①。这些都在一定程度上妨碍了市场有效发挥配置国内外两种资源的积极作用，也妨碍了国内价格体系准确反映国内外市场的供求状况。我国外贸相关部门的职能划分和外贸促进资源的运用，还不能适应转变外贸发展方式的需要。

进出口环节异地通关问题尚未解决，进出口商品在沿海地区和内地需要两次通关，增加了通关成本和时间，不利于内地货物进出口和对外开放。

---

① 2010 年复进口金额高达 4000 多亿美元，中华人民共和国成为自己最大的进口来源地。

（四）外贸管理体制改革的政策建议

1. 转变重出口轻进口的观念，转变外贸发展方式

转变以往重出口轻进口的发展思路，进出口并重，为我国经济的长期稳定发展，提供持续的拉力、推力和动力，是我国外贸发展的根本任务。改变外贸粗放式发展模式，提高创新能力，提高产品和经营方式的竞争力。不能仅靠劳动力、资源能源和土地等生产要素的廉价供给获取竞争优势，更要提升产品的技术含量和附加价值，建设自己的品牌、营销网络和国际化经营队伍。降低出口对环境的破坏，增强可持续发展能力。

2. 完善外贸管理体制，建立高效的贸易促进体系

降低进口关税水平，尤其是部分最终消费品关税，优化关税结构。指定经营商品的进口商要增加数量，增强竞争。完善出口退税制度，实现国内料件与进口料件的平等竞争。

加强电子口岸建设，推进"大通关"建设。促进东中西部之间跨地区的"大通关"合作，支持地区间产业转移和加快中西部地区的对外开放。

3. 健全外贸支持服务体系，提高外贸促进机制的效率

加强商务部、地方外贸管理部门、贸易促进服务组织和同业协会等机构协调配合，健全外贸服务和促进体系，高效使用外贸促进资源。

对外贸的调控、促进不仅限于出口流通环节，可以深入到研发和生产环节，提高拥有自主知识产权和自有品牌的出口产品的国际竞争力，更好地为国家经济结构转型和产业升级服务。

针对当前我国面临的国际贸易摩擦日益增多的情况，我国应该完善贸易预警网络体系的建设，扩大预警网络对商品品种、国别区域、贸易救济措施等的覆盖范围，加强各级、各地、各行业预警机构之间的信息沟通，提高贸易预警的及时性和有效性。

二、外资管理体制改革

（一）我国引进外资过程中存在的问题

1. 服务领域开放不足，外资对转变发展方式的潜在作用尚未充分发掘

物流、运输、金融、电信、教育、医疗等服务业领域开放程度不够。需要进一步完善提高外资利用质量和水平的政策体系，外商并购的安全评估审核机制不完善。

2. 高端技术溢出效应不明显

在华外商投资企业，虽然有一些高技术企业和研发企业，但是总体来看，外资企业一般将加工制造中的劳动密集型环节和附加价值低的生产工序放在中国，而将核心高技术生产环节控制在母公司的手中。外资企业对国内企业技术溢出效应，主要体现在带动劳动密集型的低端制造业，高端技术溢出效应不明显。

3. 外商投资区域不均衡

外商投资主要集中在东部地区，尤其是珠三角、长三角和环渤海地区，中西部吸引外资比重较低。从外商投资的项目数、合同金额和实际金额来看，东部地区占了80%以上，区域性对外开放政策尚不平衡或者执行效果不理想。外商投资在拉动中国经济区域均衡发展方面还有较大的潜力。

4. 地方政府招商引资的恶性竞争

由于吸引外商直接投资，是我国各级地方政府政绩考核的重要指标之一，并且外商投资对拉动各地 GDP 增长，具有直接作用。因此，各级地方政府都不惜投入大量人力、物力和财力等，给予各种能够给出的优惠，开展招商引资工作。对于环境、资源、劳动环境等可持续发展的重要因素，有时甚至是不计代价的。虽然目前内外资的税收已经趋于一

致，但是，各级地方政府在招商引资过程中给予的竞争型优惠政策，事实上也造成了内外资企业的不平等竞争。

（二）外资管理体制改革的目标

（1）引进高端产业活动和先进服务业，促进外商投资企业的技术溢出效应，带动国内技术水平和产业结构升级，提升我国在国际产业分工中的地位，推动国内经济结构转型。

（2）优化外商投资布局。发挥外资在促进我国区域协调发展方面的作用，引导外商投资向我国中西部地区倾斜，投资于中西部制造业，促进当地的就业，推动当地的城镇化发展。

（3）减少外商投资引进过程中的恶性竞争，合理引进外资，减少环境破坏和污染，改善劳动条件，创造内外资平等竞争、良性互动发展的环境。

（三）外资管理体制改革的政策建议

1. 扩大开放领域，完善外商投资审批管理体制

扩大物流运输、教育卫生、金融、电信、旅游等服务业领域的开放，减少资质和地域等方面的限制，降低外资准入门槛，引进先进的服务业经营模式、经营方式和经营渠道。将研发、信息、金融、物流及供应链、市场营销与专业服务等我国急需发展的生产性服务业列入优先鼓励的范围，加大政策支持力度。

提高外商投资审批效率，改革分类管理指导方法，在适当时机可以采用否定列表制度设定外商投资指导目录。

2. 加强中央协调，防止各地在吸引外资上的恶性竞争

在外商投资审批管理方面，应该适当加强中央政府对地方招商引资的统筹协调，防止地方政府在吸引外资过程中过度竞争，损害可持续发展能力。

3. 引导外商投资提升产业结构

鼓励外资向高新技术、低碳绿色环保产业和服务行业投资，如现代农业、先进制造、节能环保、新能源、现代服务业等。鼓励外资在我国设立研发中心，将高附加价值生产制造环节引入中国；鼓励外资以股权投资和创业投资方式促进我国高科技企业的发展，与我国自主创新政策和结构升级形成良性互动。在财税、用地、用工、引进人才和审批效率等方面给予支持优惠。

4. 鼓励外商投资向中西部和东北老工业基地倾斜

近年来，我国先后实施了西部大开发战略、振兴东北老工业基地、中部崛起战略等区域性发展战略，出台了一批支持政策，加快了这些地区的发展步伐。中西部和东北地区的基础设施、政策环境、人才素质等得到了很大改善和提高，为承接东部地区产业转移和外商投资创造了很好的条件。应该充分利用这些地区正在逐渐形成的引资优势，借鉴东部地区的成功经验，给予相应的配套政策，如海关特殊监管区政策、使用当地务工人员优惠政策等，鼓励外商投资中西部和东北老工业地区，促进我国区域均衡发展。

5. 保护外资合法权益，促进内外资合理布局

合理区分内外资企业对经济发展的作用，加强保护国外投资者利益，在某些领域也要加强外商投资的安全审查。外商投资为我国经济发展做出了重要贡献，加强对外商投资合法权益的保护，能够保持和增强我国对外商投资的吸引力。对于一些较为特殊的领域，可以学习国际成熟经验，实行安全审查，确保外商投资符合我国经济可持续增长的目的。

三、对外投资管理体制改革

（一）对外投资管理体制存在的主要问题

近年来，我国实施"走出去"战略，鼓励企业对外投资，开展国际化经营。出于自身发展需要，企业对外投资的热情也很高。我国对外投资的增长速度很快。我国企业对外投资中，迫切需要解决的政策体制问题如下。

1. 缺少统一的对外投资法

目前，我国已经颁布了一系列对外投资管理办法或者条例，但是还没有一部统一的对外投资法。现有的法律法规都由相关管理部门制定，如商务部的、发改委的、外汇管理局的等。由于各个管理部门的职能、管理重点、权限等的差异，他们颁布的法规及执行过程，就会有些对接不顺甚至相互抵触的地方。例如，在审核对外投资时，发改委负责审核项目，商务部负责审核企业，当企业向两个部门提交要求不同的申报文件时，就可能出现一个部委同意，另一个部委否定的尴尬情况，影响企业的对外投资效率。

2. 管理体制繁杂，缺乏效率和透明度

我国企业对外投资，必须经过商务部、发改委、外汇管理局审核批准。国有企业、保险公司等，还要经过上级主管部门和行业管理部门审批。这些审批，对于防止对外投资风险，减少可能的损失，是必需的。但是，也存在审批时间不确定、审批目的不明确、审批标准不透明等问题。例如，各部委的对外投资管理法规都明确了不予审批的情况，也有"其他不予审批的情况"的条文，而什么是"不予审批的情况"则并不明确；一些对外投资计划未通过审批，其原因往往也并不公开，其他一些企业并不知晓，可能会重复申请以往未通过审批的项目；等等。一些部委对审批时间并没有明确规定，有些审批时间拖得较长。

3. 对外投资的服务支持体系不能满足企业需要

我国政府驻外机构（主要是驻各国使领馆的经商处），虽然在努力为我国对外投资企业服务，包括对投资企业进行年检评分等以帮助国内相关部门判断是否给予企业政策支持。但是，限于职责和能力所限，仍然不能满足对外投资企业的需要。例如，在帮助我国企业解决和投资所在地的各类纠纷、为企业扩展经贸活动搭建合作平台等方面，经商处往

往受权限、职能等的限制，心有余而力不足。在对企业的信息服务方面，也是宏观经贸环境信息较多，但是对于微观商机和项目对接等方面的信息不足。

对外投资的保险是降低企业"走出去"风险、扩大海外投资的一项重要制度。我国目前主要由出口信用保险公司提供此项服务。但是，该公司主要还是提供与出口业务有关的保险服务，对外投资的保险业务还较少，这不利于我国企业规避海外投资风险，降低总体成本。

4. 企业对外投资融资渠道不畅通

在2009年贸促会对我国企业海外投资迫切需要解决的问题进行的调查中，"提供专项资金使用和信贷上的支持"是最需要解决的问题。在对外投资的中国企业中，央企或者地方大型国企资金实力雄厚，银行也愿意给予贷款等资金支持。相对而言，中小国有企业或者民营企业等，自有资金实力不足，银行等金融机构为了规避风险，也不太愿意给予贷款。通过发行股票、债券等渠道融资进行对外投资，也有许多企业难以达到的门槛条件。企业对外投资面临融资方面的障碍。

5. 海外利益保护机制尚不健全

我国企业海外投资经常遇到所在地政府、商业机构、企业和社会等层面的各种疑问、阻碍和纠纷，需要建立系统性的海外合作渠道、战略、预案，进行保护支持和及时应对。目前，我国在海外合作方面，尚缺乏健全的体制机制，当企业海外投资经营遇到当地阻力和争端时，由于缺乏足够的支持，往往会遭遇一定损失，甚至投资项目难以继续经营等困难。

（二）对外投资管理体制的改革目标

实施"走出去"战略，扩大海外投资，形成全球化的商业经营网络，是我国扩大开放、提高开放水平的重要内容。因此，对外投资管理体制的改革关键是要建立起便利的审批管理体制、有力的资金和信息等支持支援体制和保护企业对外投资经营活动的海外合作体制，帮助企业形成和增强国际化经营能力。

（三）对外投资管理体制改革的政策建议

1. 制定统一的对外投资法，必要时可成立专门机构，协调管理海外投资

我国首先应制定一部对外投资法，作为管理对外投资的基本法，对我国海外投资的目标、主体、形式、审批、支持服务政策、企业条件等进行原则规定。以此为基础，制定对外投资的实施细则及其相关条例办法等，如海外投资企业所得税法、海外投资融资办法等，使我国企业对外投资有法可依，政府管理海外投资和提供服务有章可循。必要时，可以成立统一的海外投资管理机构，负责制定国家对外投资战略，统一规划、管理、协调我国的海外投资活动。

2. 简化审批程序，提高审批效率，增加审批透明度

复杂的审批程序和长时间的审批等待，都增加了企业对外投资的成本，降低了企业对外投资的时效性和市场反应速度。有些投资机会是瞬息即逝的，审批效率低，不利于企业把握海外投资机会。因此，在审批时，应该明确标准、缩短时间、增加审批结果和是否通过审批的原因的披露，避免不同企业重复同样的审批通不过情况。对于不同类型的海外投资项目，可以采用不同审批的时限和标准。

3. 加强企业海外投资服务体系建设

加强信息服务，不仅提供各国（地区）的市场法律环境等宏观信息，也要提供投资商机和项目等微观信息。提高信息的及时性、准确性，加强和完善驻外经商处的服务功能。

加强财政金融支持，为企业海外投资提供资金支持。例如，扩大政策性优惠贷款的使用范围；可以由多家商业银行组成银团向海外投资项目贷款，降低单家银行贷款风险；可以由中央政府部门、地方政府、政策性银行、商业银和其他金融机构、企业共同出资成立海外投资基金，根据一定标准向海外投资企业提供；等等。还可以给予海外投资以减免所得税、延缓纳税、加速折旧、提高亏损储备金等优惠政策，支持企业对外投资。

构建海外投资保障体系。例如，可以要求中国出口信用保险公司扩大海外投资保险业务，可以允许部分符合条件的保险企业开展海外投资保险业务；对于风险较大的海外投资项目，实现强制保险；针对不同的海外投资项目设立不同政策性风险基金，加强支持海外投资保险的力度。

4. 加强国际合作，保护我国海外投资利益

通过签订双边投资保护协定，要求相互简化对缔约双方投资的审批，提供投资便利和保护；避免双重征税，减低企业负担；建立双边协调和争端解决机制，减少企业投资经营的阻力，保护我国投资企业权益；等等。积极利用多边投资协定、多变担保和争端解决机制等，支持企业海外投资和维护自身利益。

5. 支持发挥商会、协会等明鉴机构的作用，建立支持对外投资的全球网络平台

在继续发挥传统的同乡会、华商会等民间自发组织的作用，支持海外投资的同时，应该采用政府支持、企业为主的方式，组建我国在世界各地的商会、协会等组织，如中国非洲商会、中国海外制造业投资协会等，搭建我国企业海外投资的全球化网络组织，这些网络主要为我国企业海外投资提供各种有偿或者无偿服务。例如，举办投资项目交流会、投资信息服务、商品展览会等。

6. 发挥对外援助与对外投资、对外经济合作的配合支持作用

对外援助能够深化和加强我国与受援国家之间的友好关系，赢得受援国人民的信任与好感，有助于我国发展和这些国家之间的贸易、投资等经贸关系。

四、对外经济合作体制改革

对外经贸合作主要包括我国的对外承包工程、对外劳务输出、对外经济技术咨询等涉外经济活动。其中，对外承包工程和对外劳务输出在

我国的涉外经济活动中占有重要地位。

（一）对外经济合作中存在的问题

1. 法律法规和管理体制尚待完善

我国对外经济合作的法律法规体系不健全。对外工程承包、劳务输出等经济活动，涉及商务部、外交部、财政部、发改委、劳动部、安监局等多个部委，由于缺乏统一的立法，只能更多地依据部门规章、使用行政手段进行管理。多头管理、各部门标准不一致问题较为严重，经常出现管中缺位和越位现象，影响了行政效率，造成了一定混乱。例如，对外工程承包中，跨国的财务、税收、信贷、外汇、统计等制度不完善，企业经营效率受到影响；在劳务派遣中，对工种、期限、合同、责任等的规定不明确，各地区处理劳务纠纷的标准各异，劳务输出者的权益容易受到损害。

2. 企业恶性竞争，行业秩序亟须规整

为了争得国际承包合同，我国一些企业不惜大幅压低价格，进行恶性竞争。在竞标过程中，不计成本和利润，只以中标为目的，不仅损害了国内同行的利益，也引起了国际承包业界的不满。国际承包业同行担心，过低的价格可能会影响工程设计与质量。而且，低价竞争使得我国工程承包企业自身也面临着很大的风险，一旦出现原材料价格上涨、当地政府或者社区组织阻挠等情况，我国企业的工程建设就会受到冲击。2011年6月，中国海外工程有限责任公司承建波兰华沙至德国边境重点高速公路项目失利，就和2009年竞标时报价过低有关。国内同行之间的恶性竞争，造成的另一个后果是我国对外工程承包行业集中度较低，中小型工程承包企业大量存在，影响了工程建设质量和我国工程承包业的国际形象，这也与国际工程承包行业企业大型化趋势不符。

在对外劳务合作中，由于多头管理，管理标准不一，造成劳务输出途径鱼龙混杂，较为混乱。既有正规的劳务公司严格按照有关规定办理劳务输出，也有许多非正规的公司通过打擦边球、绕过法律规定等方式

开展经营。这些非正规公司，为了赚取利润，常常向有意出国务工人员传递误导信息，不讲明实情，使得这些劳务输出人员可能遭受较大的损失。一些小的劳务输出中介公司还违规操作，例如通过旅游签证等方式，把劳务人员输出国外，造成这些人员只能在国外非法打工，劳动和人身权益得不到有效保护，工作辛苦待遇差，还与可能随时被遣送回国。

3. 支持服务体系不完善，企业得不到足够的资金、信息、人才资源

承包企业带资承包、承担从设计、采购、施工、运营等全部工序，日益成为国际工程承包的主流趋势。这对承包企业的资金和经营实力提出了很高的要求。目前，我国对外承包企业融资能力较弱、融资渠道单一、人才不足，对我国对外承包工程业务的扩展形成了制约。政策性银行和出口信用保险公司对我国企业海外承包工程提供了一定的资金支持，但是力度还需要加强。出口卖方信贷业务，满足了工程承包企业的一些融资需求，但也会提高企业的资产负债率，再加上还本付息、汇率、成本变动等压力，降低了企业继续融资、扩展经营的能力。

随着我国开拓海外工程承包的范围和业务的扩展，我国国际化经营人才缺乏的劣势，也凸现了出来。客观来看，我国工程技术人员的素质较高，但缺乏海外工程承包的经营管理人才，包括营销、项目管理、融资、风险控制等方面的人才，承包波兰高速公路失利，有许多原因，但是因为是第一次承包欧盟工程，缺乏熟悉欧盟承包市场情况的人才，未能及时准确应对，是一个重要原因。

上述在海外工程承包中遇到的资金、人才、信息等问题，在我国开展劳务输出业务中，也是常见问题。

4. 我国企业对国际标准和市场进入要求还未做好充分准备

控制标准是国际竞争中常用的手段。发达国家利用其在国际市场上的强势话语权，常常将有利于其自身的标准国际化，以掌握市场影响力和控制力。例如，在国际工程的设计标准、材料标准、企业和专业人员的资质标准，甚至普通务工人员的素质标准等，都开始成为我国扩大对外经济合作业务需要应对解决的问题。有些国家出于各种目的，对于我

国企业参与竞投标器工程承包采取歧视性政策，限制我国企业的参与，甚至限制引进我国劳务工作者。

5. 对外经济合作企业和劳务人员的能力、素质需要提高

我国对外承包企业大多承担的是技术水平低、利润不高、劳务密集型的工程，主要是建筑、基础设施、公用事业等的建设。在工程咨询、工程管理、投资顾问等领域，具有国际竞争力的工程承包企业很少。缺乏能够提供从规划、咨询、设计到运营管理全程服务的企业，在企业的形象推广，项目的成本控制、融资管理、风险管理等方面的经营治理能力离国际一流水平还有较大差距。其结果是我国国际工程承包的项目和金额数量增长很快，但是经济效益却远低于国际平均水平。

我国一些劳务输出中介企业，缺乏长期经营、规范经营和国际经营意识，着重短期利益，对劳务输出目的国的市场、法律、风俗等情况不了解，签订的劳务合同和对外派劳务的管理不到位。当外派劳工在务工地区发生劳务纠纷时，要么推脱责任，要么心有余力不足，使得劳务人员的正当合法权益得不到有效保护。

近年来，国际上对劳工的专业和综合素质要求越来越高，对引进低素质和普通劳务人员的限制逐渐严格。我国派往国外的劳务，大多是普通劳务人员，许多是下岗职工和刚走上社会而学历较低的年轻人，综合素质不高、外语水平低、应变能力弱。这些劳务人员急于出国务工，缺乏足够准备和辨识能力，维权意识差，经常成为非法外派劳务机构的欺骗目标。即使通过合法途径出国务工，但由于文化程度和能力方面的缺陷，一旦遇到劳务纠纷等问题，经常不知道该如何应对和妥善处理，导致权益受损，个别还引发了激进的争端。

（二）对外经济合作体制改革的政策建议

1. 健全法律法规体系，完善行政管理体制

2008 年 9 月，《对外承包工程管理条例》正式生效实施。但是，《对外劳务合作管理条例》尚未正式颁布实施。应该加快出台相关法

规，对劳务输出的宗旨原则、管理体制、中介机构的职权责、劳务人员的权益保护、出国手续等进行明确规定。必要时，可以提高对外承包工程和对外劳务合作法律的层次，设立专门管理机构，改变政出多门、多头管理的局面，加强财税、融资、劳务、保险等相关部门的协调，形成统一、高效的管理体制，规范行业秩序，拓展国际市场。

2. 加强对外经济合作的金融保险支持和信息服务

加快支持对外经济合作的金融产品创新，开发新的融资途径和担保方式，加大政策性金融支持力度。例如，可以增加政策性银行的资金实力，为信用等级高的大企业和一些风险小的大型工程项目提供无抵押贷款，提高政策性贷款的贴息率、延长贷款期限等。对于对外承包工程的融资风险，建议通过一定的方式，由政策性银行、商业银行和承包企业按一定比例分担。同时应该加强海外工程承包风险评估体系建设，加强风险的预警和监控，未雨绸缪，防风险于未然。在继续完善现有保险制度的基础上，可以设立海外工程承包保险基金，由财政、外汇、企业等机构联合出资，为企业拓展海外工程承包业务提供保障。

建立对外劳务输出信息网络，提供详细及时的信息服务。为劳务输出企业和人员提供国际劳务动态、劳务派遣地区的法制社会情况、劳务输出需求、国内劳务人员供给、劳务人员结构等方面的信息，帮助劳务输出企业及时准确地开展业务，也帮助外派务工人员正确选择外派工作，保护合法权益。

3. 规范企业经营行为，整顿行业秩序

推动工程承包企业之间的联合重组，改变我国工程承包企业规模不大、实力较弱的局面，打造一批有规模、有实力、有技术、有市场的大型工程承包企业，在国际工程承包市场上树立品牌，建立声誉，扩大影响。通过这些大企业开展工程总承包，带动中小企业走出去，承接分包项目或者外围项目。在国际工程项目的竞投标过程中，避免相互压价、恶性竞争的情况，发挥政府、行业协会和大型工程承包企业的作用，协调各方利益，通过联合报价、协商报价等方式，以国家与行业利益为重，实现合作共赢、共同发展的目的。

要充分发挥行业协会的积极作用，研究把握国内外工程承包行业的发展趋势，引导工程承包企业实现结构升级，建立行业诚信评价和自律体系，为企业提供信息服务和培养行业发展急需的人才，为行业持续健康发展奠定扎实的基础。

在劳务输出行业，应该大力扶持合法的中介机构，通过信息服务、人才培训、项目介绍、办事便利等方式给予有效支持，帮助其拓展业务。对于非法的中介机构，应该严查重打，发现一个取缔一个，维护行业发展的正常秩序。

4. 提高对外经济合作企业和人员的能力素质，增强国际竞争力

对外工程承包企业，应该通过联合、重组、联营等方式，发挥团结合作的优势，实现优势互补，向具备设计、施工、管理等综合能力的大型企业转变。加快培养熟悉国际工程承包市场经营管理的人才，提高普通员工的综合素质，增强企业整体实力。要培育工程设计、咨询和顾问企业，加强国际合作，改变我国工程承包始终处于行业低端的不利局面，实现设计、施工、管理、风险控制的一体化发展，提高我国承包工程行业的地位和竞争力。通过翻译出版、交流研讨等途径，加快掌握运用国际标准，提高我国竞标国际工程的成功率。

加强出国劳务人员的综合素质培训，提高其专业技能、语言水平，帮助他们熟悉了解派往国家的风俗人情和法律制度，使他们能够很好地适应外派工作。同时，应该开发新的劳务输出行业，如护士、教师、软件工程师等，提高我国劳务输出的层次。劳务人员素质和工种层次的提高，也有助于我国规避外国对引进普通劳务的限制，扩大我国劳务输出的规模。

深化科技体制关键领域改革，建设高效创新体系

　　20 世纪 80 年代以来，我国科技体制改革紧紧围绕促进科技与经济结合，以加强科技创新、促进科技成果转化和产业化为目标，以调整结构、转换机制为重点，采取了一系列重大改革措施，推进了一系列重要转变，取得了令人瞩目的成就。但是，必须清楚地看到，现行科技体制与社会主义市场经济体制以及经济、科技大发展的要求，还存在着诸多不相适应之处，科技体制改革的任务还远未完成。科技与经济脱节问题没有得到根本解决，现行科技体制仍然存在一些薄弱环节和深层次问题，有些问题和矛盾还比较突出，需要进一步深化和推进一些关键领域的改革。

一、我国科技体制改革的回顾与总结

（一）科技体制改革的主要历程

　　自 20 世纪 80 年代中期开始，我国正式启动了科技体制改革的进程。根据每一时期的改革重点和主要任务，可以划分为三个阶段。

　　1. 1985～1994 年，有组织、有领导地开展科技体制改革，以科研体制改革为主

　　《中共中央关于科学技术体制改革的决定》（以下简称"1985 年科

技体制改革的决定"）提出了科技体制改革的目标、任务和措施。确定了"经济建设必须依靠科学技术、科学技术工作必须面向经济建设"的战略方针；提出"尊重科学技术发展规律，从实际出发，对科学技术体制进行坚决的有步骤的改革"。其改革目的是"解放科学技术生产力，充分发挥使科学技术人员的作用，促进科学技术成果迅速广泛应用于生产，推动科技和社会发展"。主要措施是，改革对科研机构的财政拨款制度，开放技术市场，促进科研机构为经济建设服务；下放科研机构，加强企业的技术吸收和开发能力；改革科技人员管理制度，促进人才合理流动等，调动科技人员与企业结合和创业的积极性；对科研院所的经费实行分类管理，有步骤地推动科研体制改革和科研院所转制。

2. 1995～2005 年，实施科教兴国战略，深化科技体制改革，建立以企业为主体、产学研相结合的创新体系

1995 年，《中共中央、国务院关于加速科学技术进步的决定》提出科教兴国战略，技术创新在国家战略中的地位越来越重要。1996 年，国务院《关于"九五"期间深化科学技术体制改革的决定》，确定了国家创新体系的基本框架：一是以企业为主体、产学研相结合的技术开发体系；二是以科研机构、高等学校为主的科学研究体系；三是社会化的科技服务体系。

科技体制改革的重点任务，首先是明确企业是技术创新的主体，把增强应用先进技术的活力和提高技术创新能力作为现代企业制度建设的重要内容，鼓励民营科技企业发展，全面提高企业技术创新能力。第二，以调整组织形式和治理结构为重点，深化科研机构改革，从改革财政拨款制度为主转向科研院所转制。科研机构改革采取"稳住一头，放开一片"的方针，稳住基础研究队伍，放开、搞活与经济建设密切相关的技术开发和技术服务机构。基础研究机构和公益类研究机构基本保持事业单位编制，主要实行人员分流和机构重组；应用型科研机构和设计单位则实行转制为企业或企业化经营，大力促进科技型企业的发展。第三，在激励创新的制度和机制建设方面取得突破性进展，允许和

鼓励技术、管理等生产要素参与收益分配；允许民营科技企业采用股份期权等形式，调动有创新能力的科技人才或经营管理人才的积极性；国有科研机构经批准可以改组为股份制、股份合作制企业；在部分高新技术企业中试点，从近年国有净资产增值部分中拿出一定比例作为股份，奖励有贡献的职工，特别是科技人员和经营管理人员。第四，改进政府科技计划管理。国家科技计划资源分配引入竞争机制，通过公开招标，择优选择承担单位。加强知识产权的管理和保护，对国家科研经费支持下完成的科技成果产权归属问题做了明确规定，研究成果及其形成的知识产权授予科研项目承担单位。同时，拓宽技术创新融资渠道，建立风险投资机制，积极吸收海内外资金支持科技事业。

3. 2006 年至今，明确建设创新型国家的目标，自主创新成为国家的战略核心

2006 年中共中央国务院做出《关于实施科技规划纲要增强自主创新能力的决定》（以下简称《增强自主创新能力的决定》），提出把增强自主创新能力作为调整产业结构、转变增长方式的中心环节；把增强自主创新能力作为国家战略，贯穿到现代化建设各个方面。《国家中长期科学和技术发展规划纲要（2006～2020）》（简称"中长期科技规划"）明确从五个方面推进国家创新体系建设：一是强化企业在技术创新中的主体地位，建立以企业为主体、市场为导向、产学研相结合的技术创新体系。二是深化科研体制改革，形成开放、流动、竞争、协作，科学研究与高等教育有机结合的知识创新体系。三是要深化国防科研体制改革，建设军民结合、寓军于民的国防科技创新体系。四是促进中央与地方科技力量的有机结合，要建设各具特色和优势的区域创新体系。五是加强先进适用技术推广应用，建设社会化、网络化的科技中介服务体系。突破科技部门的界限，跨部门构建创新政策体系，从科技投入、税收激励、金融支持、政府采购、引进消化吸收再创新、创造和保护知识产权、科技人才队伍建设、教育与科普、科技创新基地与平台、统筹协调等十个方面，提出 60 条相关政策。国务院各有关部门牵头制定了近

80 个实施细则。

（二）科技体制改革取得的主要成就

30 年的科技体制改革，推动了我国的科技大发展，创新体系基本形成，科技投入持续增加，一些行业排头兵企业拥有自主创新能力，部分领域的科技发展进入世界前列。

1. 科技投入大幅度增加，我国已经成为科技投入的大国

我国的 R&D 支出持续 12 年增长 20% 以上，成为世界 R&D 支出第三大国，科技人员和从事研发的人员数量分别居世界等一、二位。

2. 科技投入多元化，创新资源开始向企业集聚

企业成为科技投入的主力军，涌现了一批具有国际竞争力的创新型企业。在全社会科技活动经费筹集和 R&D 支出中，企业分别占 70% 和73.2%。华为、中兴、联想、三一重工、华大基因等行业排头兵形成自主创新能力，依靠创新参与国际竞争。政府财政科技拨款较快增长，占全社会科技活动经费支出的比例相对稳定，在 20% 左右。

3. 产学研结合取得一定进展

2009 年中央级转制院所获得国家财政纵向科技经费 71 亿元，而来自市场的横向科技性收入达 233 亿元；研究型大学的科技经费达 727.7亿元，其中来自企业委托的横向科技经费占 50% 以上；国家支撑计划的 95%、国家重大专项的 50%、国家 863 项目的 35% 以上项目都是由企业牵头实施的，体现了产学研用相结合。

4. 论文数量和发明专利申请量已经居世界前列

SCI 世界科技论文数量居世界第二位，国内发明专利申请量居世界第二，部分领域的科技成果达到世界先进水平。

5. 创新体系建设取得实效

科技体系结构明显优化，科技运行机制与政策环境不断完善，科研机构和大学的创新活力得到提高，企业技术创新的主体地位不断提升，微观创新主体的内在动力与活力不断增强。

（三）科技体制改革取得的基本经验

30 年来我国科技体制改革取得的成就，离不开党中央、国务院的高度重视和坚强领导，离不开各部门和地方的大力支持和协同配合，更离不开广大科技人员和科研单位的积极参与和不懈努力。通过 30 年来科技体制改革实践，我们加深了对科技与经济社会发展的关系的认识，加深了对科技自身发展规律的认识，加深了对中国特色的自主创新道路和符合中国国情的科技体制的认识，取得了十分宝贵的经验。

1. 坚持改革服务于国家科技发展战略方针，坚决落实中央的部署与要求

随着改革开放进程和社会主义市场经济体制的逐步建立，国家先后确立了"面向、依靠"、"科教兴国"、"自主创新"等重大科技发展战略方针，不同阶段的改革重点以这些科技发展战略方针为指导，以改革的具体措施落实方针的要求。科技体制改革，始终是在党中央、国务院的坚强领导下进行的，充分体现了中央承前启后、一以贯之的战略部署。

2. 坚持把促进科技与经济社会的紧密结合作为改革的核心任务，最大限度地解放科技生产力

多年来的改革始终坚持以促进科技与经济社会紧密结合为核心，先后采取了推动技术商品化，鼓励民营科技企业发展，兴办高新技术开发区，推动开发类院所进入市场，促进企业成为技术创新主体等一系列重大改革措施，从体系结构、运行机制、管理制度各个方面围绕这一核心进行不断的调整和完善，将科技与经济社会的紧密结合不断向前推进。

3. 坚持尊重客观规律，不断探索符合社会主义市场经济规律和科技自身发展规律的新型科技体制

在多年的改革中，一方面按照市场经济规律，发挥市场在配置科技资源的基础性作用，通过建立竞争择优的经费分配机制、科技成果转化激励机制和加强知识产权保护，充分体现科技创造的市场价值；另一方面按照科技自身发展规律，坚持以人为本，建立"开放、流动、竞争、协作"的科研新机制，调动科技人员创新的积极性和能动性。对市场

机制不能有效发挥作用的基础研究和公益性科研工作，政府通过加大投入、稳定支持以及平台建设等支持其持续发展。

4. 坚持不断完善政策法规体系，为改革顺利推进提供政策支持与法制保障

改革是一项系统工程，涉及科研机构和科技人员的切身利益调整，需要各个方面的配合与政策配套，处理好改革、发展与稳定的关系，才能保障改革的顺利进行；同时，将实践比较成熟的政策及时上升为法规，通过制度建设来巩固改革成果。

5. 坚持试点先行、逐步推开的改革实施办法，再探索完善改革思路，积极稳妥地推进改革

在社会主义市场经济条件下推进科技体制改革是一个全新的探索，没有现成的经验可以借鉴。改革本着试点先行的原则，探索思路，积累经验，然后再逐步推开，保证了改革推进过程总体平稳顺利，没有出现大的震荡与反复。

二、当前我国科技体制存在的主要问题

与国际上的一些创新型国家相比，我国的优惠和扶持政策比较全面，主要差距在体制机制方面，一些领域的问题和矛盾较为突出。当前科技与经济"两张皮"的问题仍然未得到根本的解决。

（一）一些制度因素偏离创新的方向，企业创新动力不足

导致企业创新动力缺失的主要原因，一是要素价格偏低。部分重要资源价格仍然是行政定价，不能反映资源的稀缺性和外部性，导致低水平重复建设和片面追求速度。二是体制转轨时期行政干预和审批形成许多"政策机会"，导致企业靠寻租而不是靠技术进步和创新来盈利。如房地产、资源开采业和金融业的利润率远高于高技术产业。根据2008

年我国第二次经济普查数据中公布的部分行业主营业务利润率，房地产、采矿业、金融业和石油天然气开采业的利润率分别为 12.62%、23.16%、12.56% 和 41.56%，而高技术产业的主营业务利润率只有4.89%。在这种情况下，很难激励企业创新。三是有些政策违背创新规律，干扰企业创新活动。如，各种评比和考核导致企业追求短期利益和眼前效果，缺乏长期战略。四是知识产权保护力度不够，影响创新者的积极性。五是大部分行业处于低价竞争阶段，加上税负较高，企业无力进行技术创新，创新活动不够普遍，R&D 投入效率不高，大多数企业缺少自主知识产权。六是多层次资本市场尚未形成，融资渠道不畅。七是现行政策大都是支持技术供应方，缺少需求鼓励创新的政策，对创新产品和服务的市场培育明显不足。

（二）产学研用结合不够紧密，创新主体定位模糊，企业没有真正成为创新的主体

目前，在国家资源配置和相关政策设计上，创新主体定位不清，存在功能错位、缺位和越位的问题，大学、科研院所和企业不是形成互补，在某种程度上成为竞争者。我国的科技政策过度强调大学科技成果产业化，大学办企业；应用研究机构全部转制为企业化经营，行业共性技术无人做。国有企业和民营企业面临不同的问题。一些大型国有企业的科技实力较强，但其管理和考核机制不利于创新。而民营企业机制灵活，但基础较差，而且经常面临科技资源配置的不平等竞争。以市场需求为导向的产学研合作面临制度障碍。现有的产学研联合体缺少有效的利益和知识产权机制，以政府拉郎配为主。

（三）公共资源利用效率有待提高，政府科技投入管理体制亟待改进

现行政府科技经费管理体制的主要问题如下。

（1）多头管理，各部门计划协调不够，低水平重复。各类计划之间缺乏协调性和集成性，甚至同一计划内不同领域之间也缺乏必要的沟通和协调。结果导致科技资源分散使用和低水平重复配置，上下游R&D活动脱节，难以在国家总体战略目标下形成合力，发挥整体效益。原本互相密切联系的技术领域被分散在不同部门和不同计划中管理，分头制定计划，相互之间缺乏联系，各部门自成体系。政府科技资源按照创新链条各环节纵向分段管理和配置，各部门衔接和协调不够，导致研究开发与成果产业化脱节、自主研发与引进技术消化吸收脱节、引进技术与消化吸收脱节，政府资源利用效率不高。

（2）按照创新链条纵向分段配置和管理资源。基础研究、应用技术研究开发、中间试验、产业化等各类科技计划分散在不同部门或各部门不同司局管理，人为分割了产业技术研究开发、示范、推广过程中各环节间的有机联系。

（3）科技计划的决策机制是部门和专家导向。大部分科技计划是在基层单位申报计划项目的基础上汇总编制的，项目比较分散，缺乏统一的战略目标。大部分科技计划项目的筛选、立项和验收采取专家评审和决策，企业参与度不够，也是科技与经济脱节、科技成果与产业化脱节的重要原因之一。

（4）竞争项目过多，项目招标又未真正引入竞争机制。竞争性项目过多，导致科技人员花费过多精力用于项目申请和评审，而无时间潜心研究。项目指南变化较快，重点领域的研究队伍频繁变化，真正的优势队伍不能持续开展一个方向的研究，而是围着项目指南的指挥棒转。同时，竞争性项目又未真正引入竞争机制，社会上反映较大的是科技计划和项目招标评审基本是同一批学术权威和专家，长期以来形成了"项目论证和资金分配圈"，"圈外"的申请很难入选。研究队伍的选择不是根据科技优劣进行选择，有时存在照顾的成分。过于追求项目管理细节，结果是"捡了芝麻，丢了西瓜"。

（5）项目管理缺乏合理有效的评价和监督机制。在评价上，重短期，轻长远；重立项，轻管理。项目立项后到项目验收之前，较少有监督检查，即使有检查也流于形式。科技计划项目的评审和考察主要看发表论文、专利申请，或者短期经济效益。同时，成果转移和转化的责任、服务、考核和监督机制不够健全。对支出项目的管理越来越细，用管理固定资产投资项目的方式管理科研和技术开发项目经费，导致科研经费的使用不能根据研究实际进度和需要安排。经费安排重硬件轻软件，重设备轻智力的倾向，设备经费多、人员经费少。

（四）科研机构改革尚未完成

20世纪90年代末和21世纪初，我国大力推进科研机构体制改革，取得了明显成效，但近些年改革放缓。一是保留事业单位体制的研究机构的人事、经费管理体制、运行机制仍未改变。尤其是一些公益性研究机构的研发投入不足，科研活动有待加强。二是转制为企业的科研机构面临定位和持续发展问题。特别是一些行业共性技术研究机构的功能和运行机制存在错位；共性技术研究模式和机构的运行机制还需探索，以提高行业共性技术的供应能力。三是设在大学和科研机构的国家工程中心、技术转移重心和行业开发基地，以及设在企业的行业共性技术中心的运行机制尚不适应发挥其功能。同时，大量的国防工业科研机构尚未进行改革。

（五）人才培育和激励机制不利于创新

人才是创新的核心要素，目前人才不足成为制约我国创新能力的重要因素。主要表现在人才结构不合理，科技评价机制偏离创新，人才激励不到位。目前我国科技人才结构是一般科研人员多，高端人才少，高素质技术工人短缺，劳动力素质不能适应建设创新型国家的需要。教育和培训体系不适应培养创新人才的需要，应试教育和教学脱离实践；制度因素成为人才流动的障碍，企事业单位社会保障条件、考核体系差别较大，阻碍人才向企业流动；政府所属机构和国有企业的科技人才激励机制不完善，缺乏动力和活力；人才引进中政府干涉较多、企业决定权不足，人才引进计划偏重大学和科研院所所需人才，适合企业需要的人才较少；人才流动不规范导致企业知识产权流失等。官本位的体制导致科技人员不是潜心研究，而是"研而优则仕"。

三、我国科技体制改革面临的新形势与挑战

与30年前相比，当前我国面临的国内外经济形势和科技发展态势都发生了根本性变化，国际科技竞争更加激烈，国内则正在进入依靠创新推动发展方式转变的新阶段，科技发展和科技体制改革面临新的机遇和挑战。

（一）我国科技体制改革面临新形势

（1）全球金融危机后，许多国家的发展模式正在转型，国际科技与产业变革孕育新突破。为了振兴经济，一些发达经济体更加重视科技和创新，纷纷制定创新战略，占领科学技术前沿和制高点，促进新兴技术产业的发展，加快产业结构调整。同时，各种形式的保护主义抬头，气候变化和能源资源安全等问题成为制约我国科技发展的重要因素。

（2）转变经济发展方式已经成为我国未来一段时期面临的紧迫任务。我国的要素成本快速增加，环境和资源约束不断提高，低成本和牺牲环境的发展方式无法持续。加快转变经济发展方式，要依靠科技的力量，增强自主创新能力，提高要素生产率，实现节能减排降耗，提升国际竞争力。

（3）我国已经成为科技投入大国，但还不是科技强国。虽然我国R&D支出总量已居世界第三位，研究开发支出强度居发展中国家首位，甚至超过了一些高收入国家，但是质量和效率不高，关键核心技术对外依赖较大，前沿技术方面与发达国家有较大差距。与主要发达国家相比，

我国的 R&D 强度和研发人员人均 R&D 支出偏低，自主创新能力较弱。

（4）经过多年的研究开发积累，科技对经济发展的支撑开始逐步发挥作用。我国研究开发支出增长持续 15 年高于 GDP 的增长，平均年增长速度超过 20%，科技实力逐步增强，创新绩效初步显现。

（5）企业创新正处于从引进技术并消化吸收为主，到引进消化吸收与自主研发相接合的转变阶段。部分行业从中低端领域进入中高端领域，与国际竞争对手的竞争加剧，引进技术更加困难。

（6）建设创新性国家成为国家发展战略，形成了比较完整的创新政策体系。通过跨部门构建创新政策体系，我国正在实现了从科技政策到创新政策的转变。《国家中长期科技发展规划纲要》提出了 60 条直接支持创新活动的政策，国务院各有关部门牵头先后制定了 99 条实施细则；各级地方政府结合本地实际，出台了近千条地方政策措施。

（二）深化科技体制改革仍面临诸多难点

1. 科技体制改革需要其他体制改革的全面支撑

科技体制是科学和技术活动的组织体系和管理制度的总和，包括科学研究和技术开发的组织结构、运行机制和管理原则，等等。科技体制的顺利推进，必须依靠需要相关的体制配套。如促进企业创新需要高效的保护知识产权的司法体制；解决科技型企业的融资问题需要建立多层次的资本市场；企业和科研机构之间的人才流动涉及企事业单位社会保障的差别问题。因此，顺利进行科技体制的改革，尤其是建设高效的国家创新体系，必须要跳出科技体制自身的局限，进行较为全面的相关改革。

2. 各种利益群体对继续推进改革的动力不足

如管理部门更愿意把科技资源掌握在自己手里，再向企业、高校及科研院所的机构进行分配，而不愿意将科技资源直接留在创新主体手中。各综合管理部门都希望扩大自己的职责范围，不断向创新链条的上下游延伸。科技部的管理范围向成果产业化和示范项目等下游延伸，发改委向研究开发等上游延伸，财政部也直接资助一些科技项目；已经转制的科研院所既希望从市场获得灵活收入，又希望国家给予稳定的支持；大学和政府科研院所的科研项目经费越来越多，主动进行成果转化的积极性减弱。

3. 对改革方向和重点的认识差异

目前，各部门和产业界对科技体制改革的重点均有不同的理解和认识上的差异。如科技体制改革究竟是以研究开发活动为主，还是涉及创新的全过程；是以如何分配科技经费为主，还是以提高自主创新能力，建设创新型国家为目标；是主要解决如何加大投入，还是解决创新动力和提高创新投入效率问题等等。对科技体制改革方向和重点的不同认识，在一定程度上削弱了推进改革的合力。

四、深化科技体制改革的原则、重点领域和推进次序

（一）深化科技体制改革的目标和基本原则

深化科技体制改革的目标是：在科学发展观指导下，适应社会主义市场经济体制的要求，尊重科技发展和创新的内在规律，以创新驱动经济转型发展、建设创新型国家为目标，抓住促进科技与经济结合这个核心问题，从完善以企业为主体、市场为导向、产学研相结合的创新体系出发，优化科技资源配置，提高公共科技资源的利用效率，重点突破阻碍技术进步和创新的制度瓶颈，最大限度地调动科技工作者和全社会的创新活力。

深化科技体制改革，应坚持以下基本原则。

1. 突破科研体系的界限，在更高层次上进行整体设计

建立以企业为主体的创新体系，一定要突破科技体系的界限，研究创新政策体系。创新是各项政策的作用结果，科技体系研究开发只是创

新的一个环节。科技体制改革要突破以研发为主的科技体系，加强相关的配套体制改革。

2. 厘清政府与市场的边界，提高公共科技资源的使用效率

由于知识的公共性和技术成果的外部性，单纯依靠竞争性市场机制，不能实现科技资源的优化配置。理论和实践经验证明，政府在产业技术研究开发中的作用主要是弥补市场不足。政府应在企业不愿意或无力进行投入的领域发挥积极作用，与企业研究开发形成互补。政府资助研究开发是一项长期战略，其目的是实现社会整体效益最大化。因此，政府应加大在基础研究、共性技术和影响国家安全和产业竞争力的战略领域投入，逐步缩减其他支出。在一般产业技术开发中，重点采取普惠政策，或事后补助的办法，鼓励企业根据市场需求进行创新，而不是政府选择技术方向。

3. 尊重创新的内在规律，建立适应创新的市场环境

创新是利用技术创造经济价值，包括研究开发、成果产业化，到开拓市场获得商业成功的过程。研究开发是创新过程的一个环节，是创造知识、提供技术。创新面临技术不确定性和市场风险，企业创新是利益驱动和竞争压力推动的结果。因此，要创造公平竞争的市场环境，根据基础研究、技术开发和创新的特点，分类制定政策。有效发挥市场机制的作用，建立以创新为导向的政策体系。

4. 选择近期突破口，明确中长期任务，持续有序推进改革

科技体制改革必须以保障国家和人民利益为基本原则，必将打破现有利益格局，对科技体系现状形成一定的冲击。为了顺利有序地推进改革，必须明确最终目标，区分短期和长期任务，按照合理的路径，持续有序地向前推进。

（二）深化科技体制改革的重点领域及主要任务

1. 增强企业技术创新的内在动力，提高企业创新能力

企业创新动力的核心是利益驱动，企业是否创新决定于创新是否能

够给企业带来中长期的利益。因此，政府要重点营造有利创新的制度，建立有利于创新的政策体系，促进要素向创新集聚，鼓励市场对创新成果的选择。

（1）建立公平竞争的市场环境。企业要成为技术创新主体，首先要成为市场经营和竞争的主体。应充分发挥市场配置资源的作用，提高资源配置的公平性。要建立公平的市场准入，减少竞争性行业的行政性垄断，对自然垄断行业建立有效的规制，创造各种所有制企业公平竞争、平等获得创新资源的市场环境。

（2）加快资源价格形成机制改革，建立反映稀缺和环境影响的资源价格和税收体系，利用市场机制推动和倒逼企业创新。

（3）注重发挥企业排头兵的创新引领作用。创新领先企业在技术和商业模式方面往往会有较大的突破，无论其规模大小，对行业创新和发展的外溢效应都非常显著。对创新排头兵企业应该重点给予研发资助、税收优惠和融资支持等方面的政策支持。

（4）加强鼓励创新的需求政策，为自主创新技术和产品开辟市场。加大鼓励使用自主创新产品和技术的政策力度，建立创新风险分担机制：加大政府采购对创新产品的支持，加强对实施《政府采购法》的监督和检查；利用节能、环境、技术标准等推广新技术，促进创新技术和产品的应用；对具有社会效益的创新产品和技术，如节能降耗设备或产品等税收减免或补贴；为自主化的重大技术装备提供买方或卖方信贷，利用鼓励使用等。

（5）加强知识产权保护。一方面，加大对假冒侵权的打击力度，提高侵权成本，降低维权成本。另一方面，从基本制度入手，提升知识产权价值，防止把知识产权作为考核指标，加强知识产权授权为提高产业竞争力服务，提高知识产权质量。

（6）改善科技型企业的融资环境。鼓励银行加大对科技型中小企业的贷款支持。加快多层次证券市场建设，尤其是适合私募公司债和私募股票的低层次场外交易市场，降低企业私募证券的门槛，促进企业直接融资。

（7）适当降低企业的税负，提高企业的创新投入能力。切实落实研究开发支出加计扣除的政策，降低政策门槛；实行差别增值税率，对高附加值的创新型企业适当降低增值税率，提高企业创新和技术改造的投入能力。

2. 优化政府科技资源配置，提高公共资源的利用效率

政府财政科技投入体制改革的主要方向是：加强统筹协调，优化投入结构，改进管理办法，提高投入效率。

（1）加强政府财政科技资源配置的统筹协调。在现有体制下，加强顶层的协调作用。建议在国务院科教领导小组下设置创新办公室，吸收科技、管理、经济等各方面的专家，会同政府管理部门代表，统一负责确定中长期和每一年的科技任务和经费预算，对相关政府部门划分合理的分工，统一向财政部门申请年度预算，有效地避免政府科技资源重复投入和难以协调的问题。该办公室在申请的预算中明确其中每一部分的经费，分别由不同的政府机构或独立机构来执行相应的科技任务。这样既可以不打破现有部门管理格局，又实现部门间科技计划的统筹协调。

（2）以战略而非技术导向编制科技计划。建立科学的计划编制程序，加强科技计划与国家发展战略目标的协调。建议借鉴美国能源部 R&D 计划管理的经验，建立科学的评估分析程序，使科技计划从技术导向转向战略导向，更好地为国家发展战略服务；增加产业界编制应用性科技计划的话语权，使科技计划从源头上实现科技与经济的结合。

（3）基础研究与技术开发（应用研究和试验开发）项目实现分类管理。基础研究与应用研究，特别是试验开发具有本质的区别。通常，基础研究不是以特定应用方向为目标，主要是认识和发现规律，提供知识。基础研究成果的应用方向不确定，其效益往往要在很长时间内才能显现出来，公共品的特点较强，大部分企业没有实力进行基础研究。技术开发具有特定应用方向，主要以企业为主体，市场为导向。因此，基础研究和应用研究的投入方式、考核目标和评价机制均应有所区别。

基础研究可以采取基金制，按领域提供较长期、稳定的资金支持，实行同行评议，减少行政指定的竞争性项目；重点考核论文的引用率，特别是考虑在本专业领域中的引用。应用研究、试验发展类科技项目应以重大科技专项为牵引，加强产业界和企业在制定科技计划中的参与程度，适当扩大项目规模和延长周期。应用研究主要以市场评价。

（4）改进政府科技项目管理模式。首先应改进项目预算管理。适当提高人员经费支出比例，增加项目经费使用的灵活性，允许课题负责人根据需要，在一定范围内调整支出项目和周期。二是改进项目管理模式。实行科技决策、执行、评价相对分开，互相监督的运行机制。委托独立的专业机构进行项目管理，类似于美国的 NIH、日本的 NEDO。政府加强对其审查监督，从项目绩效评估入手，建立严格的责任追究机制。三是应明确项目承担单位转移技术的权利、责任和义务，项目合同签订时，要有明确的知识产权权属规定和限时转化应用的要求，定期进行监督检查，并将技术转移支出纳入项目预算。

（5）进一步完善重大科技专项的管理办法，减少管理层次，打破体系界限，引入竞争机制，集中优势力量。

3. 进一步深化科研组织改革和重组，促进产学研结合

建立以企业为主体的创新体系的核心是，以企业为技术集成、产业化和商业化平台，实行产学研相结合。以企业为主体并不是创新链条上的每个环节都要在企业内部完成，企业在创新中的主要作用是进行技术集成和开拓市场。特别是，我国缺少像微软、IBM 等集基础研究和产品开发于一体的大型企业，在基础研究、应用基础研究和共性技术研究开发等方面还要充分发挥科研院所和大学的作用。

（1）分清大学和科研院所的功能，根据国情构筑科学研究的组织框架。大学在兴趣和探索为导向的基础研究方面有优势，应加强以重点学科建设为主的大学基础研究。政府科研机构和专业应用研究机构则应作为科学研究的集成平台，重点从事以项目为导向的基础研究和应用研究的系统集成。特别是，目前我国企业的研究开发能力有限，大学的研究

成果难以直接满足企业产业化的需要，科研院所可以填补大学与企业之间的空白，发挥研究成果转化的桥梁作用。要加强大学和科研院所以及科研院所之间的合作，通过一些重大项目研究计划打破部门、机构和学科界限，合理组织分工，促进跨学科、跨机构的研究团队建设。

（2）根据国家战略需要和行业特点，建立稳定的基础研究及应用基础研究保障体系。以现有科研机构为基础，通过重组、转制、撤销或新设，形成一批精干的科研力量，组建为公共科研机构，形成科研院所的"国家队"。对集中度不高的行业，已经并入大型央企的科研机构应该剥离出来，进入公共科研机构队伍。对此类机构应通过立法方式，制定适合其自身发展和国家科技发展规划的《科研机构组织法》或《科研机构管理条例》，明确其法律地位、治理结构和管理方式，为其提供足够的保障性科研经费，并加强对此类公共科研机构的约束和监督，限制竞争性科研项目和经费的比例。

（3）准入和监管并举，形成多元化的大学科研体系。逐步放开高校的准入，鼓励民营资本兴办大学，形成多种法人性质、多种所有制、多重功能定位的高校及科研机构体系。放开准入的同时要加强监督和评估，不仅要有官方机构的监管，也需要适当允许社会，包括媒体、个人和非营利机构参与监管。公立高校可以得到政府更多的保障性经费支持，同时也会受到更多的约束。公立高校应逐步剥离校办企业，不允许在职教师同时兴办企业，但是应加强技术转移工作，鼓励衍生企业，允许研究者在其成果商业化时获得合理比例的收益。允许私立高校采取非营利法人或营利法人形式存在，并视其能力以合同研究的方式给予适当的政府科研经费支持，对非营利法人应给予相应的税收优惠。由此，形成政府积极支持、民间积极补充、各类高校功能明确的多层次、多元化的研究体系，满足社会对研究的多样化需求。

（4）完善机制体制，促进产学研合作。一是通过知识产权制度和利益机制调动大学和科研院所与企业合作的积极性。二是加强政府科技计划项目的成果转移机制，建立技术转移的责任、奖励和监督制度。三是建立以创新为目标的人才评价体系，将科技成果转化和产业化等指标引入人才评价指标体系。对研究成果采取分类评价和激励政策，调动研究人员转移技术的积极性。

4. 加强产业共性技术研究开发平台建设，为共性技术研究提供制度保障

共性技术研究对产业技术创新的重要性毋庸置疑，我国必须加强目前相对薄弱的共性技术研究体系。根据国际经验，共性技术研究平台包括行业性研究机构、产学研联合的稳定组织（如 ERC 等）、面向中小企业的技术服务机构、临时性的联合研究开发团队等多种形式，政府采取不同方式给予支持。因此，要鼓励共性技术研究开发，分类支持各种形式的共性技术研究平台。

（1）加大对产业共性技术研究开发的投入力度。尽快统一认识，对共性技术的内涵、重要性通过政府文件和法规的形式予以确认。相关部门组织专家、企业和行业协会编制共性技术项目指南，对重点的共性技术方向提供稳定的经费支持。

（2）建立具有事业单位性的共性技术研发平台。对稳定的共性技术研究平台提供较长期的足够经费保障，使得稳定的财政预算划拨经费占到该单位科研经费的80%以上。这些经费将主要用于准公共性、长期性、连续性的共性技术研究活动，尤其是企业科研力量难以提供的研究。

（3）有效发挥已转制的行业性科研院所的共性技术研究平台作用。在短期内，可以仿效美国的"政府所有－承包人运行（GOCO）"的国家实验室管理模式，依托转制的行业性大院大所，组建共性技术研究中心。建立一套针对这部分国家实验室的经费、资产管理，以及国家实验室绩效考核体系。

（4）以项目经费支持产业联盟等其他形式的共性技术研究。由企业、科研单位及用户等自发组织的产业联盟，甚至是行业占有率较高的龙头企业，都可以组织和承担共性技术研究开发，政府主要以项目经费的形式予以支持。政府资助的研究成果及其知识产权可以归承担单位所有，但同时应规定承担单位负有技术转移和扩散的责任，并作为项目验收和指标考核的重要内容。如果这些承担单位不能在一定时期内转移技术，政府有权将技术成果转给其他机构使用。

（5）建立合理的共性技术成果共享和扩散机制。借鉴国外经验，协调好共性技术研究机构的资金支持与技术转让之间的关系，既使研究机构有可靠的资金支持，把研发的活跃与行业的发展与繁荣联系起来；又要使技术平台为解决行业技术水平提升的共性技术问题提供源泉，促进整个行业技术实力的增强。

5. 优化人才结构，完善激励机制，推动人才流动，促进科技人才向企业集聚

（1）逐步实现事业单位和企业的社会保障统一标准，消除人才流向企业的制度障碍。产学研结合的关键是科研人才流动。目前，阻碍科技人才向企业流动的主要障碍是社会保障制度和支撑制度促进大学、科研院所与企业之间的人才交流。

（2）建立大学、科研院所和企业之间人才流动的体制和机制。通过企业专家到大学任客座和咨询教授，大学教授定期到企业做访问学者或合办博士点等多种方式，解决大学教学脱离实际，企业科技人才短缺的问题。

（3）减少企业进行股权激励的制度障碍。对由创业骨干为核心发展壮大的国有企业，应允许对这些骨干人员进行一定比例的股权分配；完善有关股权奖励的个人所得税制度，企业给予技术人员的股权奖励，在股权获得现金收益前，暂不征收个人所得税，或借鉴中关村科技园区有关股权奖励个人所得税试点政策的做法，缓期至5年内缴纳个人所得税。

（三）选择突破口，持续有序地推进科技体制改革

1. 当前应以提高公共资源利用效率为突破口，改善管理模式

随着我国财政科技投入规模的不断增加，政府公共科技资源的利用效率不高已经成为海内外科技界人士共同诟病的问题。创新体系建设涉

及的面非常之广，其中掺杂的理论和认识问题尚有一些争论。但是，对如何改进政府科技资源利用效率，在理论上和认识上相对比较清晰，国外也有许多可资借鉴的管理经验。应该说改革思路比较清晰，最大的困难在于能否以较大的勇气和魄力，突破现有利益格局，这主要依赖于改革的决心和执行力。因此，我们建议当前应以统筹各部门科技资源和改进计划及项目管理模式为突破口，作为科技体制改革的第一阶段任务。

2. "十二五"期间应建立公共科研队伍，以立法方式确定其制度框架

随着许多科研院所的企业化转制，缺乏科研"国家队"的问题也已经十分突出。当然，这与当前的政府科技资源管理模式是息息相关的，由于保障性科研经费较少，竞争性项目经费较多，使得以科研探索和共性技术研究为主要任务的公益性科研院所失去了生存空间。如果政府科技资源的投入结构和管理效率得到进一步改善，公共科研队伍的建设将迎来更好的外部环境。建议"十二五"时期应及时制定《公共科研组织法》，确定公益性科研院所的制度框架，依此来进行公共科研院所的重组，建立一支以基础研究和公益性共性技术研究为主要任务的科研队伍。

3. 中长期任务是不断完善市场环境，最终建立企业主导的创新体系

从长远来看，提高企业的创新能力、激发企业的创新活力，是能否最终实现科技与经济紧密结合的最核心问题。但是，实现这样的目标需要市场化改革进程的不断推进，其中涉及多种体制改革的配合，比如国有企业改革、税收体制改革、知识产权司法体制改革、多层次资本市场建设、教育体制改革，等等。这是科技体制改革的中长期任务，最重要也最复杂、最困难，如果能在2020年前后初步建成以企业为主体、市场为主要驱动力的创新体系，那么实现创新驱动的经济增长将为时不远。

加强和创新社会管理

　　改革以来，我国实现了从计划经济向市场经济的全面转型，在经济持续高速增长的同时，保持了社会的总体稳定。但也出现了收入差距扩大、社会分化加剧、社会矛盾和冲突增多等问题，对社会和谐形成了挑战。面对日益复杂的社会现实，如何在发挥社会活力的同时，更加有效地维护社会秩序，保持社会和谐稳定，是我国社会管理面临的一项长期任务。

　　十六大以来，党中央、国务院高度重视在新形势下的社会管理，明确了完善和创新社会管理的目标和基本体制框架；民主法治建设稳步推进；在管理理念和方式上进行了很多有益探索；社会主义文化体系和道德规范建设也越来越受到社会各界重视。但从总体上看，相对于经济的迅速增长、社会的急剧转型以及公众诉求的变化，社会管理体制和方式滞后的问题仍非常突出。因此，在充分总结国内外经验、教训的基础上，加快社会管理的体制改革和机制创新意义重大。

一、改革开放以来我国社会的深刻变革
及其对社会管理带来的挑战

　　计划经济时期，国家几乎控制了所有重要资源，不仅包括各种生产

要素，也包括人们生存和发展的机会及信息资源。以此为基础，国家对经济和社会生活实行了全面而严格的控制。单位和公社分别是城市、农村实施社会管理的组织依托，户籍则是管控城乡之间人口流动的一项制度。国家、企事业单位、个人的利益也基本是一体的。在这样一种制度架构下，建国后30年除了"文化大革命"这样的政治动乱外，我国社会基本保持了安定有序，但社会活力明显不足。

改革开放以来，随着我国向市场经济的转型，全面实施对外开放，工业化、城市化和信息化加速，经济、社会的组织运行方式都发生了重大变化。改革带来的一个最重要的变化是国家不再控制全部资源，资源的配置逐渐走向市场主导，同时随着中央向地方的放权让利，地方政府的自主权也大大增加。这极大地激发了经济社会活力，但也从根本上改变了国家管理社会的基础，给社会管理提出了许多挑战。

一是社会成员全面去组织化，社会管理的基层组织依托几近丧失。随着城镇经济体制改革的推进，单位制弱化，公有制企业的社会职能逐渐淡化，而新成长的非公有制企业则从一开始就没有承担社会服务和管理职能。在农村，改革后，联产承包责任制取代了集体经济，公社取消后，农民的经济、社会生活全面去组织化。这样，社会管理的城乡基层组织依托几近丧失，不仅导致基层社会服务弱化，也导致"上情下传，下情上达"的沟通机制闭塞。

二是改革开放带来利益分化，导致利益协调的难度增加。利益分化发生在多个层面。随着市场化改革，企业特别是新生的非公有制企业不再是政府的附属机构，成为独立的利益主体，不再直接听命于政府；社会阶层迅速分化，私营、外资企业主和技术人员，自由择业者，农民工等新的阶层出现，原有的工人、农民、干部阶层也发生着变化，利益诉求各不相同，利益矛盾增加；还有一个不能忽视的事实是，随着放权让利改革的实施，地方政府也逐渐成为一个相对独立的利益主体，很多时候地方政府本身就是利益矛盾的一方，使得利益协调更加复杂。

三是收入分配差距持续扩大造成的社会紧张给社会管理带来了很大压力。改革开放后特别是 20 世纪 90 年代以来，我国的收入差距持续扩大，以基尼系数来衡量已经成为亚洲最不平等的国家之一。虽然收入差距的扩大在一定程度上来自"库兹涅兹效应"——即劳动力从农业流向制造业的结构性变化产生的结果，但是市场经济秩序的不规范、劳动力市场制度的缺陷、公共服务和社会保障的不平等都对收入差距扩大产生了重要影响。收入差距持续扩大这一现象本身及其背后的原因都让人们产生不满，"仇官"、"仇富"心理普遍，使得一些起因简单的矛盾和冲突事件扩大化，加大了社会管理的难度。

四是快速工业化和城市化引发的大规模人口流动，给公共服务提供和社会秩序维持带来了巨大压力。改革开放以后，随着城镇经济对劳动力需求的增加，国家逐渐放松了对人口流动的控制，大量农村劳动力流入城镇就业，而且潮汐式地往返于城乡。大规模的人口流动增强了经济活力，但也给治安、社会秩序的维持带来了巨大压力，对公共服务也提出了很大需求，而以地方财力为主的供给没有较好地满足这种需求，带来了各种问题。

五是价值和行为方式多元化，文化和道德的约束力大幅度弱化。随着对外开放、信息化以及人口流动加速，人们价值观和行为方式日趋多元化，很多传统的文化和道德观念逐渐失去约束力，新的有约束力的文化和道德观念尚未充分形成并为广大公众所接受，文化和道德冲突以及行为失范问题突出。

六是信息化使得信息传播和社会冲突的演化形式发生巨大变化，给社会管理能力和方式带来巨大挑战。通过互联网、微博、短信等形成的网络虚拟社会，极大地加快了信息传播速度，加大了信息管理的难度，容易使社会冲突迅速扩大、升级和复杂化。我国已成为网民总量居世界第一的国家，信息化对社会舆情的影响日益显著。

二、近年来社会管理体制和方式的调整改革
及有待解决的问题

面对上述挑战，党、政府和社会对原有的社会管理体制和方式进行了一定调整改革，取得了一定进展，但仍然存在不少问题。归纳起来，主要是五个方面。

（一）基层社会重新组织化的探索取得积极进展，但尚未充分实现自治，基层社会管理中基本仍是政府"唱独角戏"，社会管理成本过高

既然原有的单位制不再有效，公社已经消失，就必须建立一种新的组织形式让基层社会重新组织化。这种努力从 20 世纪 80 年代初就开始了。1982 年修改宪法时，确立了居民委员会和村民委员会作为基层群众性自治组织的法律地位，并于 1987 年颁布了《村民委员会组织法（试行）》，于 1989 年颁布了《城市居民委员会组织法》。之后，各地农村就村民自治进行了丰富的探索，城市也大力推进社区建设，在形式上实现了基层社会的重新组织化。而在现实中，由于多种原因，居民参与自治的积极性并不高。虽然居民委员会和村民委员会的法律定位是基层群众性自治组织，但实际上它们都承担了大量执行党和政府政策的职能，是党和政府的延伸，实施的是行政化的管理，居民自我管理的功能和优势并没有得到充分发挥。管理过程中产生的矛盾和冲突最终仍然需要政府来处理，后果仍然需要政府来承担。

社团是基层社会组织化的另一种形式，与社区按居住地组织不同，社团是按照利益、兴趣和认同等维度组织起来的。虽然新中国成立之初，我国就成立了工会、妇联、科协、文联、作协等人民团体，但它们

有较强的官方色彩。改革开放后，随着利益分化和社会自由度的提高，人们对结社提出了更多需求。社团发展的环境也越来越宽松，各类社团也都得到了较大发展，人们的精神和文化需求从中得到一定满足，促进了社会团结。但总体来看，对社团的准入仍然较严，扶持仍然不足，导致社团发展滞后，人们的结社需求没有得到充分满足；也导致了部分社团"非法"生存，成为社会管理的盲区。

（二）利益表达和利益协调机制建设加快推进，但渠道仍然有限，有效性还不足

改革开放后，随着利益分化和公民政治参与意识的提高，建设有效的利益表达和利益协调机制成为迫切需求。除了完善人民代表大会、政治协商会议等基本政治制度外，社团特别是行业协会及职业团体的发展，也发挥了利益表达的功能。此外，近年来，随着决策和立法过程的科学化、民主化，政策文件、法规文本向公众公开征求意见的越来越多，听证会也广泛使用，这也成为利益表达的重要渠道。但是总体而言，这些渠道还很有限，而且也不是很有效，政府仍然需要直接面对大多数民众，缺乏有效的沟通与对话平台，群体内和群体间关系缺乏有效的沟通、协调和处置机制。

在利益协调机制方面，在新形势下，我国既继承发扬了一些好的传统，也积极借鉴国际经验。人民调解制度是 20 世纪 50 年代建立的，是一项与中国文化、传统相适应的纠纷调处机制，降低了社会管理的成本。2010 年，全国人大通过了《人民调解法》，确认和完善了这项有中国特色的纠纷调处机制。吸纳服务对象参与公共服务机构的治理，是很多地区积极借鉴国际经验的尝试，例如公立学校请学生代表、学生家长代表参与对校长的推荐、测评和罢免等。在劳动领域，21 世纪初，我国正式建立了政府、工会、企业劳动关系三方协调机制。这些都是建立有效的利益协调机制、完善社会管理的积极尝试。但总体而言，这些探索都还处于初始阶段，还没有全面发挥作用，其有效性也有待实践检验。

（三）公共服务和社会保障得到切实加强，社会紧张关系得到缓解，但不公平问题比较突出，存在社会风险隐患

改革开放后的一个时期中，公共服务和社会保障被忽视。新世纪以来，政府开始承担起在市场经济条件下提供公共服务和组织社会保障的责任，保障了民生，改善了收入分配，缓解了社会紧张关系。特别是针对大规模人口流动，加强了对流动人口的服务、保护和管理，探索实施了流出地与流入地之间就业安排、治安管理方面的协作。虽然对流动人口主要是农民工的政策经历了排斥、歧视和接纳的过程，在这样一个大规模、长时段的人口流动过程中，没有出现诸如贫民窟等严重的社会问题，应该说是了不起的。

但是公共服务和社会保障的城乡、区域和人群间差距仍然较大，这是群体间矛盾的重要根源之一。特别是公共服务和社会保障与户籍挂钩的制度安排，使得事实上已经在城市稳定居住和就业的外来人口无法享受平等权利待遇，正在导致城市内二元结构的形成，存在较大社会风险隐患。

（四）个人权利和价值越来越得到尊重和承认，但社会管理方式仍然偏重行政和强制，管理和服务缺乏有效结合

改革开放以来，随着社会主义法制的发展，社会宽容度的提高以及个人的权利意识的增强，个人权利和价值越来越得到尊重和承认，公权力侵犯个人基本权益的现象在减少。但是，总体而言，政府的社会管理方式仍然偏重行政和强制，一些政府部门的法律和服务意识薄弱，有法不依、违法不究，侵犯公民基本权利的现象时有发生。有关部门也不善于寓管理于服务，不善于以利益引导居民接受管理。

（五）文化和道德建设积极推进，但困难不小，成效尚不明显

党和政府非常重视文化和道德建设，十六届六中全会明确提出建设社会主义核心价值体系，形成全民族奋发向上的精神力量和团结和睦的

精神纽带；十七届六中全会专门就文化体制改革提出了指导思想和意见，强调要继续推进社会主义核心价值体系建设，巩固团结奋斗的共同思想道德基础；也一直在旗帜鲜明地讴歌道德模范和好人好事。但是，文化和道德建设是一个长期过程，不是能一蹴而就的。而且由于我国部分党员干部和政府官员并没有以身作则，腐败和道德败坏事件频发，公共机构的公信力也不强，造成了较坏的社会影响，加大了价值整合的难度，消减了文化和道德建设的努力。

三、推进社会管理改革创新的思路和建议

（一）基本思路

首先要对当前社会矛盾和冲突的成因有清醒认识，从我国当前实际来看，利益分配不公平、不合理是影响社会秩序的最主要因素。因此，最重要和最根本的是要分配好利益。要调整社会管理思路，扭转一些部门和人员简单将管理理解为"管制"的思维方式，要更加注重处理好利益分配问题。

推进社会管理改革创新，要同等重视实质性的利益分配和技术性的管理手段。一方面要加强公共服务和社会保障，改善收入分配，让广大人民群众共享改革和发展成果，促进公平正义；另一方面，要针对日益复杂的经济社会关系，以法治为基础，完善诉求表达、利益协调、矛盾调处等技术性管理手段，规范社会秩序，促进社会和谐。

（二）主要建议

1. 规范市场秩序，改善收入分配，从源头上减少社会矛盾的发生

要全面落实十七大报告精神，初次分配和再分配都要处理好效率和公平的关系，再分配更加注重公平。首先要推进公平的市场环境建设。应以更有力的手段打击权钱交易、假冒伪劣等不法行为，消除垄断和各

种形式的不公平竞争，使等量要素投入能够获得等量收益。在收入分配中鼓励勤劳致富、鼓励创新，遏制各种投机。逐步提高居民收入在国民收入分配中的比重，提高劳动报酬在初次分配中的比重。这是经济和社会秩序建设的基础。其次要积极推进基本公共服务均等化，完善社会保障，缩小城乡、区域、人群间的差距，让人民群众共享改革成果，防止收入差距进一步扩大，从源头上减少社会矛盾的发生。

2. 进一步推进民主法治建设，使法治成为社会管理的基础

一是要完善各级公共政策制定的公开、透明和民主，促进利益相关者的广泛参与。进一步加强决策的民主化，能公开的尽量公开，保障公民的知情权；鼓励利益相关者参与利益和意见表达，建立有效的渠道，充分听取群众意见；完善基层民主和自治，将社区事务交给基层自主决策、自主管理。

二是要进一步强化法治建设，维护法律的严肃性。除进一步推进法律法规体系的完善外，维护法律、法规的严肃性，有法必依、违法必究、执法必严，这是必须下大力气解决的问题，也是维护社会秩序的基础。同时要完善立法，解决法律体系形式上发达和解决社会生活的实质内容不足的矛盾，使其更加贴近生活实际情况，可用、好用。

三是要依法进行社会管理。坚持法律面前人人平等，公平公正执法，杜绝执法过程中解释权和裁量权的滥用。要改变一些不利于法治建设的社会管理手段。比如，行政争议调解应谨慎使用，要扭转一些部门以罚代管的利益机制扭曲。对公共卫生、安全生产、社会治安、环境污染等重大事件的处置要依法合规。

3. 积极培育社会组织，发挥其在社会管理中的作用

一是要转变认识。公益性组织、互益性组织等多种类型社会组织的发展，是社会现代化的必然趋势，也是协调利益、维护社会稳定的基础条件。随社会转型、利益分化以及人口流动等，单纯依靠政府管理的模式必然面临严峻挑战。通过发展社会组织，实现群体内利益目标整合、群体间利益表达和协调规范化并且发挥社会组织在公共服务等领域的积

极作用意义重大。从国际经验看，社会组织发展状况直接关系到社会稳定与和谐。从我国现实看，尽管社会组织发展还存在不少问题，但绝大多数社会组织都是建设性的，能够在建立完善利益表达和协商机制上发挥积极作用。

二是要立足制度建设，促进社会组织健康发展。一方面要逐步降低社会组织的成立门槛，按分类方式，分别采取审批、登记备案等方式。优先扶持公益性社会组织以及具有代表性的以行业、职业为基础的互益性社会组织发展。另一方面，则要支持和约束并举。对于那些对社会管理、公共服务有积极意义的组织，应给予包括直接经济支持、税收优惠、购买服务等多方面支持，同时，对于其业务活动方式、行为以及资产管理等加强监管，推进公开透明。重大公共决策、社会活动等应更加积极主动地动员社会组织力量。对违规行为，强化监管和控制。

4. 针对不同类型矛盾，分类完善矛盾调处机制

新中国成立以来的历史说明，有矛盾是正常的，计划经济时期社会矛盾少是当时一系列特定约束条件下的结果，当这些约束条件消失后，社会矛盾数量增加、类型分化是常态社会的现象。要做到有错必究，不要积累矛盾，矛盾处理宜早不宜迟。

第一，要分类完善矛盾调处机制。对于制度缺陷造成的矛盾，要通过完善制度建设，促进制度的公正、公平来解决；对于合法利益受损问题，要通过司法程序依法予以纠正和补偿；对于群众知情权、决策权、监督权等没有得到保障而出现或加剧的矛盾，通过加强政府信息的公开、透明，促进各级公共政策的公众参与加以解决；对于人际间由于不信任、不理解造成的日常纠纷，如家庭纠纷、邻里矛盾，则可主要通过调解来解决；等等。

第二，要建立常态的危机处置体制。一是发挥社会组织化解矛盾的功能，建立政府和民众之间的沟通平台，探索常态的利益表达和协商机制来预先化解社会矛盾。二是要以社区建设为抓手，继续发挥传统的矛盾调处机制的作用。在城市社区，通过开展社区文化活动、培育社区组

织等加强和创新社区调解；在农村社区，通过建立村民议事会、调解会等加强社区调解。三是要重视危机处理，建立和完善规范的社会管理处置体制。要加强各级政府和职能部门对公共突发事件的反应速度、协调能力和信息管理能力等，形成规范的危机处理程序。

5. 促进服务和管理有机结合，提高社会管理的效率

公共服务是利益导向的，一般来说人们都愿意利用公共服务。在服务中实现管理，可以达到事倍功半的效果。要改变重管理、轻服务的倾向，改变只管理、不服务的倾向，促进服务和管理的有机结合，这样能够增强管理主体与社会成员之间的相互信任、相互支持和相互配合。

促进社会管理与公共服务的更好结合，不仅要有理念和策略上的转变，也需要制度上的配合，最主要的就是涉及公共服务和社会管理的政府部门、机构之间基础信息要互联互通，形成综合的公民基础信息库，为社会管理提供坚实的基础。在当前人口流动数量巨大、相关社会组织发展还比较薄弱的情况下，应以社会保障和教育、医疗卫生、就业、住房等公共服务为基础，利用现代信息技术手段，吸引各种社会成员主动参与到现代社会管理体系中来，形成遵纪守法者有利可得的利益导向。在这方面，国内外有很多好的经验可供借鉴。

6. 改革户籍等传统社会管理工具，避免形成城市内二元结构，促进社会融合

作为人口登记的户籍制度是一种重要的社会管理工具，但户籍与公共服务和社会权利挂钩的做法越来越不适应人口大规模流动和公共服务均等化的要求。要进一步推进户籍与公共服务和社会权利的脱钩，用居住年限、社保交费和纳税年限等更合理的条件取代户籍作为替代性管理手段，避免出现城市内的二元结构，同时实现社会公平公正和有序管理，促进社会融合。在这一总体思路下，各地需要结合当地资源、财力和管理能力水平，制订不同的推进方案。部分地区已经按照这一思路进行了有益的探索。

7. 以更加有效的方式推进社会主义文化和道德建设

应认真总结、汲取古今中外一切有价值的文化和道德建设成果，在此基础上，凝练社会主义核心价值体系，并以有效方式大力推广和弘扬。文化和道德建设要与法律、制度建设充分结合，也要体现在各种经济制度和社会管理制度中，使其成为"活"的文化和"活"的道德，增强道德约束在社会管理中的积极作用。

农村关键领域改革

一、引 言

我国农村改革已经经历了两个阶段。20世纪80年代的第一阶段农村改革,拉开了我国改革开放的大幕,成为建立社会主义市场经济体制的重要组成部分。通过废除人民公社制度,实行以家庭承包经营为基础、统分结合的双层经营体制,赋予农民生产经营自主权,确立了农村基本经营制度;取消农产品统派购制度,全面放开搞活农产品购销,赋予农民自由交易权,建立了农产品市场体系;改革单一集体经济所有制结构,大力发展非农产业,鼓励农村个体私营经济发展,形成了公有制为主体、多种经济共同发展的农村基本经济制度。

21世纪以来启动第二阶段农村改革,重点是调整国民收入分配格局,构建统筹城乡的政策体系,促进形成城乡一体化新格局。通过对农村进行税费改革,免除农业"四税",让农民直接获得了实惠;实行农业生产者补贴制度,促进了"以工补农、以城带乡"阶段的农业发展;建立财政对农业投入的长效机制,推进了农村基础设施建设;建立农村社会保障制度,促进了社会公平。

但是,农村发展面临的深层问题尚未根本解决。从收入分配看,城乡居民收入差距不仅没有缩小,反而越来越大;从成果分享看,城市化加速推进,农民丧失土地权益,没有充分分享到城市化带来的成果。从社会公平看，农村合作医疗、社保等制度逐步建立，但其覆盖面和标准与城市差距仍然较大，城乡平等的公共服务体系尚待建立。农业和农村的进一步发展亟须深化农村第三轮改革。

二、农村改革与发展取得的重大进展

（一）农村基本经营制度已经确立

农村的"包产到户、包干到户"由底层发动，1982 年中央 1 号文件首次加以肯定，同年通过的《宪法修正案》将"以家庭承包经营为基础的统分结合的双层经营制度"作为农村的基本经营制度。30 多年来，在农村各项改革中，农村基本经营制度的改革与完善一直是重点，是保持农村稳定与发展的基石。

1. 明确和强化农户的主体地位

进入 21 世纪以后，在已经确立的农村基本经营制度基础上，我国的政策和法律进一步强化农户的经营主体地位。2000 年和 2002 年的中央 1 号文件分别要求"将土地承包经营权证书发放到户"和"承包地面积、地块全部落实到户，为期 30 年的承包经营合同全部签订到户，土地承包经营权证书全部发放到户"。2002 年的《农村土地承包法》在总则中开宗明义："为稳定和完善以家庭承包经营为基础、统分结合的双层经营体制，赋予农民长期而又保障的土地使用权。"

2. 延长土地承包期，稳定农民对土地的预期

1984 年中央 1 号文件规定土地承包期"15 年不变"，1993 年中央 11 号文件将其延长到"30 年不变"；2002 年《农村土地承包法》在法律上明确"耕地的承包期为 30 年，草地的承包期为 30～50 年，林地的承包期为 30～70 年"；2008 年中共十七届三中全会提出"现有土地承包关系要保持稳定并长久不变"。

3. 所有权和经营权相分离，承包权物权化

农村土地制度改革的策略是，在坚持集体所有制前提下，分离所有权与使用权，强化和完善土地承包经营权权能，保护农户土地使用、收益和转让权。农民与土地的关系从最初的"上交国家、留够集体、剩余归自己"合约，到"承包期内增人不增地、减人不减地"，再到"长期而有保障的土地使用权"和"承包关系长久不变"。随着《土地承包法》和《物权法》的颁布实施，农民土地承包权已明确为物权。

4. 明确并规范以农户为主体的农地流转

1984 年中央 1 号文件规定"在延长承包期以前，群众有调整土地要求的，可以本着'大稳定、小调整'的原则，经过充分商量，由集体统一调整"。1993 年中共十四届三中全会提出"允许少数经济比较发达的地方，本着群众自愿原则，可以采取转包、入股等多种形式发展适度经营"。2001 年中央 18 号文件明确提出农村土地流转的主体是农户，必须坚持"自愿、依法、有偿"原则，以及不提倡企业到农村大规模包地。2008 年中共十七届三中全会明确土地流转"不得改变土地集体所有性质，不得改变土地用途，不得损害农民土地承包权益"。

（二）统筹城乡的政策体系初步形成

"统筹城乡经济社会发展"，于 2002 年在党的十六大报告中首次提出，2003 年中央农村工作会议提出城乡统筹的目标是"使城市和农村相互促进、协调发展，实现全体人民的共同富裕"。机制是"调整国民收入分配格局，增加财政对农村和农业的支出比重"。2004 年中共十六届四中全会上，胡锦涛总书记提出工业与农业、城市与乡村发展存在"两个趋向"的重要论断。在当年中央经济工作会议上，胡锦涛更进一步明确提出我国总体上已到了"以工促农、以城带乡"的发展阶段。2008 年中共十七届三中全会进一步明确"我国总体上已进入以工促农、以城带乡的发展阶段，进入加快改造传统农业、走中国特色农业现代化道路的关键时刻，进入着力破除城乡二元结构、形成城乡经济社会发展

一体化新格局的重要时期"。

经过近 10 年的努力，我国统筹城乡发展的政策体系初步形成，城乡统筹取得了重大进展。

1. 实行"多予、少取、放活"政策

十六大以来，中央财政逐年加大对"三农"的投入力度。从 2003～2010 年，中央财政和国债资金用于"三农"的投入分别是 2144 亿元、2626 亿元、2975 亿元、3397 亿元、4318 亿元、5956 亿元、7253 亿元和 8580 亿元，占当年中央财政总支出的比重分别为 13.69%、14.37%、14.69%、14.47%、14.61%、16.40%、16.55% 和 17.76%，财政支农资金比上年的增长率分别达到了 11.4%、22.5%、13.3%、14.2%、27.1%、37.9%、21.8% 和 19.8%。2000 年 3 月，中共中央、国务院发布《中共中央、国务院关于进行农村税费改革试点工作的通知》，拉开了我国农村税费改革的序幕，直至 2006 年 1 月 1 日《中华人民共和国农业税条例》的废止，征收了两千多年的农业税从此退出历史舞台。2006 年全面取消农业税后，农民每年减负总额超过 1000 亿元，人均减负 120 元左右，8 亿农民得到实惠。减负的同时，我国于 2004 年启动对种粮农民实行直接补贴的政策，并逐步将补贴范围扩大到养殖业。目前，补贴内容主要包括种粮直接补贴、农资综合直补、良种补贴、农机具购置补贴、畜禽养殖补贴、渔业生产柴油补贴、测土配方施肥补贴、农业灾害救助补贴以及新增的劳动力培训补贴等。

2. 建立粮食等主要农产品生产支持体系

21 世纪以来，国家将发展农业生产和促进农民增收结合起来，促进粮食和重要农产品生产稳定发展，加强农业综合生产能力建设，同时深化粮食和农产品流通体制改革，全面放开了粮食购销市场，建立了以中储粮公司为核心的中央储备粮垂直管理系统和以省级储备粮公司为主体的地方储备粮系统，实行了粮食最低收购价政策、临时收储政策、农民种粮直接补贴政策、农业生产资料综合补贴政策、良种补贴政策、农机补贴政策、种粮大县奖励政策、生猪大县奖励政策等一系列新政策，建立和完善了新型农业支持保护政策体系，基本构建了确保国家粮食安全和重要农产品市场供应的体制机制。

3. 增加对农业和农村的基础设施投入，加强农村基础设施建设

国家财政把"让公共财政的阳光逐步照耀农村"作为新时期财政支持"三农"的基本指导思想，着力解决农村基础设施投入不足的历史问题。2003～2007年，全国新改建农村公路130万公里；"十五"期末，全国县、乡、村通电率分别为100％、100％、99.8％；2006年通过的《全国农村饮水安全工程"十二五"规划》，提出到2015年全部解决全国3.2亿农村人口饮水不安全问题。2005年中央财政用于农业农村基础设施建设的预算内基本建设投资和国债项目资金达812.78亿元。2006～2007年国家重点支持农村"六小工程"建设，2007年解决农村饮水安全问题安排40亿元，共支出194.6亿元，2008年中央财政用于农业和农村基础设施建设支出3044.5亿元，2009年中央财政用于农业基础设施建设1295.1亿元。

4. 加大农村教育投入，提高财政对农村教育的支持力度

2003年《国务院关于进一步加强农村教育工作的决定》明确提出，"以县为主"讲的是管理体制，在投入上则要进一步落实各级政府特别是省政府对农村义务教育的"共同责任"。2005年国务院发出《关于深化农村义务教育经费保障机制改革的通知》，要求"明确各级责任、中央地方共担、加大财政投入、提高保障水平、分布组织实施"的基本原则，将农村义务教育全面纳入公共财政保障范围。2009年新通过的《义务教育法》，在"以县为主"管理体制的基础上，进一步加大了省级政府的统筹和责任，所需经费由各级人民政府根据国务院的规定，分项目、按比例分担。2003年和2004年，全国财政预算内农村义务教育投入2420亿元。2005年中央财政共安排支持农村义务教育方面的资金688亿元，使中西部地区农村义务教育阶段3400万名贫困家庭学生受益。2006年中央在中西部地区扩大农村义务教育免费实施范围，全部免除西部地区和部分中部地区农村义务教育阶段5200万名学生的学杂

费，为 3730 万名家庭经济困难学生免费提供教科书，对 780 万名寄宿生补助生活费及西部地区农村义务教育阶段中小学安排提高公用经费保障水平的补助资金。2007 年中央财政支出 364.8 亿元，地方财政相应支出 323 亿元，对全国农村义务教育阶段学生全部免除学杂费，全部免费提供教科书，对家庭经济困难寄宿生提供生活补助，提高中小学公用经费和校舍维修经费补助标准。2008 年中央财政支出 618.1 亿元全面实行城乡免费义务教育，中央财政安排 570.4 亿元。

5. 建立新型农村合作医疗制度

2002 年中共中央国务院发布《关于进一步加强农村卫生工作的决定》，提出各级政府要积极引导农民建立以大病统筹为主的新型农村合作医疗制度。2003 年卫生部、财政部和农业部联合发布了《关于建立新型农村合作医疗制度的意见》，开始建立由政府组织、引导、支持，农民自愿参加，个人、集体和政府多方筹资，以大病统筹为主的农民医疗互助共济制度，并在全国范围内启动试点。2004 年将扩大新型合作医疗试点增加到占全国县（市、区）的 11.6%，农民个人每年每人缴费不低于 10 元，中央财政对中西部除市区以外参加新型农村合作医疗的农民每年每人补助 10 元。2005 年试点范围扩大到全国县（市、区）的 23.5%。2006 年试点范围扩大到全国 50.7% 的县（市、区），参合农民达到 4.1 亿人，中央财政补助标准由 10 元提高到 20 元。2007 年新型农村合作医疗制度覆盖到全国 86% 的县，参合农民 7.3 亿人，中央财政补助达 114 亿元。到 2008 年 6 月底，全国 31 个省（市、区）提前实现新型农村合作医疗制度全覆盖的目标，参合人数达到 8 亿多。2009 年全国新农合筹资水平达到每人每年 100 元。2010 年提高到每人每年 150 元，2011 年各级财政对新农合的补助标准从每人每年 120 元提高到 200 元。

6. 完善农村各项社会保障制度

从 2004 年开始，中央要求有条件的地方可探索建立农村居民最低生活保障制度。2006 年提出到 2020 年基本建立覆盖城乡居民的社会保障体系目标。2007 年国务院发布《关于在全国建立农村最低生活保障制度的通知》，要求各地以"制度完善、程序明确、操作规范、方法简便，保证公开、公平、公正"为原则，根据当地农村经济社会发展水平和财力状况的实际出发，合理确定保障标准和对象范围，建立"稳定、持久、有效"的农村居民最低生活保障制度。到 2007 年底，全国农村已经全面建立起最低生活保障制度。截至 2008 年 12 月，全国城市低保对象 2334.6 万人，月人均保障标准 205.3 元，补助 141 元；全国农村低保对象 4284.3 万人，月人均保障标准 82.3 元，补助 49 元。在农村养老保险方面，2006 年提出"探索建立农村养老保险制度"以来，基本养老保险个人账户试点范围不断扩大，基本养老金计发办法改革稳步实施，省级统筹加快推进。截至 2007 年底，有 5100 多万农民参加了农村养老保险，1000 多万被征地农民被纳入基本生活或养老保障制度。保险基金的支撑能力也在逐步增强，截至 2007 年底，农村养老保险积累基金已达 400 亿元。2008 年 10 月出台《关于开展新型农村社会养老保险试点的指导意见（征求意见稿）》，计划 2009 年，将在全国展开以"基础养老金"为主要特点的新型养老保险试点工作，到 2012 年参保率达到 50%以上，2017 年参保率达到 80%以上，2020 年基本实现全覆盖。中央财政将负责支出人均 60 元的基础养老金，有条件的地方可以再安排资金以提高当地的基础养老金标准。目前新型农村养老保险试点已扩大到 25 个省（市、区）的 305 个县级单位。

（三）顺应农民非农化的政策体系不断完善

1978～2010 年，全国非农业户籍人口从 1.52 亿增加到 4.50 亿，增加了 1.96 倍，农村非农就业人数从 2827 万增加到 2.18 亿，增加了 6.70 倍。农村劳动力非农比例从 9.2%提高到 52.6%。1978～2010 年，全国非农业户籍人口从 1.52 亿增加到 4.5 亿，增加了 1.96 倍，农村非农就业人数从 2827 万增加到 2.18 亿，增加了 6.7 倍。尤其是 2000 年以来，农村劳动力跨地域流动加速，农民非农化也在发生从单个劳动力的出外谋取收入机会转向举家外出。农民离开本乡本土的趋势，正在改变着农民对农业、农村的观念，也改变着他们的生活方式，农民工就业非农化的同时，生活方式也在城市化。伴随这一进程，我国促进农民非农化的政策也不断完善。

1. 加大农民培训力度，促进农民非农就业

2003 年党的十六届三中全会提出"建立健全农村劳动力的培训机制……逐步统一城乡劳动力市场，加强引导和管理，形成城乡劳动者平等就业的制度"。2004～2006 年的中央 1 号文件明确要求加强对农村劳动力的职业技能培训和促进农村劳动力转移。2004 年中央财政支持农村劳动力转移培训 200 多万人。2005 年劳动和社会保障部出台"实施农村劳动力技能就业计划"，"5 年内对 4000 万进城务工的农村劳动者开展职业培训"。2007 年国务院常务会议讨论并原则通过《就业促进法（草案）》，在这之后，形成系统化的促进农民非农就业的政策体系，包括：努力建立城乡平等的就业制度，取消各种针对农民工进城就业的不合理限制；逐步建立覆盖城乡的公共就业服务体系；积极建立城乡统筹的职业技能培训体系；引导农村劳动力有序外出就业；鼓励农村劳动力就地就近转移就业；扶持农民工返乡创业。

2. 加强农民工权益保护

2006 年颁布《国务院关于解决农民工问题的若干意见》提出，公平对待、一视同仁是解决好农民工问题的根本要求，农民工"就业有技能、劳动有合同、工资有保障、伤病养老有保险、维权有手段、居住有其屋"是根本目标，要求健全农民工工资支付保障制度，加快建立城乡劳动者平等就业和平等享受城市公共服务的制度，建立覆盖全体农民工的工伤、医疗、养老社会保障制度，建立农民工养老保险关系异地转移与接续制度，确保农民工共享改革发展成果。2008 年党的十七届三中全会进一步提出"逐步实现农民工劳动报酬、子女就学、公共卫生、住房租购等与城镇居民享有同等待遇，改善农民工劳动条件，保障生产安全，扩大农民工工伤、医疗、养老保险覆盖面，尽快制定和实施

农民工养老保险关系转移接续办法"。2011 年国办《关于积极稳妥推进户籍管理制度改革的通知》9 号文,明确要求"对农村人口已落户城镇的,要保证其享有与当地城镇居民同等的权益;对暂不具备落户条件的农民工,要有针对性地完善相关制度,下大力气解决他们当前在劳动报酬、子女上学、技能培训、公共卫生、住房租赁、社会保障、职业安全等方面的突出问题。出台有关就业、义务教育、技能培训等政策措施,不要与户口性质挂钩,继续探索建立城乡统一的户口登记制度,逐步实行暂住人口居住证制度"。

3. 保障农民工的土地权益

农民工落户城镇,是否放弃宅基地和承包的耕地、林地、草地,必须完全尊重农民本人的意愿,不得强制或变相强制收回。禁止借户籍制度改革或者擅自通过"村改居"等方式非经法定征收程序将农民集体所有土地转为国有土地,禁止农村集体经济组织非法出让、出租集体土地用于非农业建设,严格执行禁止城镇居民在农村购置宅基地的政策。

4. 稳妥推进户籍制度改革

2000 年《中共中央国务院关于促进小城镇健康发展的若干意见》中提出:"为鼓励农民进入小城镇,从 2000 年起,凡在县级市市区、县人民政府驻地镇及县以下小城镇有合法固定住所、稳定职业或生活来源的农民,均可根据本人意愿转为城镇户口,并在子女入学、参军、就业等方面享受与城镇居民同等待遇,不得实行歧视性政策。对在小城镇落户的农民,各地区、各部门不得收取城镇增容费或其他类似费用。" 2008 年党的十七届三中全会明确提出"统筹城乡社会管理,推进户籍制度改革,放宽中小城市落户条件,使在城镇稳定就业和居住的农民有序转变为城镇居民"。2011 年国办专门发《关于积极稳妥推进户籍管理制度改革的通知》9 号文,要求"分类明确户口迁移政策,在县级市市区、县人民政府驻地镇和其他建制镇有合法稳定职业并有合法稳定住所(含租赁)的人员,本人及其共同居住生活的配偶、未婚子女、父母,可以在当地申请登记常住户口。城镇综合承载能力压力大的地方,可以对合法稳定职业的范围、年限和合法稳定住所的范围、条件等作出具体规定，同时积极采取有效措施解决长期在当地务工、经商人员的城镇落户问题。在设区的市（不含直辖市、副省级市和其他大城市）有合法稳定职业满三年并有合法稳定住所同时按照国家规定参加社会保险达到一定年限的人员，本人及其共同居住生活的配偶、未婚子女、父母，可以在当地申请登记常住户口。城市综合承载能力压力大的地方，可以对合法稳定职业的范围、年限和合法稳定住所的范围、条件等作出严格规定，同时积极采取有效措施解决长期在当地务工、经商人员的城市落户问题"。

（四）农业现代化进入新阶段

历史上，由于人口对土地的压力以及工业文明不发达，我国农业形成以增加劳动投入为主、提高土地生产率的农业发展模式。改革前，人口继续增长，重工业导向的工业化将农民排斥在工业化进程之外，农业增长主要依靠提高土地生产率的现代投入（良种、化肥、抗病虫害技术发展）和增加复种指数来提高农业劳动利用率，其结果是农村继续保持着巨量的人口总量，农业吸纳了巨额的就业量；农业产值份额下降，就业份额下降缓慢；土地生产率提高，劳动生产率停滞；土地对人口的压力增加，人地比率进一步降低，农业内卷化更加严重。20世纪80年代中期以后农村工业化崛起，打开农民参与工业化的通道，农业内部结构变化，农业产值和就业份额同步下降，土地生产率继续上升，劳动生产率开始提高。2000年以后，随着出口导向工业化和沿海工业化带来农村劳动力跨地区/跨省转移流动增加，以及90年代初总和生育率就已降到更替水平以下和乡村劳动力出现递减，人地关系发生重大变化，农业发展进入新阶段。

1. 农业用工成本大大增加

1978～2009年间，家庭用工价与雇工工价均出现明显增长，且雇工工价近10年增速很快，从1999年的14.05元/日增长到2009年的

53.09 元/日，增长近 4 倍。家庭用工价折算也从 1999 年的 9.5 元/日增长到 2009 年的 24.8 元/日，增长了 2 倍多（见图 1）。除了物价水平等因素的影响外，农业用工价格的快速增长，与农村劳动力非农就业机会的增长及其所带来的农业用工的机会成本增加等因素也有显著关系。

(元／日)

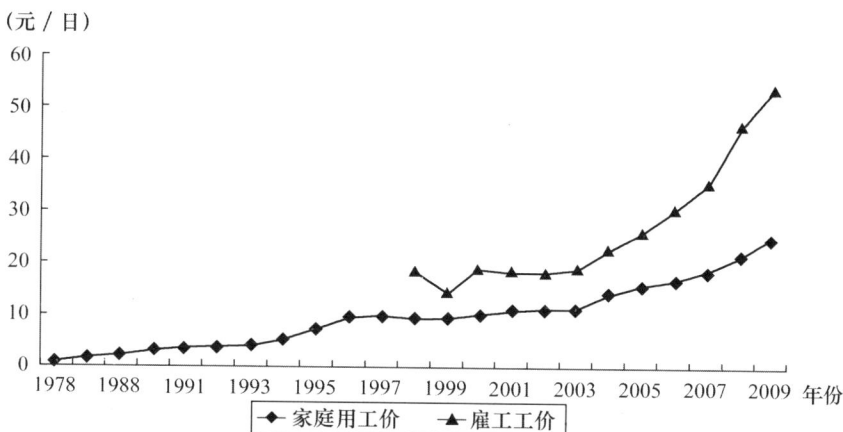

图 1　三种主要粮食作物在 1978～2009 年间家庭用工价与雇工工价的变化
资料来源：《2007～2010 年全国农产品成本收益汇编》。

图 2 是 1978～2009 年间各主要作物（稻谷、小麦、玉米、大豆、油菜籽、棉花）的家庭用工折价成本和雇佣费用的变化情况。1999～2009 年的 10 年间，家庭用工核算总费用都呈现直线上升。其中，棉花成本最高，亩均接近 500 元；其次是油菜籽、稻谷和玉米成本，2009 年接近或在亩均 200 元左右；小麦、大豆成本价格相对较低，分别在亩均 150 元和 100 元以下。

2. 农业的要素投入发生变化

农业劳动成本的提高带来的首先是原有农业的用工量大大下降。几种主要农作物的亩均用工量都有持续性的不同程度的下降。其中，下降幅度最大的是棉花，从 1990 年的接近 45 日/亩下降到 1999 年的 35 日/亩，又下降到 2009 年的 22 日/亩，20 年间减少了 1 倍。稻谷、油料作物则从 1990 年的 20 日/亩下降到目前低于 10 日/亩，也减少了 1 倍左右。小麦、玉米和大豆趋势类似（见图 3）。

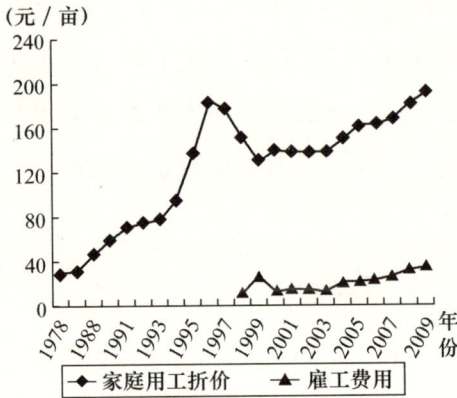

稻谷

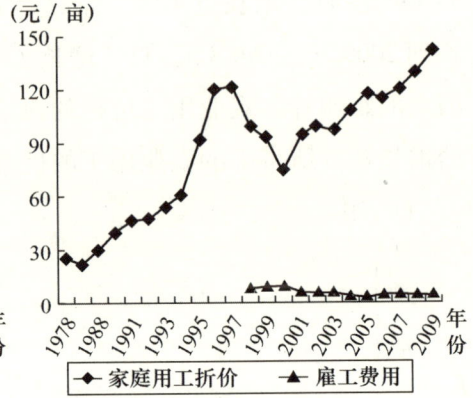

小麦

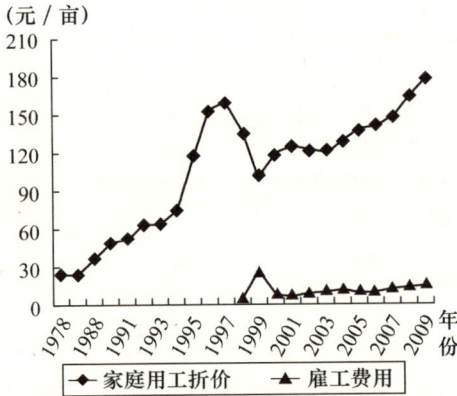

玉米

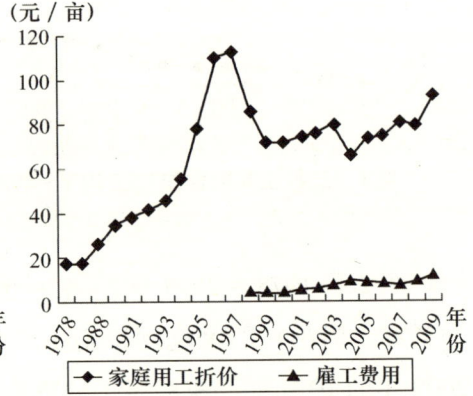

大豆

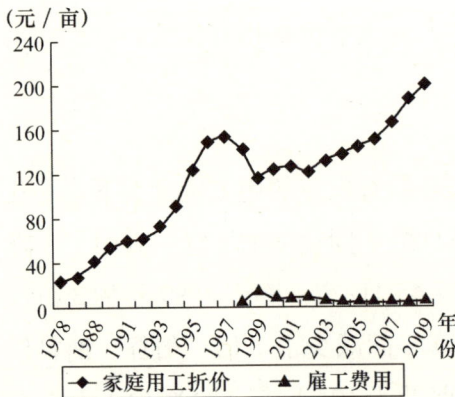

油菜籽

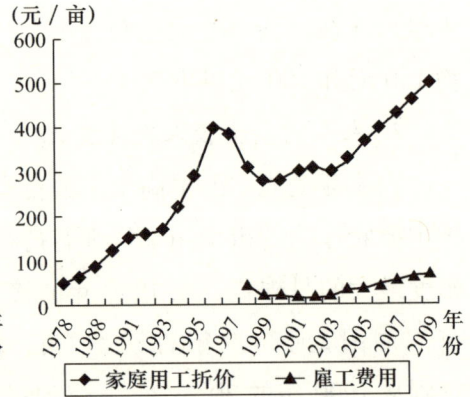

棉花

图 10.2　几种主要农作物在 1978～2009 年间家庭用工折价与雇工费用的变化

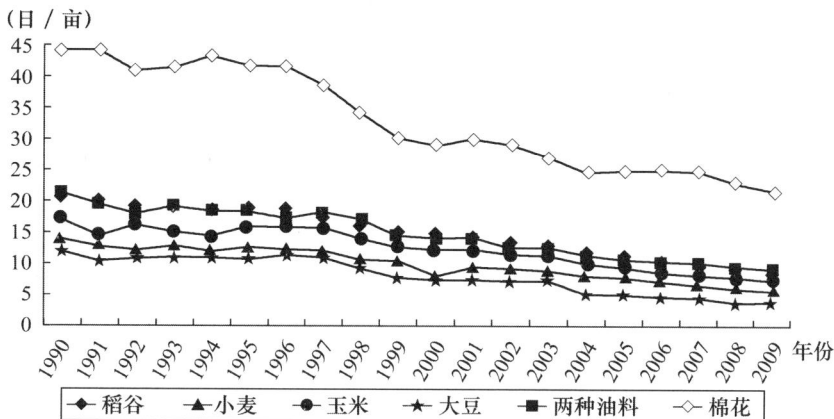

图3　1990～2009年间各主要种植作物的亩均用工量

除了作物用工量大幅度减少外，作物要素投入比例也发生变化。总劳动力投入持续减少，从1990年近4亿人下降到2009年不到3亿人，下降幅度约为25%。代表现代要素投入的化肥施用量稳定增加，从1990年的2500万吨左右增加到2009年的超过5000万吨，增长了一倍。农用机械总投入的增长幅度，从1990年的3亿千瓦上升到1999年的5亿千瓦，到2009年已经达到接近9亿千瓦，20年间增长了3倍（见图4）。

3. 土地生产率与劳动生产率呈双提高态势

总体来看，主要三种粮食作物的土地生产率有较明显增长，其中稻谷的土地单产较高，玉米、小麦次之。但小麦在20年间土地生产率的变化幅度较稻谷和玉米更大。花生和棉花的单产在稳定的情况下有一定增长，大豆、油菜等则呈基本稳定趋势。各个作物的劳动生产率自1978～2009年间均有明显的增长，尤其是三种主要粮食作物（稻谷、小麦和玉米）的劳动增长率，基本呈同样的递增趋势。此外值得注意的是，在2000年以后，三种粮食作物的劳动生产率提高幅度和速度较之之前的时期有更明显的增长（见图5、图6）。

4. 促进农业发展方式转变的制度安排逐步明晰

2004年中央1号文件强调"按照高产、优质、高效、生态、安全的要求，走精细化、集约化、产业化的道路"。2007年中央1号文件

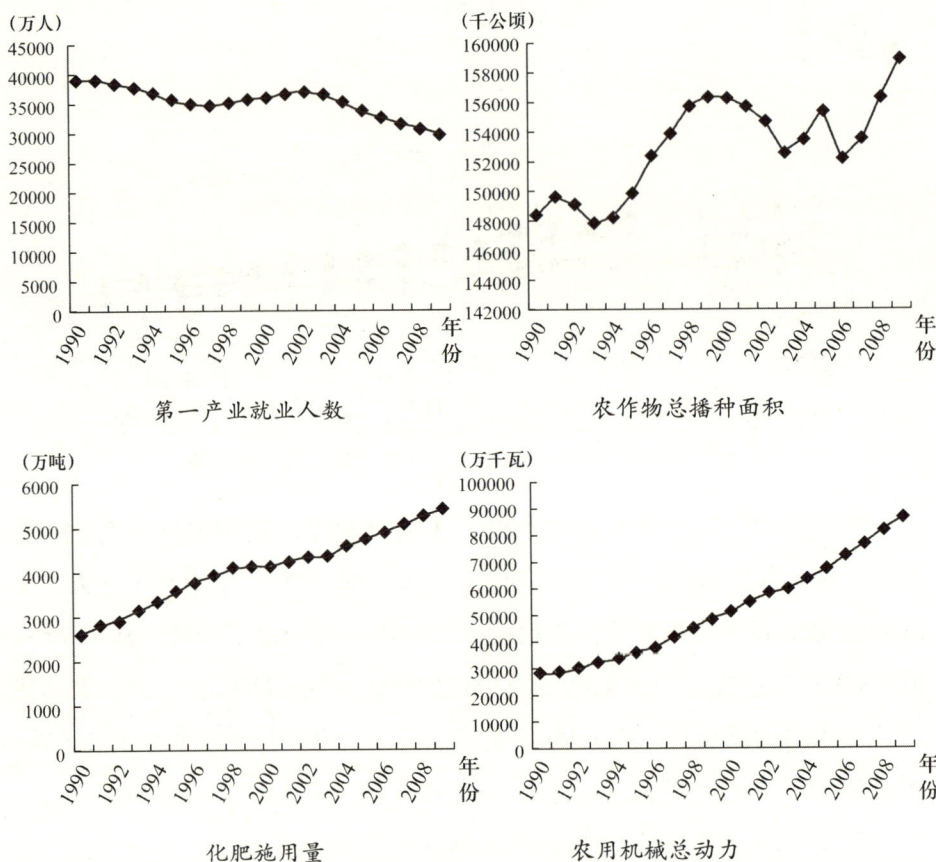

（万人）

第一产业就业人数

（千公顷）

农作物总播种面积

（万吨）

化肥施用量

（万千瓦）

农用机械总动力

图4 1990～2009年间农业几大要素投入变化情况

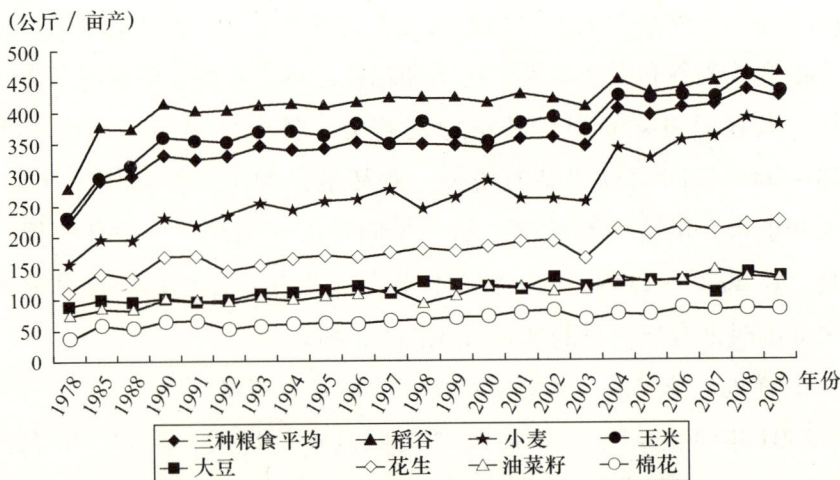

（公斤／亩产）

三种粮食平均　稻谷　小麦　玉米
大豆　花生　油菜籽　棉花

图5 1978～2009年主要粮食作物土地生产率变化

（日/公斤）

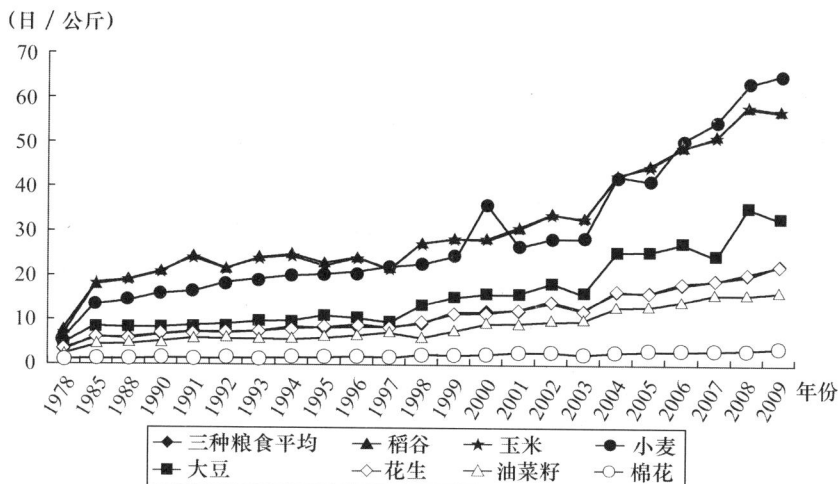

图6　1978～2009年主要粮食作物劳动生产率变化

《关于积极发展现代农业扎实推进社会主义新农村建设的若干意见》明确"发展现代农业是社会主义新农村建设的首要任务，是促进农民增加收入的基本途径，是提高农业综合生产能力的重要举措，是建设社会主义新农村的产业基础"，提出了建立现代农业的政策机制，包括加大对三农的投入力度，建立促进现代农业建设的投入保障机制；加快农业基础设施建设，提高现代农业的设施装备水平；推进农业科技创新，强化建设现代农业的科技支撑；开发农业多种功能，健全发展现代农业的产业体系；健全农村市场体系，发展适应现代农业要求的物流产业；培养新型农民，造就建设现代农业的人才队伍。2008年十七届三中全会《决定》提出"两个转变"：即"家庭经营要向采用先进科技和生产手段的方向转变，增加技术、资本等生产要素投入，着力提高集约化水平；统一经营要向发展农户联合与合作，形成多元化、多层次、多形式经营服务体系的方向转变"。十二五规划建议"要在深入推进工业化、城镇化的过程中同步推进农业现代化"。

三、农村发展面临的主要制度性问题

（一）城乡二元土地制度不断强化，妨碍城乡统筹发展

1. 农村基础土地产权制度安排存在缺陷，农村难以长治久安

改革30多年来，我国建立起以家庭承包经营为基础的农业双层经营体制，并通过政策和法律巩固和完善农村基本经营制度。但是，农村土地的基础制度安排还存在重大缺陷，主要表现为以下几个方面。

第一，对集体所有制缺乏明确的法律界定。我国宪法和相关法律规定农村土地属于集体所有；但是，这个集体的内涵并不清楚。在所有权边界上，基本沿袭"三级所有（镇、村、组）"格局，导致上一级以各种名义侵犯下一级集体所有权、尤其是行政村侵犯村民小组所有权的情形经常发生，一些地方甚至以文件形式将小组所有权统一升格为行政村所有权，由村委会行使发包方的权利。在所有权内部，尽管企图通过"增人不增地、减人不减地"等措施使人与土地的关系长期化，但是，在土地集体所有制框架下，每个村社成员对集体土地就有同等的权利，集体所有制内部化为人人有份的成员权集体所有制，村庄内部人口增减就具有土地在分配的压力，影响土地承包权的长期稳定性。

第二，承包经营权权能不完整。30多年农村土地制度改革的基本经验是，实行所有权与承包经营权分离，做实、做强农户土地承包经营权。但目前的承包经营权制度安排也存在问题。一是承包经营权权能不完整，农户的使用权、收益权和农地农用下的流转权已有法律保障，但是，承包经营权下如何设置占有权、继承权和抵押权遇到法律障碍。二是承包经营权内含承包权和经营权两种法律权利，从现有法理来说，承包权已经被界定为物权，但经营权是一种债权，当拥有承包权的农户就是经营者时，承包权与经营权是合一的，两种权利不会有冲突，但当拥

有承包权的农户不再是经营者时，如何在保障承包权的前提下流转经营权，遇到法律风险，担心将经营权流转承包权丧失或受到削弱，影响农地流转，在人口大规模流动背景下，这一问题将越来越严重。

2. 城乡二元土地权利制度和政府垄断土地一级市场格局不断强化，农民和农村难以分享土地级差收益

在宪法规定的"城市土地国有、农村土地集体所有"两种所有制架构下，我国农村土地和城市土地属于完全分割的两套权利体系和法律体系规制。农民集体享有农地农用下的土地使用权利，农地转为非农使用，必须实行征收和集体所有转国有，农民集体在获得原用途的倍数补偿后，丧失集体土地所有权和土地增值收益分配权。在现实中，由于制度规定上的模糊性，城乡二元土地制度结构和政府垄断土地一级市场格局在不断被强化。

第一，宪法规定的土地城市国有，并没有明确城市边界。现实中，我国的城市边界有建成区和规划城区两种，由于我国处于城市化快速推进阶段，城市边界的不断拓展成为趋势，各级城市政府也不断通过修编城市总体规划，拓展城市边界。这样，随着城市圈的外扩，农民集体所有土地就不断通过征收转变为国有土地，城市化的过程就变成事实上的土地征收的国有化进程。

第二，我国农地转用实行用途管制、规划管制和所有制管制三重约束。通过用途管制规定土地用途，限制农地转为非农用地，通过规划管制落实经济活动的空间管制和产业落地。另外，由于法律规定的农地转用必须实行征收和所有制转性，我国事实上存在所有制管制。在这三重管制中，城市政府首先通过城市规划调整城市发展空间，农村空间被纳入城市版图，接着起作用的是所有制管制，对被纳入城市空间的农民集体土地实行征用，农村集体所有土地转性为国有，最后一道防线才是用途管制，地方政府通过补充耕地和占补平衡机制，落实土地利用总体规划。由此可见，规划管制和所有制管制是硬约束，用途管制成了软约束，在城市化进程中，农民集体所有土地失去土地和土地利益分配保障。

第三，农民集体建设用地进入市场的通道被事实上关闭。尽管土地管理法规定农民集体可以自用集体土地进行非农建设，但是，随着乡镇企业改制和工业向城镇集中，农民集体自用土地发展非农产业的政策环境已经不存在，这条规定已形同虚设。加上我国建设用地实行指标管理，在工业化城市化加速背景下，省级政府和城市政府分配到的指标还不够用，县级和乡镇能得到的建设用地指标微乎其微，集体建设用地合法、合规进入市场的管道基本被关闭。近年来农村出现的大量违法违规、农民集体自发进行非农建设，以及违法违规出租土地的现象大量发生，与这套制度有很大关系。

3. 行政权侵犯土地财产权，影响农民土地权益和农村社会稳定

在政府主导经济发展模式下，尽管通过法律和制度完善不断强化土地财产权的保护，但是，行政权侵犯产权的现象大量发生，在不同阶段的表现不同，都对农民财产权的侵蚀和农村社会的稳定危害极大。行政权侵犯产权的表现主要有以下三个方面。

第一，县、乡政府以行政手段推动农业结构调整，强制农民统一种植，甚至强制收回农民土地承包经营权搞规模经营或转包给公司经营，侵害农民土地使用权、收益权和流转权，造成农村土地承包关系不稳定。

第二，为增加城市用地，扩展城市发展空间，简单利用农村建设用地减少、城市建设用地增加政策，采取行政手段和下指标方式，不顾经济发展水平、农民意愿和村落文化，强制推进村庄拆迁、归并和农民上楼，造成失地、失业农民增加，村落文化被破坏和农民土地权益受损，造成农村不稳定。

第三，一些地方不顾城市化的自身规律，通过行政强制加速城市化进程。实行农民工放弃承包土地和宅基地来换城镇户口，或要农民"用承包土地换社会保障、用宅基地换住房"，侵害其土地权益。

4. 城市化下的人地关系机制尚未建立，影响人口城市化和农村生产要素流动

伴随工业化、城镇化发展，我国已有 2.42 亿以青壮年为主的农村

劳动力转移到非农产业和城镇，成为农民工。他们多数常年在城镇就业、生活，但受以户籍为标志的城乡二元体制影响，只能在城镇流动就业和暂住，难以在城镇获得公平待遇和迁移定居，不得不在农村保留老人、儿童、妇女，保留承包土地、宅基地和房屋。据国务院发展研究中心 2009 年对 105 个村的调查，出县就业农民工占农村劳动力的 40% 以上，但外出农民工流转的土地只占其承包土地面积的 15% 左右。这种没有居住迁移的人口流动，是农地不能随着劳动力就业转移而流转的一个根本原因。

（二）农村公共服务水平较低，城乡均等化的公共服务体系尚未形成

近年来在推进城乡基本公共服务均等化方面取得了一些进展，但公共财政、公共服务对农村的覆盖范围和力度不够，现有的投入远远不能满足农业农村发展对各种公共品的实际需要，公共资源城乡配置失衡问题仍然突出，城乡包括公共基础设施建设投资体制、教育卫生文化等公共服务体制、社会保障制度等"二元"格局明显。

1. 城乡教育差距继续拉大，农村教育仍是我国教育事业最薄弱的环节

第一，2003 年实行义务教育经费"以县为主"的制度后，不发达地区县级财政困难，制约了农村教育的投入和发展。农村义务教育阶段学校办学条件较差，相当一部分农村特别是贫困地区学校的校舍、教学设施、仪器设备达不到国家规定的基本标准。农村教师整体素质不高、骨干教师缺乏、收入和社会保障待遇偏低等问题突出，严重制约了教学质量的提高。

第二，农村职业教育教学不能满足培育新型农民和促进农村劳动力转移的需要，学科设置与学生所学知识与社会需要严重脱节，学校的实习实践场所、师资队伍等普遍紧张。

第三，农村居民非义务阶段教育负担重。以高中教育为例，根据对

53 个国家公立普通高中学费情况的分析，只有 7 个国家收费，我国年均学费 1139 元，是 7 个国家中收费最高的。

2. 农村医疗卫生事业发展滞后，公共卫生问题突出

第一，对农民的医疗卫生服务水平不高。重大疾病威胁农民健康，严重影响农村劳动人口素质和农民生活质量；医疗资源数量质量、基础设施服务条件及人口健康状况上都远远落后于城镇地区；部分农村特别是在贫困地区、边疆地区的农村，缺医少药问题尚未根本解决。农村医疗卫生服务能力薄弱，乡村医生技能水平不高。基本药物制度存在重大缺陷，农民需要的药物得不到满足，只能被挤到县一级以上医院就医就诊。

第二，农村饮水、厕所、垃圾处理、环境污染等公共安全卫生问题突出。农村饮水安全卫生问题主要因地质条件、地下水含氟超标等及水环境污染引起。据有关调查，我国农村人群患病的 80% 左右、死亡的 30% 左右都与生活用水不洁直接相关。目前，全国农村有近 7 亿人的饮用水中大肠杆菌超标，由于农药等化学物质的广泛使用，致使许多地方的地下水已经不适于饮用。根据水利部 2009 年的调查，2009 年底全国农村饮用水不安全人口还有 2.2 亿人左右，扣除 2010 年解决的约 6000 万人，还有 1.6 亿人左右。

3. 农村医疗、养老、救助等保障水平低，城乡差距较大

第一，目前新农合住院报销比例仅 40% 左右，病人自付费比例依然很高，难以解决农村居民因病致贫、因病返贫的问题。

第二，新型农村社会养老保险覆盖面窄，保障水平低。到 2010 年底 70% 以上的农村人口尚未参加新型农村社会养老保险。已经参保老年农民可领到的由政府发给的基础养老金仅为每月 55 元，与城镇职工养老保险标准相差若干个档次（如 2010 年底全国企业参保退休人员月人均基本养老金达到 1362 元）。

第三，农村最低生活保障水平偏低，在一些地区还做不到"应保尽保"。

第四，失地农民社保、农民工社保等社会保障等还很不健全。

（三）妨碍农民融入城市的制度障碍依然存在，半城市化问题严重

2000 年以来，我国城市化进程加快，但农民融入城市仍然困难重重。1996～2007 年，城市常住人口从 35950 万人增加到 59379 万人，净增加了 23429 万，年均增长 4.7%。但是，目前按常住人口统计的城市人口，包括了近 1.5 亿的流动人口，从经济活动来看，这部分人口计入城市人口是有意义的，但从享受的公共服务和居住来看，他们绝大部分并不是真正意义的"城里人"，对社会稳定和和谐构成隐患。

1. 进城农民工同工不同酬，工资水平仍然较低，劳动权益缺乏保障

近年因劳动力供求偏紧、政府促进平等就业等因素，农民工工资有了较快增长，但总体上仍然偏低。据国家统计局调查，2009 年农民工平均月工资 1417 元，只相当于城镇在岗职工平均月工资 2435 元的 58%。农民工普遍劳动时间长，平均每月工作 26 天，每周工作 58.4 小时，每月比国家规定多工作 84 小时，折合 10.5 个工作日。按此推算，农民工实际小时工资只相当于城镇职工的 43%，同工不同酬的问题明显存在。农民工拿到手的工资约有 30% 是通过加班取得的，还有相当多的农民工没有拿到加班费。拖欠工资的问题没有根除。城乡劳动者同工不同酬，农民工收入偏低，导致农民工在城市压低消费水平，影响其在城镇安居。工伤、职业病受害者绝大多数是农民工。据计生委 2009 年流动人口监测报告，60% 农业流动人口就业于工作条件差、职业病发生率高和工伤事故频发的低薪、高危行业。超过 1/3 没有任何安全措施，并缺乏安全教育和职业健康监护。

2. 进城农民工缺乏社会保障，融入城市难

根据人力资源和社会保障部及国家统计局调查，2009 年，外出农民工参加养老保险、医疗保险、工伤保险和失业保险的比例分别为 18.2%、29.8%、38.4% 和 11.3%，其中，雇主或单位为农民工缴纳各种城镇社会保险的比例分别为：养老 7.6%、医疗 12.2%、工伤 21.8%、失业 3.9%、生育 2.3%。农民工参保率普遍偏低。

3. 进城就业农民居住条件低劣，覆盖农民工的城镇住房保障体系缺失

居住是农民工融入城市的一大障碍。目前，解决农民工住房保障的探索还是局部性的，城市的经济适用房、廉租房等公共住房基本上不对农民工开放，农民工住房仍游离于城镇住房保障体系之外。调查表明，农民工的居住，约40%以上的是由用工单位提供的，东部沿海地区和大中城市的农民工在城乡结合部租房的占大多数。八成以上的农民工居住在设施不完善的各类简易住房中。多数农民工居住面积在10平方米以下。一些农民工住在城市的地下室。随着城市房价大幅度上涨，农民工在城市购房住下来已经可望而不可即。农民工在城镇不能安居，也就难以定居。

4. 农民工子女就学问题依然突出，成为影响农民工融入城市的最大问题

近年多数地方落实国家对农民工子女义务教育"以流入地为主，以公办学校为主"接受就学的政策，对农民工子女实行了免费义务阶段教育，使其享受和本地学生同等待遇。但是，仍然有一些地方实际上仍然对农民工子女入公办学校收取赞助费、借读费；一些地方农民工已经成为产业工人的主体，而农民工随迁子女的大多数不是在公办学校就学，而是在简易的民办学校就学。现在城乡都实行了免费义务教育，但多数民办农民工子弟学校得不到政府的扶持，其义务教育经费没有列入财政预算，要靠向农民工收费来租校舍、雇教师和维持运转。因为经费紧张、教师工资低、教学条件普遍不高，影响教学质量。农民工子女在城市升入高中学习的问题尚未解决，高中后在城市参加高考的问题更是在制度上没有解决的普遍问题。

5. 户籍制度改革实质性进展不大，农民工难以市民化

很多地方的户籍改革主要是针对本辖区（往往是本县或最多是地级市）的非农户口，对跨行政区的流动人口户籍基本没有放开。据国务院发展研究中心2007年对99个劳务输出县301个村的调查，改革以

来外出就业农民工在城镇落户定居的累计数量仅相当于目前外出就业农民工的1.7%。

（四）农业现代化亟待组织和制度创新

1. 地权高度分散的小规模经营格局难以改变

由于人口和劳动力总量过大，到2030年，总人口为14.5亿~16亿，人口城市化比重达到67%，农村常住人口也将还有4.79亿和5.28亿，未来20年内如果耕地能做到不再减少，2030年的农村人均耕地面积区间为3.46亩和3.8亩，这个水平比目前农村人均耕地2亩的平均水平要增加1.5~1.8亩，

2030年的农业劳动力人数为15018.1万人，劳均耕地规模为12.16亩，仍然无法摆脱地权高度分散的格局。

2. 农民自我组织程度低，小农在市场竞争中处于劣势地位

第一，我国农业实行农户家庭经营已经30多年，但农民的组织化程度、特别是农民联合起来自我组织的程度仍然很低。在分散农户面对市场的局面下，不论是农资购买，农产品销售，多是由不同形式的中间商操纵，农户与经销商信息不对称，难以获得讨价还价、平等谈判的地位。

第二，近年我国农业产业化经营有了不小进展，但主要是"公司＋农户"的形式，公司与农户有联合发展增加收益的一致性，也有收益分配、风险分担上的矛盾。一些公司就单方面确定农户提供产品的价格和其他合同条件，成为一种带垄断性的权势，在不少情况下产品价格受到压制，市场不景气时，公司则会把风险转嫁给农户。

第三，农民的自我协作、联合的组织发展滞后。现在名义上的农民合作组织已经发展了不少的数量，但其中真正的农民合作组织只是较少的部分。农民怎样组织相互协作，进行民主、有效的决策，怎样解决营销、分配、人事、财务管理问题，都是关系其生死存亡、要从头摸索的难题。

3. 农村劳动者老龄化、妇女化严重，培育新时代的农业经营者迫在眉睫

由于青壮年劳动力绝大多数出外打工，且呈年轻化趋势，导致农业劳动者越来越老龄化。2006 年与 1996 年相比，51 岁以上老龄人口从事农业者全国、中部和西部地区，分别从 1996 年的 18.5%、17.3% 和 17.69% 上升到 2006 年的 32.5%、33.3% 和 31.2%。7 个主要劳动力外出省（市）份重庆、四川、安徽、湖南、湖北、江西、河南依次为：46.2%、41.9%、37.5%、37.2%、37%、32.5%、28.2%。农业从业者的女性化和老龄化越来越成为一种常态。1996 年与 2006 年相比，全国、中部、西部农业兼业者的比重分别为 18.24%、19.95% 和 18.27%，到 2006 年时，分别降为只有 4.3%、5.9% 和 4.2%。7 个主要劳动力流出省（市）1996 年时分别达到 20% 左右，但到 2006 年时除湖南、江西还有 9% 左右，河南、湖北只有 5.6% 和 4.9%，安徽、四川、重庆分别仅 3.2%、2.3% 和 1.2%。

4. 国家对农业支持保护缺乏长效的制度化机制

与国际经验相比，我国的农业支持保护政策在制度建设方面差距还很大。目前我国已经基本建立对农业的支持保护政策体系，但政策制定和实施的规范化、定量化、标准化、透明化还存在不足，影响政策实施效果。尤其是很多农业支持政策实行项目管理制，项目资金本身实施周期比较短，项目立项管理程序复杂，管理成本高，社会监督难，有限的资金难以发挥作用。值得关注的是，近年国家在农田水利、农业开发、土地整治等方面的投入不断加大，但是，由于没有发挥农民的主体作用，导致投入绩效低，资金被截流等问题。

5. 农村金融体制尚不完善，城乡资金配置不合理

一是农民在国家商业银行等正规金融机构的储蓄资金，近年随着农民工汇款增多实现较快增长，但农户要从银行取得贷款极为困难。农区县市商业银行普遍是存大贷小，使农户和中小企业获得贷款相当困难。国有商业银行新增存款除上交存款准备金外，有新增存款的 60% 通过

系统内部上存流出。农民从正规金融机构难以得到贷款，使用民间高利息借款占很高比例。金融制约也影响农民创办、发展民营企业。二是农村信用社在农村资金融通中发挥着重大作用，但在有些地方，随着向商业化的转变，也出现了疏远农业、农民甚至农村的现象。三是政策支持的农民资金互助社，还是局部的，距离农业、农民的需要还差得很远。

四、构建工业化、城镇化、农业现代化的新体制

当前农村发展面临的问题是在城市化背景下产生的，土地的功能不断拓展，农村人口与劳动力的城市化进程加速，城乡关系更为密切。农业和农村不仅受到城市化的巨大影响，它同时也在对城市化做积极反应。农业和农村关键领域的改革，就是要准确把握和顺应这些重大变化，在土地制度、农民融入城市的制度、农村公共服务制度以及促进农业发展方式转变的制度等关键领域取得重大突破，实现城乡一体化新格局，实现工业化、城市化和农业现代化三化同步发展。

（一）改革的目标

形成产权清晰、权利平等、成果共享的城乡一体化新格局。通过对农村承包地、宅基地、山地、草场等资源的确权、登记和颁证，赋予农民土地等所有资源完整的、有法律保障的使用权、收益权和转让权。在土地等资源确权基础上，赋予农村集体所有土地与城市国有土地，农民与其他主体一样，有平等从事非农建设的权利、平等进入市场交易的权利，以及让农民与市民享有均等化的公共服务。

（二）改革的重点

——赋权：以农民土地确权为重点，深化以两种所有制平等为核心的土地制度改革。

——平等：以新生代农民工为重点，推进农民工在城市落户定居，实现市民化。

——均等：以公共服务均等化为核心，全面推进农村社会事业发展。

——普惠：以创新农村投融资体制机制为重点，促进资源要素在农村的配置。

——集约：以深化农村土地经营权改革为重点，促进农业发展方式转变。

（三）深化农村改革的关键领域

1. 深化土地制度改革

一是落实承包农户土地承包权长久不变，为应对城市化带来的人地关系变化和土地承包权与经营权的分离打下长久的制度基础。为了保障城市化进程中农民的土地财产权利，防止地方政府以城市化和扩大土地经营规模名义侵犯农户土地承包权利，应尽快落实中央关于农户土地承包关系长久不变的决定，明确"落实土地承包关系长久不变"为承包农户的土地承包权长久不变。由中央政府统一进行农民所有土地的确权、登记、颁证，让农民领到跟土改一样印有中央人民政府大印的土地权证，为切实保护农民土地权利提供法律保障，为保障土地财产权、便利土地权利交易提供基础性制度服务。在此基础上，完善农户土地承包权与承包土地的经营权可分离的制度安排。在法律上明确农户土地产权的可分离，即将土地承包权与承包土地的经营权进行分离，承包权为田底权，经营权为田面权。承包权由承包农户永远持有，由其自主决定可使用、可收益、可转让权和可处置权。经营权是由承包权派生出来的权利，承包农户按承包权收取地租，承租承包权的经营者享有合约约定下的土地使用、收益、转让、抵押权。

二是改变土地权利二元格局，真正实现国有土地与集体土地的"同地、同价、同权"。我国的土地权利长期维持二元结构。对待城市土地和农村土地存在严格区别，隶属于不同的权利体系，由不同的机构和规则来管理。同样一块土地，因为所有制不同，在权利设置和利益分配上产生巨大鸿沟。为了保护耕地，我国实行土地用途管制和城市规划制度。但是，土地的农转非除接受用途管制，还须接受所有制管制。按照《土地管理法》规定，城市土地属于国有，农村土地属于农民集体所有。当地方政府通过城市规划，扩大城市版图，农民集体所有土地便进入城市规划圈，如建设用地便依法征为国有土地。用途管制让位于所有制准入。土地非农化过程，事实上成为土地国有化过程。

必须改变同一块土地因所有制不同、权利设置不同的格局，赋予集体所有土地与国有土地同等的占有、使用、收益和处分权，对两种所有制土地所享有的权利予以平等保护，实现宪法和相关法律保障下的同地、同权。

三是加快征地制度改革，逐步实行对失地农民的土地财产权的公平补偿。以被征地的市场价格进行补偿为最终目标，以对失地农民的土地进行财产补偿为基本方向，鼓励地方政府对失地农民集体采取留用地、物业置换、提高补偿标准等办法，增大失地农民的财产补偿份额，尊重和保护被征地农民在征地中的话语权和谈判权。

以用途管制为唯一的准入制度。在用途管制下，农民集体土地与其他主体土地依法享有平等进入非农使用的权利和平等分享土地非农增值收益的权利。明确规划的主要作用是落实空间和功能布局，改变地方政府通过规划修编将农民集体所有土地变为国有、政府经营的格局。打破目前因城市和农村的边界区割，对圈内圈外土地按不同所有制准入的政策，除圈外可以用于非公益的非农建设外，圈内农民集体所有土地在符合用途管制前提下，也可不改变所有制性质进行非农建设。明确限定城市土地国有为建成区存量土地属于国有，新增建设用地用于非农经济建设的，除为了公共利益目的征用外，可以保留集体所有。对于建成区内的现状集体所有土地，可以采取"保权分利"或"转权保利"方式，保障农民的土地财产权益。

　　四是完善城乡建设用地"增减挂钩"政策，规范农村土地整理工作，确保土地整治中的农民土地权益。随着城市化、工业化进程加速，土地供求矛盾加剧，地方政府纷纷通过农村存量建设用地的整理、置换来满足城市发展的用地指标，这在一定程度上解决了土地整理所需的资金，也节约了土地。但是，一些地方的做法也出现农民居住方式的非自愿改变和就业的无着落，土地权益的受损严重，必须在政策上予以明确和进一步完善。第一，在城乡增减挂钩政策没有完善之前，严格限定城乡增减挂钩试点在国土部确定的范围内，近期不再扩大试点范围，对于各地目前自行进行的做法，国土部尽快组织调研，进行规范。第二，由国务院召集国土、农口、建设、发改、财政等部门，对国土部和各地自行进行的试点展开调研，尽快出台城乡建设用地置换办法。第三，明确城乡建设用地置换的基本原则。包括：①明确置换的主导准则是先必须有非农产业的发展和非农就业机会的提供，在此前提下，才可以进行农村建设用地与城市建设用地的置换和农民自愿前提下的居住和生活方式的改变，尤其防止中西部地区在非农产业发展滞后和非农就业机会缺乏下，先行进行土地置换和农民集中上楼居住。②制定农村节约的集体建设用地指标的空间配置原则，明确首先满足县域和小城镇发展非农产业，多余指标可部分用于大城市使用，解决土地整理和村庄建设部分资金。③制定农村建设用地置换中的土地权利分配办法，明确集体经济组织和农民分享土地级差收益的比重。④参照城镇国有土地上房屋拆迁的法规政策、土地征收征用补偿法规政策等，尽快出台专门关于农村房屋拆迁的规范性法规政策，为保障农民土地财产权利提供平等法律保障。

　　2. 改革城乡分治体制

　　打破城乡分治的体制，拆除城乡分割的樊篱，形成城乡平等对待、城乡统筹指导、城乡协调发展的制度环境。加快形成统筹城乡发展的体制机制，特别是在统筹城乡规划、产业布局、基础设施建设、公共服务均等化等方面取得突破，促进公共资源在城乡之间均衡配置，生产要素在城乡之间自由流动，推动城乡经济社会发展融合。

一是统筹城乡发展规划。切实改变城乡分割的行政管理体制，建立城乡一体的规划制度。按照促进城乡一体化的要求，通盘考虑城市发展和农村发展，统一制定土地利用总体规划和城乡建设规划。明确区分功能定位，合理安排市县域城镇建设、农田保护、产业聚集、村落分布、生态涵养等空间布局。优化资源配置，节约集约利用土地等资源，使城乡发展相互衔接、相互促进。

二是统筹城乡产业发展。从规划、体制、政策上解决城乡产业分割问题，顺应城乡经济社会发展不断融合的趋势，统筹规划和整体推进城乡产业发展，引导城市资金、技术、人才、管理等生产要素向农村合理流动。按照一、二、三产业互动，城乡经济相融的原则，促进城乡各产业有机联系、协调发展。要以现代工业物质技术装备改造传统农业，以现代农业的发展促进二、三产业升级，以现代服务业的发展推动产业融合，促进三次产业在城乡科学布局、合理分工、优势互补、联动发展。

三是统筹城乡公共服务。创新管理体制和运行机制，加大资源整合力度，切实将公共资源向农村倾斜，改变农村基础设施薄弱和公共服务不足的状况，逐步实现基本公共服务均等化。要针对目前城乡基础设施差异大、功能布局不合理、设施共享性差等突出问题，强化城市与农村设施连接，加大农村基础设施投入力度，实现城乡共建、城乡联网、城乡共用。提高财政保障农村公共事业水平，使农民学有所教、劳有所得、病有所医、老有所养、住有所居，共享改革成果。

四是统筹城乡社会管理。要适应城乡经济社会发展一体化的需要，大力推进社会管理创新，改变城乡分割、条块分割的管理方式，着力转变职能、理顺关系、优化结构、提高效能。逐步形成城乡社会管理一体化的体制，形成城市工作与农村工作对接、良性互动的新格局。

3. 建立城乡均等化的公共服务体系

基本目标是加快改变农村教育、医疗、社会保障等公共服务发展滞后局面，逐步建立与公共财政职能和国家财力相适应，城乡普惠、均等和一体化的基本公共服务体系。

一是加快推进城乡公共教育均衡发展。努力改善义务教育办学条件，做到县域内学校办学条件大致均等，促进农村义务教育质量大幅度提升。建立健全高中阶段教育资助体系，鼓励有条件的地区将高中阶段教育纳入义务教育范围，全面实行免费的农村中等职业教育。在普及农村高中阶段教育的进程中，要坚持分区规划、分类指导，始终把农村中等职业教育作为发展重点，巩固中等职业教育现有助学政策成效，继续实施中央和地方财政分地区按比例安排专项，逐步使免费政策惠及进入中职学校的所有农村学生。

二是加快构建城乡一体的就业服务体系。完善城乡公共就业服务体系，推动就业信息全国联网，为劳动者提供优质高效的就业服务。健全农村职业教育体系，加强农民工的职业技能培训，完善农民工的就业信息和职业介绍体系，建立促进农村中小企业发展和农民工创业的服务平台。健全面向全体劳动者的职业培训制度，加强职业技能培训能力建设。对农村初中毕业不能继续升学的学生，提供免费职业教育。整合农村劳动力转移培训工程的各种资源，实行"培训券"补贴制度，让农民工自主选择需要培训的实用技能和职业学校，提高农民工就业的市场竞争力。加强创业培训，将有创业愿望和培训需求的人员纳入培训范围。完善城镇调查失业率统计，健全失业监测预警制度，开展就业需求预测。

三是加快推进城乡社会保障的均等化。以广覆盖、保基本、多层次、可持续为基本原则，加快建设覆盖城乡居民的社会保障体系。目前，全国60岁以上的人口约1.5亿，其中农村人口占到1亿左右，要加快全面实现新型农村社会养老保险制度全覆盖。按照个人缴费、集体补助、政府补贴相结合的要求建立筹资机制。创造条件探索实现农村和城镇基本养老关系转移接续办法，逐步建立健全覆盖城乡居民的社会养老保险体系。做好被征地农民的有关社会保障工作，做到逢征必保，将被征地人员纳入城镇社会保险体系，确保被征地农民生活水平不因征地而下降、基本生活长期有保障。完善农村居民最低生活保障制度，实行农村最低生活保障标准与经济发展水平挂钩、农村低保与城市低保提标挂钩。加大中央财政和省级财政补助力度，不断提高保障标准和补助水平。严格确定保障对象，真正让那些难以维持温饱的农村贫困人口在政府的帮助下享受最基本的生存权。

四是加快建立能够满足城乡居民基本医疗需求的公共卫生服务体系。加快建立健全基本医疗卫生制度，加快城乡医疗卫生事业发展。在全国农村全面推行和巩固新型农村合作医疗制度，重点是提高筹资标准和财政补助水平。适当提高统筹层次，切实巩固农民参合率。由大病住院保障为主转向大病兼顾门诊基本医疗，扩大参保农民受益面，稳步提高农民受益率。加强对新型农村合作医疗定点医疗机构监督管理，有效控制医疗费用。进一步完善农村医疗救助制度，对困难人群参保及其难以负担的医疗费用提供补助，为贫困农民和大病患者提供医疗保障，防止因病致贫和因病返贫，筑牢医疗保障底线。推进各项基本医疗保障制度有效衔接和协调发展，妥善解决农民工基本医疗保险问题，并适时发展多种形式的农村医疗互助活动和面向农民需求的商业健康保险。健全农村三级医疗卫生服务网络，向农民提供安全价廉的基本医疗服务。加强农村妇幼保健，全面实施农村妇女住院分娩补助政策，使农民享有公共卫生服务水平得到进一步提高。坚持预防为主，加大地方病、传染病及人畜共患病防治力度。

五是建立健全覆盖农民工的城市住房保障体系。加大保障性安居工程建设力度，逐步将农民工纳入城镇住房保障体系。要充分发挥政府的主导作用，积极推进保障性住房制度改革，多渠道改善农民工居住条件。对于在城市稳定就业一定年限、有一定经济能力的农民工，在保障性住房上应给予市民待遇。鼓励建设适合农民工租赁的社会化公寓，培育小户型房屋租赁市场。允许各地探索由集体经济组织利用农村建设用地建立农民工公寓。扩大公积金制度覆盖范围，逐步扩大到包括在城市中有固定工作的农民工群体。完善土地供应制度，土地利用规划、城市总体规划都要为农民工住房预留空间。

4. 创建农民融入城市的制度环境

基本思路是坚持以人为本、公平对待，破除二元体制，以促进农民工平等融入城市为核心，以促进稳定就业、权益保障、公共服务和允许进城落户定居为重点，促进农民工市民化，共享改革发展成果。

一是促进农民工在城镇稳定就业，加强劳动权益保护，形成农民工工资合理增长机制。继续坚持就业优先，健全人力资源市场和覆盖农民工的公共就业服务，促进农村劳动力转移和进城农民工稳定就业。着力改善中小企业、服务业发展环境。中西部地区抓住产业转移有利时机，实施优惠措施，以县域经济、小城镇为主要载体促进农民就近转移和返乡农民工创业就业。加大农民工技能培训、职业教育投入力度。加强劳动合同制、最低工资保障制度、工资集体协商制度和劳动安全制度，促进平等就业，构建和谐劳资关系，形成工资合理增长机制，夯实农民工市民化的经济基础。

二是在子女教育、医疗、社会保障、住房等方面推进城市公共服务体系平等覆盖农民工。进一步做好农民工子女义务教育、农民工医疗和文化生活的公共服务，切实保障其受教育权、健康权和文化权益。推进城镇住房体制改革，逐步将农民工住房纳入城镇住房保障体系。对于在城市稳定就业一定年限的农民工，在公租房、经济适用房等保障性住房上给予市民待遇。完善多层次的农民工住房供应体系。完善覆盖农民工的社会保障体系。尽快实现工伤保险对农民工全覆盖。健全制度，提高农民工医疗保险、养老保险的覆盖面。逐步建立将城镇企业职工、城镇居民、农村居民和农民工互联互通、城乡一体的社保体系。

三是推进户籍制度改革和社会管理体制改革，依法保护农民工土地权益。户籍制度改革的目标是，在全国范围内取消农业户口、非农业户口的户口性质划分，建立城乡统一的户口登记制度。使户籍与附着其上的公共服务、福利待遇脱钩，推进公共服务的均等化。健全农民工依法参加城市社区民主选举和管理的办法，鼓励农民工参与社区自治。放宽中小城市、小城镇农民工落户政策，促进符合条件的农业转移人口在城镇落户，并享有与当地城镇居民同等的权益。依法保护农民工对承包土地、宅基地、农房和集体资产股权权益，赋予处置权，允许农民在自愿基础上探索多种形式转让承包地、宅基地、农房和集体资产股权。

5. 深化农村金融体制改革，加快建立普惠型农村金融体系

发展现代农业，促进农民增收，必须加快建立现代农村金融制度，切实提高正规金融对农村的覆盖率？，引导和推动农村金融由"抽血"向"输血"转变。

一是健全农村金融服务体系。国有商业银行和邮政储蓄银行要加大对农村的信贷投入力度。政策性银行要面向农村扩大经营服务领域。继续深化农村信用社改革，确保其服务农民方向不改变、资金不外流、支农力度不减弱。切实落实县域内银行业金融机构将一定比例新增存款投放当地的政策。在切实加强监管的基础上，要扩大农村金融市场准入，加快发展新型农村金融机构，积极探索发展新型农民信贷互助合作组织，激活农村金融市场。综合运用财税杠杆和货币政策工具，采取税收减免和费用补贴等方式，引导各类金融机构延伸和发展对农村的金融服务。完善农业保险保费补贴政策，稳步提高农业保险覆盖面，尽快建立国家农业再保险和巨灾风险分散机制。探索发展多种形式的农业保险组织，在有条件的地方批设地方性政策性农业保险公司。鼓励商业性保险公司开拓农村保险市场，大力发展农村人身保险和财产保险。建立农村商业保险和农业政策性保险之间必要的连接机制，如按竞争性业务一定比例分保政策性巨灾保险等，通过政策性保险的引导作用，带动农村商业保险全面发展。

二是加快农村金融产品和贷款担保方式创新。大力发展小额信贷和微型金融服务，扩大有效抵押品范围，大力推广农户联保贷款，探索建立政府支持、企业和银行多方参与的农村信贷担保机制，鼓励金融机构发展农民住房贷款服务。

（四）进行组织与制度创新，加快农业经营方式"两个转变"

1. 毫不动摇地坚持家庭经营方式，提高家庭经营的集约化水平

以家庭承包经营为基础、统分结合的双层经营体制，是我国农村的

基本经营制度，是党的农村政策的基石。在保障农民家庭承包经营主体地位的基础上，把家庭分散经营的优势与统一经营和服务的优势结合起来，加快农业经营方式"两个转变"，即家庭经营向采用先进科技和生产手段的方向转变，统一经营向发展农户联合与合作，形成多元化、多层次、多形式经营服务体系的方向转变。

2. 健全农业统一经营服务体系，提高农民的组织化程度

从总体来看，我国农业统一经营和服务体系还难以适应现代农业发展的需要。完善统一经营服务体系，不是脱离家庭承包经营另搞一套，而是更好地为家庭经营提供服务。从实践来看，一部分发达地区的村级集体组织有一定的实力，能够为农户提供统一服务，但大多数村级组织集体收入微薄，为农户提供生产经营服务的能力很低。要强化村级正常运转的财力保障，进一步发挥好村级集体组织在统一经营和服务方面的作用，增强村庄公共事务管理能力和公共服务供给能力。

目前，新型农民合作组织发挥的作用还不够，应把依法规范、加快发展农民专业合作社作为深化农村经营体制改革的战略举措，切实按照"服务农民、进退自由、权利平等、管理民主"的要求，充分发挥合作社在组织农民、落实政策、对接市场等方面的作用。加大对农民专业合作社的扶持力度，落实好《农民专业合作社法》，从财政投入、税收优惠、金融支持等方面扶持合作社发展，提高其为农服务的能力和水平，使之成为引领农民参与国内外市场竞争的现代农业组织。政府公益性农业服务组织、各种农业社会化服务组织、龙头企业联结农户的产业化经营组织等，在提供服务、引领农民进入市场方面发挥着重要的作用。要大力发展多元化农业服务体系，加快推进农业技术推广体系改革和建设，强化公益性服务，健全机构和队伍，建立经费保障机制，加快推进科技进村入户。强化机制创新，充分发挥政府引导和市场驱动两个机制的作用，加快培育各种类型的农业社会化服务组织，搞好信息、技术、购销、金融、农机等全方位服务。

住房制度改革研究

　　住房制度改革是我国经济体制改革的重要组成部分。特别是 1998 年住房制度全面改革以来，市场机制在配置住房资源中的基础性作用不断增强，中国特色的住房制度体系框架初步确立，逐步建立了多层次的住房供应、国有土地使用、住房金融与税收、产权交易以及中介服务等一系列制度体系，对改善城镇居民住房条件、带动房地产行业迅猛发展、促进经济持续较快增长发挥了重要作用。但是，在城镇化和工业化快速推进的背景下，部分城市出现了住房供求失衡、房价大幅上涨、居民住房支付能力下降、住房保障滞后等新问题。因此，迫切需要进一步深化住房制度改革，加快完善住房制度体系，促进房地产市场平稳健康发展。

一、住房制度改革历程的回顾

　　改革开放之前，我国城镇实行产权公有（国家及企事业单位所有）、实物分配、低水平租金的福利住房制度。政府和单位承担住房建设、分配和管理的全部责任，个人只需缴纳少量房租。当时福利住房制度是与低工资制度相匹配的，在一定程度上解决了部分城镇居民的基本住房需求。但是这种住房制度本身的缺陷导致政府和企业住房建设投资难以为继，居民住房条件改善缓慢。因此，传统的住房制度改革已经势在必行。

（一）1980～1993年：公有住房的租售改革阶段

面对传统住房制度的问题和缺陷，1980年4月，邓小平同志在讨论经济长期规划时，对建筑业发展和住宅制度改革问题提出了基本构想。他提出，要打破单位统一建房模式，提高公房租金，增强个人购买住房意愿，购买住房可分期付款，对于低收入给予补贴等。这一讲话涉及传统住房制度改革的诸多问题，为我国住房制度改革提供了基本思路。此后，住房制度改革开始起步。

一是实施"提租补贴"的住房改革。1986年，在公房出售补贴试点受阻后，部分城市开始租金改革试点。1988年，《关于全国城镇分期分批推行住房制度改革实施方案》（国发〔1988〕11号）明确了"提租补贴"的住房改革方案。坚持"多提少补"的租金调整原则，促进租售比价的合理化，鼓励公房出售，把由国家、企业统包的住房投资体制，转换成国家、集体、个人三方面共同负担的体制。

二是确立土地有偿使用制度。明确允许土地使用权可依法转让（包括出让、转让、出租和抵押），标志着土地使用权的商品属性及其流转的合法性得到确立，是我国国有土地使用制度的根本性变革。这一时期国有土地使用权流转多为协议出让方式，为后来土地使用制度改革留下了伏笔。

三是开展公积金制度试点。1991年，上海进行住房公积金制度试点，国家支持、单位资助、个人积累的住房金融机制开始起步，但主要用于住房建设项目贷款，居民个人贷款比重很小。

在"提租补贴"改革之初取得了一定效果，但由于1990年代初期发生了严重的通货膨胀，而且提高租金触及了部分既得利益者，在落实过程中遭到抵制而没能全面展开。

（二）1994～1997 年：住房改革的积极探索阶段

1993 年，中共十四届三中全会明确了社会主义市场经济体制改革的方向和目标，也为住房制度改革指明了市场化改革方向。

一是开始探索建立多层次的住房供应体系。1994 年，《国务院关于深化城镇住房制度改革的决定》（国发〔1994〕43 号）提出要建立以中低收入家庭为对象、具有社会保障性质的经济适用住房供应体系和以高收入家庭为对象的商品房供应体系。建立和培育房地产市场，将由单位建设、分配、维修、管理住房的体制改革，转变为社会化、专业化投资建设和运行体制。

二是建立商品房预售制度。改革之初，我国住房金融发展滞后，除银行贷款外几乎没有其他房地产开发融资渠道，而且房地产开发企业大都规模小、积累少。深圳市借鉴香港经验首先试行商品房预售制度，并随后在《城市房地产管理法》中确定下来，客观上为房地产企业提供融资支持。

三是全国普遍建立公积金制度。1996 年底，全国住房公积金累计缴存额已达到 600 多亿元，起步较早的城市缴存率达到 85% 以上。上海市颁布了第一个住房公积金地方性法规。公积金不仅对于居民购买公房提供了直接支持，而且也带动了商业性个人住房金融的发展。

在这个改革阶段，公房租金改革取得显著进展，公房出售率不断提高，一些城市的住房市场初具规模，这为后来全面推进住房制度改革奠定了一定基础。

（三）1998～2002 年：住房制度改革全面推进阶段

随着社会主义市场经济的建立和不断完善，我国经济逐步由供应短缺转变为总需求不足，将房地产作为经济新增长点逐渐成为各方面共识。特别是为了应对亚洲金融危机，国家实施积极的财政政策和稳健的货币政策，将进一步扩大住房消费需求作为扩大内需的重要方面，从而促成了住房制度改革全面展开。

一是停止住房实物福利分配，逐步实行住房分配货币化，建立和完善以经济适用住房为主的多层次城镇住房供应体系。1998 年，根据《国务院关于进一步深化城镇住房制度改革加快住房建设的通知》（国发〔1998〕23 号），最低收入家庭由政府或单位提供廉租住房；中低收入家庭购买经济适用住房；其他收入高的家庭购买或租赁市场价商品住房。

二是强化土地有偿使用制度。由于土地有偿使用制度改革初期，国有土地使用权出让方式多为协议出让，为寻租留下较大空间，不利于土地资源的优化配置和提高使用效率。2002 年，《国土招标拍卖挂牌出让国有土地使用权规定》（国土部第 11 号令）明确要求：凡商品住宅等各类经营性用地，必须以招标、拍卖或者挂牌方式出让。而经济适用住房建设用地则采取行政划拨方式。

三是住房金融体系改革进一步推进。在商业性住房金融方面，形成了以商业银行信贷为主体，兼有信托和其他方式的住房融资体系。在住房公积金制度方面，《住房公积金管理条例》颁布实施，住房公积金制度进入法治化、规范化发展阶段。同时，总结前期经验教训，规定公积金只用于居民个人住房贷款，停止发放单位住房建设贷款。另外，为支持个人住房贷款业务发展，建立了住房贷款担保制度，对扩大城镇住房消费发挥了积极作用。

（四）2003～2006 年：针对房地产过热的频繁调控阶段

随着中国经济走出亚洲金融危机影响，城镇住房建设步伐加快，房地产市场出现过热苗头。2003 年，《关于进一步加强房地产信贷业务管理的通知》（银发〔2003〕121 号）对房地产信贷做出一系列严格规定。但与央行从紧的政策取向不同，国务院发出《关于促进房地产市场持续健康发展的通知》（国发〔2003〕18 号），强调房地产业的支柱作用，提出逐步实现多数家庭购买或承租普通商品住房，即在制度设计上，普通商品住房取代经济适用房成为住宅供应的主渠道，经济适用房被定义为具有保障性质的政策性商品住房。

政策转变使住房需求快速释放、房地产投资增速高企，受收入增长带动等多种因素影响，房价也不断快速增长。因此，国家有关部门密集出台了以"老国八条、新国八条、七部委八条、国六条、国十五条"等为代表的一系列调控政策①。总体概括起来包括：严格控制信贷、把紧土地闸门、调节供应结构、交易环节征税、规范市场秩序等。

一是严格控制银行信贷。央行多次提高存款准备金率和金融机构存贷款基准利率，更加严格控制房地产开发贷款条件，提高个人住房贷款最低首付，公积金贷款利率也进一步上调。二是土地供应政策从严。国土资源部《关于继续开展经营性土地使用权招标拍卖挂牌出让情况执法监察工作的通知》（国土资发〔2004〕71号），要求2004年8月31日后，不得采用协议方式出让经营性土地使用权，又被称为"831大限"。同时，加大对闲置土地的清理力度，着力制止囤积和炒卖土地行为。三是优化住房供应结构。增加普通商品住房、经济适用住房和廉租住房供给，要求套型建筑面积90平方米以下住房面积所占比重，必须达到开发建设总面积的70%以上。四是加大交易环节税的征收力度。对个人购买住房不足5年转手交易的，销售时按其取得的售房收入全额征收营业税。五是规范市场秩序，查处违规销售、恶意哄抬住房价格行为。

在这个阶段，尽管保障性住房管理制度有所完善，廉租住房和经济适用房的管理办法相继出台，但保障体系建设仍相对滞后。廉租住房未能做到应保尽保，经济适用房配售过程中存在"寻租"行为，违规申请、不当获利等现象未能得到有效抑制。

---

① 《关于切实稳定住房价格的通知》（国办发明电〔2005〕8号，"老国八条"）、国务院常务会议《关于加强房地产市场的调控措施》（2005年4月27日，"新国八条"）、《关于做好稳定住房价格工作意见的通知》（国办发〔2005〕26号，"七部委八条"）、国务院常务会议《关于促进房地产业健康发展的措施》（2006年5月17日，"国六条"）、《关于调整住房供应结构稳定住房价格意见的通知》（国办发〔2006〕37号，"国十五条"）。

（五）2007～2009 年：加强保障性住房建设阶段

2006 年之后，房价持续攀升使中低收入家庭的住房可支付能力不断下降，部分城市低收入家庭住房困难仍未得到有效解决。因此，住房政策开始更加重视住房保障问题。2007 年，国务院《关于解决城市低收入家庭住房困难的若干意见》（国发〔2007〕24 号）进一步明确了我国住房保障体系。

一是廉租房覆盖面扩大，廉租住房制度更加完善。廉租住房保障要求实现应保尽保，保障范围由最低收入家庭扩大到低收入家庭。廉租住房资金来源增加了一定比例的土地出让净收益。同时，中央对财政困难地区给予预算内投资补助和专项补助。二是经济适用住房制度得到改进和规范。经济适用住房供应对象成为城市低收入住房困难家庭，并要求与廉租住房保障对象衔接。通过严格限制经济适用房上市交易管理和探索封闭运行等方法，削弱了经济适用住房不当的获益空间。三是加快城市（工矿、林区、垦区）棚户区的改造，综合考虑住房条件改善和困难家庭负担水平，推进旧住宅区综合整治，并提出多渠道改善农民工居住条件，向农民工提供符合基本卫生和安全条件的居住场所。

为了应对 2008 年国际金融危机冲击，一方面，国家加大了保障性安居工程建设规模；另一方面，出台了鼓励住房消费的一系列政策。2008 年底，国务院办公厅《关于促进房地产市场健康发展的若干意见》（国办发〔2008〕131 号）提出，加大对自住型和改善型住房消费的信贷支持力度，不仅首次贷款购买普通自住房享受利率和首付比例优惠，而且贷款购买第二套改善型住房也给予支持，将个人住房交易的营业税免征年限再次从 5 年改为 2 年，同时，加大对中低价位、中小套型普通商品住房建设贷款的支持力度，鼓励房地产企业积极应对金融危机。

（六）2010 年至今：住房保障与市场调控双管齐下阶段

从住房保障来看，一是保障性住房建设力度加大，继 2010 年建设 580 万套保障性住房以后，"十二五"规划又提出 3600 万套保障性安居工程建设任务目标。二是住房保障体系不断完善。在廉租房、经适房以及棚户区改造以外，公共租赁住房作为一种新的保障形式成为发展重点，并将逐步成为保障性住房的主体。公租房筹资渠道除了财政资金以外，积极引入银行、住房公积金、保险等社会力量参与。重庆、北京等地已经开始放开公租房的户籍限制，有条件地将非户籍常住人口纳入当地住房保障体系。

从市场调控来看，2009 年房价再次出现大幅反弹，导致房地产宏观调控政策再度从紧。与以往调控不同，这一轮房地产调控的主要特点体现为：一是限购成为最为严厉的抑制住房需求政策。对于部分房价过高、上涨过快的城市，拥有 2 套及以上住房的户籍家庭、拥有 1 套及以上住房的非户籍家庭，以及无法提供纳税、社保证明的非户籍家庭，已经不能购买住房。二是个人住房信贷的控制力度升级。2011 年初，第二套住房贷款的首付款比例提高至 60%，贷款利率不低于基准利率的 1.1 倍。三是调整土地供应结构。保障性住房、棚户区改造和中小套型普通商品住房用地不低于住房建设用地供应总量的 70%，进一步推广"限房价、竞地价"方式，严格限制土地囤地炒作行为。四是实行严格的房地产调控的考核问责机制。对于住房价格上涨幅度超过控制目标，或没有完成保障性住房任务的地区，要根据规定对相关负责人进行问责。

经过这一轮力度较大的房地产调控，全国房地产市场整体上出现了一些积极变化，部分城市房价过快上涨趋势得到明显遏制。但面对当前国内经济增长趋缓，国际经济不确定性增加，如何进一步深化住房制度改革，切实提高广大居民的住房水平，实现房地产行业健康持续发展，仍然是一个迫切需要解决的难题。

二、对住房制度改革的总体评价

（一）住房制度改革的成效

从 1998 年住房制度改革全面展开以来，我国住房制度改革取得了较大成效。

1. 住房制度体制框架基本形成

经过十多年的实践，我国基本确立了发挥市场机制配置城镇住房资源的基础作用、住房市场成为实现城镇居民住房需求的主要载体、政府通过多种保障形式解决中低收入城镇居民住房困难的住房制度和体制框架。

第一，住房市场较快发展，多层次商品住房供应体系初步形成。住房制度改革，明确了居民住房产权的私有化和住房获得渠道的市场化，调动了居民购房积极性，促进了住房市场的较快发展，基本形成了适应社会各个阶层住房需求、多层次的商品住房市场供应体系（见表1）。

表1　　　　　　　　中国多层次的商品住房市场供应体系

市场特性	商品特性	需求方	说明
一级市场	普通商品房、高档公寓、别墅及其他	普通及中等以上收入家庭	完全的竞争市场
二级市场	房改房、普通商品房、高档公寓、别墅及其他	普通及中等以上收入家庭	
租赁市场	以老旧房、房改房、中低档商品房为主	新就业、购房前过渡、买不起房家庭	

第二，建立和逐步完善适合我国国情的住房保障制度。逐步建立和完善具有中国特色的多层次住房保障制度。包括针对城镇低收入住房困难家庭的以廉租住房制度为核心，以经济适用住房制度为辅助的基本住房保障制度；针对向城镇中低收入家庭出售的"限价房"制度；针对

工矿区、林区住房困难家庭的棚户区住房改造制度；针对新职工、外来务工人员住房困难的公租房制度等，实现对各种"夹心层"的全覆盖，逐步将城镇常住人口纳入住房保障范围的住房保障体系正在形成（见表2）。

表2 我国目前的住房保障体系

政策内容	政策对象	实施范围	实施主体	资金来源
廉租住房	低收入家庭	全国	中央、地方政府	中央、地方政府
公租房	中低收入群体	全国	地方政府	中央、地方财政及社会筹集
经济适用房	低收入家庭	全国	地方政府	土地划拨等
棚房区改造	低收入家庭	全国	中央、地方政府	中央、地方财政
限价房	中低收入群体	部分城市	地方政府	限房价、竞地价

资料来源：根据相关文件和规定整理。

第三，基本建立了房地产市场运行的监管体系。一是加强了房地产监管机构建设。2008年住房和城乡建设部成立了房地产市场监管司，负责房地产市场的监督管理，拟定房地产市场监管和稳定住房价格的政策、措施并监督执行，各级地方政府也相应成立了房地产市场的监管机构。二是建立了房地产市场的相关法律、法规制度。我国房地产法律法规体系建设已经取得了显著成绩，基本上构建了由法律、行政法规、地方性法规、部门规章等组成的体系。三是建立了联合检查机制和地方政府问责制度。

2. 相关重大改革基本展开，并取得一定成效

第一，住房金融改革取得成效。一是建立了房地产开发贷款制度，对房地产开发给予资金支持。2010年房地产投资资金中，国内贷款占资金来源的17.3%，支持了住房市场的发展。二是建立了商品住房预售制度，开发商通过预售的办法缩短房地产投资资金回笼的周期、解决房地产开发企业资金不足的问题，加快了房地产供给的速度。三是建立了住房公积金制度。住房公积金是城镇工薪阶层购建住房的互助合作资金支持体系，对于促进城镇住房改革、完善住房供应体系、改善中低收

入家庭居住条件有着广泛而深远的影响。四是建立了住房抵押贷款制度对促进住房消费，支持普通百姓购房，支持房地产市场的发展起到重要作用。

第二，房地产土地制度改革逐步推进。一是建立了以用途管理为核心的总量控制制度，对房地产开发土地供应实行总量控制。二是确立了土地供应的集中管理制度，同一城市范围内的各类房地产开发用地纳入政府统一供应渠道。三是建立了土地使用权公开交易制度，全面推行房地产开发用地的招标、拍卖或者挂牌出让制度。四是建立了土地市场动态监测制度，加强了对土地供应总量、结构、价格等的监测分析和信息发布。五是实行"区别对待、有保有压"的供地政策，优先满足普通商品住房建设合理发展的用地需求。六是加强房地产开发用地监管，开展了土地市场的治理整顿。七是培育和发展土地估价、咨询、交易代理等中介机构，市场服务体系逐步形成。

第三，建立了房地产调控体系。调控体系主要包括：一是金融政策，这主要是通过利率杠杆和差别信贷政策影响房地产市场的供给和需求。二是税收政策。主要是指通过税种的设计、税率的调整来改变利益的分配。三是土地政策。主要是严格控制土地供应，加强土地使用管理。四是住房保障政策。主要是加大保障性住房供应比例以及住房补贴力度等。五是行政性手段。主要是主管部门对房地产市场参与主体的行为进行直接干预，比如限购、约谈和地方政府责任追究制度等等。

3. 住房制度改革取得了显著成效

一是商品房市场规模不断扩大。随着住房制度改革的推进和城市化进程加快，城镇商品房市场规模不断扩大，从 1998～2010 年，共竣工商品住宅 47.4 亿平方米，销售商品住宅 53.75 亿平方米（见图 1），为改善城镇住房矛盾，实现城镇居民住房需求做出较大贡献。

二是城镇居民居住条件明显改善。2010 年，城市人均住宅建筑面积从 1997 年的 17.8 平方米提高到 2010 年人均住宅建筑面积 31.6 平方

（万平米）

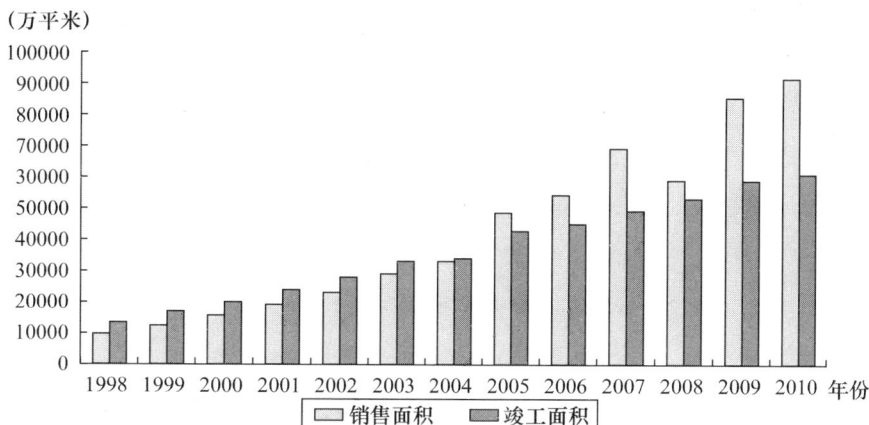

图1　1998年以来各年住房竣工和销售面积

资料来源：数据来源于《中国统计年鉴》。

米，住房制度改革13年来居住面积提高了13.8平方米，比1997年增长77.5%，年均增长4.5%（见表3）。住房占居民家庭全部财产的平均比重已超过50%，是居民家庭财产增长最快的部分，住房财产的增加安定了民心，促进了社会稳定。

表3　　　　　　　　　住房制度改革以来城镇居民住房变化情况

年　份	人均居住建筑面积（平方米）	比1997年增长（%）
1997	17.8	100.0
2002	24.5	37.6
2004	26.4	48.3
2008	30.6	71.9
2010	31.6	77.5

数据来源：根据《中国统计摘要》数据整理。

三是房地产行业得到快速发展，对经济增长形成较强的带动作用。一方面房地产投资较快增长直接拉动固定资产投资和GDP的增长。房地产投资占固定资产投资的比重由1998年的12.7%，逐年增长，2007年最高达到18.5%，在固定资产投资中的地位不断提升，推动了经济的增长（见图2）。另一方面拉动相关产业增长。房地产业产业链长，关联度高，涉及几十个工业部门，上万个品种。据国家统计局投入产出表统计分析，住宅建设的诱发系数为 1.93。同时，随着住宅建筑质量和居住水平的提高，又带动着一些新兴产业的诞生和发展。

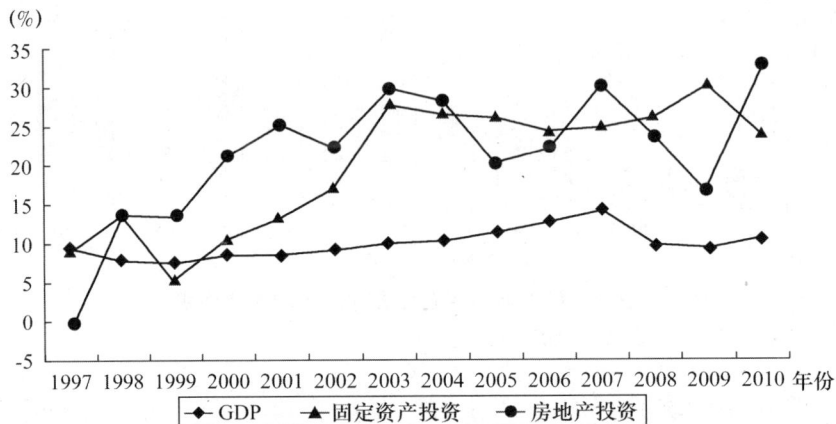

图 2　GDP、固定资产投资与房地产投资增速比较

资料来源：《中国统计年鉴》。

（二）存在的主要问题和成因

我国住房市场在快速发展的同时，也面临着更为错综复杂的情况，出现了一些突出的矛盾和问题，这些问题的出现，有其深层次的体制、机制原因。

1. 房地产市场存在的突出问题

第一，部分城市房价涨幅过大、房价泡沫风险问题。从全国房价总体水平看，自 1998 年住房制度改革以来，商品住房价格呈现逐步上涨的态势，以 1998 年住房价格为基数，2010 年新建普通住房价格上涨了 97.9%，二手住房价格上涨 101.8%，住房租赁价格上涨 57.1%（见图 3）。尤其是经济发达的北京、上海等部分大城市，房价上涨更快，涨幅更大。快速上涨的房价，大大超出了普通居民的支付能力，使这些城市的普通居民难以承受（见表 4），社会反响很大。同时，部分城市过高的房价已经严重偏离了使用价值，已有相当程度的投机成分，泡沫明显加大，存在着很大的风险。

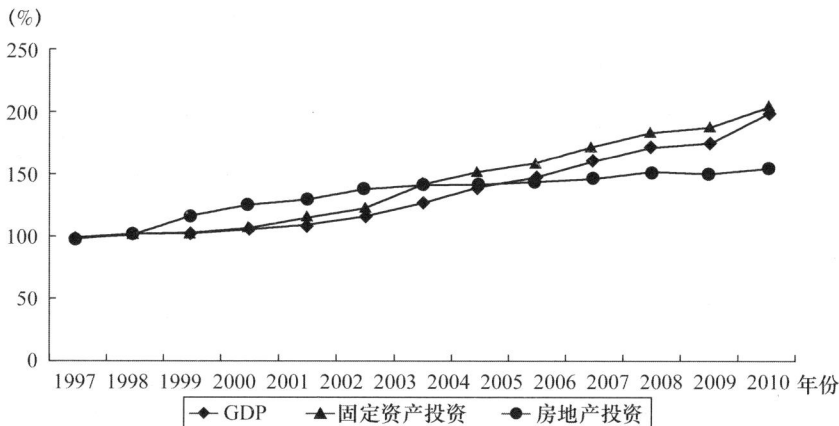

图3 以1998年为基期的各类住房价格指数

表4 北京、上海、深圳房价收入比测算

	北 京	上 海	深 圳
2010年住房均价（元/平方米）	17151	14290	18954
2010年城镇人均可支配收入（元/人）	29072.9	31838.1	32280.9
2009年城镇人均居住面积（人/平方米）	28.81	34	29.6
房价收入比	17.0	15.3	17.4

资料来源：根据各地统计局数据整理。

第二，房地产市场大幅波动问题比较突出。"十一五"时期，是我国房地产市场波动幅度最大的五年，房地产投资、销量、价格等主要运行指标均出现了大幅波动的情况，且主要运行指标的波动幅度均明显大于"十五"时期。以全国住宅销售均价为例，2008年全国商品住宅销售均价为3576元/平方米，比2007年下降了69元/平方米，降幅为1.89%，这是住房制度改革以来商品住宅销售均价首次出现下降的情况。2009年，全国商品住宅销售均价比2008年上涨了898元/平方米，涨幅为25.11%，这也是住房制度改革以来商品住宅销售均价涨幅最大的一年。

第三，房地产供给结构不合理。自2003年18号文以后，经济适用房由于分配和管理上存在大量的问题，逐步淡出，而其他类型的保障性住房特别是公共租赁住房建设明显滞后，导致房地产行业的保障功能发挥不足，以至于当前只能以补课式的方式大规模的推出住房保障性建设。另外，虽然国家一再强调建筑面积90平方米中小户型普通商品住房应占新建住房的70%，但由于保有环节的税收等有效政策的缺位，商品房平均户型仍然偏大，供给结构也不甚合理。

第四，住房保障制度需要进一步完善。一是保障房建设资金问题比较突出。大规模的建设保障性住房，需要大量的资金。仅2011年建设1000万套保障性住房就需要投资1.3万亿~1.4万亿，除了中央和地方财政投资以外，尚有8000亿元资金需要从社会筹集。特别是公租房建成以后只租不售，最快也需要30年才能收回本金，因此，需要建立和完善融资机制。二是保障房建设的质量问题。大规模的保障房建设，时间紧迫、资金偏紧，房子户型小、要求功能齐全，企业利润低，保障房建设既要赶工期，又要降低成本，难免忽视住房质量，政府监管不到位、企业偷工减料、工程质量缩水等现象客观存在。三是住房保障制度实施缺乏有效管理。在审核保障对象、保障房分配、及时推出和保障房的后期管理等各个环节，还存在许多问题，以至于部分城市出现"富人"住保障房的现象。大量廉租房和公租房房子建好后，还需要进行后期的科学管理和有效运营，以保证住房保障制度的可持续发展。

第五，市场秩序有待进一步规范。一是在新房销售环节，存在开发商恶意炒房、虚假宣传以及合同约束力不够的问题，通过新立各种名目的费用变相提高房价。二是二手房交易市场存在中介机构为买卖双方编制阴阳合同，中介机构利用顾客急于购房或租房的心理，蓄意哄抬价格并赚取差价。三是一些开发商存在着捂盘、囤地的现象。

2. 存在问题的深层次原因分析

以上房地产市场存在的问题，与体制、机制及制度建设方面的不完善密切相关。

第一，住房金融政策、特别是首付和利率政策的频繁调整是近年来商品房市场大幅波动的深层原因。2007年9月27日，《中国人民银行中国银行业监督管理委员会关于加强商业性房地产信贷管理的通知》决定对二套房实行1.1倍基准利率的政策，1.1倍利率和当时的优惠利率相比，相当于加息 196 个基点。利率政策的调整对房地产市场需求产生较大抑制作用，2007 年四季度，住宅销售面积增速开始回落，2008 年全国房地产销售面积出现了住房制度改革以来的首次负增长，2008 年全国新建商品住宅销售均价也较 2007 年下降了 0.27%，这也是住房制度改革以来唯一一次出现房价下降的情况。2008 年四季度，为应对国际金融危机，银行利率持续降低，2008 年 12 月 23 日最后一次降息后，五年期以上贷款基准利率只有 5.94%，较 2008 年 9 月 15 日的利率水平下降了 189 个基点。

为促进房地产市场健康发展，从 2008 年 10 月 27 日开始，中国人民银行决定对首套房实行 0.7 倍的优惠利率，对属于改善型的二套房也比照首套房实行优惠利率。按照 2008 年 12 月 23 日调整后的五年期以上贷款基准利率 5.94% 计算，七折后的利率只有 4.158%，处于住房制度改革以来的最低水平。实际利率的大幅下降大大降低了购房者的还款压力，也扩大了购房人群。以购买住房使用 100 万元银行贷款为例，按 20 年等额本息计算，同样是 100 万元贷款，在 2008 年 9 月 15 日之前和 2008 年 12 月 23 日之后，还款利息总额的差距最高达 625149 元，每月还款额的最高差距达 2604 元。如按照银行信贷规定，每月还款额不超过其收入的 50% 计算，在贷款额度不变的情况下，还款额的降低将使从月收入 17496 元的购房人群扩大到月收入 12288 元的购房人群，既能够申请 100 万元住房贷款的人群将大大扩大。由于市场供给能力无法再短期内大量增加，需求人数大大增加的结果必然是显著推高房价。

第二，对投资投机性购房缺乏有效管理进一步放大了部分城市的房地产市场风险。近年来，房价涨幅明显偏高的城市，也是投资投机性购房比例高的城市。以北京为例，2005 年之后，外地个人购房比重显著提高，2009 年和 2010 年外地个人购房比重均接近 40%，比 2005 年之前高近 20 个百分点。由于不以自住为目的但具有更高价格承受能力的投资投机性购房者在北京等部分城市进行大量投资，必然抬高这些城市的房价水平，也就必然造成这些城市普通工薪阶层购房支付能力的下降，即许多真正的自住型需求正在被投资投机性需求"挤出"市场，这些城市的房价收入比也显著高于其历史均值水平，即个别城市的房地产泡沫较为明显。

第三，北京等个别城市住房供给不足显著加大了房价上涨空间。2010年，北京市常住人口总数为1961万人，较2000年增加了604万人。在人口总量较快增长的同时，北京市住宅的新开工面积在2003年达到历史峰值，从2004年开始逐年下降，2009年北京市住宅的新开工面积只相当于2003年的54.9%。上海市商品住宅新开工面积的峰值出现在2004年，2009年上海市商品住宅新开工面积只有2004年的64.5%。商品住宅新开工面积的变化趋势预示着后续商品住宅新增供应量的变化，在北京等热点城市人口持续较快增长过程中，新增住宅供应量的下降必然会不断推高住房价格。

第四，当前土地制度仍存在缺陷。如住房用地供应渠道单一，只能是城市住宅用地，并且供应方是代表城市政府的土地储备机构，缺乏竞争机制，土地价格因此被大幅推高，进一步加大了房价上涨压力。

第五，住房保障体系建设相对滞后。在商品房市场持续快速发展的同时，住房保障的制度建设相对滞后，住房保障的覆盖面还有待提高。

第六，规范房地产市场发展的法律制度体系尚不完善。一是《住宅法》和《住房保障法》立法推进缓慢，各个房地产市场主体的行为并没有比较完备的法律规范，结果往往依靠运动式的执法。二是预售管理制度不健全，违规成本较低，不能有效杜绝开发商钻政策空子，囤积捂盘、变相涨价的行为。三是房屋租赁市场基本上没有规范，而仅有的法规往往规定不够细致，可监管力度不够。

三、新时期深化住房制度改革的原则和目标

改革开放以来，特别是1998年以来，我国城镇住房制度改革不断

深化，以住宅为主的房地产市场不断发展，对拉动经济增长和提高人民生活水平发挥了重要作用，城市居民住房条件总体上有了较大改善。但也要看到，商品房市场大幅波动、部分城市房价涨幅过快造成居民实际购买能力下降等问题尚未得到根本解决，住房保障任务还很艰巨，房地产调控和监管体系有待完善，人民群众持续改善居住条件的要求仍很迫切。未来五到十年，需要进一步深化城镇住房制度改革，为实现房地产市场持续健康发展创造较好的制度环境和政策体系。

（一）深化住房制度改革应遵循的基本原则

住房问题既是重要的民生问题，也是经济发展问题。进一步深化城镇住房制度改革，明确改革目标，要坚持如下基本原则。

一是要有利于持续改善居民居住条件。经过 1998 年的住房制度改革和此后住房政策的不断调整和完善，我国城镇居民的住房条件总体上得到较大改善。但住房占有的不均衡性、部分地区房价上涨过快造成居民实际购房能力下降、新就业和外来务工人员住房困难等问题仍很突出。同时，广大城镇居民持续改善居住条件的要求仍很迫切。因此，进一步深化住房制度改革，必须将有利于持续改善城镇居民多层次居住需求、改善居住条件放在首位。

二是要有利于发挥房地产业在经济发展中的作用。房地产业是典型的终端需求型产业，房地产市场持续较快发展不仅是持续改善居民居住条件的基础和保障，也对经济发展形成较强的带动作用。我国目前仍处于城市化进程中，综合考虑城镇化率提高和现有城镇人口居住条件改善的要求，预计未来 10 年平均每年需新竣工住宅建筑面积 10 亿平方米左右。我国所处的发展阶段决定了"十二五"乃至未来 10 年房地产业在经济发展中仍具有重要作用。深化住房制度改革，要有利于发挥房地产业在经济发展中的作用，实现房地产市场发展和改善民生的有机统一，而不宜将二者对立起来。

三是要有利于保持房地产市场的平稳健康发展。住房制度改革以来，特别是"十一五"时期，房地产市场频繁大幅波动是我国房地产市场发展中面临的最大问题，也是近年来我国住房保障压力日渐突出的重要原因之一。房地产市场的大幅波动对宏观经济的运行也带来诸多不利影响。进一步深化住房制度改革，要通过完善制度和相关政策体系，有利于实现房地产市场的平稳健康发展。

四是深化住房制度改革要符合经济体制改革的总体方向，在此基础上构建稳定、可持续的制度框架和政策体系。住房制度是社会主义市场经济制度的重要组成部分，深化住房制度改革的方向要与经济体制改革的总体方向一致，与其他改革相衔接，形成稳定的、长期可持续的制度框架和政策体系。

（二）深化住房制度改革的目标

总体目标是：坚持住房市场化的基本方向，健全住房保障体系，进一步完善与社会主义市场经济体制和我国国情相适应的城镇住房制度。具体而言：一是进一步完善商品房市场的制度体系，提高住房利用效率，并通过进一步完善房地产市场调控体系，解决房地产市场频繁大幅波动问题，实现房地产市场平稳健康发展，使大多数普通城镇居民有能力通过市场化的方式改善居住条件，满足其合理的住房消费需求；二是建立和完善短期内以公租房实物配租为主、中长期形成包括货币补贴和实物配租在内的多种保障方式并存的住房保障制度，切实解决中低收入家庭的住房困难问题；三是进一步完善房地产市场监管体系，实现房地产市场规范运行。

四、深化住房制度改革的重点和主要任务

深化我国城镇住房制度改革主要着眼于解决三方面问题，一是更加注重住房市场的健康、平稳、有序发展，进一步完善商品房市场的调控体系，

遏制房价过快上涨，更加关注并着手解决部分城市高房价带来的居住成本高、资产泡沫和加剧收入分配不公的问题，并防止房地产市场出现大的波动；二是更加关注民生，着力解决中低收入住房困难家庭的住房问题，将通过政策支持和制度完善推动住房保障体系的快速发展，保障中低收入住房困难家庭的基本居住需求，更好地兼顾住房资源配置的公平问题；三是更加重视规范房地产市场秩序，实现房地产市场的有序发展。

（一）进一步完善商品房市场的制度建设和调控政策体系

商品房市场是我国城镇住房市场的主体，商品房市场的持续稳定健康发展对持续改善居民居住条件、带动经济持续稳定增长、防范与房地产相关的金融财政风险都具有重要意义。未来要进一步完善商品房市场的制度建设，建立长期可持续的调控政策体系，使商品房市场真正成为以服务自住型需求为主的市场。

1. 明确住房是居住品，在此基础上，制订长期可持续的、以满足自住型需求为主，抑制投资投机性需求的制度和政策

进一步完善需求方面的调控政策，有两种选择：一是尽快出台累进制的物业税政策，通过对两套以上房产征收累进物业税的方式加大持有环节的成本，以抑制房地产市场的过度投资投机行为；二是继续完善目前部分城市已实行的限购政策，在一个人已经拥有两套及以上住房的情况下，限制购买新的住房，但不限制先卖后买的改善型需求。同时，放松部分城市对常住人口常住年限过于严格的要求，将常住人口购房前的常住年限要求调整为 1 ~ 2 年即可。

2. 进一步完善住房金融制度

一是实行中性的住房金融政策。从国内外房地产市场波动的历程看，住房金融政策的变化将直接造成购房者支付能力的变化，进而带来房地产市场需求波动和价格的变化。因此，要实现房地产市场持续稳定发展，就需要防止住房需求在短期内出现非正常波动，这就要求住房金融政策在短期内不发生大的变化，即实行中性的住房金融政策。建议实

行首付和贷款利率反向调整的政策，即利率降低时，适当增加首付比例；利率提高时，适当降低首付比例。通过利率和首付的反向调节，使购房人不因住房金融政策的变化而造成支付能力的变化。在全部购房需求中，改善型需求占2/3左右，保障房地产市场的稳定运行要将鼓励改善型需求放在重要位置。要在进一步完善限购政策的基础上，取消对二次以上购房者贷款的1.1倍利率政策，实行基准利率，鼓励居民通过换购住房持续改善居住条件。

二是继续完善住房公积金制度，扩大惠及面，拓展公积金增值收益用途，重点帮扶中低收入家庭缴存职工改善居住条件。

三是对开发企业应提高贷款门槛，严格控制企业自有资本金比例，降低开发风险。对开发企业实行差别化信贷管理和企业目录管理。

3. 实行有利于住房流转的税收政策

提高住房资源配置效率，需要适当提高住房的流转性，使居民能够通过换购住房持续改善居住条件。为此，有必要建立有利于住房流转的税收政策。可考虑将目前实行的5年内住房转让征收营业税的政策适当调减年限，并进一步降低住房交易环节的税费。

4. 进一步完善土地供应和监管政策

一是进一步完善土地供应管理。土地供应总量、节奏和方式对后续住宅供应总量和价格具有重要影响。建议综合考虑经济发展水平、城市化率、居民收入水平、人口总量和结构变化趋势因素的基础上，合理确定未来住宅供应计划和土地供应计划，对房价上涨过快的地区要适当增加住宅用地的审批数量和速度。同时，坚持土地集约利用的社会导向，提倡住宅用地通过合理布局来提高利用效率，鼓励通过城市空间布局优化加强存量土地的再开发，并采取有效措施，有效盘活存量土地，以提高住宅可供应的建筑面积。

二是要加强对现行土地政策的执法力度，特别是要严格执行土地闲置满两年、依法无偿收回等政策，从制度和政策层面解决目前存在的"囤地"和延迟开发等问题，加快房地产开发进度，增加市场供给。

三是在一些条件较为成熟的地区稳步推进城乡建设用地市场一体化试点。

5. 加强住房市场调控和监测的信息基础设施建设

一是完善细化房价统计，获取长期可比的房价统计数据，同时完善市场运行信息的监测和统计，改进房地产市场预警指标体系建设，强化风险显示。二是大力推进各部门和各地区之间信息资源的共享，在住房和城乡建设部近期开展 40 个城市个人住房信息系统联网试点基础上总结经验，进一步对全国城镇的个人住房信息统计系统进行合并。三是定期开展居民住房情况调查，掌握住房消费的动态变化。

6. 妥当处理房地产调控和宏观经济政策的关系

一方面，宏观经济政策要坚持稳健的取向，注意管理好通胀预期，为保持房地产市场平稳运行营造良好的外部环境。回顾过去多次的房地产调控，房价的上涨往往伴随着偏低的真实利率和相对宽松的流动性环境。与一般的商品不同，住房具有耐用消费品和资产双重属性，如果资金的价格（利率）水平较低，通胀预期管理不当，就很容易造成房价的大幅度波动。

另一方面，注意并评估房地产调控对整个宏观经济的影响传导、放大以及反馈机制。房地产行业在国民经济当中占有重要的地位[1]，房地产调控能够通过上下游产业链条传导，进而影响整个宏观经济。房地产行业的审慎性监管（比如提高首付比例，相当于降低杠杆）一定程度上也会对资本市场产生直接的冲击。因此，需要考虑房地产调控和货币、财政等宏观经济政策的协调，防止因为不同政策相互叠加而导致调控力度不当。

（二）进一步完善住房保障的制度体系

住房保障是重要的民生问题，做好住房保障工作是政府公共服务的

---

① 2010 年，房地产行业与建筑业增加值总和占 GDP 的比重为 12.3%。

职责所在。住房保障的核心目标是实现中低收入住房困难人群"住有所居"。要统筹考虑保障目标、保障效果和保障成本，坚持多种保障方式并存的住房保障体系，逐步扩大住房保障覆盖范围，实行多样化的住房支持政策，为城市低收入住房困难人群提供基本住房保障，支持和帮助更多的中低收入人群改善居住条件。

1. 完善多渠道的保障性住房供应体系

保障性住房包括租赁型和产权型两大类。其中，租赁型保障房分为廉租住房和公共租赁住房，前者保障对象是最低收入和低收入住房困难家庭，后者保障对象是中等偏下收入住房困难家庭，对于有条件城市，逐步扩大公共租赁住房的覆盖范围，将阶段性住房支付能力不足新职工、外来务工人员也纳入公共租赁住房保障对象。保障方式采用实物配租和货币补贴相结合，房源筹集途径有政府新建、收购、改建、社会捐赠以及社会存量房等多种方式。近期可重点考虑以建为主，建补结合的推进方式，适度加大政府直接调控的房源数量。产权型保障性住房包括经济适用住房、限价房，分别针对具有一定购房支付能力的低收入和中等偏下收入住房困难家庭。产权型保障房政策的改进重点是加强审核和退出管理，进一步削弱过高获益空间（见表5）。另外，应将城市、工矿、林区、垦区棚改与住房保障政策相配合，实现各种保障性住房供应方式的无缝对接。

表5　　　　　　　　　　　住房供应体系与保障特点

供应对象	供应方式		政府实际补贴金额
最低收入家庭	租金最低的廉租房		高补贴
低收入家庭	较低租金的公租房	经济适用房	较高补贴
中等偏下收入家庭	较高租金的公租房	两限商品房	低补贴
中等及以上收入家庭	市场租赁房	商品住房房	不补贴

2. 建立和完善住房保障规划、决策和实施机制

一是深入研究我国住房保障发展趋势和规律。对不同住房保障方式的保障成本、保障效果和覆盖人群等进行综合测算和评价，统筹考虑保

障对象的阶段性需求与长期稳定需求，在保障性住房规划中，要实现供给与需求的基本平衡，避免阶段性的过度建设或供给不足造成的社会问题。

二是应充分考虑经济发展的实际情况，以及各地区住房保障需求差异性，鼓励各地因地制宜的首创精神，完善现有住房保障决策机制。

三是进一步完善住房保障的实施机制。政府和有关部门要切实加强规划的组织实施，建立规划实施监测评估机制，实行规划年度监督、中期评估和终期检查制度。制定分解落实方案，明确工作职责、时间进度和质量要求，对未达标的地区可采取约谈或行政问责方式，加以督促落实。

3. 完善保障性住房的土地供应制度

一是增加保障性住房土地储备量，提高保障性住房供地计划性，加快制定保障性住房用地供应规划和年度计划，保障性住房用地实行"净地"供应，在土地供应前应完成征地、拆迁及地上物清理工作。针对大型居住社区建设用地，提前安排落实。

二是稳妥探索利用国有企业"退二进三"土地、园区建设用地、农村集体用地和其他可利用零星土地建设公共租赁住房。

三是保障房用地应合理规划，重点完善配套设施。综合考虑就业与居住的均衡发展的需求，加强保障房用地供应与产业布局、公共服务设施发展、轨道交通发展以及基础设施建设在空间和时序上的协调，在具备成熟的公共服务配套设施的地区，优先安排保障性住房项目。

4. 拓展保障住房的投融资渠道

一是把住房保障作为各级财政投入的重点领域，制定住房保障专项预算，并保证一定增长幅度，探索建立住房保障基金等制度，如规定每年财政收入的一定比例用于住房保障，以保证住房保障能力的可持续性，发行专门的公共住房建设中长期债券，加大保障房特别是公租房的税收优惠范围和力度。

二是引导银行、保险、公积金等金融机构积极参与住房保障建设，成立专门机构为其融资提供贷款担保或保险，并建立风险补偿金制度。

三是探索组建政策性住宅储蓄银行，提供保障性住房建设及消费活动相关的金融服务。

四是进行保障性住房投资信托试点。可由政府通过土地、税收以及商业配套等优惠条件，联合资质较好的企业或机构，共同设立保障房投资信托基金，通过定向募集的方式引入大型投资机构或从社会公开募资，从而多渠道满足保障性住房建设的融资需求。

5. 加快推进相关立法，实现住房保障法治化

一方面，在全国层面建立统一、规范的住房保障法律框架。通过层级较高的法律，明确城镇基本住房保障标准、覆盖范围、保障方式、保障性住房规划、建设与管理模式，以及土地、财政、税收与金融支持政策框架等基本问题，从而解决目前住房保障法律政出多门、法律层级较低、执法困难的一系列矛盾。

另一方面，加强地方性住房保障法律法规和文件的制定，允许各地方应结合自身阶段性特征，针对出现的新形势、新任务和新问题，通过制定地方性法规来规范住房保障工作，有序推动住房保障管理工作法治化进程。

（三）进一步完善房地产行业的监管体系

实现房地产市场的持续健康发展，需要进一步规范房地产市场秩序，完善法律法规，建立有效的房地产市场监管体系，对土地、预售、建设、交易和后续管理环节进行全过程监管和规范。

1. 健全房地产行业的法律法规

推进《住宅法》和《住房保障法》立法工作，明确参与落实住房政策的各主体的法律地位和责任分工，规定住房政策目标。加快修订《城市房地产管理法》，进一步规范房地产开发企业经营行为，提升维护被拆迁者权益的法律级别。

2. 完善商品房预售制度

一是加强对预售资金的监管力度，设立专用资金账户，建立覆盖银行、开发商和建设施工单位、购房人四位一体的监控体系，督促开发商将项目贷款专款用于项目工程，限制捂盘囤积、惜售抬价的行为。二是强制房地产开发商披露预售许可和预售进展等相关情况，不允许未取得预售的项目变相进行展销活动。三是加强对房地产销售代理和经纪的资质管理，并限制"阴阳合同"等违规交易。另外，在住房总量供求关系紧张的局面基本改善之后，应当取消预售制度，按照规范的市场化机制运作，引导房地产开发商努力在住房产品和服务的质量上多下功夫。

3. 规范二手房交易行为

在二手房交易环节要贯彻落实《房地产经纪管理办法》，建设公开、透明、阳光的二手房交易市场，规范二手房交易行为。一是要整合房屋登记机构、交易保证机构和金融机构，搭建二手房交易结算资金托管平台，保证二手房交易资金的安全，切实解决二手房交易过程当中可能出现的房屋产权不清晰、中介机构擅自挪用交易资金等问题。二是加强对二手房交易中订立"阴阳合同"等偷逃税款行为的查处，防止税收流失。

4. 改善房屋租赁监管

在房屋租赁环节，要落实《商品房屋租赁管理办法》。一是依法严肃查处房地产经纪机构进行虚假宣传、提供虚假租赁房源等行为。二是对房屋租赁代理等不合理的房地产经纪业务方式加以规制，不允许经纪机构参与经营甚至吃差价，并对房地产中介哄抬价格等违规行为进行处罚。三是搭建房屋租赁的网上信息平台，实行租赁合同网上备案，并加强房屋租赁合同的约束力，监管业主有效执行租约，不得随意提高房租。四是对不符合安全、防灾等强制性标准，随意改变房屋内部结构分割出租的行为进行规范整改。

5. 加强物业监管

针对物业管理当中出现物业服务企业行为不规范、服务人员整体素质不高等问题，要加快修订《物业服务企业资质管理办法》，加强对住宅物业管理项目接管验收等方面的监管力度，实施物业服务企业的准入制度，落实服务人员培训和管理，完善投诉举报制度等。另外，针对物业收费难的问题，要充分发挥业主委员会的桥梁作用，并且引入第三方物业评估监理机制，通过物业服务企业、业主以及第三方的参与，破解业主和物业服务企业标准不一的难题。

6. 加快房地产企业信用体系建设

一是健全房地产开发和建设企业信用体系。除了继续完善与银行授信相关的信用管理以外，政府应该和房地产行业协会合作，将房地产产品和服务的质量、对消费者信息的公开程度等与企业社会责任相关的内容纳入房地产企业信用体系；二是完善房地产估价和物业服务企业及从业人员的信用体系建设，加强信用管理；三是可以通过行政主管部门、协会或者新闻媒体等多种渠道，加大对失信行为的惩罚力度。

7. 健全房地产开发企业资质管理

针对房地产行业普遍存在的企业结构不合理，骨干优势企业少，抗风险能力较弱，产品质量以及购房人合法权益保障亟待提高等方面的问题，要进一步加强房地产开发企业的资质管理。监管部门要根据企业信用记录、资本金实力、经营状况、专业技术力量、是否存在违规违纪和质量问题、是否注重保护购房者的合法权益等标准，对企业资质进行定期核定和更新。对不合格的企业要向社会公布，并限期整改。对连续核定不合格的企业要予以清退。

国民收入分配：改革思路与政策建议

国民收入分配既是经济体系运行的结果，又是推动经济发展最基本的动力结构。收入分配结构不合理，从经济角度看，容易导致收入差距拉大，消费需求不足，国内市场萎缩，产业结构失衡，人力资本参与不足等问题；从社会角度看，容易导致两极分化，社会利益固化，社会阶层流动性不足，社会凝聚力和稳定性下降，甚至出现社会动荡。

近年来，我国收入分配领域暴露出一些突出问题，不仅影响了居民消费增长和经济稳定发展，一定程度上也影响了安定团结和社会和谐。"十二五"时期，加快收入分配改革，合理调整收入分配关系，形成公平、合理的国民收入分配格局，是推动经济发展方式转变取得实质性进展的关键环节。

一、收入分配领域存在的主要问题

经过多年的改革，我国建立起了以按劳分配为主体、多种分配方式并存，按劳分配与按生产要素分配相结合的基本分配制度。通过把市场竞争机制引入到收入分配领域，克服了计划经济体制下收入分配中的平均主义倾向，极大地解放了生产力，推动了经济社会的快速发展。然而，随着我国经济社会发展进入新的阶段，受改革不彻底、制度不健全、调控不到位等诸多因素影响，收入分配呈现出比例失衡、差距拉大的趋势，一些弊端逐步凸显出来，成为社会关注的焦点。

（一）劳动者报酬和居民收入占 GDP 比重偏低且持续下降

劳动者报酬占 GDP 比重是初次分配的结果，居民收入占 GDP 比重是在劳动收入基础上进行二次分配后的结果，还包括居民的财产性收入和转移性收入等非劳动收入。前者通常可以通过收入法 GDP、资金流量表和投入产出表三种渠道获取相关数据，后者主要通过资金流量表获取。由于三种渠道的统计方法不同、口径存在差异，得到的数据并不完全一致，这也成为目前国内在收入分配结构问题上存在争论的重要原因。但是，无论用哪种数据口径，都可以得到自 1995 年以来我国劳动者报酬占比持续下降的结论。考虑统计口径变化和统计资料间的差异，经过相关数据调整后，2007 年我国初次分配中劳动者报酬占 GDP 比重为 42% 左右（介于 39% 与 46% 之间），相比 1995 年下降约 10 个百分点。而同期企业所得、政府生产税净额占 GDP 比重则明显上升。受劳动收入持续下降影响，加上财产性收入占比也在下降，2008 年居民收入占 GDP 比重为 55% 左右，与 1995 年相比降幅超过了 10 个百分点。

我国劳动者报酬占比和居民收入占比偏低，一定程度上是发展阶段的体现，但自 1995 年以来呈现出持续下降趋势，用发展阶段已经不能给出充分解释。就特定发展阶段看，一是工业化加速推进特别是重化工业阶段，劳动者报酬占比会相对偏低，并伴有少数年份下降，但持续下降现象罕见。例如，日本、韩国在其重化工业阶段，劳动者报酬占比也曾出现过低于 40% 的年份，但没有出现过长期下降。二是无论是老牌的英、美工业化国家，还是二战后的新兴工业化国家，初次分配中劳动者报酬占比始终是各要素中占比最高的，而且工业化进程中该比例总体呈上升趋势，并随工业化完成而趋于稳定。

（二）城乡、社会成员、地区和行业间收入差距仍在扩大

首先，城乡差距是居民收入差距的最大来源。近年来，我国政府十分重视"三农"问题，先后出台了一系列支农、惠农政策，城乡差距拉大的趋势得到了一定遏制。1985 年城镇居民人均可支配收入为农村居民人均纯收入的 1.86 倍，2010 年达到 3.23 倍，绝对收入差距超过 13000 元。从衡量收入分配的基尼系数看，农村和城镇各自的基尼系数虽然近年来有所上升，但都低于 0.4 的水平，也低于全国的基尼系数。根据贡献分解，城乡收入差距对全国收入差距的贡献率约为 48%。我国居民收入分配差距很大程度上依然反映的是城乡收入差距问题。

其次，社会成员间差距拉大，基尼系数持续攀升。改革开放之初我国是一个平均主义盛行的国家，基尼系数只有 0.16。随着经济体制和收入分配改革的深入推进，市场竞争机制逐步建立，居民收入差距不断扩大。1990 年基尼系数达到 0.35，2008 年则攀升到 0.47，在世界主要经济体中属于偏高的国家。全国居民收入调查显示，从 1988~2010 年，收入最高 10% 人群和收入最低 10% 人群的收入差距，从 7.3 倍上升到 26 倍。

第三，地区发展不平衡，拉大区域收入差距。在我国区域协调发展战略推动下，近年来资本、产业向中西部地区转移的趋势明显，地区发展不平衡带来的区域收入差距没有明显恶化，但问题依然突出。从城镇居民人均可支配收入看，全国最高省份与最低省份之比，由 21 世纪初的 2.2 倍扩大到 2010 年的 2.4 倍，绝对收入差距为 18600 元。得益于惠农政策的持续实施，农村居民人均纯收入最高与最低之比，由 2000 年的 4.2 倍扩大到 2006 年的 4.6 倍的高点后，近年来有所回落，2010 年降低到 4.08 倍。但地区之间的城乡居民收入差距依然很大，明显高于全国城乡平均差距，最高省份的城镇居民人均可支配收入与最低省份的农民人均纯收入之间的差距，由 9 倍扩大到 9.5 倍，绝对收入差距高达 28000 元。

第四，行业收入差距拉大。改革开放之初，我国各行业间收入水平

差异不大，最高与最低之比为 1.8 倍，随后呈逐步扩大趋势，2000 年达到 2.63 倍。据人力资源和社会保障部统计，目前电力、电信、金融、保险、烟草等行业职工的平均工资是其他行业职工平均工资的 2~3 倍，如果再加上工资外收入和职工福利待遇上的差异，实际收入差距可能在 5~10 倍之间。除了行业特征和技术密集等合理因素外，当前我国行业间的收入差距很大程度上是垄断因素导致的。

（三）收入分配秩序不规范，寻租和腐败现象比较突出

首先，公务员及企事业单位工资制度不规范，地区间、部门间及国有企业间收入差别很大，很多灰色收入没有纳入正常管理范围，造成"工资不高、收入不低"的局面。

其次，国有企业职工享有的补贴、津贴、奖金、实物分配等制度外收入名目繁多，没有得到有效约束。国企高管职务消费很多采取实报实销的形式，不受约束，弹性空间很大。

再次，政府职能转变缓慢，地方政府为了追求 GDP 规模，在招商引资及资源开发中恶性竞争，使房地产开发、自然资源开采、土地出让等领域投机行为比较突出，也容易滋生腐败。目前高房价已经成为引发居民收入差距拉大的新的重要因素。此外，由于政治体制改革相对滞后，对领导权力的约束机制不健全，部分领导干部利用权力寻租的问题时有发生。由此获取的非法收入，不仅恶化了收入分配关系，而且降低了经济社会整体运行效率。

（四）社会流动性有所下降，阶层分化问题开始凸显

保持社会流动性，防止社会阶层过度分化，是维持社会稳定和活力的基础，也是维持社会公平正义的基本途径。我国改革开放之所以释放出强大活力，增强人员流动和选择的自由是一个重要原因，很多人可以通过自由选择工作、考大学、办企业实现自己的梦想和价值。但是随着经济社会的快速发展，相关领域改革滞后的问题逐渐暴露，部分利益集

团逐渐形成，社会阶层开始分化，利益固化趋向加强，社会流动性有下降风险。

当前，阶层分化问题主要表现在三个方面。第一，扣除城市化因素的影响，从考生和录取比例看，城市考生考入重点特别是名牌大学（211 和 985 高校）的比例是农村考生的比例的 3.5 ~ 4 倍，农村孩子上名校的比例在下降。这虽然一定程度上反映的是城乡教育资源配置不均衡的问题，但"寒门难出贵子"确实引起了越来越多的关注。第二，普通家庭孩子考入公务员（特别是基层公务员）和进入国有企业工作的难度在增加，社会中"拼爹"现象比较明显，通过个人努力实现梦想的通道有所变窄。第三，农民工市民化进程缓慢，农民工孩子的上升空间有限，"农民工的孩子还是农民工"，农民工就业状况在代际间传递的现象增加。根据国务院发展研究中心 2010 年的抽样调查，在农民工子女接受教育的方式中，39.2% 在务工地公办学校接受教育，9% 在务工地民办学校接受教育，51.8% 在老家的学校接受教育。农民工子弟不仅接受的教育资源差，而且长期与父母分离，也带来了成长中的许多问题。

收入分配格局决定基本的需求结构，收入分配格局恶化影响经济社会持续发展。从宏观看，国民收入中资本所得（特别是营业盈余占比）持续提高，正是我国近年投资率保持在 40% 以上的重要原因之一。而与高投资率相对应，我国消费率持续走低，消费需求增速一直低于 GDP 增速。作为居民消费需求的主要来源，劳动收入占比持续下降是主因。从微观看，由于居民收入差距持续拉大，具有高消费倾向的低收入者无钱消费，加上二次分配的逆向调节，进一步恶化了低收入者的处境，导致内需相对不足，产业升级缓慢。可以说，收入分配格局不合理，一定程度上固化了我国过度依赖投资和出口的发展模式，成为阻碍经济发展方式转变的重要原因。而且，收入分配关系不合理，对社会稳定、和谐的冲击与破坏作用也在逐步显现，加快调整和理顺收入分配关系成为"十二五"时期最为紧迫的任务之一。

二、原因分析

我国收入分配领域存在上述矛盾和问题的原因十分复杂。既有特定发展阶段的共性原因，也有生产力发展总体水平不高、经济结构不平衡、二元经济特征突出、国有经济布局不合理等反映我国特殊国情的原因，但根本原因还是在于改革不彻底、市场不健全、制度不完善和政府职能转变滞后等。

（一）初次分配领域的主要原因

1. 市场体制不完善，存在明显的价格扭曲和主体扭曲

第一，基本要素价格扭曲，使得劳动力价格必须长期保持低水平。历史数据证实，我国资本和劳动之间替代弹性总体为1。也就是说企业是选择多用资本还是多雇工人，关键看资本和劳动之间的相对价格。虽然我国劳动力价格整体便宜，但由于资源要素价格被人为压低，使得劳动价格无法正常增长，否则就会发生资本对劳动的替代。第二，市场主体扭曲，机会不均等，非公经济和中小企业发展不足，就业不充分，必然影响劳动者报酬的提高。第三，国有经济占用大量社会剩余，但收益并不为广大居民分享。第四，行业垄断和行政性垄断突出，行业间收入分配差距并非竞争力和人力资本差异的体现。

2. 劳动力市场不健全，劳资关系尚未根本理顺

第一，劳动力市场存在着一定的就业歧视，在就业机会、职业选择和薪金待遇等方面往往受到不公正的待遇。特别是劳动用工制度的"双轨制"直接导致了同工不同酬，"派遣工"问题突出，拉大了初次分配的劳动报酬差距。第二，劳动力市场存在城乡分割、行业分割和地区分割的问题。这些因素导致劳动力流动成本高，使劳动力资源难以在全社会范围内得到优化配置。垄断行业的高就业壁垒使得普通劳动力难

以自由进入。第三，协调劳资关系的有效机制缺失。劳动者谈判能力较弱，往往只能被动地接受企业的分配方式和分配结果，随意压低、拖欠工资的情况时有发生。第四，劳动者权益保障制度不完善，劳动者的正当权益未能得到有效保护。

3. 土地和资本市场化程度低，财产性收入增长缓慢

随着农村人口外移、规模化经营、现代设施农业等的不断发展，农村土地流转也呈现加速态势。但由于土地流转市场不完善、土地评价不规范，导致流转价格偏低。而且一些地区以招商引资、兴建开发区、推进城镇化为名，强制性地征用大量农村集体土地，而征地补偿范围狭窄、标准偏低，使得农民不能合理分享土地非农化的增值收益，其土地财产收益被严重侵害。从资本市场情况来看，利息收入是我国居民财产性收入的重要来源。但由于利率管制、资本市场监管缺失等因素，导致居民财产性收入占比长期偏低。我国银行业的存贷利差长期高于世界上多数国家的水平，存贷差成为银行业最主要的利润来源。管制下的存款低利率，其实质是居民部门对政府和企业部门提供了资本价格补贴，导致居民财产性收入向政府和企业转移。此外，我国资本市场在上市公司治理结构和分红制度等方面尚未形成完整的法律规范，侵吞小股东利益的现象依然存在，损害了中小股东获得资产收益的权利，广大居民难以通过资本市场获得更多的财产性收入。

（二）二次分配领域的主要原因

1. 政府职能转变滞后，公共服务供给不足

国际经验表明，随着一国发展水平的提升，政府公共服务支出占政府总支出的比重呈现逐步上升趋势。特别是人均 GDP 在 3000 ~ 10000 美元阶段，随着居民消费逐步由耐用品消费向服务消费升级，公共服务在政府支出中的比重将显著提升。当人均 GDP 超过 1 万美元后，政府公共服务支出占比将逐步趋稳。虽然经过近年持续加大投入，我国政府公共服务支出总体仍然不足。2010 年，教育、医疗和社会保障三项公

共服务支出占政府总支出的比重合计仅为37.8%，比人均 GDP 3000～6000 美元国家的平均水平低16.2个百分点。由于政府公共服务支出总体不足，居民被迫用自身的收入来支付快速增长的教育、医疗、社保等，不仅挤压了居民的其他消费，而且强化了居民的谨慎预期，降低了居民消费倾向。

2. 二次分配调节不力，逆向调节现象普遍

我国现行福利体系主要与正规就业或城市户口挂钩，转移性支付实际上是"重城市、轻农村"、"重中间、轻两端"，并未真正起到调节收入分配的作用。由于不同社会群体面对的是完全不同的收入再分配规则，低收入者所获得的转移性收入，反而比更高收入者获得的转移性收入还少，形成收入再分配中的"逆向转移"，初始收入分配差距没有得到有效修正。

3. 税制结构不合理，增收功能强，收入调节作用弱

第一，以间接税为主的税制结构，在调节居民收入差距方面的作用相对有限。第二，个人所得税增收功能强，调节功能弱。征收分11类实施，对不同的所得采取不同的税率征收，造成不同收入之间的税收不公平，在客观上鼓励纳税人利用分解收入、多次扣减或者转移所得等办法避税逃税；抵扣范围过窄，抵扣标准没有考虑纳税人实际负担能力；没有考虑纳税人赡养人口多寡、婚姻家庭状况、健康状况以及地区差异、物价水平等情况，明显违背税收公平原则；居民纳税意识不强，自行申报和自觉纳税行为尚不到位；税务部门对纳税人的真实收入无法进行有效监控，无法对居民个人的应税所得全额征税，造成高收入者的实际税负低于名义税负。第三，对劳动（所得）的广义课税过重。以国际标准来看，若把社保缴费包括在内，我国是一个劳动课税很高的国家。一个收入为平均工资的单身劳动者的综合"税负"（综合税负中包括企业承担部分和住房公积金）高达45%，已高于大多数国家的负担水平。

4. 尚未建立起有利于社会捐赠的制度环境和政策体系

基于自愿的社会捐赠作为收入再分配的重要方式，在缓解贫困、缩小贫富差距等方面发挥着重要作用。一是现有的基金会在规范化、程序化和透明度等方面还存在不足。如捐赠登记、新闻发布、相关查询、监管、评估、审计等各个环节还不够完善，在一定程度上影响了社会捐赠的积极性。二是对各类基金会的准入总体上采取的是"高门槛"政策，在一定程度上制约了各类法人和自然人投入慈善工作的积极性。三是对各类基金会的管理和监督方式还存在不足，不利于各类基金会的持续、健康和较快发展。

（三）对现行收入分配格局的基本判断

我国现行收入分配制度，通过把市场竞争机制引入到收入分配领域，有效地促进了机会平等，极大地激励了人们生产和创业的积极性，解放了生产力，对推动经济社会的快速发展发挥了重要作用。虽然当前收入分配领域暴露出不少问题，但不应该以此否定现行制度的进步性。出路不在于否定现状，回到过去，而是要正视发展中的问题，深化改革，不断调整和完善收入分配格局。

国际经验表明，在以工业化带动的高速发展时期，伴随国民收入的快速增长，特别是在人均收入由中等收入向高收入转变过程中，国民收入分配结构会出现明显的阶段性变化特征：在初次分配领域，劳动者报酬占比会出现一段时间下降，然后逐步回升趋稳，呈现 U 型特征；在二次分配领域，以基尼系数衡量的居民收入差距会先拉大，然后逐步下降趋稳，呈现倒 U 型特征。我国收入分配结构变化，具有一定特殊性，但总体趋势符合发展阶段特征。应该注意到，国际经验表现出来的这种收入分配关系转变规律，并不是自发产生和自然而然到来的，而是伴随着不同社会群体的利益冲突与妥协，靠政府积极主动的政策干预和制度创新得到的结果。

在初次分配领域，只要我们坚持市场经济方向，继续深化体制改革，特别随着劳动力市场供求结构的变化和产业升级，有望得到一定缓解。2008 年我国劳动力市场出现了结构性短缺，劳动者报酬占比也出现明显反弹，一定程度上说明了这一问题。在再分配领域，问题则表现得更为复杂和敏感，虽然城乡差距有所缩小，但地区、行业和社会成员间收入差距还在拉大，而且随着城市化的推进，城市贫民、城市二元结构等新问题开始凸显，再加上一些灰色和不法收入形态的影响，对社会安定和谐极易形成冲击。加大对再分配领域的改革和政策调整，应该成为目前阶段收入分配关系优化调整的重点。

收入分配结构调整，实质是社会群体现有利益的重新分配，属于存量型改革。历史经验表明，存量改革通常比增量改革更加艰难。如果能将存量改革融入增量改革过程中，则改革障碍就会减少，推行起来就会相对容易。未来 10 年左右的时间，我国仍处于大有作为的重要战略机遇期，经济有望保持较快增长，收入增量空间很大。目前是收入分配结构调整的关键时期，越往后拖难度越大，抓住经济快速增长的战略机遇期，早调整则早赢得主动，为长期经济发展和社会和谐稳定打牢基础。

三、未来改革的思路、原则和阶段目标

（一）基本思路

以保障和改善民生、维护稳定和促进和谐为根本出发点，坚持"完善市场经济体制"和"加快转变政府职能"两个根本性方向，坚持按劳分配为主体、多种分配方式并存的基本分配制度，初次分配和再分配都要处理好效率和公平的关系，再分配更加注重公平，以"完善市场，政府转型，促进参与，补低、拓中、调高"为基本思路，努力提高劳动报酬在初次分配中的比重，提高居民收入在国民收入分配中的比重；健全扩大就业、增加劳动收入的发展环境和制度条件，提高人力资本参与率；规范分配秩序，加强税收对收入分配的调节作用，有效调节过高收入，努力扭转城乡、区域、行业和社会成员之间收入差距扩大趋势；防止利益集团化、固化，避免社会阶层过度分化，提高社会流动性，让最广大的人民群众公平分享改革和经济发展的成果，调动和发挥全体人民的积极性和能动性，为实现民富国强和全面建设小康社会释放出强大的活力和动力。

"完善市场"：核心是消除"要素价格扭曲"和"市场主体扭曲"两大弊端。前者的重点是，深化市场体制改革，完善土地、矿产资源、水、利率、汇率、劳动等要素价格形成机制，改变人为扭曲要素价格的格局，使要素价格更充分地反映市场供求状况和稀缺程度，提高资源的配置效率。后者的重点是，深化国企改革和国有经济战略性调整，在公平准入、打破垄断上取得实质性进展，在竞争性领域真正实现民营企业与国有企业平等的国民待遇，建立和完善竞争性供给体系，不断提高整体经济运行效率。通过竞争创造更多的就业和更高的劳动生产率，提高劳动者报酬。

"政府转型"：核心是加快转变政府职能。我国加快发展方式转变最大的挑战是政府职能转变滞后。要切实减少政府对经济领域的直接干预，发挥政府对市场机制失灵进行修正和补充的作用，强化公共服务和社会管理职能，在调节收入分配差距上发挥更大作用。加快改革政府绩效考核机制，避免公权滥用和目标短期化趋势，推进现代法治政府建设，提高公共权力对公共资源的利用效能，切实为谋求公共利益和人民长远福祉服务。

"促进参与"：核心是促进就业，提高效率，充分发挥人力资源潜能，使最广大的人民通过自己的勤劳和智慧来获取收入，以改善生活境况。重点包括：严守起点公平原则，破除劳动力市场上的歧视、分割和其他人为壁垒，建立真正的竞争性劳动力市场。打破既得利益集团的阻碍，增强不同阶层之间的流动性，避免出现利益固化和代际锁定。通过增加教育投入和技能培训，提高劳动力素质和基本技能，同时完善基本福利保障的可接转性，提高人员换岗和流动能力，真正做到人尽其才，各得其所。

"补低、拓中、调高"：在保护基本产权和财产制度前提下，增加对低收入人群的补贴，切实保障他们的基本生活需要，并使其有动力和机会通过自己的努力去改善生活状况；不断拓展壮大中等收入人群，使他们成为社会中的绝对多数，奠定"橄榄形"收入分配格局的基础；加大对高收入者收入的规范和调节，根据能力负担原则，有效提高高收入群体的实际税负水平，将社会收入差距控制在合理范围内，防止出现社会阶层严重分化对立。

（二）主要原则

1. 把促进社会公平正义作为调整收入分配关系的立足点和目标

收入分配是经济社会中最基本的激励机制，公平合理的收入分配关系是维护社会公平正义的重要基础。注重结果公平、避免阶层对立，是增强社会凝聚力的重要条件。对社会公平正义有明显破坏作用和恶劣影响的收入分配问题，就是当前改革和调整需要优先解决的问题。

2. 把促进参与、增加就业作为提高居民收入的重要基础

无论是发达国家还是发展中国家，无论人均收入水平达到多高，劳动就业收入始终是一国居民收入中最主要的部分。千方百计促进就业，使最广大的人民有效参与到现代经济发展进程，通过诚实劳动获取基本收入，是调整收入分配关的重要基石。

3. 把提高社会阶层流动性作为处理好收入分配关系的重要条件

国际和历史经验表明，一段时期收入分配差距拉大并不是最可怕的事情，最可怕的是收入分配差距在人群间和代际间被锁定，收入分配关系被固化。如果人群间和阶层间可以流动，社会成员就有改变现状的希望和动力，经济社会就会保持活力。反之则会引发社会动荡，阶层关系对立，进而失去经济社会发展所必需的凝聚力。

4. 把提高效率、促进机会平等和起点公平作为调整收入分配关系的重要途径

调整收入分配的核心是强调公平，特别是结果的公平，一定程度上也是对市场竞争和效率机制下不合理的收入差距的修正。但优化收入分配结构与提高效率本身并不对立，调整收入分配所采取的手段，不能以牺牲整体效率和破坏机会平等、起点公平为代价。收入分配公平不追求结果的绝对平等，不是平均主义，而应激励多劳多得，高效率获取高收益。劳动报酬的提高要与劳动生产率的提升相适应。

5. 把保障和改善民生、扩大消费作为调整收入分配关系的落脚点

收入分配调整的一个重要目标就是要让最广大的居民融入经济社会发展进程，公平共享发展成果。提高居民收入比重，缩小居民收入差距，完善基本公共服务，就是要让更多的人改善消费预期，提高消费能力，确实提高生活水平。在保障和改善民生的同时，也达到了扩大内需和增强活力的目的，从而促进经济社会在更长时期保持平稳健康发展。

（三）"十二五"阶段性目标

收入分配格局恶化趋势得到初步遏制，国家、企业和个人在初次和二次分配中的比例关系更趋合理。居民收入平均增速达到8%以上，劳动者报酬在初次分配中的比重、居民收入在国民收入中的比重止降回升，到"十二五"期末分别达到50%和62%左右。因垄断因素造成的行业间收入差距有所改善，国有经济收益分配机制更加规范。政府职能转变取得实质性进展，税收调节作用得到强化，政府公共服务和社会安全网进一步完善，二次分配调节力度加大、效果明显改善，全国基尼系数持续上升趋势得到遏制，到2015年末全国基尼系数控制在0.46以内。城乡、地区、行业和社会成员之间的收入差距不再继续拉大，中等收入阶层进一步发展壮大。加大打击腐败力度，坚决取缔非法收入，逐步规范灰色收入，鼓励通过个人努力合法获取收入，初步形成公开透明、公正合理的收入分配秩序。居民消费能力持续提高，生活水平大幅改善，经济社会发展的活力和动力增强，逐步形成与全面小康社会相适应的国民收入分配格局。

四、改革重点和相关政策建议

（一）加快推进资源和要素价格改革，充分发挥价格机制在促进要素间合理分配的作用

着力推进土地资源、水资源、能源、矿产资源、生态环境容量以及利率、汇率等要素价格改革，建立有利于资源节约和环境友好的、反映市场供求状况和资源稀缺程度的资源要素价格形成机制，更大程度地发挥市场在资源配置中的基础性作用，提高资源配置效率，减少扭曲性资源要素价格对收入分配的影响。健全土地、资本、劳动力、技术、信息等要素市场，完善市场法规和监管体制，规范市场秩序。在充分研究论证的基础上，进一步完善我国资源税费制度，提高税费标准，并参照国际经验，改进资源税费在不同利益主体之间的分配关系。

短期内，重点理顺煤、电、油、气、水、矿产等资源类产品价格关系，完善重要商品、服务、要素价格形成机制。切实加快投资体制改革，将电力、炼油等生产能力建设选择权还给市场，减少因审批限制导致的供给冲击。鼓励成品油生产和销售市场的竞争，提高对内对外的开放度，可考虑逐步放开成品油进口限制。加快输配电价改革，推进竞争性电力市场建设和大用户直接交易，对垄断性电网企业在可能范围内增加竞争因素，提高其运作透明度，并改善政府管制方式。进一步完善水电、核电、可再生能源发电价格形成机制；调整销售电价分类结构，居民电价以阶梯电价为主，生产电价上调应在已经形成的差别电价格局基础上，以基准电价的系统调升为主。进一步推进人民币汇率形成机制改革，适当放宽汇率自由波动范围。加快利率市场化步伐，继续扩大商业银行贷款利率浮动范围，在最终放开存款利率上限之前，目前应加快放开贷款利率下限管制，引导银行改变利差型盈利模式，提高全社会资金运用效率。

（二）大力促进就业，促进工资合理增长

切实落实"新非公36条"举措，进一步减轻服务业税负水平，大力支持发展服务业和中小企业，增加就业吸纳能力。着力增加政府对劳动市场服务职能，加大对职业教育、在职培训等的公共投入，提高劳动者素质和岗位转化能力，通过增强劳动市场的活力来根本保障劳动者利益。积极发挥工会在劳动者维权上的作用，增强劳动者工资集体谈判能力。继续实施最低工资制度，健全工资的正常增长机制，使工资增长与劳动生产率提高基本相适应，但不能通过僵化劳动合同来实现。维护劳动者合法权益的同时，要避免过渡干预劳动力市场，在不损害市场效率的前提下提高劳动者报酬在初次分配中占比。

2010年以来，全国有30个省（市、自治区）都分别较大幅度提高了最低工资标准（连续两年平均涨幅约20%），关键是如何抓好落实，防止最低工资变成实际最高工资。相关领域企业要加快建立健全薪酬管理制度，切实保障员工工资按时足额发放，并且建立一种与经济发展、劳动生产率提高相适应的增长机制，逐步使最低工资标准达到社会平均工资的40%。动态发布行业劳动定额标准指引，指导企业通过劳资平等协商，合理确定劳动定额和计件单价。妥善解决派遣工问题，进一步落实同工同酬待遇。切实解决对非公企业缺乏强制措施、部分集体合同流于形式、职工参与度低、行业协会不健全等方面的问题，探索推进工资协商机制，在地区工会组织和行业组织指导下，率先在企业层次试点推行工资集体谈判制度，力争到"十二五"末集体谈判劳动合同覆盖面达到20%左右。完善劳动仲裁和法律援助机制，切实保障劳动者合法权益。

（三）公平准入，打破垄断，规范国有企业分配机制

针对中高收入群体边际消费倾向偏低，而对服务业和高端消费品需求不断增长的现实，必须打破现有利益格局制约，真正推倒社会资本和民营经济面前的"玻璃墙"，放宽市场准入，鼓励公平竞争，加快金融、医疗、教育、培训、咨询、文化等服务业的改革和发展。通过改善

有效供给，缓解结构性供给不足矛盾，不仅会创造新的就业机会，增加低收入者的收入，也将激活中高收入群体的消费潜力。

加快推进国有垄断行业改革，切实放松铁路、电信、电力等基础产业和金融、出版等服务业以及部分城市公共事业的管制，通过市场竞争来改善供给和提高效率，有效缩小垄断行业与其他行业就业人员不合理的收入差距。对于那些确实关系国计民生的垄断或自然垄断行业，要加快建立合理的定价机制和收益分配原则，避免因垄断因素获取高于其他行业的劳动报酬。国有企业和国有资本在性质上是一种全民保障性资产，应该成为我国保障体系建设稳定的资金筹集渠道之一。其经营利润或股权转让的收入，部分应通过再分配的方式转变为政府公共服务支出和居民可支配收入。

在进一步提高中央企业国有资本收益收取比例的基础上，要加快完善国有资本经营预算管理制度。针对目前省市级国有企业快速发展的趋势，各省区市也要尽快建立完善国有资本收益分配制度。各层次国有企业都要进一步完善工资总额预算管理制度，完善对垄断行业工资总额和工资水平的双重调控政策。严格规范国有企业、金融机构经营管理人员特别是高管的收入，完善监管办法。对垄断行业职工的全部收入，包括工资、奖金、津贴、补贴、住房公积金以及企业年金等全部纳入调控范围。规范国企负责人收入，使其与一般职工工资差距控制在合理范围内，严格规范国企高管职位消费管理制度。健全国有资本预算与一般公共预算的有效衔接机制，使国有企业收益能更大程度上支持公共服务和民生事业。

（四）有效增加财产性收入，完善财产权保护制度

创造条件让更多群众拥有财产性收入，是提高居民收入水平和扩大消费的重要途径。在农村关键是推进和深化土地制度改革。在稳定农民对承包地拥有长期物权的前提下，促进土地流转，使农民获得稳定的收入流；清晰界定农户宅基地产权属性，推进宅基地流转、置换方式创新，让农户分享土地升值的收益。对集体土地的国有化，应基于市场交

易而不是强制征用。土地的产权拥有、产权交易和用途管制实现"三分开"。国家设立用途管制部门，不管哪种所有制的土地，只要符合用途管制，都可以用于非农领域。非农领域的土地资源配置逐步实现供给主体多元化，逐步形成一个用途管制严厉、产权日益清晰、供给主体多元、市场交易公平的土地配置市场。

在城镇，关键是深化金融体系改革。深化以银行为主的金融体系改革，加快利率市场化步伐，改变长期负利率状态；采取非对称加（减）息操作，缩小不合理的利差；加快建立、健全多层次金融市场；切实增强金融机构风险管理能力、价值发现能力，增加金融资源的跨区域、跨时间配置能力；积极开展财富管理服务，拓展居民金融投资渠道，提高居民的股息、利息、红利等财产性收入。

（五）切实改善公共服务供给，强化二次分配调节作用

首先，保障基本公共服务均等化供给。一是大幅度提高政府公共服务支出占政府总支出的比重，以增加政府公共服务消费来拉动和激活居民消费，同时明显降低一般性行政支出。二是适当提高政府消费占GDP的比重，增长部分也主要用于公共服务。出台国家基本公共服务目录，制定基本公共服务国家标准，增加对落后地区和农村公共服务投入，不断提高基本公共服务的可及性和均等化程度。完善政府间转移支付制度，保证基层政府的基本公共服务供给能力。继续加大教育和医疗投入，注重对人力资本的早期有益干预，提高人力资本整体素质。

其次，强化税收对收入分配的调节作用，加大二次分配调节力度。增加政府货币转移性支出，有效提高低收入人群的可支配收入。通过改革税收制度等措施加大二次分配的调节力度。实行综合与分类相结合的个人所得税制度，尽可能将11类所得进行适当归并征收；充分考虑家庭综合税负能力，以家庭为单位进行计征和抵扣；建立个税起征点与收入增长、通货膨胀水平（Consumer Price Index，CPI）的联动调节机制；征税标准对本国居民与外国人士要实现一致，确保税收公平。完善企业

所得税制度，对有利于就业的中小企业给予税收优惠，将减税负与促就业有机结合起来。切实降低服务业税负水平。以房地产为突破口，试点开征资本利得税，加大对房地产暴利和高收入群体的税收调节力度。在增加资源、资本税负的同时，降低劳动所得综合税负，积极推进结构性减税。适当降低间接税比例，扩展增值税实用范围，进一步向消费型增值税转变，切实降低服务业和中小企业税负水平。

（六）加快完善社会保障体系，建立健全社会安全网

坚持广覆盖、保基本、多层次、可持续方针，加快推进覆盖城乡居民的社会保障体系建设。实现新型农村社会养老保险制度全覆盖，完善城镇职工和居民养老保险制度，实现基础养老金全国统筹。推动机关事业单位养老保险制度改革。进一步做实养老保险个人账户，实现跨省可接续。扩大社会保障覆盖范围，逐步提高保障标准。发展企业年金和职业年金，发挥商业保险补充性作用。实现城乡社会救助全覆盖。加大廉租房建设，探索实施多种保障性住房的供给形式，完善基本住房保障制度。以"制度统一、标准有别、确保底线、自由流动、资金调剂"为原则，提高社保的统筹层次，逐步建立完善的保障体系。积极发展慈善事业，充分发挥其在调节收入差距中的重要作用，鼓励企业和富人捐资建立慈善性基金，按国际通行办法免除其捐款所得税，推进建立"第三次分配体系"。

（七）积极推动农民工市民化

根据国务院发展研究中心 2010 年抽样调查，现有农民工中 59% 的人从未从事过农业生产，意味着虽然是农民身份但从来不是真正的农民，有 78% 的人愿意并希望在 1~5 年内实现市民化。而东中西部平均看，要实现一个农民工市民化，政府需要平均负担的成本为 8 万元，其中 40%~50% 为远期成本，当期成本平均为 2.5 万元。如果一年能将 5%（约 700 万）的现有存量农民工市民化，政府每年只需支出约 2000

亿元，就将拉动 GDP 约 1 个百分点，更重要的是这有利于扩大内需和经济结构的优化调整，缩小城乡差距。应继续将扩大农民非农就业放在突出位置，引导农民工有序外出就业。加大对职业教育和农民工技能培训投入力度，积极推行全国通用"培训券"制度，引入竞争性社会培训机制，大幅度提高技术熟练农民工比重，以技能促就业、促增收。完善农民工市民化过程中土地权利实现机制，依法保护农民工土地承包权和宅基地用益物权，不能强行农民放弃。推行部分试点地区经验，在进一步确权基础上，为农民颁发具有明确法律效力的土地承包经营权证书和宅基地使用权证书，鼓励在自愿基础上实现土地承包经营权，不宜将农民是否放弃承包地和宅基地作为市民化的交换条件。加快户籍制度改革，逐步推进公民公共福利权利与户籍脱钩，基本公共服务体系要覆盖农民工，有序将农民工纳入城镇住房保障体系，使农民工公平享受城市福利体系，促进农民工全面融入城市。

（八）重视调节财富差距对收入差距的影响

收入差距最终将在财富差距上凸显出来，而且财富的资本化收益又会进一步成为拉大流量收入差距的重要来源。一是开征资本利得税和不动产税。在我国劳动课税总体偏高的情况下，可考虑开征资本利得税和不动产税，通过调节高收入者的财产性收入来达到调节收入差距的目的，一定程度上也可以弥补现行个人所得税调节能力不足问题。二是适时开征遗产税和赠与税，减少财富在代际间低成本传递，适当降低后代之间初始财富差距。三是规范高管套现行权程序。为了维持资本市场健康发展和上市企业的稳定经营，针对上市公司高管短期内大量辞职，行权套现，引发短期暴富的问题，要采取进一步规范措施，使其行权分布更趋均匀、有序。四是逐步建立规范的公民财产申报制度。为了更好地预防贪污腐败，规范灰色收入，应以官员财产申报制度为突破口，逐渐建立规范的公民财产申报制度。这对准确地把握国民经济和居民财产收入真实状况，提高决策的科学性也有重要意义。

资源价格形成机制与
资源管理体制改革

一、资源价格形成机制改革

能源、原材料、水、土地等自然资源是人类赖以生存和发展的基础，实现这些资源的合理高效利用是经济社会可持续发展的必然要求。合理的价格形成机制是引导资源有效配置的关键手段。价格机制不正常，就不能形成合理的价格，必然导致资源使用不合理，形成浪费。因此，建立合理的资源价格形成机制是加快转变经济发展方式、建立节约型社会的重要举措。

（一）资源价格形成机制：现状、问题及改革困境

1. 资源价格形成机制的现状

我国改革开放 30 多年来，自然资源领域的价格改革也在不断进行中，并且在一些领域取得了显著的成绩。如原油价格逐渐实现了与国际市场接轨，成品油实行政府指导价，由政府根据国际市场价格变化相应调整；煤炭价格基本上实现了市场化，政府仅对发电用煤价格进行临时干预；城市供水价格有了较大幅度提高；农业用水价格在减少环节、降低管理成本的同时有所提高；经营性用地逐步实行招标、拍卖和挂牌出

让，建立协议出让土地最低价制度，土地资源价格市场化程度得到了较大提高。但一些个别领域的改革仍然没有取得突破性的进展。在目前政府价格管制的产品中，资源性产品占了比较大的比重。

当前来看，我国资源各个领域的价格形成机制有所不同，总体而言，我国资源价格的定价机制应该是政府定价或政府指导价为主、市场定价为辅的方式，资源行业仍然是以国企垄断经营为主，并且许多行业仅有几家国有集团许可经营，企业对价格的制定就相应有着较大的影响，导致企业垄断定价的现象也时有发生。

2. 资源价格形成机制存在的问题

（1）政府定价仍然较为普遍，使得价格长期处于低位，不能反映资源的真实价值，导致资源粗放式利用明显。长期以来，我国资源产品实行的是政府定价为主的机制，政府定价的范围较大，如我国水、煤气、天然气和成品油等均实行政府定价或指导价，致使我国的天然气、水等价格与国外相比市场参与程度偏低，造成价格相对较低。过低的资源定价，既不能反映反映资源的真实情况，又不能反映资源产品的市场供求关系。一方面，我国能源资源的基本国情，是总量较大但人均量较低，而煤炭和石油在内的能源资源是属于不可再生资源。目前的价格尚不能真实反映能源资源稀缺、甚至短缺的基本国情，从而无助于国民资源危机意识和资源节约意识的建立。另一方面，政府垄断能源价格往往不能及时反映能源的供需关系及其瞬息万变的情况，存在一定的时间滞后和地区差异，并因此影响到对市场供求关系变化及其对能源价格走势的判断。近年来，随着价格管理权限的不断放开，市场化机制的不断引入，使资源产品价格总水平有了较大程度的提高。但由于资源产品与加工工业品的价格的同时上升，造成"比价复归"①，加之由于我国资源产品开发和使用中没有计算应包含的资源补偿价值和价格等种种原因，

---

① 所谓比价复归，就是具有比价关系的不同商品的价格先后发生同方向、同幅度的变化，使比价关系在一定程度上复原。

导致资源产品价格不能发挥对资源产品利用的调节作用，进而不能实现资源节约或资源高效利用的目的，资源的粗放式、低效率开发利用现象仍然十分普遍。

（2）全成本核算没有得到很好推行，影响价格形成机制的建立与完善。资源或资源性产品的各类价值形式的形成机制尚不健全，特别是资源或资源性产品价格形成机制还存在成本项目缺失、成本标准偏低、垄断性定价导致成本不透明等问题引致当前的全成本核算难以推行。如，煤炭资源开发就存在着成本科目不全、成本核算标准偏低、简单以系数推算成本等问题，其实开采成本应至少包括直接生产成本、生态环境成本和社会机会成本等。其中，生态环境成本是最典型的外部成本，往往企业置之于不顾，影响到矿区的生态环境保护与建设。

（3）能源价格存在着脱节现象，导致资源价格的传导机制不畅，相互间的价格矛盾突出，影响资源的有效配置。由于资源各个领域以及领域内各个环节间的改革进度不同，实行的价格管理方式各不相同，使得不同能源资源间、能源内部的不同生产环节间的价格存在着严重的脱节现象。以煤炭和电力为例，具体包括以下三个方面。

第一，电力价格与煤炭价格脱节。问题主要集中在作为发电主要原料的动力煤及其供给和价格方面。电力价格与煤炭（动力煤）价格的脱节，从根本上说源自"计划电价"或"政府电价"与"市场煤价"的矛盾，源自电价调整不能及时、充分地反映煤炭价格的变化。火力发电成本构成中，煤炭费用比重持续上升并已超过发电企业盈亏平衡点，已经影响到发电企业发电能力的利用和发挥，导致发电能力的巨大浪费。

第二，销售电价与电力成本脱节。电价，特别是作为终端电价的销售电价，应真实、及时地反映电力成本（发电、输配电、供电成本等），形成发电、输配电、供电、用电成本和价格联动机制。然而，由于终端（销售）电价由政府主导，且由于政府防止销售电价调整会引发 PPI、CPI 的轮番上涨，销售电价调整的频率和幅度一般都比较小，不能，也不可能及时、充分地反映电力生产成本的变化，后者则主要取决于变化频率和幅度都较大的煤炭供给价格。

第三，输配电价与上网电价脱节。我国电力体制改革，实现了厂网分离，极大地促进了电力产业和电力市场的发展。但电厂与电网之间具有天然的依存关系，两个利益主体的经营盈亏应保持在一个相对均衡的水平之上，真正形成利益并沽、风险共担、进退关联的利益共同体。从这个意义上讲，在销售电价保持不变的情况下，输配电价应随着发电价（发电成本）的变化而变化；另一方面，在销售电价保持不变的情况下，发电价亦应根据输配电价（成本）的变化而变化。然而，事实上我国没有较为明确的、可以测算的、相对独立的、比较合理的输配电价，电力成本在发电、输配电环节的切割不明确、不合理，输配电价与发电价是脱节的，阻断了电力成本在各环节的合理分配链接关系和利益分配关系。

3. 资源价格改革面临的困境

（1）资源价格改革的迫切与物价高企失控的压力。一方面，资源价格不进行市场化改革，资源的稀缺程度就体现不出来，资源产品的真实成本也就反映不出来，结果必然导致资源被滥用，也就会导致粗放型的经济增长方式难以得到改变。并且当前由于资源价格改革不同步所造成的能源供需矛盾也日益突出，严重影响到经济的安全运行，迫切需要加快改革的步伐。另一方面，作为基础性资源，水、电、油、气的提价将推高其他产品的成本，从而可能诱发工业品、消费品、投资品的成本推动型上涨，推动整体物价的进一步上涨。在 CPI 和 PPI 等长期高位运行的宏观经济背景下，贸然进行资源性要素价格的改革就可能会使国民经济陷入通货膨胀的循环之中，不利于经济的健康发展。

（2）资源价格成本核算与资源垄断性经营的矛盾。一方面，价格的改革离不开成本的核算，只有明确的成本准确核算，才能为价格的制定奠定基础。另一方面，在大部分资源及资源性产品领域，往往只有几家国有企业进行垄断性经营，为获得高额利润，相关企业必然缺乏准确公开成本的动力。按照经济学的基本原理，寡头垄断市场条件下，也可能产生几家集团联合抬高成本的现象，从而为成本准确核算带来重大的阻力。

（3）资源市场化配置改革与保障低收入阶层基本需求的矛盾。一方面，由于多数的资源存在定价过低的问题，另一方面由于多数资源属于不可再生的，供给受到限制，双重因素的推动下，进行资源的市场化配置改革的过程中，价格必然会促成有一个快速上涨的过程。由于水、电、煤、气等资源能源价格均与人们的生活有着密切的联系，甚至都是刚性需求产品，其价格的上涨必然会提升居民日常生活的成本，对居民的生活水平造成不利的影响，从而影响到低收入阶层的基本生活需求保障。

（二）资源价格改革的基本方向、目标与原则

1. 资源价格改革的基本方向

（1）建立并完善资源产权市场体系。为充分体现资源所有者权益，就要建立并完善资源产权制度，健全资源市场体系，使资源有偿使用、适度竞争成为资源价格形成的市场基础。具体要按照"归属清晰、权责明确、保护严格、流转顺畅"的现代产权制度要求，在资源领域建立一整套包括产权界定、产权配置、产权流转、产权保护的产权制度。

（2）完善资源价格形成机制。要不断完善资源的价格形成机制，充分发挥市场的调控作用，建立以市场为基础的价格调控机制。政府应适时转变和及时完备自身职能，尽快实现从资源性产品价格的直接制定者和管制者到市场经济价格的制定者、调控者、监管者这一复合角色的转变。针对价格管制的改革主要包括价格放开和调价两方面内容。其中调价是指理顺价格（尤其是那些政府直接参与定价的产品），使其达到合理水平，并要形成产品价格间适宜的差比价关系，如要正确处理资源价格与资源性产品价格之间，可再生资源价格与不可再生资源价格之间，石油、煤炭、天然气等资源性产品价格之间以及国内和国外资源性

产品价格之间的比价关系，从而构建起合理的价格体系。

（3）合理界定资源成本。资源定价需要考虑的因素包括以下四个方面：一是获取资源的成本。二是环境破坏和环境治理成本。目前，我国许多资源性产品生产过程中，环境破坏及环境治理成本没有体现在价格中，外部成本主要由整个社会负担。三是资源开采和资源利用的收益。四是资源的稀缺性。资源稀缺性在政府定价中的重要性已经得到重视，但是尚未形成将资源的稀缺性纳入政府定价考虑因素的定价方法。要改变粗放经济发展方式，关键的一步是提高相关资源的价格，使资源价格能够反映其稀缺程度，通过提高稀缺资源特别是不可再生资源的价格，促使企业从投入产出的成本与效益出发去节约它，或者寻求各种资源之间的替代作用。

（4）理顺资源比价关系。要按照资源可持续利用的要求，正确处理自然资源与资源产品、可再生资源与不可再生资源、土地资源、水资源、森林资源、矿产资源之间的差比价关系，不断完善资源价格体系，以便向市场提供准确的价格信号，促进资源的优化配置。

（5）规范政府定价程序。程序规范是政府定价科学合理的重要保证。在当前形势下，政府依法行政的积极推进和人民群众维权意识的增强，对政府价格管理在规范化、科学化、透明化等方面的要求越来越高。政府定价程序必须合法、公开、公平、公正，才能得到各方面的认同。在制定或调整资源类产品价格前，应组织经济及资源有关方面的专家、学者，对供应资源类产品企业的经营和管理进行全面、科学的论证，并把评审结论作为定价的重要依据。

（6）深化资源行业市场结构改革，降低中间环节成本。在资源性产品价格市场化改革中，要加快对资源垄断行业的体制改革，引进市场竞争机制，强化市场运行基础。但在资源垄断行业体制改革的实践中，不能不加区别地简单打破市场垄断与一味减少行业准入限制，而是要尊重资源本身特点和资源生产效率所要求的企业规模和技术，视市场情况加以区别对待。

（7）建立健全监管的法律法规体系。建议立法机关根据新的情况，制定修改有关的法律、法规。《矿产资源法》《煤炭法》《电力法》《铁道法》《水法》等亟须修订。《天然气法》《石油法》《职工权益保障法》《矿业开采安全法》《期货法》《行业协会法》等都亟须加快制定，做到严格依法加强和改善资源价格监管。

（8）加快推进相关领域的体制改革。要加快水利工程供水和城镇供排水管理体制改革和运行机制创新，推进污水处理产业化进程；继续完善电力厂网分开的改革，积极推进主辅分离、输配分开的改革，稳步发展电力市场，为深化电价改革创造体制条件；深化土地管理制度改革，强化节约利用土地；深化资源型企业的公司制改革，完善企业法人治理结构；加快国有经济布局和结构的战略性调整，培育和发展一批具有国际竞争力的大型国有能源企业集团，提高资源综合利用效率。

（9）完善财税等配套政策。要调整资源税政策，提高资源税征收标准，保证国家作为资源所有者的合理收益。研究将资源税由从量征收改为从价征收，或者改为按占有资源量征收。要利用税收政策，合理控制我国资源产品的出口。提高各种涉及环境保护的税、费征收标准，实现环境成本内部化。择机出台燃油税，促进节约用油，体现多使用者多交税的原则。

（10）健全资源要素市场体系。趋利避害善用期货市场，打破地区封锁、部门分割和行业垄断，在全国范围内形成统一开放、竞争有序的市场体系，促进资源在不同行业、部门、地区之间自由流动，形成全方位的竞争格局。

（11）促进社会成本内部化，完善资源环境补偿制度安排。生态补偿既是一种调节主体间利益关系的制度安排，也是一种促进环境修复治理和生态环境保护的约束激励机制，生态补偿最终通过法律确立为一种国家自上而下的机制。

（12）改善政府监管。对资源实行不同程度的经济管制，是各国政府的通行做法。要在改进政府对资源价格和市场准入等经济性监管的同时，加强对环境、安全等社会性监管，提高监管效率和监管水平。建立健全监管的法律法规体系，严格依法监管。建立充分反映各方面利益诉求的民主决策机制，提高政府决策的科学性。

2. 资源价格改革的基本原则

（1）市场取向、政府调控。一方面，在具有竞争潜质的领域，通过引入竞争机制，放松政府对价格的直接管制，让价格在市场竞争中形成，充分发挥价格信号引导市场供求、优化资源配置的作用，促进资源的节约与合理开发，提高资源利用效率；同时，要加快制度建设和创新，建立健全与资源市场化改革相关的各项制度，发挥政府对资源及其产品"真实价格"的监管作用，解决资源性产品价格形成中的"市场失灵"问题。而在促使资源性产品定价机制向政府管控机制与市场竞争形成机制有机结合的演进中，要特别注重政府在其中的功能定位。必要时，政府主要依靠间接手段加以调控，对部分不能形成竞争的经营环节，要加强和改进政府的价格监管调控，确保市场平稳运行和国家经济安全。

（2）以人为本、促进和谐。资源性产品作为一种准公共物品，它与社会公众的生活密切相关，因此在改革中要注意协调国家、企业和消费者等不同利益群体间的关系，充分考虑社会各方的承受能力，尤其要重视低收入群体的承受力。

（3）统筹兼顾、配套推进。价格是国民经济运行状况的综合反映，经济体制和运行机制对价格形成具有十分重要的作用。资源性产品价格改革，就是要通过完善资源性产品的价格体系及其形成机制，促进相关行业的体制改革，建立起资源节约、成本降低、效率提高的管理体制和运行机制，所以要以全面、协调、可持续的发展观为指导，积极稳妥推进。资源性产品价格形成机制的改革，在一定程度上有赖于经济体制改革的深化和市场体系的完善，并且需要财税政策等方面的配合支持；资源性价格的变动，又涉及生产、流通、消费各个方面。因此，推进资源性产品价格改革，必须统筹兼顾，妥善处理各方面的利益关系，这是顺利实施改革的重要条件。

（4）总体设计、分步实施。要坚持渐进式改革，科学确定改革的总体目标，周密制定改革总体方案，反复权衡利弊得失和对有关方面的影响，积极稳妥地推进，力争把改革的负面影响和不确定因素降到最低程度。要充分考虑各方面的承受能力，把改革的力度和社会的承受能力紧密结合起来，做好宣传解释工作，取得群众和社会各方面的理解和支持，保持社会稳定。

（5）把握机遇、因势利导。要善于从国际国内条件的相互转化以及资源的优势互补中，发现机遇，创造条件，寻求发展，完善自我。如当前可借世界经济增长明显放缓、国际资源和资产价格回落之机，大力开发利用海外资源和提高自身科技实力。

3. 资源价格机制改革的目标

（1）资源价格改革的总体目标。落实科学发展观的要求，坚持社会主义市场化的改革方向，更大范围、更深程度地在上游资源领域中发挥以市场配置资源中的基础性作用。逐步理顺资源领域价格关系，形成反映资源稀缺程度、市场供求关系、环境（安全）成本的资源性产品价格形成机制；逐步厘清关联资源性产品价格关系及对下游的传导与影响，促进提高资源利用效率与资源节约，促进优化能源结构与节能减排，促进转变经济发展方式、维护资源安全，为建设两型社会、实现可持续发展创造条件。

（2）近期（"十二五"）资源价格改革的目标与重点。

适当调整能源终端价格，理顺重点能源比价关系。调整成品油、天然气和电力的终端价格，重点体现上述能源产品成本上升的因素。调整上述能源之间的比价关系，缓解社会对天然气等能源的供不应求现象。

深化煤炭价格市场化改革，推进煤电领域有效竞争；完善成品油定价机制，理顺天然气比价关系。煤电领域：不断改进和完善煤电价格联动机制，逐步减弱政府调控力度，建立由市场竞争为主、政府适度调控为辅的煤炭（主要是电煤）价格形成机制；推进电力体制改革，重点是电网与发电企业，试点发电价格与售电价格通过市场竞争实现；以上煤电价格改革应同步进行。油气领域：完善成品油定价机制，考虑择时加大税收比例，力争向价税同步与国际接轨的方向努力，逐步扩大成品油价格机制中的市场因素；完善天然气管道运输价格管理，逐步取消天然气价格双轨制，理顺天然气与可替代能源的比价，试点建立天然气价格与可替代能源价格联动机制。

强化政府监管职能，逐步弱化参与定价的职能。加强能源部门与价格管理部门的协调职能，完善监管机构体制，强化政府监管职能。在政府主导的资源价格改革中，政府实际参与程度逐步减弱，监管程度逐步加强，力争实现由微观管理到宏观管理的政府职能转变。政府对资源价格的参与应由直接决定价格形成，到参与价格制定或指导定价，向市场定价为主政府调控为辅转变，政府的调控与监管同时应注意企业在市场定价中的行为。这一时期政府的管理重点是：完善输配电价形成机制、电煤联动机制、成品油价格形成机制等领域已经形成的监管措施和政策，做好资源价格改革中的过渡性安排。

（3）中期（"十三五"）资源价格改革的目标与重点。

资源价格改革逐步向资源上游领域深入发展，进行能源产业组织的调整，引入竞争机制。力争消除煤炭价格双轨制，落实煤炭领域的全产业链价格市场化；争取在电力领域（输配电环节除外）要全面引进竞争机制，允许多种所有制企业的进入；试点在天然气领域（管网除外）引入竞争机制，重点是勘探开发。

加快水、电、（天然）气以两部制价格为基础的终端消费价格改革。落实推广（分档）梯度化与（消费对象）差异化价格制度；进一步完善天然气管输价格，推广两部制（即运量费和使用费）收费办法。

在资源价格中融入"外部成本"的核算研究与试点工作。在某些资源种类价格中的全生命周期和全成本因素，包括排放治理等外部性因素，进行科学核算与评价，重点将环境（安全）等隐性成本显性化和数量化，同时兼顾不同资源种类全成本后的比价关系。针对水资源等区域性市场特点明显的资源种类择时开展试点工作，政府应予以补贴。

此外，政府应从绝大部分具体资源定价中淡出，逐步实现对资源价格的宏观管理与重点调控。

（4）远期（2021～2030年）资源价格改革的目标。

建立相对完善资源价格形成机制与竞争机制。除国家垄断的输配电、天然气管网和区域垄断的供水管网等少数领域外，其他绝大部分资源领域均实现市场化定价。资源价格改革的远期目标是实现资源价格真实合理，供方可接受、需方可承担，市场供需引导企业行为，所有市场主体公平竞争。

逐步实现资源的"外部成本"内部化。将各种资源的"外部成本"通过各种财税政策手段（财政补贴为主）内化到价格中去，实现资源价格真正反映完全成本，较彻底地理顺各能源品种的比价关系，引导消费，提高资源利用效率。

形成以市场为基础的政府有效监管。对于自然垄断行业及相关的资源品种的价格形成，政府应予以重点监管和充分监管，重点是非竞争性行为，保证价格形成过程的公开化和真实性，资源价格正确反映市场供求、资源稀缺程度、全生命周期完全成本。

（三）资源价格机制改革的重点领域

1. 重点深化煤炭价格改革

（1）建立健全煤炭生产强制全成本核算制度。

坚定改革决心，积极推进煤炭全成本核算。不可否认，推进全成本核算会推动煤炭成本上升，短期内造成物价水平的上涨。然而，煤炭的价格体系中却是存在较多不合理的非煤因素，并且煤炭的人力、安全、转产以及环境补偿都存在长期的历史欠账问题，因此将煤炭价格上升全部归结到全成本核算是不公正的。无论如何，必须充分认识到全成本核算是必然的，切勿将亟待解决的问题一拖再拖，贻误重要的改革时机。决策者应坚决顶住压力，全力推进煤炭全成本核算。

科学界定成本费用范围，完善成本核算口径。必须科学的界定成本费用开支范围，确定各种费用的分支渠道，实行全口径成本核算。同时，注意煤炭行业自身的许多非人力控制因素，探讨各煤矿企业自身的特点，实行统一准则，又兼顾具体企业的实际情况。总之，在煤炭企业经营形势较好的现状下，必须合理界定成本费用范围，完善成本计算口径，合理解决成本项目缺失问题。

制定合理的成本项目提取标准。制定合理的成本项目提取标准包括两方面的内容：煤炭行业现行成本项目提取标准的科学性问题；新增成本项目提取标准的制定问题。煤炭行业中现行的许多成本项目提取标准已经不符合煤炭实际生产情况，需要根据煤炭企业实际生产情况作出合理的提取标准。由于煤炭行业自身的地理条件差异等一系列的非人力控制因素太多，不同的地理环境、开采条件、煤炭质量、设备和人员投入等均存在较大的差异，从而不同企业的煤炭产品的成本相应的也有较大差别。所以标准的制定要遵循以下原则：考虑当地的生存发展环境，企业承受能力，资源赋存条件以及国民经济的发展和协调；基于区域甚至企业研究成本项目提取标准，真实的反映企业的实际投入。

强制执行行业最低工资标准制度。根据各主要行业的相对工资水平及劳动强度、职工平均受教育年限等因素，科学地制定煤炭行业最低工资标准，并强制整个煤炭行业严格执行行业职工工资最低标准。

提高煤炭资源税和矿权价款。进一步提高煤炭资源税率，使之逐步占到销售价格的 5% ~ 10% 的水平。全面推进矿产资源有偿使用制度实施，提高矿权交易的"招拍挂"比率和价款缴纳率，保证国家矿产资源收益。

在此，需要特别指出的是，煤炭全成本核算，是一个必然的发展方向，但同时也是一个渐进的、长期的过程，不可能一蹴而就。首先，需要通过提高煤炭资源税率和价款，来提高资源成本；其次，通过强制实施煤炭开采生态环境恢复治理保证金制度，提高生态环境成本；第三，通过实施行业最低工资标准，提高人工成本。

（2）建立健全煤电价格及供需联动机制。

煤电价格脱节由来已久，而且电力煤炭需求及其变化对于煤炭市场影响较大。建立煤电价格及供需联动极其必要，但历经反复，目前还缺乏行之有效的联动机制。为此需做到以下内容。

切实推进电力市场化，以适应已经高度市场化的煤炭供需格局。要建立健全煤电联动机制，从根本上说必须解决"计划电价"或"政府电价"与"市场煤价"的矛盾，必须推进电力市场化，积极、稳妥地建立健全政府严格监管和社会密切监督下的市场电价体系。

鼓励大型发电企业与大型煤炭企业之间建立长期煤炭交易机制。规模发电企业是保障我国电力供应安全的主力军，规模煤炭企业是保障稳定发电的主力军。在规模发电企业与规模煤炭企业之间建立起稳定的、可靠的煤炭供需关系，有助于实现煤电联动主体格局的形成，以及在煤炭与电力之间建立起稳定、可靠、互信、互利的供求关系。

2. 加快推进电价改革

（1）重点改革上网电价形成机制。

探索新的上网竞价模式。我国的上网电价的改革，其中心环节是要引入竞争。通过竞争，实行竞价上网，促进电力企业加强管理，降低成本，提高效益，降低我国的整体电价水平。但是以何种方式引入竞争，竞价模式如何确定对上网电价的改革将起至关重要的作用。目前我国电力形势是整体供应偏紧，处在一种供不应求的状况。在这种情况下，如果竞价模式选择不当，对整个电力市场的长期发展不利。

在我国电力市场改革的初级阶段，可以借鉴英国 NETA 模式，引入电力交易双边合同的方式，双边合同由发供电双方签订，在这个合同中对所有的发电企业都规定一个统一的合同电价和统一的机组年上网小时数（由于机组容量不同，不宜设计成统一的上网电量），价格与上网小时数可以参照本区域电力市场的平均水平来确定，而对持续期为一年或者一年以上的合同，应该采取年度、半年、季度和（或者）月度竞标机制。

　　由于有合同电量的存在，发电企业即使是在竞价市场中没有竞争到上网电量，也可以得到部分利益的保证，可以吸引对电力的长期投资；但这个合同电量必须得到执行，这既是对发电方的保护，也是对电网的安全稳定运行的保护。按平均上网电价作为合同结算电价，对发电企业以及电网企业都没有太大利益的影响，也打破了传统的"一机一价"概念，理顺了电价体系。引入了竞争机制，在一定程度上也可以引导发电企业加强管理，降低成本，提高效益，促进发展。所有发电企业必须保证合同内的上网电量，完不成合同电量的发电方要受到一定的经济处罚。当然，这个合同电量不宜过大，实际交易电量与合同电量之差作为竞价电量出现，按各发电机组在市场中实际报价结算。同时，电监会要有效行使监管职能，监管合同电量以及合同电价的执行情况。同时监管竞价上网中的上网电价情况，对竞价上网电价有最高、最低价格限制，防止电网企业或者是发电企业操纵市场的情况发生。

　　由于我国地域辽阔，地区间各方面的差异很大，竞价模式只能探索创新，因地制宜，不应该也不可能按一种竞价模式去做。

　　对能耗高的发电厂征收能耗税。我国石油、天然气、煤炭等可燃矿物燃料占能源消费的比重较高，而资源占有量均很低。因此，从环保和资源压力两个方面来看，调整能源结构确实是我国的一项重要战略。其调整方向对于电力来说，一是对于煤电要向高参数、大容量、高效率的大机组方向发展，逐步淘汰高耗能、低效率、重污染的燃油、燃煤机组，是必然趋势；二是要向水电、风电、核电等节约资源和环保的方向发展。

　　由于目前上网电价规则的设置，使得低煤耗的新型机组在与老电厂的高能耗机组竞争中时处于劣势，因此，要求发电厂报价时将电价与煤耗两个指标同时报出，通过对能耗高的发电厂征收能耗税的方式实现环保与竞争之间的取衡，同时，鼓励能耗高的发电企业将发电权转售给能耗低的发电企业，如水电、风电、核电企业，并通过适当的方式以此抵免能耗税。

　　完善煤电联动机制。由于受多种因素的制约和影响，电力市场化改革进展缓慢，短期内完全放开上网电价的愿望还难以实现，在一定的时间内，煤电价格联动机制仍将实施。因此，在近期，要根据这几年煤炭和电力企业实际运行情况，对煤电价格联动政策实施中出现的一些情况和问题，如运输费用上涨，煤质下降引起电煤变相涨价，发电企业消化电煤价格上涨的比例，联动中如何考虑电网涨价问题，电价调整滞后于煤价上涨，以及电价调整与 CPI 的关系等问题进行深入研究，在联动中酌情考虑。煤电联动要遵循市场经济的原则，不应过多受政府干预，同时，考虑到发电企业的承受能力，应适度降低发电企业要自行消化所提高成本的比例，也可以考虑将发电厂自行承担煤价上涨的比例部分折算成股份，让有条件的煤炭企业通过持股兼并发电厂，实现上下游一体化。

（2）加快改革输配电价形成机制。

按照电力体制和电价改革的方向，竞争性的发电、售电价格应逐步由市场竞争形成，垄断环节的输、配电价由政府制定。输配电环节的成本应是国家今后管制的重点。

现阶段重点推行主辅分离。推行主辅分离是科学制定输配电价的基础和前提，应尽快实施电网的主辅分离和主多分离改革，至于输、配是否分开，国外的做法也不尽一致，有分开的也有统一管理的。从我国目前的实际看，输配电网暂时不必从体制上分开，应该先从价格和财务核算上实施分离独立。输、售环节应当从价格和财务核算上先行分离，梳理价格结构，明晰成本费用和交叉补贴的水平，逐步过渡到独立的价格形态。输配电环节具有自然垄断属性，是应该严格监管的环节。

在条件允许时，适当调高输配电价水平。低水平的输配电价和输配电资产回报率不能吸引社会资金投资电网。即便是电网公司的电网投资，严格上也不是符合商业原则的自主性投资。相对程度上，电网公司尽管已公司化，但仍然扮演着一个政策性投资被动执行者的角色。在现有电价体制下，电网投资越多，电网公司还本付息的负担越大，盈利压力也越大，越缺乏进一步投资的积极性。电网公司这种政策性角色既不符合我国电力体制改革的初衷，也无法藉此长期维系我国目前低回报的电网投资。

因此，要在可承受的范围内逐步提高输配电电价，使输配电电价水平以及其占终端销售电价的比例逐步接近国际合理水平。在近期内可以将输配电价在现有输配电价基础上稍作提高，然后再选择适当时机，进一步调升输配电价，使输配电投资回报率逐步达到8%左右。在调整电价的同时，应针对不同地区（特别是对电价承受能力较弱的地区和农村）采取不同幅度、不同侧重点的调整，可以对某些弱势群体提供专项补贴以弥补其额外的电费支出。

长期而言，建立独立、规范的输配电价机制，使输配电价真正能够反映输配电真实成本并予以合理回报是理顺电价、改善电价结构的核心和根本。这也是逐步形成和建立市场化、规范化的电力行业运作机制的客观需要。

选择合适的监管方式，确定合理的利润率。管理部门应在充分考虑输配电生产特点、技术进步、经济发展状况以及社会平均水平等因素的基础上，建立输配电定价标准成本制度公开发布，并作为在监管会计制度中与实际情况对比的基础。在成本核算中，要规定分类固定资产折旧率和修理费用率；要规定工资费用率和消费性成本费用标准；要规定工程造价标准，以有效控制工程造价和折旧费用；要规定有效资产的范围以及生产性、管理性与福利性资产的比例；要规定合理的资产回报率。

从国外通行的做法看，对垄断行业实行的价格监管方式主要有成本加成法（也称公正报酬定价法）和价格封顶法（也称价格上限法或价格帽法）。成本加成法，是指政府在一定期间严格审核成本，并按社会正常的资本报酬率核定利润；价格封顶法，是指政府不再核定成本和利润，而是在上年价格的基础上，规定一个上浮的幅度，这个幅度主要由预期通货膨胀率与政府规定的企业效率提高率构成。与"成本加成法"相比，"价格封顶法"引入了提高效率的激励机制。

参照国外的做法，并根据我国电网的实际情况，建议国家在电力市场的初级阶段，采取"成本加成法"对输配电价进行监管。其中，电网成本分不同电压等级，按标准成本计算，电网的利润以资产为基础，按加权平均资金成本确定。而在电力市场的全面竞争阶段，可采用价格封顶方式对输配电价进行监管。

建立电网建设基金。过去国家为了鼓励社会力量投资办电，曾实行了每千瓦时征收 2 分钱电力建设基金的制度，征收电力建设基金的制度大大促进了当时我国电力工业的发展，后来随着电力供给状况的改善以及相关制度的改革和完善，取消了电力建设基金。当前，再一次出现了电力供应紧张的状况，虽然电源投资能够获得较为合理的回报率，电源建设所需要的投资可以通过市场化的运作方式获得，但电网建设在短时间内难以具备吸引大量社会和海外投资的条件，作为应急措施，可以考虑参考"南水北调"工程和三峡工程设立相应工程建设基金的做法，设立电网建设基金，专用于电网建设，待将来输配电价到位后，再予以取消。

不同电网结构采用不同的输配电价定价方法。目前我国电网基本形成了独立省网、大区电网和跨区电网三种主要电网结构。根据这种电网结构，输配电价的制定可概括为三种定价类型：以基本电力市场为基础的省网输配电价格，大用户直供方式下的输配电价格，联网工程价格。

独立省网输配电价定价方法。主要取决于网络结构和负荷密度。对于负荷密度差别较小的省级电网，输配电价一般采用邮票法制定；而对于负荷密度差别较大的省级电网和大区电网，则宜采用区域法或节点法计算输配电价。邮票法，即用户的输配电价与用户的位置没有关系，只与用户接网的电压等级和容量有关。区域法是将用户分成不同区域，不同区域价格不同，同一区域内、相同电压等级的用户输配电价相同。

大区电网直供大用户输电价格水平的确定。要根据电厂与大用户受电电压等级之间的关系，确定该用户承担的输电价格水平。大用户的输电价格可视为输电价格的一种特殊形式，需分别确定。

跨区联网工程价格的确定。联网工程由服务功能可分成点对点服务和网络服务两大类，因而联网工程投资和运行费用的回收模式主要有两种：一是按独立的环节考虑，设计独立的输电价格；二是按效益比例在联网各方之间分摊费用，与省级电网一起制定输配电价。

（3）积极稳妥改革销售电价。

销售电价机制改革的最终目的是提高电力消费效率和电力消费弹性，改革措施包括以下内容。

重新设计销售电价结构，建立合理透明的价格机制。重新设计销售电价结构，电价分类应以用户负荷特性和用电成本为依据，而不是现行的以消费者所从事的业务为依据进行分类，也不是依据消费者使用电能的目的进行分类。这样，消费者分类方式将逐渐转变为以消费者负荷特性和消费特性为基础在不同的电压等级下进行分类。

作为电力价格改革的关键一步，是建立一个合理透明的价格机制：将补贴和交叉补贴从价格中剥离出来，从电力企业的"暗补"转为政府的"明补"。只有理顺了电价结构，才能将供应成本和补贴费用核算清楚，在此基础上，才可能建立合理透明的价格机制。在能源供给有限与能源需求不断增长的情况下，电力价格可能会持续上涨，建立合理透明的价格机制可以消除企业与社会公众的质疑，减少电价改革的压力。

建立电价的价格联动机制。要建立完整的竞争性电力市场，必须建立起具有价格联动机制的销售电价，即上网电价与销售电价联动，对最终用户收取实时电价，从而促使带来的效益能够有效地传递到电力的最终用户。如果上网电价上调而终端销售电价不变，实际上是让电网经营企业分担了部分成本压力，会让输配环节改革的难度变得更大。但如果上网电价不变，销售电价上调，从中获得好处的就是电网公司，则会影响发电企业的发电积极性。现在相应的竞价上网改革仍然处于试点阶段，迟迟未能全面展开，如果将改革难度较小的销售电价先行市场化，在电力行业重组的大背景下，未来的改革将是首先使大用户直接面对实时电价，以促使他们对电价的变化做出实时反应，然后通过价格联动机制，将价格变化传导到上网电价，将有助于竞价上网改革的顺利实施。

逐步、分阶段降低交叉补贴。根据经济效率原则，销售电价制定要建立在反映真实供电成本的基础上，才能提高电力消费的经济效率。从经济效率的角度讲，应该是工业电价低于商业电价，且商业电价低于居民电价。这主要基于三个方面的原因：首先，从工业用户、商业用户到居民用户的负荷系数逐渐下降，当其他条件相同时，高负荷系数的负荷比低负荷系数的负荷有更低的服务成本。其次，为工业用户和商业用户服务的配电成本也比其他用户低。最后，根据最优定价的拉姆齐定价原则，用户的价格应该和他们的需求弹性成反比。因此，区别性定价的效率原则也要求工业电价低于商业电价，商业电价低于居民电价。国际上都是工业电价低于商业电价，商业电价低于居民电价，特别是在已经实行电力市场化改革的英国和美国，这种趋势更加明显。

在电力市场化改革的大趋势下，中国的销售电价结构中存在的这种隐形交叉补贴机制已经不可能继续维持，政府应该在实施基于经济效率原则定价的同时，采取新的、与市场改革相适应的、更具经济效率和透明度的收入补贴或者价格补贴机制。当然，不同用户间电价水平的调整必须充分考虑国家宏观经济形势等因素相机而动。为了促进经济发展和效率的提高，电价交叉补贴应逐渐减少，为减少取消交叉补贴的负面影响，建议逐步分阶段降低交叉补贴，对于低收入的居民，可以由政府出资进行价格补贴，如果有必要，可以通过向所有用户征收附加费的形式获得；对于农业生产中电价提高的部分，可以采取财政补贴的形式，减轻农民负担，给农民以实惠。

表1　　　　　　　　　　　　取消电价交叉补贴可能的效应测算

取消交叉补贴后国家对贫困人口电价补贴估算		
低收入人口		2000 万
低收入家庭	每户三人	670 万
每户每年用电	每户月用电 100 千瓦时	1200 千瓦时
取消补贴后电价上涨	接近美国平均电价（0.75 元/千瓦时）	0.20 元/千瓦时
总支出增加		16 亿元

对于电力工业内部的交叉补贴，如建立新能源开发基金、水库派修基金、三峡工程建设基金、农村电网还贷基金，以及电费中的教育附加费等，不能由价格主管部门任意确定。建议成立能源价格管制委员会，按照《电力法》的规定，大力整顿电价外加收的各种费用，现规范电价秩序。

3. 进一步完善成品油价格形成机制

（1）积极实施价格影响，将中国因素融入国际油价的形成过程。

目前国际原油市场是以期货价格为定价基准的自由市场模式，其价格主要由国际原油市场的供求关系、美元汇率及投机炒作等因素共同决定，然而发展至今，国际原油的金融属性愈发凸显，市场的投机性成分过高，直接参考国际油价的方式存在较大弊端，一方面将国际市场的不稳定因素传导至我国脆弱的石油保障体系之中，另一方面也完全没有反映我国石油的供求关系，与中国对世界石油需求贡献率不断攀升形成鲜明对比的是，中国因素对于国际油价的影响微乎其微。

因此，为保障我国石油安全，有效减轻国际油价大幅波动对我国经济的巨大影响，并将中国需求的影响力参与到国际油价的形成过程中，一方面我国石油企业应积极参与国际石油市场的期货交易，规避国际油价大幅波动的风险；另一方面，也应积极探索并建立我国的原油期货交易市场，允许企业从事套期保值、远期合同交易等，发挥石油需求大国的优势，参与国际油价的形成，改变被动接受者的尴尬角色。

（2）将国内自给原油纳入参照标准。

目前我国的原油及成品油定价方式都是采取与国际原油价格接轨的方式，但这种操作方法忽略了以下重要的事实：一是近年我国原油进口量只占我国原油消费量的 53.7%% 左右，也就是说，我国近一半的原油是国内开采的。二是我国是发展中国家，国产原油成本以及人工、设备、管理成本等低于发达国家，资源税仅为每吨 8～30 元人民币，远低于国际水平。加之国内原油生产成本短期内基本稳定，以我国的低成本优势，国内炼油企业的炼油成本本来就应当低于国际水平。因此，应当将国内自给原油通过全成本核算后的价格纳入我国成品油价格参照基准。

（3）缩短调价周期，加快调价频率。

目前成品油定价机制中关于 22 个工作日的时间区间和 4% 的价格变动幅度的调价窗口规定，一方面会诱使部分企业的投机行为，加剧市场动荡，另一方面也使国内终端价格调整落后于炼油成本的变化，因此调整成品油与国际油价变化之间的时滞，是改革成品油价格形成机制的关键。加快成品油价格调整的频率，将国内油价与国际油价调整的时滞从一个月改为一周甚至更短，从"滞后定价"逐步实现价格调整的"小步快跑"，可以使国内成品油价格更加贴近市场，解决调价滞后问题，有利于减少市场无风险投机机会，有利于正确反映成品油市场供求关系。

（4）加快配套措施的建设。

培育多元化竞争格局。引导成品油市场出现一定数量可控的市场主体，满足我国这个大容量市场的消费需求，解决油品资源供应紧张的问题。

建立科学合理的成品油价税调节机制。国家应考虑在宏观调控中应用税收杠杆，通过灵活有效的税收体制调节价格，并根据成品油价格变化情况，适当调整汽、柴油消费税的征收标准，保持国内成品油零售价格相对稳定，减轻其对社会、经济的冲击和负面影响，维护国家安全和社会稳定，引导企业根据市场合理安排成品油生产，促进资源节约、高效利用和环境保护。

完善多层次石油储备体系建设。我国应不断加强以国家石油战略储备、地方石油储备、企业商业储备和中小型公司石油储备为主体的多层次储备体系建设，从而有效防备和应对短期石油供应冲击，保证国内石油安全。

建立有效的法律监管体系。明确监管机构的职责、成品油流通的管理形式、成品油企业的市场个体地位、合理的成品油库存等。

按照市场经济规则，完善相关行业价格联动机制，完善对部分弱势群体和公益性行业的补贴机制。

4. 逐步进行天然气价格改革

鉴于我国寡头垄断的天然气供给结构以及较低的市场化程度，我国的天然气价格改革应当循序渐进。目前应进一步规范价格管理，理顺与可替代能源的价格关系，建立与可替代能源价格挂钩和动态调整的机制。在多元化格局完善之后，我国应逐步放开井口出厂价格，在管输领域引入竞争机制，建立完备的竞争性的天然气市场。因此，目前改革我国天然气定价机制的建议如下。

（1）下游利用加权定价法计算天然气终端消费价。

以我国分地区分类用户可替代能源（一般选 2 ~ 3 种）种类、结构、价格为基础，按照等热值能源等价的方法，利用加权定价法，可得出我国天然气终端消费价。天然气终端消费价计算公式如下。

$$P_t = \left(\frac{a_1 P_1}{H_1} + \frac{a_2 P_2}{H_2} + \frac{a_3 P_3}{H_3} \right) N \tag{1}$$

在（1）公式中：

P_1 为分地区分类天然气终端消费价，元/m^3；

P_1、P_2、P_3 为该地区分类用户天然气可替代能源终端销售价格，元/m^3；

H_1、H_2、H_3 为该地区分类用户天然气可替代能源平均热值，J/m^3；

N 为单位天然气热值，J/m^3；

a_1、a_2、a_3 为分类用户加权系数，根据可替代能源在该地区的消费结构确定，且 $a_1 + a_2 + a_3 = 1$。

根据以上公式制定出天然气终端消费价后，以后每年可根据上年的可替代能源消费变化情况和价格变化情况对天然气终端消费价进行调整。

（2）在中游管网自然垄断领域，充分发挥政府规制的作用，尽快建立和完善相关社会性规制政策，并逐步采用"两部制"法制定管输费。

适时制定第三方准入的强制性规定。为防止获得自然垄断领域垄断经营权的企业滥用市场优势地位，在授予管网经营公司垄断经营权的同时，要求其执行第三方准入的强制性规定。即只要输配系统有闲置的运输能力，运输管网经营者就必须向任何有要求的天然气供应商或用户提供运输服务，在公平费率基础上提供无歧视准入。

实行管网的第三方准入，需要相关的制度保障。天然气价格监管机构需要制定公平的管输费率标准、进入管网的条件、费率的调整机制、许可制度等相关标准及制度，并对此进行有效的监管。管网的第三方准入，要求天然气运营商的管输业务与销售业务分离。由于目前我国的天然气业务的运营模式都是产运销一体化，根据我国的实际情况，管输和销售业务分离可以采用：两种业务仍然保留在一个公司内部，将其分别在财务上独立核算，这样就基本可以保留我国的天然气生产运输企业的现行产权结构。

制定对天然气长输管线运输费率的管制政策，逐步推行"两部制"的定价方法。"两部制"定价法是目前国外通行且比较成熟的天然气管输收费方式。在"两部制"收费结构中，天然气管输费分为"管输容量预订费"和"管输使用费"两部分。"管输容量预订费"是一种固定费，仅根据管输用户向管输公司预订的管输容量而定，是为了补偿天然气管道运输中的固定成本与相关固定成本而设立的。"管输使用费"是一种灵活的费率，仅根据用户实际的输气量收取，其费率水平与天然气管输中的变动成本和相关变动费用有关。"两部制"的收费方式有助于管道投资者收回投资并获得合理收益；有利于提高管输系统负荷，充分利用管输能力，降低单位输气量成本。

（3）上游放松价格管制，过渡期可利用净回值法确定天然气出厂价。我国国内的供气商单一，基本不存在供气商之间竞争的情况。因此，建议逐步放松对天然气出厂价格的政府管制，先给予一定范围的资格用户（根据用气量大小界定的大用户）与生产商或供气商进行协商定价的权利。随着出厂价格管制放开程度的进一步扩大，界定的条件可以放宽，资格用户的范围逐渐扩大。

在我国的天然气市场迈向成熟的过渡阶段，建议采用市场净回值定价法逐步代替成本加成定价法。天然气出厂价格由市场净回值定价法倒推，保证天然气与可替代能源在终端市场的竞争性。具体如下。

设天然气终端消费价格为 P_t，计划期内的产品产量为 Q，则下游天然气企业计划期的总收入为：

$$X = P_t Q \qquad (2)$$

总收入优先扣除应上缴国家的税金和企业适当的利润，再依据"最少投入"的原则，对其他成本项目逐项扣除，便得到天然气门站价格：

$$Y = X - T_1 - W - C \qquad (3)$$

在（3）式中：Y 为天然气门站价格；X 为下游企业总收入；T_1 为国家税金；W 为下游企业适当利润；C 为维修管理等费用。

根据天然气门站价格计算出天然气出厂价。天然气出厂价＝天然气门站价格－管输费。此时的天然气出厂价就与竞争性能源挂钩，可清晰反映出市场的需求状况。

5. 改革水价形成机制

（1）现行水价机制和管理存在的主要问题。改革开放以来，我国水价改革取得了一定进展。如水利工程水价有所提高，供水成本费用得到部分补偿。城市供水价格基本完成由福利型向商品型转变，并已基本达到保本水平。普遍实行了污水处理收费制度，城市污水处理率有较大提高。水资源费征收力度逐年加大，节水型水价机制正逐步形成。但是现行的水价机制和管理还存在不少问题。

第一，现行水价严重影响了水资源的有效配置。

一是部分地区终端水价偏低，不利于提高用户节水意识。在我国，供水价格由政府制定，鉴于水价关系到居民的生活成本，我国的水价普遍相对较低，政府一直补贴较多，过低的水价未真正反映其市场价值，导致用水单位（户）普遍缺乏节水意识。

二是水利工程水价仍低于供水成本，影响水务行业的管理水平。水价低于供水成本，使供水资产耗费得不到及时、足额的补偿，导致供水工程老化失修状况较为严重；缺乏竞争和激励的供水产业管理效率低下导致供水行业贫困；职工收入偏低、队伍不稳定反过来又影响了供水业管理水平的提高和供水事业的持续发展。

三是污水处理收费不到位，污水处理设施难以维持正常运转。尽管我国已经普遍实行了污水处理收费制度，但是污水处理费过低，加之收费不到位，特别是对于企业的污水处理检测等问题严重影响了污水处理费的收取，致使资金难以到位影响到污水处理设施的正常运转。

四是水资源费征收标准偏低，不能反映水资源紧缺状况。我国是一个水资源短缺的国家，淡水资源人均只有 2200 立方米，仅为世界平均水平的 1/4、美国的 1/5，在世界上名列 121 位，是全球 13 个人均水资源最贫乏的国家之一。扣除难以利用的洪水泾流和散布在偏远地区的地下水资源后，中国现实可利用的淡水资源量则更少，人均可利用水资源量约为 900 立方米。据统计，全国 655 个城市中有近 400 个城市缺水，其中约 200 个城市严重缺水。尽管我国收取水资源费已经有 20 多年，但是制定的标准非常低，与我国水资源紧缺的态势不相适应。

五是各类及各行业水价比价关系和计征方式不合理，不利于合理配置水资源。从各产业来看，以农业为例，我国绝大部分地区农业供水普遍缺乏简易、经济和有效的计量设施，难以实行计量收费，多数实行按亩收费的办法。农业用水末级渠系终端水价管理混乱，中间加价和搭车收费现象严重。加之农民的节水意识较为淡薄，并且价格承受能力相对较低，这些都是当前农业水价改革工作中面临的突出问题。工业中的水价没有严格执行分行业、有差别性的水价政策，导致一些高耗水行业以较低的水价成本运行，严重影响了水资源的合理配置。另外，对一些高耗水的服务业，如洗浴业中心、洗车场、滑雪场、高尔夫球场等项目，部分地区仍然没有实行差别化的水价管理措施，即使一些地区实行了差别的水价政策，在执行过程中，由于准确计量设施和监管等的不到位，导致盗水取水现象严重，失去了政策的实施意义。最后，地表水、地下水、中水、污水等各类来水的比价也缺乏相应的论证，导致不同来水源的比价极其不合理，严重影响了用水单位在不同来水源之间的合理调配。

第二，对于水资源的全成本界定及核算不清，影响建立合理的水价形成机制。成本是价格制定的基础，对于水资源从源头到终端用户整个过程的成本监管存在着许多漏洞，导致全过程的成本难以把握。具体表现在：对于成本核算项目的界定仍然不够清楚和全面，对于一些项目如生态成本、社会成本等涉及较少；对于某些成本的核算监管存在不足，导致成本核算不清、虚报成本等现象较多。如由于供水单位缺乏成本约束，一些水利工程管理单位人员膨胀、管理水平较低，成本核算中公益性支出与经营性支出分不清、经营性支出中供水支出和发电支出界定不清；城市供水企业政企政事不分，核算管理粗放，缺乏有限的成本约束，不合理成本增加较快。

第三，水价管理体制不顺，多头治水问题突出。从源头到终端用户，水价应是一个完整、连贯、有机的价格体系。目前部门分割管理，水利工程供水由水利部门进行行业管理，城市自来水由城市建设部门进行行业管理，过多地强调本行业的利益，彼此间缺乏有效的沟通、协调，严重影响到了对于水价的统一协调管理。

（2）水价改革的目标与突破点。《中共中央、国务院关于加快水利改革发展的决定》明确提出到 2020 年基本建立起"有利于水资源节约和合理配置的水价形成机制"的目标，并进一步指出："积极推进水价改革，充分发挥水价的调节作用，兼顾效率和公平，大力促进节约用水和产业结构调整。"为我国下一步的水价改革指明了方向。

据此，在借鉴国外的先进经验基础上，结合当前水资源的现实状况，我国水价的改革目标可以是：建立全成本核算为基础的有差别化的定价机制，即在全成本核算的基础上，按照水源的不同类型（自来水、中水、淡化海水等）、水的用途门类、所处的不同区域分别制定差别水价。

表2　　　　　典型国家水资源定价机制及其主要特点

国别	水价定价机制	主要特点
美国	东部水资源丰富地区：实行累退制水价制度，大水量用户水价低，小水量用户水价高。其中居民生活用水一般采用全成本定价模式，农业灌溉用水采用"服务成本＋用户承受能力"定价模式 西部水资源紧缺地区：以服务成本定价模式为主	根据区域资源丰欠程度采取不同类型的定价机制
英国	采用全成本定价模式，其水费由水资源费和供水系统的服务费用构成，而后者包括供水水费、排污费、地面排水费和环境服务费。国家对水价进行宏观调控，设定价格上限	在充分考虑用户承受能力的基础上，完全按市场经济条件下"投入－产出"模型定价，确保回收成本，并有适度盈余
法国	水价构成中包括水资源费和污染费等项税款，实行水费和税费相结合的双费制度。居民生活用水采用"边际成本＋承受能力"定价模式，工业用水和农业灌溉用水采用"服务成本＋承受能力"定价模式	水资源定价必须保证回收成本并有适当盈余
德国	水价是由市政府制订，政府通过征收高昂水费的方式取得税收以外的额外收入，为其他市政项目提供补贴	水价高昂，位居欧盟国家首位
印度	水价分为非农业水价和农业水价。非农业用水中的商业和工业用水，采用服务成本定价模式，家庭用水和农业灌溉水价采用用户承受能力定价模式；农业灌溉水价的制定和征收由各邦政府负责	按照产业和用途门类分别制定差别水价

具体如下。

第一，加快推进准确核定供水成本和费用，为实行全成本核算水价打好基础。①要明确成本核算的项目及主要标准等。当前要想推进水资源的全成本定价，关键是要准确核定从水源到供水终端政策过程的成本和费用，这就必须要求认真全面分析从水源到供水终端用户全过程中所涉及的各种成本项目，制定相关的总量标准、费用核算办法和调节机制等，为全成本核算提供基础。②完善相关的管理办法，加大成本核算的执行力度。针对虚报成本等不合理现象，一方面，要加快已有办法的执行力度。政府应加大对成本和财务监督检查的力度，要严格按照国家的相关文件：2004年国家发改委和水利部联合颁布的《水利工程供水价格管理办法》、2007年水利部颁布的《水利工程供水价格核算规范》、2006年国家发改委和水利部联合颁布的《水利工程供水定价成本监审办法》，做好相关供水成本的核算工作；另一方面，要做好其他相关管理与监管核算办法的制定，为其他相关成本的核算提供监管依据。③要做好相关成本监管的配套制度建设。一是要建立水资源相关企业成本的定期监审制度，以便能够及时准确掌握企业成本的构成和变化情况，避免成本和价格不合理上涨，同时也可以防止由于外部情况变化导致企业产生严重亏损情况的出现。二是应要求企业内部强化约束，加强成本管理，建立完整、真实的成本台账，为价格制定和调整提供翔实的基础资料。三是要健全价格听证制度。适当提高负责任、懂专业的专家型代表的比例，增强价格听证的公信力，并且要提高听证会的公开程度，确定听证结果的法律效力，以便鼓励与引导持续、广泛并有实质性的公众参与。四要建立健全信息公开制度，水资源行业相关单位要定期公布经营状况和成本信息等措施，使成本透明化，并接受社会监督。④鼓励竞争机制的引入来提升监管水平，增强成本的真实性。如可以引入竞争机制，推行区域同行业成本比较和绩效评价，通过区域竞争发现真实成本，为核算提高一定的参考标准，并通过实质性竞争激励水资源相关企业降低成本、提高水利用率。

第二，加快推进差别化定价机制，发挥水价在促进水资源优化配置中的作用。在实施差别化定价过程中，未来应着力推进以下六方面的内容：①加快推行"不同类型（质量）水不同价"的差异化。以雨水、再生水、淡化海水和市政自来水等多水源分质定价、同质同价为基本原则，合理调整不同类型（质量）水的比价关系，利于不同来水的优化配置。②加快推行"不同用途水不同价"的差别化。由于水资源开发与利用具有多样性的特征，应根据不同的用途，如居民生活用水、工业用水、农业用水、服务行业用水等实行差别化的定价方式。如居民生活用水主要是起到保障居民基本生活的作用，其价格不应过高，要充分考虑居民的基本承受能力；工业用水、服务行业用水作为一种生产资料，应根据供水成本和市场供求变化适时对价格做出调整，以充分体现水资源的商品属性。农业是关系国计民生的基础产业，并且农民对于水价的承受能力相对较低，农业用水价格过高会影响农业生产及农民的生活，应当通过多种手段将其控制在合理可承受的范围之内。③加快推行针对不同区域的差别化政策。由于我国地域广阔，各个地区的水资源禀赋条件有着较大的差异，水资源定价时必须考虑不同地区水资源的差异，使价格能"因地制宜"地反映当地水资源状况。可以借鉴美国的方式，根据区域资源丰欠程度采取不同类型的定价机制，对于水资源较为丰富的地区实行鼓励使用的定价机制，对于水资源缺乏的地区实行限制使用的定价，促进水资源的有效利用。④适时推行不同用水效率的差别化政策。为了促进水资源的利用效率，可以将水资源的利用效率（考虑以单位产值的水耗作为考核指标）作为水资源定价的重要根据，对于水资源利用效率较高的企业可以实行相对较低的水价，对于水资源利用效率较高的可以实行较高的水价，激励用水企业提高自身的用水效率。当前可以先在相同行业内部进行水资源利用效率的比较，设定参考标准，对于没有达到标准的企业进行重点监管，实行较高的水价。⑤加快推行差异化的计价方式，不断完善水价的调整机制。为了提高水资源的利用效率，针对不同的区域、用途、水资源类型要加快价格调整机制的不断创新，改变目前较为单一的从量计价方式，实行不同的计价办法，如推行阶梯式水价、两部制水价、峰谷水价、季节水价、超额累进水价等不同计价方式，通过对用户的消费行为的影响来达到优化水资源配置、促进水资源有效利用的作用，以实现经济效益和社会效益的最大化。⑥根据从水源到终端用户的全过程中的不同分段，执行不同的价格调控方式。水价具有公共物品的特性，并且水资源是关系国计民生的重要战略性资源，政府的宏观调控作用不可缺少，同时为了提高水资源的利用效率和成本的有效控制，引入竞争机制也至关重要。当前应该实行必要的政府管制和市场机制相结合的价格形成机制，对于从水源到供水终端的全过程，应根据分段不同，实行不同的管理调控机制。如城市供水、污水处理、一些水利工程建设等行业应该打破垄断，加快市场化进程，引入竞争机制，吸引社会资金的进入，刺激企业降低成本，政府仅仅强化监督管理作用，利于水价能够真实体现市场的供求和成本的分摊。在一些水源保护、终端水价制定等过程要强调政府调控管理的作用，保证水价制定过程中的公平与效率的均衡。

（四）资源价格机制改革的推进机制

1. 资源价格改革的目标导向与领导责任机制

重视顶层设计，制定总体改革方向、改革目标（总目标与阶段性目标），并制定切实可行的执行措施；明确有关机构领导责任，重点是国务院、发展改革委（含下属物价、能源管理部门）、税务总局、国土资源部、水利部、工业和信息化部等政府职能部门；厘清中央政府、地方政府对能源部门实现资源价格改革的责任。

2. 组织架构与利益协调机制

自上而下形成组织架构，包含中央政府、智囊与研究机构、资源与能源领域主体等各种因素；建立有效的协调机制，充分协调包括生产主体、转换储运主体、终端消费主体以及地方政府等各利益相关方，充分考虑研究机构的意见。

3. 系统推进与渐进改革机制

注重资源价格改革的系统推进，重视资源价格改革进程的系统性与配套性，重点是考虑资源领域上中下游、不同资源种类间价格改革的协调性；做好对资源价格改革造成的综合效果的事前研究预测及事后效果评价，及时调整资源价格改革相关政策；统筹考虑资源价格改革与发展、稳定之间的关系，重点考虑终端消费方的承受力，实施渐进性改革。

注意建立资源价格改革过渡保障机制。资源定价应从政府定价逐步向市场定价过渡，对于消费对象及用途方面公共属性程度较高的资源品种，在由政府定价向市场定价过渡的过程中，政府应予以消费对象补贴；对于消费对象及用途方面公共属性程度较低的资源品种，除非必要时进行调控，政府通常不进行干预。

4. 资源价格改革成果共享机制

资源价格改革对整体社会经济体系具有正向效果，但对个体是有差异性的，其中政府与企业增收而消费者增加支出是可以预想到的效果，消除这对矛盾就要实施资源价格改革成果共享机制。一方面，建立资源收益和垄断性收益合理的再分配制度，要通过资源税改革和国有企业红利上缴的改革，将资源性和垄断性收益大部分纳入财政体制，主要用于充实社会保障和提供公共服务；另一方面，要考虑消费者的承受能力，要通过财政补贴部分难以承担资源价格改革影响的消费者，解决两极分化，促进社会公平。

注意建立资源终端的差异化价格机制。资源价格改革应科学地制定差异化的终端价格，重点应考虑以下因素：不同资源品种的供需差异（需求刚性、可替代性等），终端消费对象利用资源品种时的公共属性的程度，多元化消费终端对资源价格的敏感性程度与承受力。

5. 资源价格形成机制改革与国有企业、垄断性行业改革相互促进机制

国有企业激励与约束机制（含绩效考核及问责机制）适当先行，结合国有企业领域改革与垄断性行业领域改革领域的成果与经验，促进形成资源领域国有企业的新机制，并有利于资源价格改革的进行，资源价格改革反过来对国有企业机制（特别是绩效考核）也有正面影响；深化国有资源领域企业改革，在确保资源总体利用效率的前提下，针对

不同资源种类，促进跨地区、跨行业（资源领域内）、跨所有制的重组，弱化区域性、行业性垄断，促进价格竞争。

6. 法律保障与行政许可机制

当前，政府参与一些资源价格制定是法律法规赋予的职能，应尽快修订完善相应的法律法规与行政许可内容，促进政府职能转变，确保资源价格改革的顺利实施。

7. 信息公开与公众参与机制

资源价格改革应尽量实现信息公开透明；鼓励和激发公众参与讨论和监督；独立第三方（智囊机构与科研院所）资源价格改革的综合效果评估。对于实施市场化定价的资源种类，政府应加大舆论宣传力度；对于仍采用政府定价的资源种类（或领域），政府应及时、完整地公开信息，并听取公众意见和建议。

二、资源管理体制改革

资源行政管理，是自然资源行政管理机构，根据国家意志和人民意愿，对自然资源开发、利用、保护、分配等各个方面所进行的组织、干预和管理。资源管理体制，则是一个国家或地区关于资源行政管理机构及其职能和相互间关系的系统规定或安排。资源管理体制，既要充分体现国家的意志，特别体现国家的资源优先利用权利；同时也要尊重人民的意愿，特别注重保护公民的资源权益。资源管理体制改革是我国行政体制改革的重要组成部分。资源管理体制改革，服从于、服务于和贡献于我国管理体制改革。受行政管理体制改革总体进程的影响，以及受自然资源管理理念等方面的影响，我国资源管理体制改革远远不如预期，存在诸多不适应、不协调的方面。为全面落实科学发展观，加快转变经济发展方式，迫切需要推进资源管理体制的改革。

（一）我国资源管理的现状与问题的分析

1. 对我国管理体系及其历史演进的简要回顾分析

受对资源认识的变化、资源需求的变化及经济体制改革等三方面的共同影响，中国自然资源管理体制经历了四个阶段的变化，即20世纪50~70年代高度计划经济下的资源管理体制，延续时间大致是30年，其主要特征是"大分散小集中的资源管理体制"；20世纪80~90年代中后期的过渡性资源管理体制，延续时间大致是20年，是"分散与集中交织的资源管理体制"；1998年机构改革后的资源管理体制，即"大集中格局逐渐形成的资源管理体制"。

（1）大分散小集中的资源管理体制（20世纪80年代以前）。

特征之一是大分散。此一阶段，与高度集中的计划经济阶段相适应，资源系统的整体性在管理中未予充分重视。水资源、土地资源、矿产资源、海洋资源等分布在多个部门进行以产品生产为导向的行业式管理。所谓的大分散，是指资源系统的整体性未予考虑，而是按资源的利用部门进行以产业或行业为界限的管理，没有统一管理自然资源的机构。

特征之二是小集中。此一阶段，与短缺经济背景下的产业或部门管理相适应，在每个部门对资源进行企业式的高度集中管理，且从产品生产的角度对资源进行计划配置，特别进行统一的无偿调度。但另一方面，在资源管理方面基本上没有部门间的协调和沟通。资源被人为地割裂于各部门进行管理。仅就土地资源而言，用地计划、特别是耕地利用的计划管理十分严格，管理权限高度集中，而耕地所有者（农民集体）对耕地的支配权基本丧失。

（2）分散与集中交织的过渡性资源管理体制（20世纪80年代初至90年代末）。

特征之一是两种趋势较为明显。进入改革开放的20世纪80年代之后，资源管理出现了两种发展趋势，一是资源按类别进行了一定的集中，如1986年8月1日为加强土地统一管理、保护耕地而成立了国家土地管理局，1982 年 5 月成立了中国地质矿产部（其前身是1950 年成立的全国地质工作计划指导委员会和 1952 年在此基础上组建的中华人民共和国地质部），加强对地质和矿产资源的统一管理。另一方面，各类资源的管理仍处于分散状态，没有从根本上考虑资源的整体性。

特征之二是立法行政管理逐步显现。这一时期，特别是 20 世纪 80年代中期以后，迎来了资源立法的高峰，特别是于 1986 年颁布了《矿产资源法》和《土地管理法》，对于依法行政管理好矿产资源和土地资源起到了极其重要的作用。在相关法律的推动下，土地、矿产等资源的管理体系逐步建立和完善，特别是五级土地管理机构的建立，为统一管理好、用好和保护好耕地资源，起到极其重要的作用。

特征之三是机构设置相对稳定。这一时期，包括土地、矿产、海洋、水等资源在内的资源管理机构，虽然相互独立设置，其间的协调工作不甚理想，但按类管理资源的机构设置较为稳定，基本未出现大的变化（期间也曾出现水利部与水利电力部的名称变换）。特别值得一提的是期间设立的能源部，在统一规划管理包括石油、煤炭等能源方面发挥了积极而重要的作用。

特征之四是市场的作用逐步加强。先后受建立有社会主义计划的商品经济和社会主义市场经济体系的总体改革要求的推动，市场在资源管理中的作用逐步显现并得到重视，资源无价、原料低价、产品高价的局面逐步得到改变，并最终告别了短缺经济，资源管理中的市场、行政和法律等三大手段并重的局面逐步形成。

（3）大集中格局逐渐形成的资源管理体制（20 世纪 90 年代末至2008 年）。20 世纪 90 年代末，资源管理体制进入了新的历史时期，从资源系统性和整体性着眼的大集中的资源管理格局开始建立，其标志是国土资源部的成立。1998 年 3 月 10 日，九届人大一次会议第三次全体会议表决通过关于国务院机构改革方案的决定，决定在原来地质矿产部、国家土地管理局、国家测绘局和国家海洋局的基础上，成立国土资源部。这标志着我国自然资源管理开始进入自然资源系统管理的起始阶段，加强自然资源的系统管理为主要特征。它集中土地、矿产、海洋等资源的管理于一体，有力地推动了资源管理统一进程和科学化进程。

期间，于 2004 年发布了《国务院关于深化改革严格土地管理的决定》（国发〔2004〕28 号），明确提出了建设用地管制，即设置"土地闸门"，与"金融闸门"一道，成为宏观经济调控的两大手段。

（4）资源管理开始参与宏观调控（2008 年以来）。根据第十一届全国人民代表大会第一次会议批准的国务院机构改革方案和《国务院关于机构设置的通知》（国发〔2008〕11 号），设立国土资源部，为国务院组成部门。明确了国土资源部的 16 项职责，其中第一项职责是"承担保护与合理利用土地资源、矿产资源、海洋资源等自然资源的责任。组织拟订国土资源发展规划和战略，开展国土资源经济形势分析，研究提出国土资源供需总量平衡的政策建议，参与国家宏观经济运行、区域协调、城乡统筹的研究并拟订涉及国土资源的调控政策和措施。编制并组织实施国土规划，制定并组织实施国土资源领域资源节约集约利用和循环经济的政策措施"。这一职责中，最引人注目的是"参与国家宏观经济运行、区域协调、城乡统筹的研究并拟订涉及国土资源的调控政策和措施"。并据此成立了调控和监测司，其主要职责是"开展国土资源经济形势分析，研究提出国土资源供需总量平衡的政策建议，参与国家宏观经济运行及相关改革研究"。这标志着国土资源参与宏观调控的常态化机制开始形成。

2. 对我国现行资源管理架构（体系）的简要评析

（1）自然资源行政管理是国家行政管理的主体内容之一。对自然资源的行政管理，历来是中国政府行使自然资源管理的主要形式，是自然资源行政管理机构根据国家意志，对自然资源开发、利用、保护等方面所进行的组织、干预和管理。自然资源行政管理的主要内容是：制定自然资源勘察与调查、开发与利用、分配与配置、治理与保护等方面的政策；根据国家需要组织自然资源勘察、调查和评价；根据国家需要组织自然资源勘察、调查、开发、利用和保护等方面的规划；进行资源开发、利用审批；进行资源产权交易管理；监督执行资源法律、法规；处理资源纠纷和诉讼等。

（2）现有管理体制的形成以国土资源部的成立为标志。目前的自然资源管理体制，以国土资源部的成立为主要标志。国土资源部的成立，标志着我国自然资源管理相对集中的格局正在逐步形成，资源系统的整体性得到了必要的重视。国土资源部是我国自然资源的综合管理机构，但并非唯一的资源管理机构。其他管理机构还主要包括：负责水资源管理的水利部，负责森林资源管理的国家林业局，负责资源综合利用的国家经济贸易委员会，以及负责农业资源管理的农业部等。

3. 对我国现行资源行政管理体制的评析

（1）公共管理与业主管理交织。资源管理分为公共管理与业主（私人、商业）管理两大类，二者交织在一起，相互影响、互为补充、各有侧重。二者的相对比重，主要取决于国家的基本制度，取决于资源所有制度。在中国，资源实行公有制度，包括全民所有制和集体所有制。这就决定了资源的公共属性，并进而决定了资源管理的基本公共属性。但另一方面，资源所有权与使用权分离趋势愈来愈明显，资源占用或使用单元在资源管理中的地位呈显著上升趋势，这也决定了资源管理的业主属性。由此，公共管理和业主管理在中国资源管理中是交织在一起的。当然，伴随体制改革的深化，二者的相对比重会发生变化，特别是伴随市场化进程，资源占有和使用的边界越来越清晰，公共资源现象亦呈现减少趋势，从而业主管理的比重一般呈现上升趋势；另一方面，作为资源公共管理主体的政府，其管理职能、管理理念和管理方式等也在逐步调整，以更好地适应市场体制的需要，公开、公平、公正的资源管理正成为资源公共管理的发展趋势，并对资源业主管理产生重要影响，使之更加规范和理性。

（2）部门管理与属地管理交织。资源管理分为部门管理与属地管理两大类。部门管理强调资源的系统性和功能性，强调中央政府对国家资源的主权和集中支配权，强调国家资源的一体化管理或集中管理，对资源的勘察、调查、开发、利用、保护等进行全程式集中管理，以实现资源的开源与节流。属地管理强调资源与经济、生态、环境等问题的关联性与互动性，强调资源的地区主权或地区支配权，从而强调资源管理与其他管理的协调与配合。在任何国家，都往往是部门管理与属地管理交织在一起。

部门管理与属地管理孰轻孰重，取决于国家管理体制。在中央集权或君主国家，资源，特别是土地、石油等资源的管理大权掌握在中央政府手里，此时，部门管理在资源管理体系中占有支配地位；在联邦制国家，州、省的权力相当大，拥有立法权和较多的行政管辖权，资源的属地管理占有重要地位，而部门管理退其次。部门管理与属地管理孰轻孰重，还取决于管理权力的集中或分散取向。在经济（制度）转型国家，放权成为必然的趋势，此时，部门管理逐步让位于属地管理。

部门管理与属地管理各有其利弊。部门管理有助于保持资源管理的系统性、政策一致性和连续性，这也是加强资源部门一体化集中管理的理由所在；但部门管理往往不能很好地处理地区发展与地区资源间的矛盾关系，特别是地区经济发展与土地供给的矛盾，容易造成资源破坏和浪费等问题。属地管理则有利于有效解决地区资源、经济、生态、环境间的矛盾关系，从而可保障地区资源的高效利用；但也易造成资源的地区间贸易摩擦、国家资源配置效率损失等。

（3）计划管理与市场管理交织。资源管理集计划管理和市场管理于一体，体现出资源管理的复杂性。计划管理更多地着眼于宏观问题，更多地体现政府的资源管理职能，主要侧重对资源供给的预测与调配、资源需求的预测与调控，侧重资源与经济、生态、环境之间关系的协调。市场管理更多地着眼于微观问题，更多地体现业主的资源管理职能，主要侧重对资源，特别是资源性产品的生产、加工、营销等，以获取最大的经济利益为主要目标。当然，计划管理与市场管理更多地交织在一起，计划指导市场、市场影响计划。

作为计划管理和立法管理的一种融合形式，资源规划管理的作用与日俱增，它既使得资源计划管理更具强制性和公开性，也使得市场管理更具规范性。

4. 对我国资源管理体制存在的问题及其原因的分析

（1）资源统一管理尚未真正形成。尽管大集中的资源管理格局初步形成，但部分资源未纳入统一管理范畴。资源管理的大集中主要体现在国土资源部的成立上。水、渔业等资源的调查、开发和保护等，以及石油和天然气资源的开发和储备等，均未与其他资源的管理有机地结合起来。特别是水资源与土地资源的分割管理，破坏了二者间的有机联系，对于洪涝、干旱等自然灾害的防治极为不利，也显著降低了水资源和土地资源的效能。资源统一管理还有相当长的路要走。

（2）资源管理的系统性问题仍然严重。资源按产业或行业管理的现象依然存在，资源管理与环境管理及产业管理间缺乏必要的沟通与协调。资源、环境、生态、产业间有着重要内在联系，这种内在联系在资源管理中不可忽视。然而，目前的资源管理体制，还未有效地将资源与环境保护、资源与生态建设、资源与产业发展以及资源与贸易的关系考虑进来。其表现之一是资源开发利用与保护，同环境保护间的关系缺乏协调，土地（土壤）环境、矿区环境、海洋环境、水环境等，需要土地、矿产、海洋、水等资源管理与环境保护间的协调与统一。表现之二是资源开发利用与保护，同生态建设，特别是退耕还林还草行动间，缺乏必要的沟通和协调，既影响了生态建设的进展，也影响了资源管理的统一部署。表现之三是资源管理与产业管理，特别是与资源型产业管理间缺乏必要的沟通和协调，如矿产管理与石油、天然气、煤炭等能源产业间，土地管理与农业产业管理间，海洋与渔业生产管理间，都在不同程度上存在脱节和不协调的问题。

（3）公共资源管理方式欠妥。法制和市场的作用进一步加强，但公共资源管理有待进一步规范化。自然资源是最重要的公共资源。国有土地、矿产、森林等资源均属于典型的公共资源。公共资源的配置主体是政府；公共资源配置是政府的重要职责，也是导致资源低效和滋生腐败的重要领域。传统的公共资源配置方式已不适应市场经济体制的要求。改革公共资源管理方式，是提高资源效率、政府效率和防止腐败的重要方面。

（4）资源的部门管理与属地管理之间的关系尚未理顺。无疑资源管理是有层次性的，既有中央（部门）的集中管理，也有地方（属地）的集中管理。二者间应该建立起一种相辅相成的关系，但实际情况是地方（属地）管理不能很好地体现中央集中管理的基本精神，有为地方短期经济利益驱使而造成资源破坏的现象。

（5）部门分割、城乡分离的管理体制依然存在。资源管理的系统性问题仍然严重。资源按产业或行业管理的现象依然存在，资源管理与环境管理及产业管理间缺乏必要的沟通与协调；资源开发利用与保护，同环境保护间的关系缺乏协调，土地（土壤）环境、矿区环境、海洋环境、水环境等，需要土地、矿产、海洋、水等资源管理与环境保护间的协调与统一；资源开发利用与保护，同生态建设，特别是退耕还林还草行动间，缺乏必要沟通和协调，既影响生态建设进展，也影响资源管理的统一部署；资源管理与产业管理，特别是与资源型产业管理间缺乏必要的沟通和协调，如矿产管理与石油、天然气、煤炭等能源产业间，土地管理与农业产业管理间，海洋与渔业生产管理间，都在不同程度上存在脱节和不协调的问题。

水资源的系统性以及水资源与水环境的密切关系，在现实管理中往往被人为地割裂，水资源分散在水利、环保、国土等部门分别管理，从而严重影响到水资源的服务功能和水环境的承载功能。这种情况在城市水资源管理中更加突出。同样，资源管理的城乡分离现象也依然较为普遍，包括水资源管理的城乡分离、土地资源的城乡二元结构管理等。部门分割、城乡分离的资源管理体制，严重影响到了自然资源优化配置和整体功能。

（二）资源管理的地位与功能

我国资源管理在国家管理体系中地位与功能的变化，可以从以下三个方面进行分析和判断。

1. 与产业管理的关系：由服从到并重

在短缺经济条件下，资源的开发利用与保护等，服从和服务于产业的发展，从而资源管理亦从属于产业管理。进入20世纪90年代，受可持续发展思想的影响，特别是基于社会供求关系的根本性变化，资源管理取得了独立的地位，并与人口、环境与经济一道，成为国家社会经济发展管理体系中的重要组成部分。目前，GDP至上主义受到广泛质疑，由此导致经济管理与资源管理的融合趋势增强，其中，以开展经济增长的资源（成本）核算为主要标志。

随着自然资源对经济发展的制约作用的强化，特别伴随自然资源对经济发展制约作用的四个根本转变，将自然资源，特别是战略性资源作为约束和调控经济发展速度、结构和规模的趋势日益显著。这四个根本转变即自然资源对经济发展的制约作用，由局部约束转变为全局约束，由暂时约束转变为长期约束，由弹性约束转变为刚性约束，由个别约束转变为系统约束。

2. 与环境保护政策的关系：由滞后到并重

从管理手段的系统性和管理边界的清晰性等角度看，资源管理在相当长一段时间内滞后于环境管理。进入20世纪90年代，资源、环境及生态间密不可分的关系在政策制定与实施中日益显现，并最终出现了资源政策与环境政策并重的情形。但在总体影响方面，除了土地管理之外，还不及环境管理的影响。

3. 与社会管理的关系：从分离向协同转变

认识和解决资源问题须从认识和解决人口问题入手；同样，认识和解决人口问题亦须从认识和解决资源问题入手；在制定人口政策、加强人口管理时资源问题和资源管理得到了应有的重视；同时，明确提出建设资源节约型社会或"两型社会"，重视资源节约理念的普及、资源节约监督体系的建立等；另外，提出根据区域资源、发展基础和发展潜力等划分主体功能区，实现区域的人口、经济、社会与资源、生态和环境的协调。

（三）资源管理的方向、理念与原则的重新界定

1. 新资源观及其对资源管理及其体制设计的影响

包括基础资源观、系统资源观、开放资源观、动态资源观、稀缺资源观、安全资源观等在内的一系列新的资源观正在形成，并广泛而深刻地影响着资源管理及其体制。

（1）基础资源观及其影响。资源管理要对资源基础的变化情况，包括数量、质量、结构、功能、分布与分配等情况，予以及时掌握；要对不可更新资源的耗用速度进行必要的控制，以保证其发挥最大的效能，避免产生资源短缺或供给中断等现象；要对可更新资源的利用强度进行必要的控制，以保证其更新能力的维持和提高，使之保持和发挥资源效能。可持续发展和资源可持续利用的思想，对于资源管理的影响是全面而深远的。可以说，资源管理以实现资源可持续利用和可持续发展为最高目标。

（2）稀缺资源观及其影响。自然资源较之自然条件最大的差异在于二者间的稀缺性差异，即只有稀缺的自然要素才是自然资源，否则即只能视为自然条件。资源稀缺性与人类需求的膨胀密不可分，并受技术、制度等多种因素的影响。但从总体上看，资源稀缺或有限性的思想，对于资源管理的影响也是极其重要的，即资源管理应以最大限度地解决资源稀缺为目标，及时、足量地提供所需的资源或资源性产品。

（3）系统资源观及其影响。资源整体性和系统性，是资源系统的主要特性。这就决定了各种资源的开发利用与保护等所有活动，都是相互联系、相互影响的，农业中的水土资源匹配关系，矿业中的水、土、矿资源开发与保护的关系，都是资源系统整体性和系统性的体现。同时，资源间的功能互动性也是资源整体性和系统性的表现，即一种资源

的破坏会导致其他资源功能的下降。保持和增强资源系统的整体服务功能，是资源管理，特别是资源技术管理的主要目标。

（4）开放资源观及其影响。资源系统是开放的，无论从环境问题的国际化、资源贸易的自由化角度看，还是从资源本身的自然特性看均是如此。开放度的提高，无疑为资源管理增加了难度，特别是从资源性产品国际市场的把握角度看更是如此。这就决定了资源管理要从国际、区际互动的角度，从市场关联的角度，从内外互补的角度来进行预测、计划、组织、协调、监督、检查等。

（5）动态资源观及其影响。发展地看待资源问题，如对资源供给、资源需求及资源供需关系的动态观，强调资源稀缺是动态而决非静态概念；强调资源政策连续性和时效性，认为任何资源利用方式和管理方式都有其特定条件下的合理性。基于此，强调资源管理及其体制改革要循序渐进。

（6）安全资源观及其影响。所谓资源安全，是一个国家或地区可以持续、稳定、及时、足量和经济地获取所需自然资源的状态或能力。资源安全的理念已经深入人心，并成为各级政府管理资源的主要出发点之一。然而，不可否认，现行的自然资源管理的理念和体系多集中于自然资源本身数量、质量及功能等方面的管理，尚缺乏从保障国家资源安全的角度确立资源管理的理念、目标、手段与制度等。同时，也不可否认，国家资源安全管理中往往会在各级政府之间、各个部门之间出现利益矛盾、目标冲突，这些矛盾和冲突会直接动摇资源安全管理的基础。另外，还不可否认，资源安全及其管理，需要妥善处理好自然资源与生态环境、经济增长和社会发展的关系，需要兼顾多重目标。

2. 资源管理的基本理念与原则

基于上述资源观，资源管理应遵循如下理念与原则。

（1）坚持资源可持续利用的方向和目标。可持续利用是资源政策的长期的基本取向。用以指导中国 21 世纪可持续发展的《中国 21 世纪议程——中国人口、环境与发展白皮书》，明确提出自然资源可持续利用是可持续发展不可或缺的基础。无论是从民间还是从官方看，资源可持续利用都是不争的方向。资源可持续利用是资源政策的长期基本取向。可持续利用既是资源政策的目标，也是资源政策制定和实施的原则，更是资源开发利用的原则和要求。资源可持续利用已贯穿于政府规划之中。

（2）坚持保障国家资源安全的方向和目标。所谓资源安全，是一个国家或地区可以持续、稳定、及时、足量和经济地获取所需自然资源的状态或能力。资源安全有五种基本含义：①数量的含义，即数量要充裕；②质量的含义，即质量要保证；③结构的含义，即供给要多元；④均衡的含义，即地区之间、人群之间要相对均衡；⑤经济或价格的含义，即一个国家或地区可以从市场（特别是国际市场）上以较小经济代价（如较低价格）获取所需资源的能力或状态。

（3）坚持高效参与全球资源配置的方向和目标。同世界任何国家一样，中国的社会经济发展不可能建立在完全依靠国内资源的基础之上，须参与全球一体化进程和全球资源配置秩序。当然，也要关注各种形式的"中国威胁论"，包括"谁来养活中国"和"中国能源威胁"等。不断提升利用国外资源的层次，从"保护国内资源、利用国外资源"，向"节约国内资源、利用国外资源"转变，进而向"节约利用国内资源、合作开发国外资源"转变。

（4）坚持兼顾效率与公平目标的方向和目标。资源政策须充分兼顾效率与公平两大目标。此两大目标的矛盾情形往往多于一致情形，特别在经济和社会转型的国家或地区尤其如此。中国正处在以转变经济发展方式为主要特征的经济转型时期，和以建设和谐为主要特征的社会转型时期，既一方面要注重提高资源效率，同时也要注重资源公平分配，这也是中国资源政策须面对的复杂而困难的局面。为此，要建立健全旨在提高资源效率的体制和机制，如将资源节约纳入政府考核体系，提高资源价格以反映资源的真实稀缺态势；同时，也要建立健全旨在促进资源公平分配的体制和机制，如保障社会弱势群体的基本需求，合理安排资源权益，重视资源地的经济补偿等。

（5）坚持全方位负责的方向和目标。制定和实施负责的资源政策。所谓负责的资源政策，是指对国家和人民负责，对当代人和后代人均衡负责，兼顾经济发展、环境保护、生态保育等多重目标的资源政策。负责的资源政策有5个基本要素：①满足人民生活需要，特别要注意满足多数人及最低阶层人的需要；②满足社会经济持续发展需要，重点支撑社会经济发展；③注重实现资源可持续利用，重点鼓励和支持资源节约、高效利用；④注重保护和改良生态环境，提高生态系统的服务功能；⑤注重防范和化解与资源有关的矛盾，努力降低资源矛盾或纠纷。

3. 资源管理体制设置的基本原则

资源管理体制的设置，一般应遵循如下原则：①《宪法》；②资源法规；③相关行政性法规；④事权、财权、人权、物权的统一；⑤确保国家及地区资源安全；⑥资源高效可持续利用；⑦资源资产保值增值、资源资产收益保障；⑧资源占有、使用与受益的相对公平。

（四）资源管理体制改革的主要目标与重要突破点

1. 资源管理体制改革的基本原则

（1）兼顾公平与效率的原则。公平与效率，在一个理性社会里往往是一对矛盾，且作为相互排斥的目标而并存。资源公平目标主要体现在资源分配的公平上，包括人群间的公平、世代间的公平等。人群间的资源分配公平，旨在保证各社会和经济阶层的公民均能获取最基本的资源以保障其基本生活，特别是直接消费的资源如能源和水的最基本保障是资源公平目标的重要内容。资源效率目标主要体现在资源利用效率的提高上，而资源利用效率的提高往往与资源利用规模的扩大相伴，是谓资源利用的规模效益。

就资源管理而言，资源的公平目标与效率目标孰优孰劣、孰重孰轻难以判断，因时因地而异，且往往处于交替状态。同时，资源公平与效率目标也有其融合或一致的时候，城市集中供水、供电等资源保障形式，将资源效率和公平目标有机地融合在一起了，且通过水价、电价的公示、听证等方式，而使此种融合更为有效。

（2）注重公开与公正的原则。无论是在经济领域，还是在政治领域，公开均是决策民主和防止腐败的基础，也是减少反对呼声，从而减少社会不安定因素的重要措施。资源管理程序、措施等方面的公开，亦是提高资源决策民主性、科学性的基础，是防止资源分配和开发利用中腐败现象的基础。在此，资源的参与式管理，是增进资源决策民主性、科学性的重要形式。

同样，无论是经济还是政治领域，公正是保证公民利益、减少社会摩擦所必需的，也是维护政府和法律之权威性的基础。为此，对资源开发、利用与保护等进行必要的行政仲裁，成为资源管理的重要组成部分，且这种行政仲裁越来越多地在市场主导下的资源管理之中。

（3）循序渐进与不断创新的原则。资源管理，特别是政府所主导的资源管理，须在管理价值取向、管理重点、管理手段等方面保持连续性。事实表明，管理的连续性是管理的权威性和有效性的基础，时断时续、时左时右的管理将会严重地损害管理的严肃性、权威性和有效性。政策的连续性是资源管理连续性的主要组成部分。

资源管理，是一个不断提高和完善的过程。即使针对同一问题，人们的认识也会有一个不断深化、不断提高的过程；同时，管理工作不可能一蹴而就，管理有其阶段性，管理阶段的跨越极其困难。因此，资源管理需要在树立管理意识、建立管理体系等方面，循序渐进。这就是资源管理的递进性。资源管理，须面对不断产生的新现象、新问题和新矛盾，这就要求不断创新，提出新的思路、新的手段、新的措施。这就是资源管理的创新性。

（4）体制、法制与机制并举的原则。资源管理须建立在"三制"基础之上。这"三制"，一是行政体制，包括资源管理机构的设置、职能、协商、协调等；二是法律制度，即资源立法、执法等；三是资源市场机制，即资源及资源性产品市场机制的建立健全。资源管理，法制是基础，体制是关键，机制是根本。首先，现代社会是一个法制的社会，现代经济是一个法制经济体系，须以法制为基础，建立健全资源法制体系是保障资源管理科学有效的基础。其次，作为公共管理重要组成部分的资源管理，行政管理发挥着基本作用，资源行政管理体制的设计，关系整个资源管理体系的运转效率。最后，市场机制无疑在市场主导下的资源配置中发挥着极其重要的作用，这种作用无处、无时不在，是一只"看不见的手"，资源初级市场、二级市场的运作，国内市场、国际市场的运作，都需要以健全的市场体系为基础。

　　（5）同时面向国内和国际的原则。资源管理须适应发展形势。就目前及今后相当长时期而言，经济一体化，使得包括资源性产品在内的商品贸易更加便利，这也就为资源在全球或区域内的配置提供了更好的机遇与可能，从而有助于提高人类利用自然资源的能力与效率。同时，伴随人类环境意识的提高、环境问题的复杂化，环境问题国际化趋势已然显现，并影响到国际政治、经济关系，同样也影响到资源问题，生物多样性保护、国际河流管理、公海捕捞协议等，即主要瞄准的是与国际环境问题有关的资源问题。无论是经济一体化或环境问题国际化，都会直接或间接地造就世界各国资源安全战略的互动关系格局，即一国，特别是一个大国的资源安全战略，都或多或少、或直接或间接地影响到其他国家的资源安全战略的选择与设计。制定全球一体化背景下的国家资源安全战略，是各国，特别是大国在管理资源时所必需面对的问题。

　　为此，管理要同时面向国内和国外两种环境、两类管理对象。但是，基于世界贸易组织（WTO）及其他国际组织的规章，资源管理须实施无歧视，对国内外资源开发利用者持一视同仁的态度，并切实保证管理规章符合WTO原则，确保资源管理规则、技术规则的一致性和透明度。

　　2. 资源管理体制改革的主要方向与目标

　　（1）加强资源规制，推进自然资源管理科学化规范化。资源规制，是指政府、特别是中央政府，对企业、家庭、非政府组织以及地方政府的资源行为进行约束，并将重要资源作为规制手段，对企业、家庭、非政府组织（以及地方政府）的经济社会行为进行约束，以使之更符合国家利益、公共目标和社会需求的行为。

资源规制有两层含义，其一是政府对各行为主体与自然资源有关的行为所进行的规范化约束与管理；其二是政府将自然资源，特别是战略性资源作为手段，对企业及地方政府的行为进行约束，以使之更加符合国家利益、公共目标和社会需求。

（2）理顺垂直管理与属地管理，推进资源管理属地化。垂直管理与属地管理各有其利弊。其中，垂直管理的特点在于：中央政府主导性和积极性较强，但地方政府主动性和创造性较差；能充分体现中央政府的意愿，实现全国一盘棋，但地方意愿或利益往往被置于次要位置；资源配置中的地区之间摩擦减少，但部门间摩擦时有发生；资源的（部门）垄断程度较高，地区资源支配权较弱；有助于增强中央政府权力，削弱地方政府权力，从而有助于国家向心力的增强。属地管理的特点在于：所在地政府主导，中央政府介入程度较低；能充分考虑当地情况与需求，而对国家需求及其他地区需求兼顾性较弱，即往往出现地方与国家利益冲突等问题；地方各方面参与程度较高，地方自由度较高；有利于管理民主化；地区资源封锁与区际资源冲突可能性较大；国家离心力有加大的趋势或危险。

目前，尚未完全理清楚究竟采取何种管理体系，既有属地管理的特性，各级地方政府在资源管理中担负着基础的、重要职责，同时又有着垂直管理的特性，特别是实行省以下国土资源垂直管理。不可否认，目前的管理体系还是一种过渡的形态，需要进一步明确究竟是实行垂直管理，还是实行属地管理。从管理民主化、各级政府各司其职的角度和需求着眼，从充分调动各级政府积极性和创造性的角度看，以及从国家主体功能区及其科学发展需求的角度看，自然资源管理属地化应是一个必然的发展方向。

（3）注重资源系统性，推进自然资源及资源环境管理一体化。自然资源的系统性特征从理论和现实两方面看都是极其显著的。加强水、土、能、矿、生等各类资源及其管理之间的协调、协同，从根本上改变自然资源管理分散、割裂的局面，增进自然资源管理的协同性、有效性，提高自然资源的总体功能。为此，需要进一步推进包括土地、矿产、水、能源及生物等在内的自然资源的管理一体化，择机建立自然资源统一管理机构（如自然资源部或自然资源委员会等机构）。

另外，鉴于自然资源与生态环境的高度关联性，加强自然资源与生态环境管理一体化也势所必然，为此，亦需要择机建立融自然资源与生态环境于一体的管理体系，如建立自然资源与生态环境部或自然资源与生态环境委员会，或资源环境部、资源环境委员会等。

（4）注重调动各级政府和各行为主体积极性，推进资源管理民主化。管理民主化是发展趋势。资源管理须适应管理民主化的发展趋势。为此，须注意调动各级政府和各行为主体科学、规范、有效管理资源的积极性和创造性，提高各级政府，特别是基层政府，以及各行为主体、各利益相关者在资源管理中的发言权、参与度，推行科学、规范、可控的参与式管理模式，探索资源开发、利用、分配与保护方面的有效监督机制、利益平衡机制、目标耦合机制、矛盾防范机制。

3. 改革的关键突破点

（1）突破点之一：资源管理观念的突破。

转变之一：由经济效率至上到资源效率至上。资源是社会经济发展不可或缺的基础。从国家或民族利益的角度看，资源保护比资源利用更具意义，浪费资源是极大的犯罪；从保障国家可持续发展角度看，提高资源效率是增强可持续发展能力的重要途径。为此，资源管理部门与其他经济管理部门的主要区别在于其更能从国家和民族利益的角度，以提高资源效率为根本出发点定位其职责、部署其工作。

转变之二：由产业系统性到资源系统性。与资源效率至上的理念相关，资源管理要实现由产业系统性着眼向资源系统性着眼的转变。资源与产业是密不可分的，资源是产业的基础，特别是资源型产业发展的基础；产业是资源发挥其效能的主要领域，也是资源进入市场的主要渠道。产业有其自身的系统性，需要按产业的发展规律进行管理；同样，资源也有其系统性，这种系统性体现在同一地域内的资源间相互依赖和相互作用。资源既是产业发展的要素，也是资源管理的对象。过去的资源管理主要着眼于产业的系统性，从产业系统的角度对同一类资源进行分散管理，破坏了资源的系统性和整体性，影响了资源总体效能的发挥。为此，应从资源系统性和整体性着眼，加强资源集中管理，强调资源间的功能协调和统一配置，以提高资源系统的整体功能。

转变之三：由封闭管理到开放管理。随着加入世界贸易组织（WTO），资源开发利用的主体将日趋多元化，资源勘探权、开发权的市场将更加开放。由此，单纯面向本国公民或企事业的资源管理视野，将不可避免地扩展。

转变之四：更多地以国家意志代表和公正独立的身份出现。政府资源管理部门，将更多地以资源所有者——国家代表的身份出现，管理资源，特别处理好公共资源的分配问题；在处理各种资源纠纷时，其身份应更加超脱，没有所有制和地域上的歧视；同时，要维护国家的资源利益。

（2）突破点之二：强化地方政府资源管理职责。

不可否认，不同程度地存在中央政府与地方政府自然资源管理职权分配不均衡的现象和问题，集中表现为尚未充分调动地方各级政府资源管理的主动性、积极性和创造性，尚未充分考虑各地区内部自然资源、生态环境、经济增长、社会发展之间的关系。为实现国家和区域的可持续发展，要求各地区尽可能实现本地区社会经济发展与自然资源和生态环境的匹配、协调。为此，需要强化各地区根据自然资源和生态环境确定社会经济发展的速度、规模、结构和布局等，需要强化地方政府资源管理的职责。有鉴于此，加强自然资源的属地管理是一个重要方向。

（3）突破点之三：进一步提高资源统一管理力度。

鉴于自然资源的系统性、基础性等特征，以及鉴于自然资源管理问题的复杂性，需要加强自然资源的系统管理或一体化管理，进一步提高资源管理的一体化水平，重点推进包括土地、矿产、能源及水资源在内的管理一体化。在此方面可以借鉴国外资源集中管理模式，例如，美国的土地、矿产、森林（部分）由内政部集中统一管理；加拿大的矿产、森林、土地（部分）由自然资源部集中统一管理；俄罗斯的矿产、海洋、环境等统一归自然资源部管理。其中，俄联邦自然资源部是联邦执行权力机关，负责制定自然资源利用、环境保护和确保生态安全领域的国家政策和法规。俄联邦自然资源部对其工作进行指导的联邦生态和自然资源利用监察局、联邦水资源局、联邦林业局和联邦矿产利用局的工作实施协调和监督。俄联邦自然资源部依照俄联邦宪法、俄联邦宪法配套法、联邦法、俄联邦总统和政府令独立实施法律调节，以及就下列问题制定并向俄联邦政府提交联邦宪法性质的法律、联邦法、俄联邦总统和政府令草案：地质研究、矿产合理利用与保护；森林资源的利用和保护以及造林工作；水体和水利设施的利用和保护；动物及其栖息地的保护利用和再生产；特别保护区；环境的保护和生态安全的保障；大气的保护；生产和消费废弃物的处理（不包括放射性废弃物）；自然资源的利用和环境保护经济调节机制的完善。

我国可预期的目标是建立自然资源统一管理机构，如自然资源部或自然资源委员会等。

（4）突破点之四：加强资源管理与生态环境和经济管理的协同。

鉴于自然资源与生态环境及社会经济发展的高度关联性，特别是鉴于自然资源与生态环境的高度关联性，加强自然资源管理与生态环境管理的协同性，既是必然的趋势，亦是迫切要求。长期目标应为加强自然资源管理与生态环境管理的一体化，适时建立融自然资源管理和生态环境管理于一体的资源环境部或资源环境委员会。

（五）推进资源管理体制改革的建议

在梳理世界主要资源管理体制的基础上，提出相关建议。可能的主要建议包括以下几点。

1. 转变资源管理的理念，创新资源管理体系

以科学发展观为指导，突出"五个统筹"，适应管理民主化、科学化、法制化、制度化等趋势，创新和转变资源管理的理念，树立资源管理的系统理念、效率理念、开放理念、公正理念、民主理念，加快建立系统、高效、开放、公正、民主和科学的自然资源管理体系。

2. 推行不同层次的资源属地管理，强化地方政府资源管理职权

在继续加强中央政府的资源战略规划和资源宏观调控力度的基础上，逐步扩大地方各级政府在资源管理方面的职权，提高其加强资源管理的主动性、积极性和创造性。可以考虑选择若干具有代表性和相应工作基础的地区，进行属地化管理的试点，鼓励和支持其根据本地区自然资源、生态环境和社会经济等方面的实际情况，进行资源管理的系统创新探索、试验。长期目标是建立不同层次的资源属地管理体系；近期目标是扩大各级地方政府的资源管理权限。

3. 进一步调整资源管理机构，实行资源管理大部制

（1）调整重点之一：进一步提高资源管理的集中度。

目前的资源管理体制，还未实现土地、矿产、水、能源及海洋等资源的统一管理，国土资源部的管理职权还仅仅局限于土地、矿产及海洋等资源。要进一步区分水利、林业、农业等部门的产业管理与资源管理职权，进一步将资源管理权限纳入资源统一管理的范围，同时加强产业的管理。适时建立自然资源统一管理机构，如自然资源部或自然资源委员会等；长期目标是建立资源环境部或资源环境委员会。

（2）调整重点之二：加强行政监督、市场规范、争议仲裁等职能。

加强行政监督是依法行政的要求，也是规范属地管理的重要手段。行政监督的内容应主要包括监督法律法规的执行，监督地方政府资源管理的职责，杜绝和纠正管理失误。加强市场规范化建设，营造公平的市场环境，促进资源市场的发育和发展。树立独立、公正和权威的形象，在各种资源纠纷中切实担当起仲裁和调解的角色，维持资源勘察、开发、利用和保护的正常秩序，保障合理的权益。具体目标是建立健全公开、透明、高效的资源管理监督机制。

（3）调整重点之三：加强资源调查、评价及核算职能。

资源调查是资源决策的基础，也唯有政府才能推动完成；资源评价既是政府的职责，也是企业所关心的，政府推动资源评价的目的在于提供最基础的资源价格依据，防止资源价格扭曲而影响市场良性发展；加强资源核算是防止资源过度消耗的重要手段，也是资源管理部门判断国家或地区资源消耗速度是否合理的重要依据。加强资源管理的分析、预测、评价功能，势在必行。具体目标是建立健全资源管理信息支撑、政策评价系统，建立和完善自然资源管理关键指标体系，重点建立健全资源管理调控关键指标体系与分析评价系统，以增进管理的针对性和科学性。

（4）调整重点之四：建立与环境及相关产业部门的协商机制。

水污染排放及其治理、退耕还林还草等生态、环境行动，无不与资源保护和开发利用有着密切关系；农业、林业、水利等资源性产业管理部门，其产业发展规划、布局的调整，都在不同程度上影响到资源的开发、利用和保护。建立资源管理与环境保护、生态建设（二者又往往统称为生态环境建设）等管理部门的协商机制，目的在于实现资源、环境、生态决策间的一致性和相互配合；建立资源管理部门与资源性产业管理部门间的协商机制，目的在于协调资源与产业间的关系，防止政策措施的冲突，提高资源管理和产业管理的科学性、权威性和有效性。近期目标是加强资源管理机构与环境管理机构间的协商；远期目标是建立资源环境一体化管理机构——资源环境部或资源环境委员会。

4. 高度重视资源对社会经济发展的制约作用，提高资源管理参与社会经济管理的力度

加强资源环境规制是我国资源环境管理的必然方向。提高资源环境，特别是战略性资源在社会经济发展决策中的地位和作用，亦是必然的选择。为此，需要进一步提高对土地、水、能源等战略性资源之基础

性、约束性作用的认识程度，进一步加大资源管理参与社会经济管理的力度。进一步改进土地参与宏观调控的方式和机制，在坚持最严格耕地保护制度和土地用途管制的基础上，尝试实行差别化土地政策，根据各地区、各阶段的实际情况，适时调整土地政策。提倡和支持水资源参与宏观调控，加大以水资源承载力及水环境容量调控社会发展，特别是人口发展和经济发展，特别是产业结构的力度。近期，应重点研究和设计重要资源参与宏观调控的指标体系、监测体系和考核体系等。